中国国土资源统计年鉴

CHINA LAND AND RESOURCES STATISTICAL YEARBOOK

2010

中华人民共和国国土资源部　编

Compiled by the Ministry of Land and Resources P. R. China

地质出版社

Geological Publishing House

· 北　京 ·

Beijing

图书在版编目（CIP）数据

中国国土资源统计年鉴. 2010 / 中华人民共和国国土资源部编. —北京：地质出版社，2011. 3
ISBN 978-7-116-07136-0

Ⅰ. ①中… Ⅱ. ①中… Ⅲ. ①国土资源－统计资料－中国－2010－年鉴 Ⅳ. ①F129. 9－54

中国版本图书馆 CIP 数据核字（2011）第 013622 号

责任编辑：蔡 莹 王 瑛
责任校对：谭 英
出版发行：地质出版社
社址邮编：北京海淀区学院路 31 号，100083
电 话：（010）82324508（邮购部）；（010）82324580（编辑室）
网 址：http：//www. gph. com. cn
电子邮箱：zbs@ gph. com. cn
传 真：（010）82310759
印 刷：北京奇良海德印务有限公司
开 本：890mm × 1240mm 1/16
印 张：22.875 插页：10
字 数：700 千字
版 次：2011 年 3 月北京第 1 版
印 次：2011 年 3 月北京第 1 次印刷
定 价：198. 00 元
书 号：ISBN 978-7-116-07136-0

《中国国土资源统计年鉴 2010》编委会

《中国国土资源统计年鉴 2010》编辑部

China Land and Resources Statistical Yearbook 2010 Eitorial Board

China Land and Resources Statistical Yearbook 2010 Staff

编者说明

一、《中国国土资源统计年鉴2010》是一部全面反映中华人民共和国国土资源状况和国土资源行政管理情况的资料性年鉴。本书收录了全国和各省（自治区、直辖市）2009年国土资源及行政管理各方面大量的统计数据，以及2001年以来9年的国土资源主要统计数据。

二、本年鉴的统计范围是全国土地资源、矿产资源、海洋资源，国土资源调查、勘查，国家、省（自治区、直辖市）、市（地）、县四级国土资源行政主管部门对土地资源、矿产资源的行政管理和国家对海洋资源的行政管理，国土资源科学技术研究和国土测绘。

三、本年鉴资料内容包括国土资源概况、国土资源调查、土地资源开发利用、国土资源行政管理、国土资源科学技术研究、测绘和其他资料共七部分。各章节后附有主要国土资源综合统计指标解释，对主要国土资源综合统计指标的涵义、统计范围、统计口径、计算方法等作了简要说明。

四、本年鉴资料主要来源于国土资源部、全国各省（自治区、直辖市）国土资源行政主管单位、国家海洋局、国家测绘局、中国地质调查局、中国土地勘测规划院、国土资源部信息中心、中国地质环境监测院以及各地勘主管单位上报的国土资源综合统计年报。部分资料摘自《中国统计年鉴》。

五、本年鉴的全国性统计数据均未包括香港特别行政区、澳门特别行政区和台湾省。

六、一些数据的合计数或相对数，因受进位的影响，不一定等于分项的累加。

七、本年鉴各表中，对全表的有关注解均在该表上方，对表中部分指标的注解则在该表下方。凡带续表的资料，对部分指标的注解一律在最后一张续表的下方。

八、本年鉴表中的符号使用说明："空格"表示该项统计指标数据不详或无该项数据；"①"表示本表下有注解。

PREFACE

Ⅰ. The *China Land and Resources Statistical Yearbook 2010* is an informative yearbook reflecting comprehensively the status of land and resources of the People's Republic of China and their administration. The *China Land and Resources Statistical Yearbook 2010* collects a wealth of statistical data of land and resources and their administration of the whole country and all the provinces, autonomous regions, and municipalities directly under the central government in 2009, as well as the main statistical data of land and resources over nine years since 2001.

Ⅱ. Statistics in the yearbook cover the national land, mineral, and marine resources, land and resources survey and exploration, administration of land and mineral resources by competent administrative departments of land and resources at the state, provincial (autonomous region, and municipality directly under the central government), municipal (prefectural), and county levels, and administration of marine resources by the state, scientific and technological research on land and resources, and land surveying and mapping.

Ⅲ. The yearbook contains seven chapters: general status of land and resources, land resources survey and mineral resources exploration, land and resources development and utilization, land and resources administration, scientific and technological research on land and resources, surveying and mapping, and other data. In addition, explanatory notes on main statistical indicators follow each chapter, which give brief descriptions of the connotations, statistical scope, statistical approaches, and calculation methods of the main land and resources statistical indicators.

Ⅳ. The principal sources of the yearbook are annual comprehensive statistical reports on land and resources submitted by the competent land and resources administrative departments of the Ministry of Land and Resources and various provinces (autonomous regions and municipalities directly under the central government) throughout China, State Oceanic Administration, State Bureau of Surveying and Mapping, China Geological Survey, China Land and Survey Planning Institute, Information Center of the Ministry of Land and Resources, China Institute for Geo-Environmental Monitoring, and various departments in charge of geological exploration. Individual data are extracted from the *China Statistical Yearbook*.

Ⅴ. The national statistical data involved in the yearbook do not include those of the Hong Kong Special Administrative Region, Macao Special Administrative Region, and Taiwan Province.

Ⅵ. Some aggregations or rates/ratios may not add up to the sum of the series because of rounding.

Ⅶ. The notes concerning the whole table are placed at the upper part of the table, while the notes concerning individual indicators are placed at the lower part. If the table is a continued one, the footnotes are placed in the last page.

Ⅷ. Notations used in the yearbook: "blank" indicates that the data of the statistical indicator of the item are either non-applicable or unavailable; "①" means "see footnotes below".

土地资源状况 Land Resources

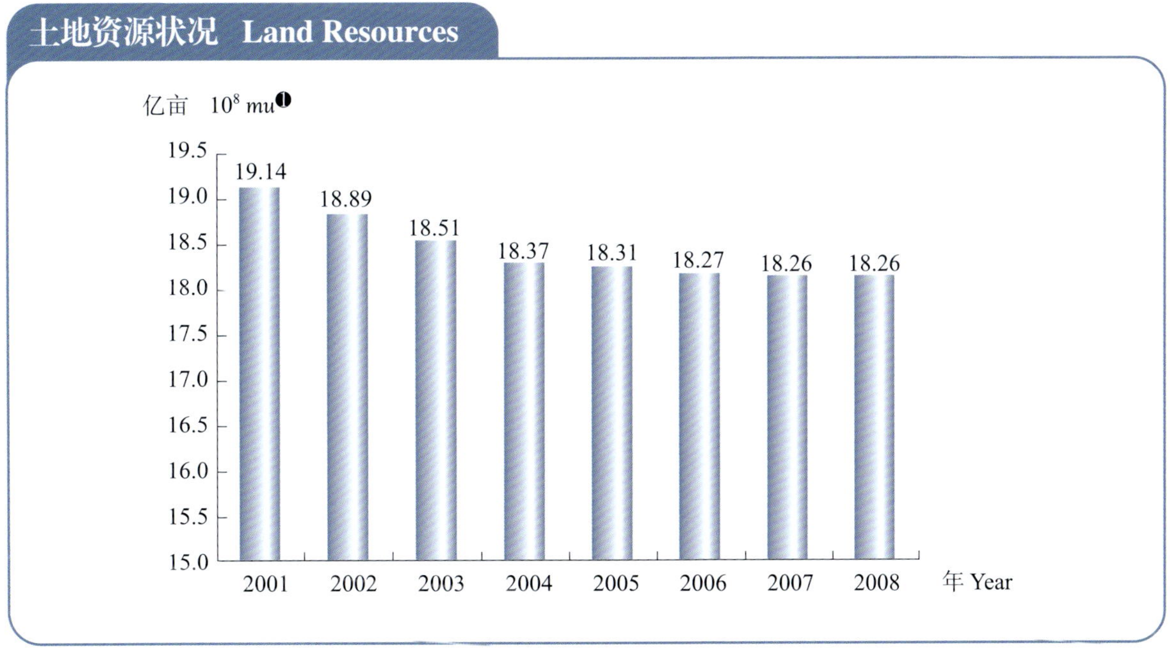

图1 2001—2008年全国耕地面积变化情况

Fig.1 Cultivated land area in 2001—2008

国土资源调查 Land and Resources Survey

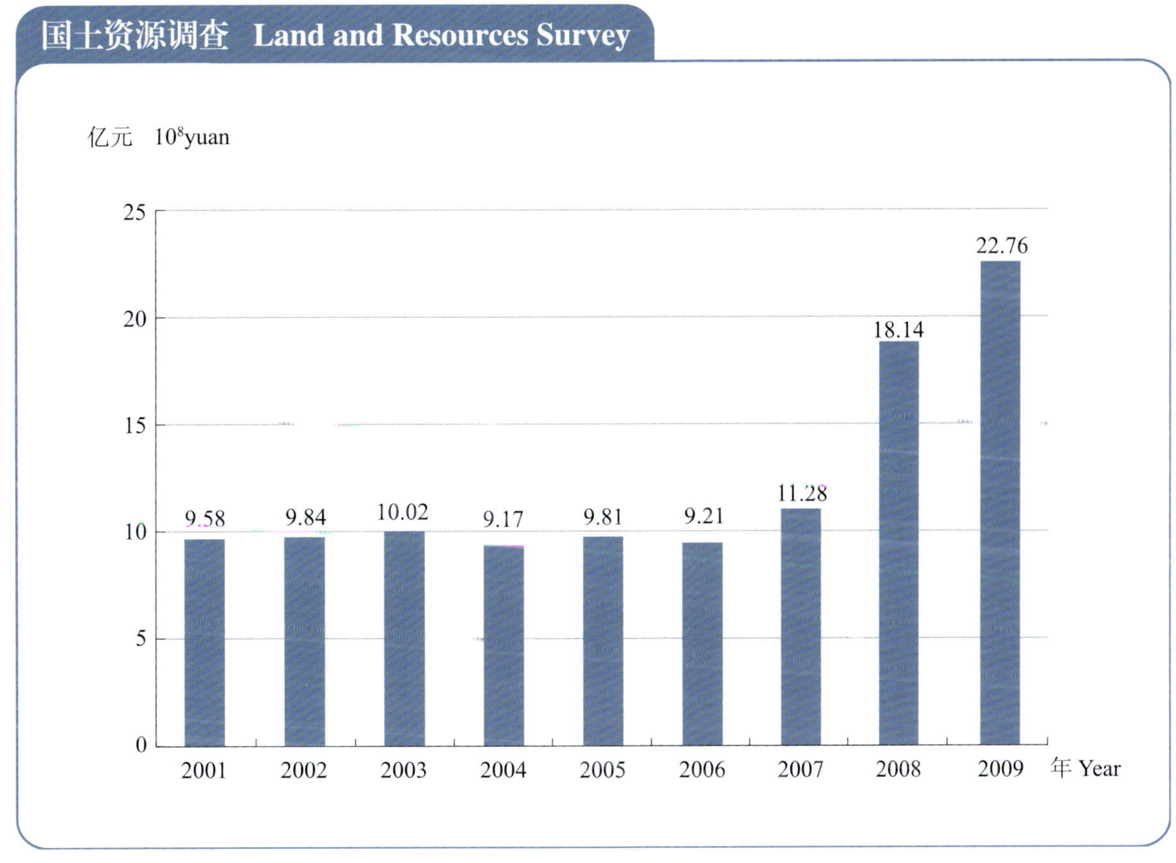

图2 2001—2009年全国国土资源调查经费情况

Fig.2 Expenditures for China' s land and resources survey in 2001—2009

❶ 1亩=0.067公顷。
1mu=0.067 hectare.

矿产资源勘查 Mineral Resources Exploration

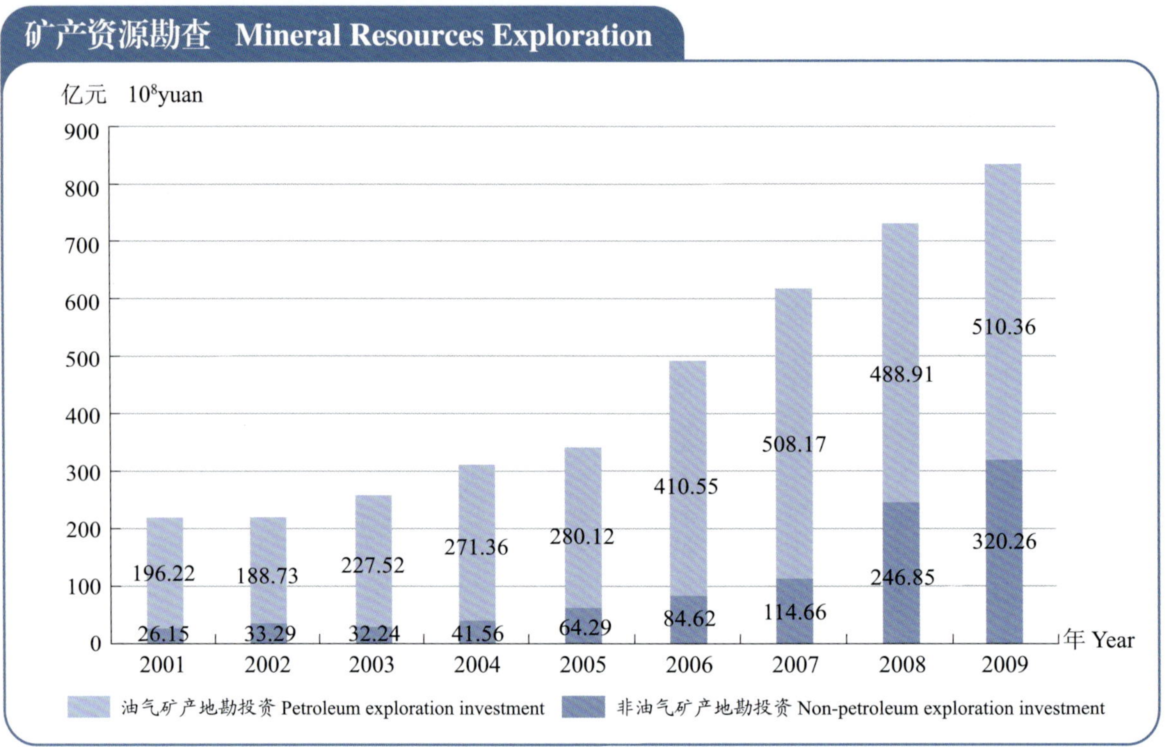

图3 2001—2009年全国地质勘查投资情况

Fig.3 Investment in China' s geological exploration in 2001—2009

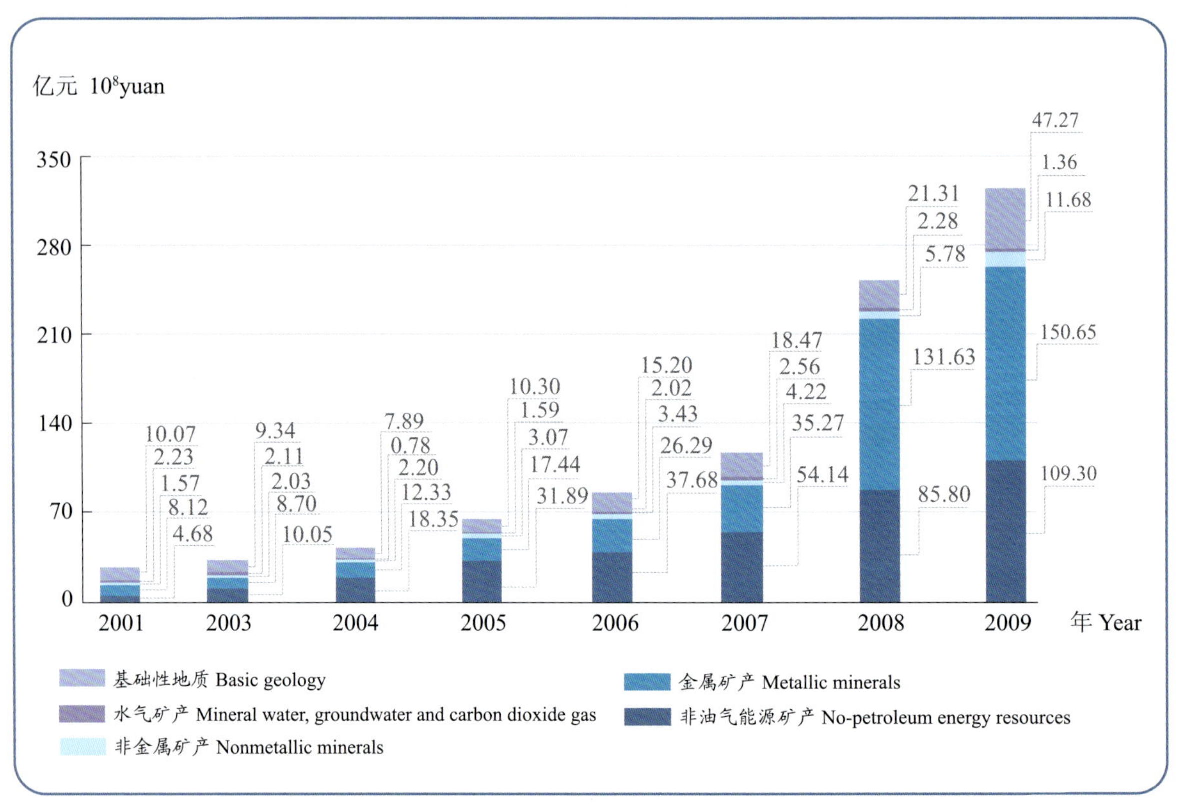

图4 2001—2009年全国非油气矿产地质勘查投资情况

Fig.4 Investment in China' s non-petroleum minerals exploration in 2001—2009

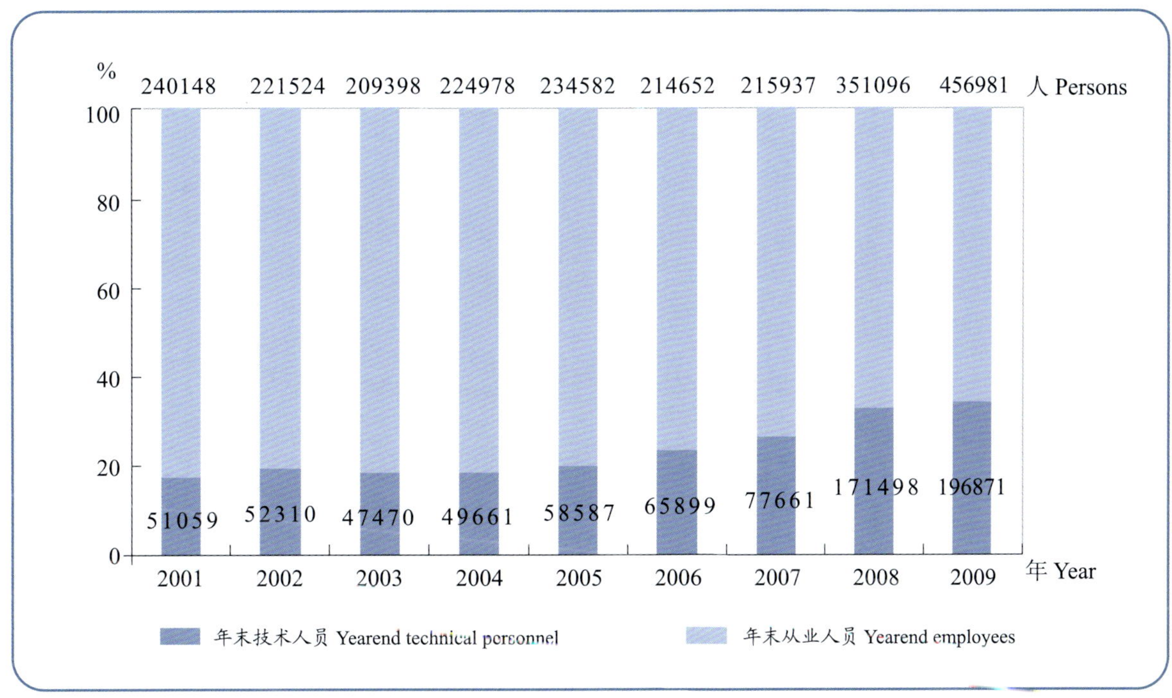

图5 2001－2009年全国地质勘查从业人员和技术人员及其结构情况
Fig.5 Employees and technical personnel engaged in China' s geological exploration in 2001－2009

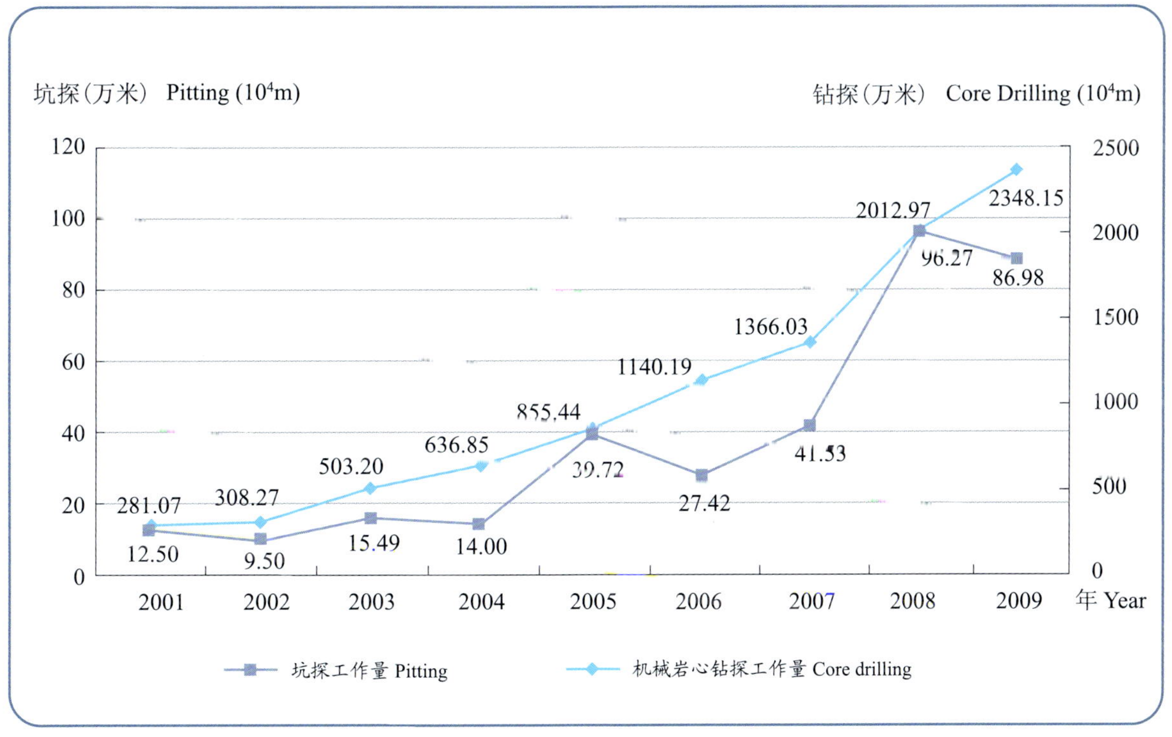

图6 2001－2009年我国地质勘查坑探和机械岩心钻探工作量的变化情况
Fig.6 Footage of pitting and core drilling for China' s geological exploration in 2001－2009

土地资源开发利用 Land Resources Development and Utilization

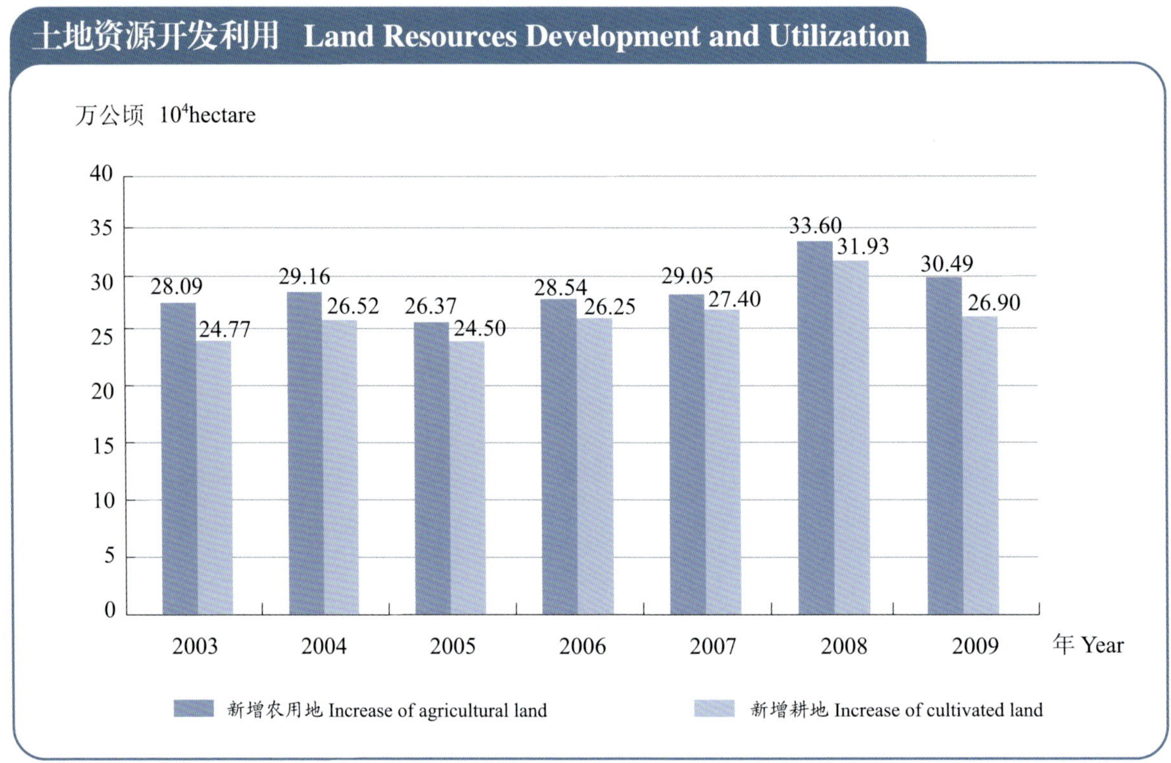

图7　2003−2009年土地整理、复垦、开发增加农用地和耕地面积情况
Fig.7　Area of agricultural land and cultivated land increased by land consolidation, reclamation and development in 2003−2009

国土资源管理机构 Land and Resources Administrative Agencies

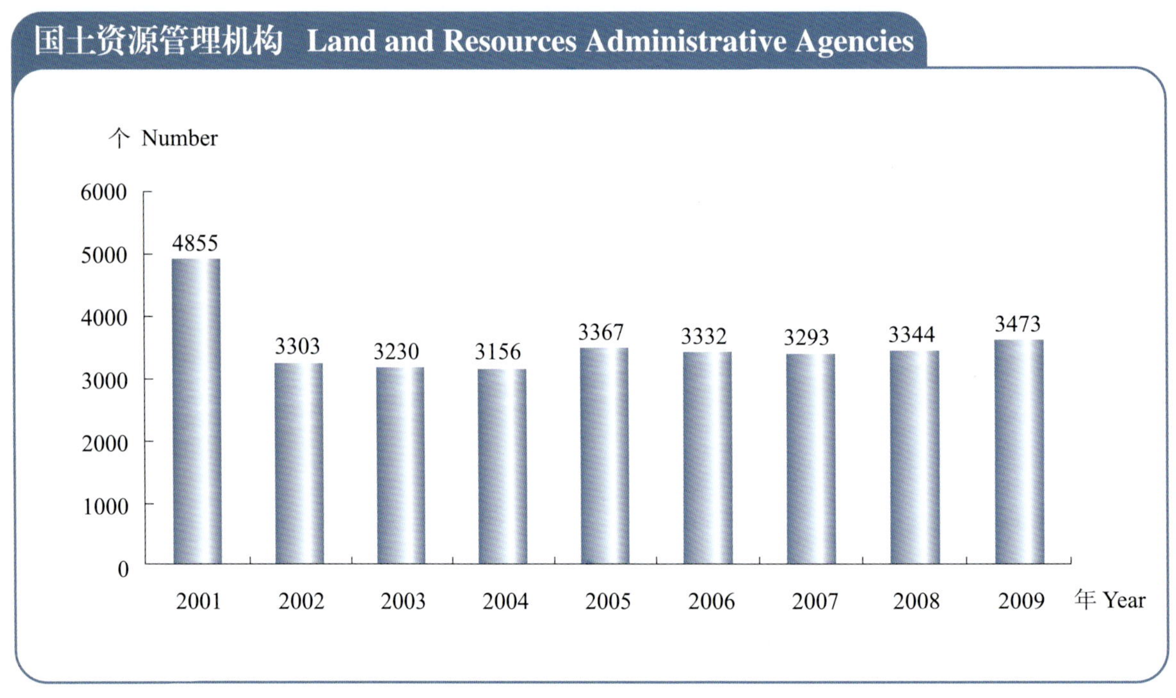

图8　2001−2009年全国省、市、县国土资源管理机构数
Fig.8　Number of land and resources administrative agencies of provincial, municipal and county level of China in 2001−2009

土地资源管理 Land Resources Administration

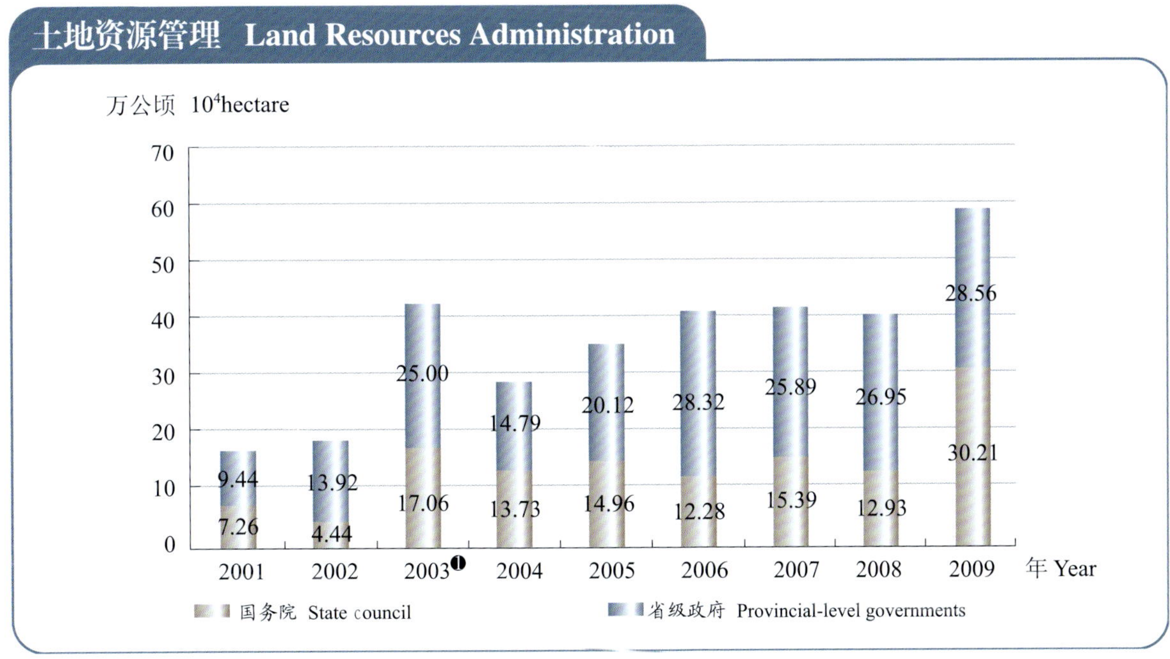

图9 2001—2009年审批建设用地情况

Fig.9 Examination and approval of land for construction in 2001—2009

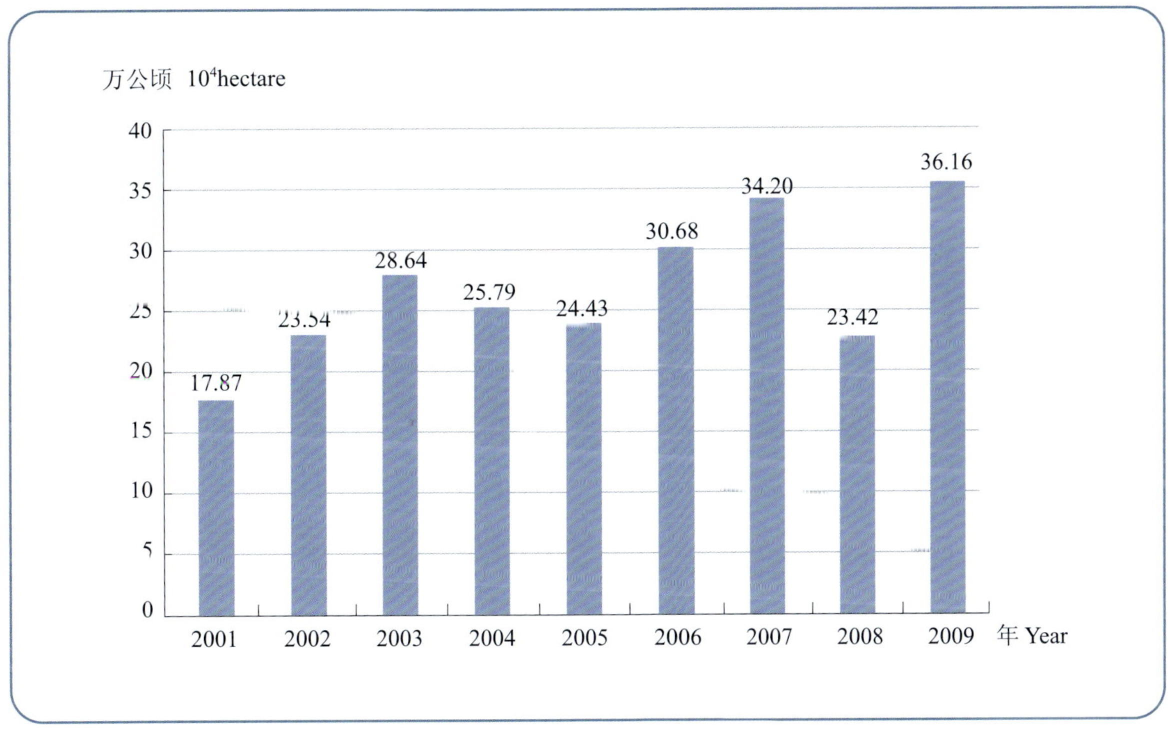

图10 2001—2009年国有建设用地供应情况

Fig.10 State-owned land of construction use supplied in 2001—2009

注❶：2003年批准用地面积中含三峡库区淹没用地面积10.13万公顷。

Note: The land use area approved in 2003 included 101,300 hectare of inundated land in the Three Gorges Reservoir area.

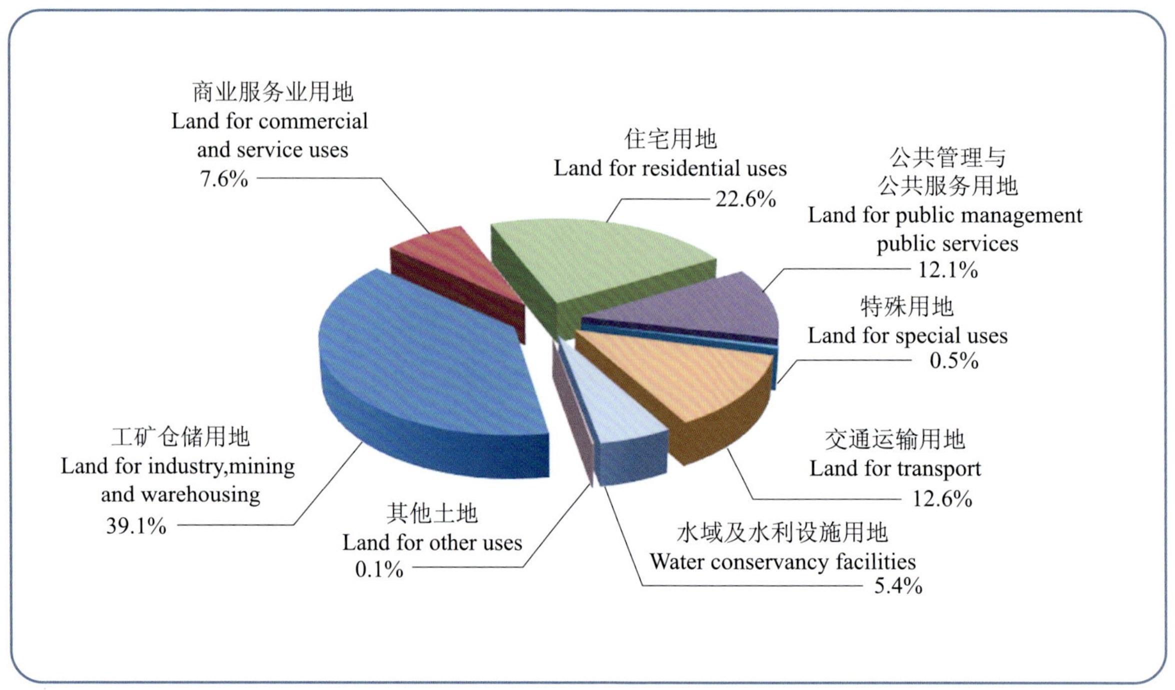

图11 2009年国有建设用地供应结构情况

Fig. 11 The structure of state-owned land of construction use supplied in 2009

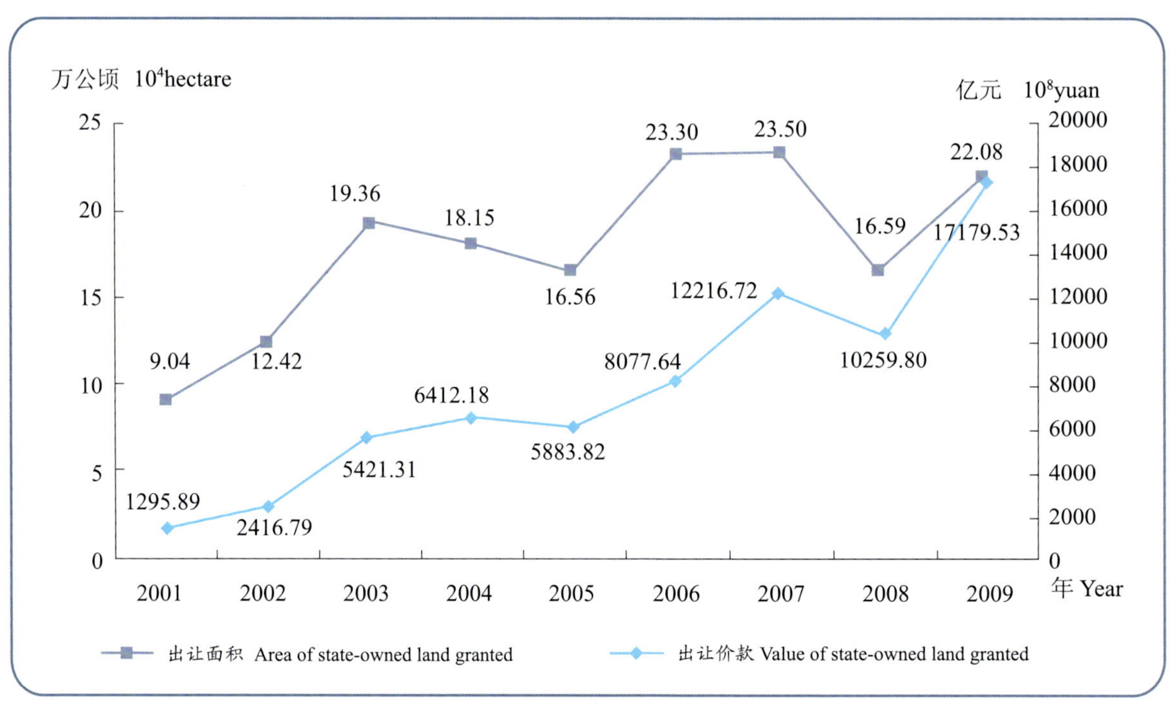

图12 2001—2009年国有建设用地出让情况

Fig.12 State-owned land of construction use granted in 2001—2009

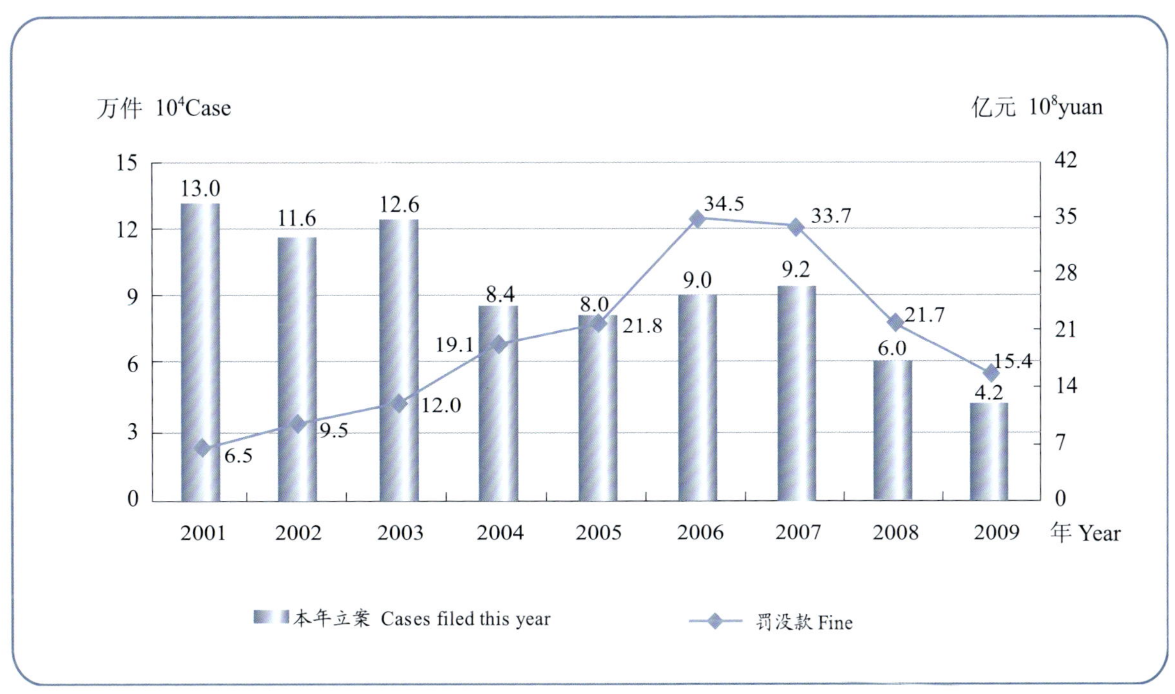

图13 2001−2009年土地违法案件查处情况
Fig.13 Cases handling of land law violations in 2001−2009

矿产资源管理 Mineral Resources Administration

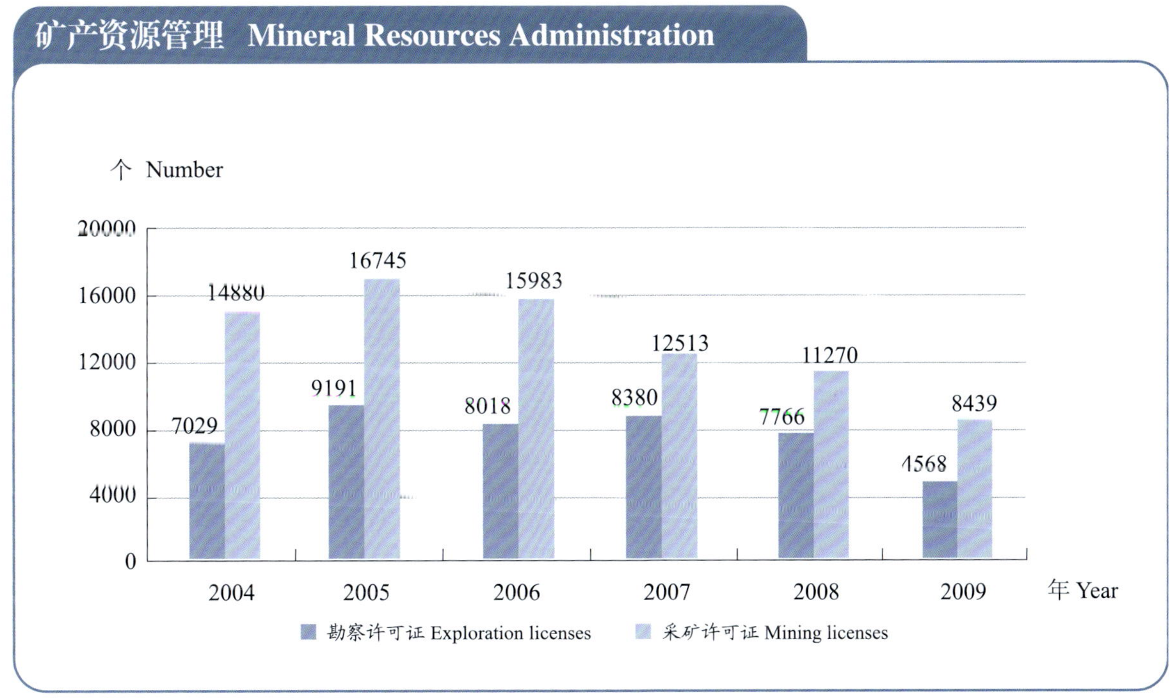

图14 2004−2009年新立的勘查、采矿许可证发证情况
Fig.14 Exploration and Mining licenses newly issued in 2004−2009

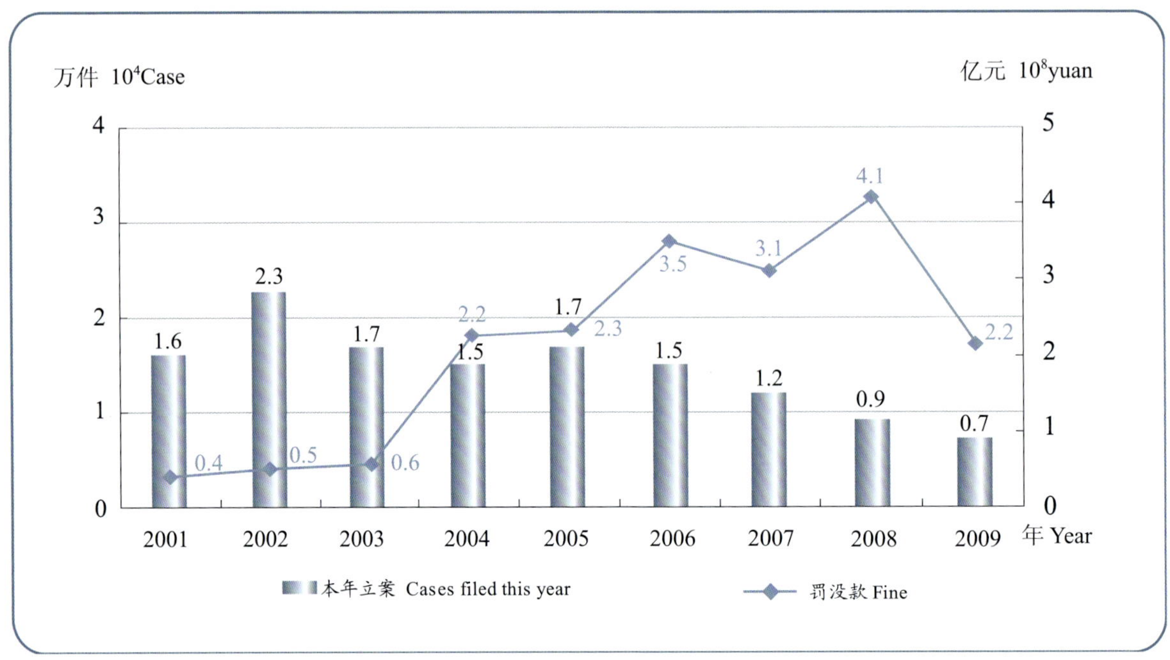

图15　2001—2009年矿产资源勘查、开采违法案件查处情况

Fig.15　Cases handling of illegal exploration and mining in 2001—2009

地质环境管理　Geo-environmental Management

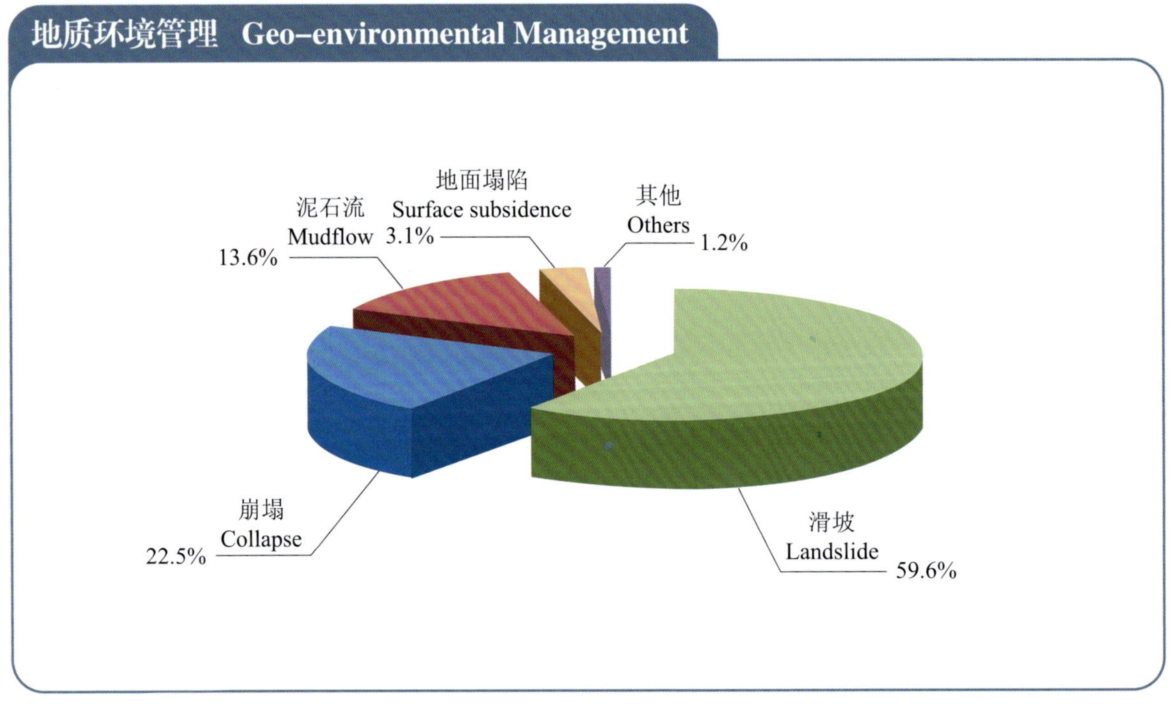

图16　2009年地质灾害构成情况

Fig.16　Composition of geohazards occurring in 2009

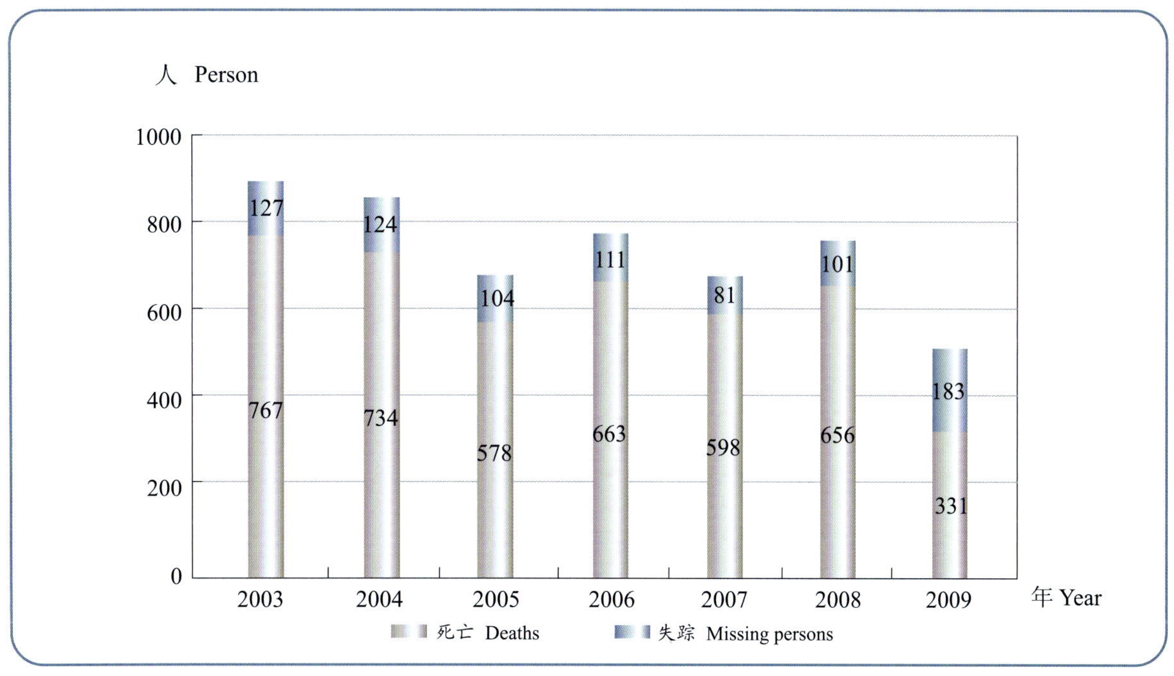

图17 2003—2009年地质灾害造成人员死亡和失踪情况
Fig.17 Deaths and missing persons caused by geohazards in 2003—2009

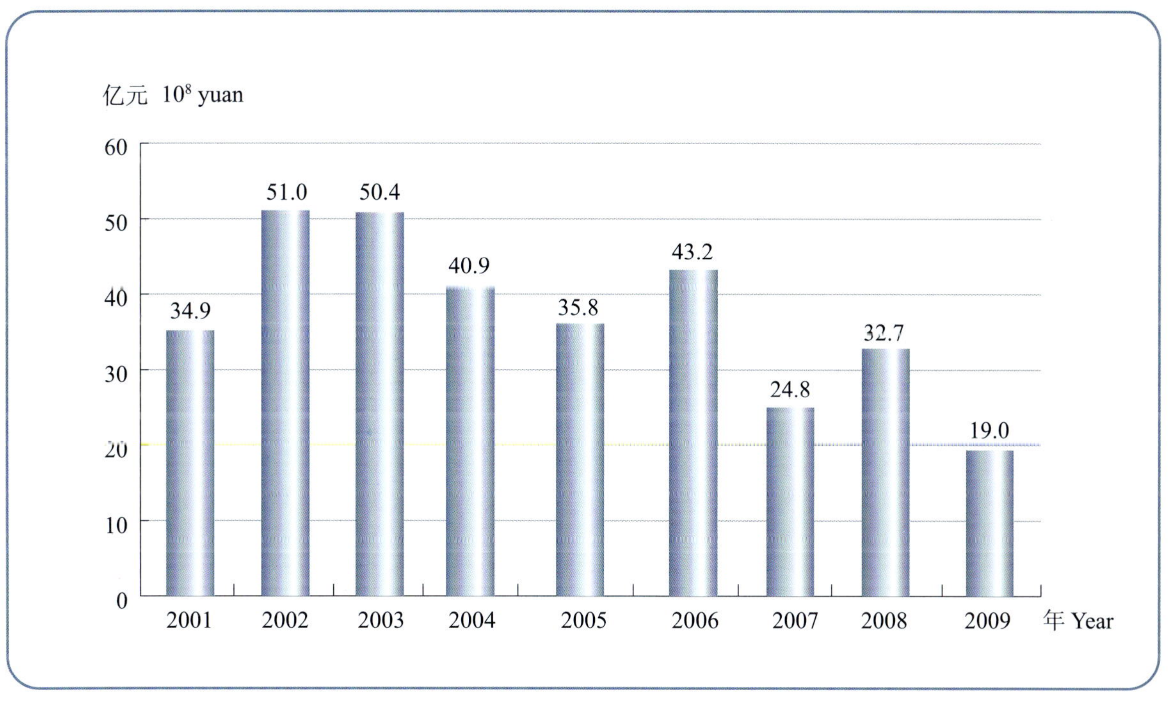

图18 2001—2009年地质灾害造成直接经济损失情况
Fig.18 Direct economic loss caused by geohazards in 2001—2009

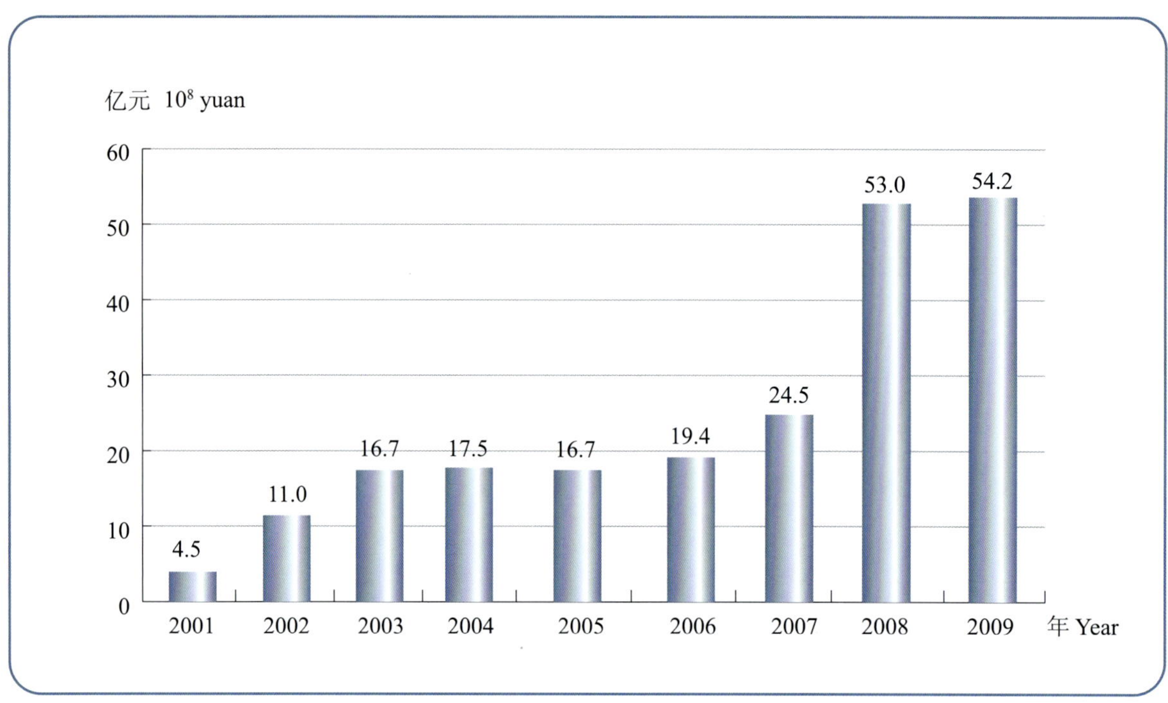

图19 2001—2009年地质灾害防治投入资金情况
Fig.19 Funds invested in the prevention and control of geohazards in 2001—2009

矿产品进出口情况 Imports and Exports of Mineral Commodities

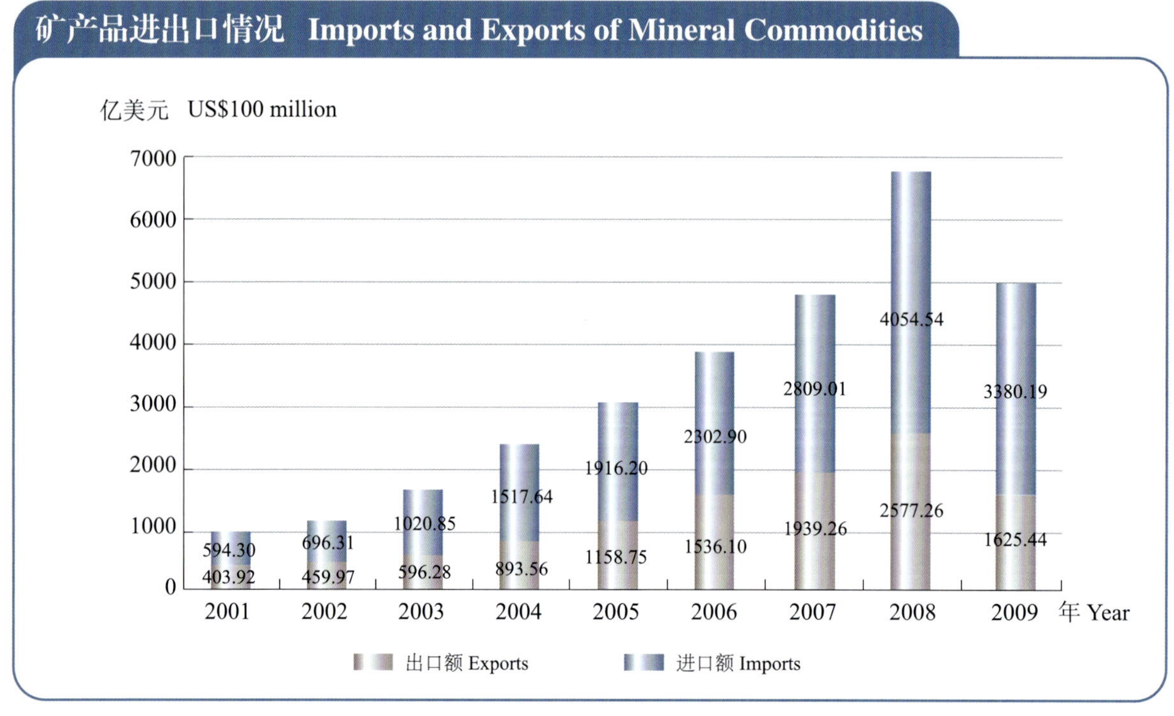

图20 2001—2009年我国矿产品及其相关产品的进出口贸易额变化趋势
Fig.20 Values of imports and exports of mineral commodities and related commodities of China in 2001—2009

目 录

CONTENTS

一、概况

Chapter 1 General

二、国土资源调查、勘查

Chapter 2 Land and Resources Survey and Mineral Resources Exploration

三、国土资源开发利用
Chapter 3　Land and Resources Development and Utilization

四、国土资源行政管理
Chapter 4 Land and Resources Administration

五、国土资源科学技术研究
Chapter 5 Scientific and Technological Research on Land and Resources

六、测绘
Chapter 6 Surveying and Mapping

附：其他资料
Appendix：Other Data

一、概　况

Chapter 1　General

国 土 状 况
Territory Conditions

项 目	Item	计量单位	Unit	2009
国土面积	Area of Territory	万平方千米	10^4km^2	960
海域面积	Area of Sea	万平方千米	10^4km^2	473
海洋平均深度	Average Depth of Sea	米	m	961
海洋最大深度	Maximum Depth of Sea	米	m	5377
岸线总长度	Length of Coastline	千米	km	32000
大陆岸线长度	Mainland Shore	千米	km	18000
岛屿岸线长度	Island Shore	千米	km	14000
岛屿个数	Number of Islands	个	Number	5400
岛屿面积	Area of Islands	万平方千米	10^4km^2	3.87

注：岛屿面积未包括香港、澳门特别行政区和台湾省。

资料来源于《中国统计年鉴2010》。

Note: Island area does not include that of Hong Kong Special Administrative Region, Macao Special Administrative Region and Taiwan Province.

Source: *China Statistical Yearbook 2010.*

土地状况——按地形、地高分
Land Characteristics by Topography and Altitude

单位：万平方千米 Unit: 10^4km^2

项 目	Item	面积 Area	占总面积（%）Percentage to Total Area (%)
总 面 积	**Total Land Area**	**960.0**	**100.00**
按地形分	**By Topography**		
山地	Mountains	320.0	33.33
高原	Plateaus	250.0	26.04
盆地	Basins	180.0	18.75
平原	Plains	115.0	11.98
丘陵	Hills	95.0	9.90
按地高分	**By Altitude**		
500米以下	Under 500m	241.7	25.18
500～1000米	500～1000m	162.5	16.93
1000～2000米	1000～2000m	239.9	24.99
2000～3000米	2000～3000m	67.6	7.04
3000米以上	Above 3000m	248.3	25.86

注：本表数字多为过去清查数。

资料来源于《中国统计年鉴2010》。

Note: Most figures in this table were obtained from surveys in previous years.

Source: *China Statistical Yearbook 2010.*

土地资源状况
Land Resources Conditions

项　目	Item	2008 年面积（万公顷） Area in 2008 (10^4 hectare)	占总面积（%） Percentage to Total Area (%)
总　面　积	**Total Land Area**		
耕　地	Cultivated Land	12171.6	12.80
园　地	Garden Land	1179.1	1.24
林　地	Forest Land	23609.2	24.83
牧草地	Pasture Land	26183.5	27.54
其他农用地	Other Agricultural Land	2544.3	2.68
居民点及独立工矿用地	Land for Residential, Industrial/Mining Sites	2691.6	2.83
交通运输用地	Land for Transport	249.6	0.26
水利设施用地	Land for Water Conservancy Facilities	364.5	0.38
未利用地	Unused Land		

注：2008 年土地变更调查的统一时点为 12 月 31 日。

Notes: The statistical time of The Land-use Alteration Survey in 2008 is changed to Dec.31th.

二、国土资源调查、勘查

Chapter 2 Land and Resources Survey and Mineral Resources Exploration

国土资源调查

Land and Resources Survey

国土资源调

Land and Resources

年份/专业性质	Year/Work	累计完成国土资源调查费（万元）Sum of Cumulative Expenditures for Land and Resources Survey Completed (10^4 yuan)	国土资源调查经费[①] Cumulative Expenditures for Land and Resources Survey	本年完成 Completed in Current Year	大调查项目数（个）Number of survey projects	完成国土 Completed Area of: 1:100万 1:1000 thousand	1:50万 1:500 thousand
	2001	230197.62		95845.6		1020000	1870889
	2002	336003.88		98393.45		202640	1970000
	2003	433920.79	414244.23	100173.95		234000	1191808
	2004	534584.98	506343.54	91701.83		341000	
	2005	642809.68	590456.81	98145.59		278000	
	2006	749093.39	678589.63	92061.99		142100	
	2007	870168.92	808469.17	112837.29		9600000	1190000
	2008	1057805.07	989851.03	181381.86			
	2009	1301492.18	1217064.32	227607.57	1831		
按单位分列	**By Unit**						
国土资源部信息中心	ICMLR	32599.09	32599.09	3579.55	19		
中国地质调查局	China Geological Survey	1174685.83	1090257.97	214442.52	1784		
中国土地勘测规划院	China Land Surveying and Planning	94207.26	94207.26	9585.50	28		
按专业性质分列	**By Technicality**						
矿产资源调查评价	**Mineral Resources Survey and Evaluation**	**394343.99**	**376507.06**	**76853.95**	**487**		
能源矿产地质调查	Energy Minerals Geoloical Survey	48798.25	42324.97	13504.66	71		
其中：石油地质调查	Petroleum Geological Survey	4321.71	4321.71	2473.34	3		
金属矿产地质勘查	Metallic Minerals Exploration	285419.95	282152.08	56880.00	348		
非金属矿产地质勘查	Nonmetallic Minerals Exploration	19371.07	15558.45	5420.41	39		
水气矿产地质勘查	Mineral Water, Groundwater and Carbon Dioxide Gas Exploration	40754.72	36471.56	1048.88	29		
海洋地质调查	**Marine Geological Survey**	**70259.43**	**58439.43**	**2155.42**	**19**		
水文、工程、环境地质勘查	**Hydrogeological, Engineering-geological, and Environmental-geological Survey**	**89295.66**	**77104.98**	**17271.93**	**160**		
水文地质	Hydrogeological Survey	19730.59	16809.37	4654.68	36		
工程地质	Engineering-geological Survey	616.42	616.42	297.29	4		
环境地质	Environmental-geological Survey	47219.85	38744.26	7012.44	80		
水文工程环境地质综合调查	Integrated Hydrogeological, Engineering-geological, and Environmental-geological Survey	**21728.80**	**20934.93**	**5307.52**	**40**		
区域地质调查	**Regional Geological Survey**	**154480.78**	**145187.32**	**18771.79**	**190**		
地球物理、地球化学勘查	**Geophysical and Geochemical Survey**	**125383.66**	**98273.08**	**18856.90**	**158**		
地面物探	Surface Geophysical Survey	20005.97	19993.78	5010.87	62		

查完成情况
Survey Completed

资源调查面积（平方千米） Land and Resources Survey (km²)						完成实物工作量 Amount of work completed		完成土地监测调查评价市、县(个) Cities and Counties That Have Completed Land Monitoring, Survey, and Evaluation	平均从业人员② Average Year Employees		累计提交调查报告 Cumulative Survey Reports Submitted	
1:25 万 1:250 thousand	1:20 万 1:200 thousand	1:10 万 1:100 thousand	1:5 万 1:50 thousand	1:2.5 万 1:25 thousand	1:1 万 1:10 thousand	机械岩心钻探（米） Footage of Core Drilling (m)	坑探（米） Footage of Pitting (m)		(人) (person)	技术人员 Technical Personnel	(份) (number)	本年 Current Year
4980937	442866	358769	1333273	3358	17171			2937	48337		11260	8186
958031	1306687	2499160	1977971	630672	1018930			295	147280		12257	1013
1263802	338468	73121	164339	3864	3137418			1547	28980		13202	945
1161940	70147	54704	135878	3422	1510298			252	14855		13994	792
1100437	126637	92576	168657	6211	1372310			373	16335		14799	757
271760	290849	305204	199405	30008	1153826			551	18300		16043	1245
305151	233973	3000	1101521	157957	3236788			1407	105562	76503	19601	3020
187159	549584	36783	1133211	2106	3281123			1532	30426	23384	23504	4397
219351	279099	131520	517540	3980	1219532	215507	3379	22298	46471	41711	28977	5471
									256	206	127	23
219351	279099	131520	505540	3980	15461	215507	3379		19030	15458	2535	159
			12000		1204071			22298	27185	26047	26315	5289
39100		**15000**	**60382**	**430**	**1273**	**202825**	**3379**		**6298**	**4924**	**598**	**51**
		15000				16033			1910	1505	49	9
		15000							62	62	2	
39100			60382	430	1273	182512	3379		3730	2834	458	26
						4280			534	488	36	5
									124	97	55	11
									86	**70**	**25**	**5**
119920	**2500**	**112220**	**85400**	**1930**	**1664**	**1248**			**1488**	**1235**	**163**	**15**
58720	2500	97300	32554	500	194				356	292	46	4
			6593	680	977				26	26	1	
61200		14920	46253	750	493	1023			565	475	93	8
						225			**541**	**442**	**23**	**3**
10331		**2000**	**76251**	**550**	**6376**	**3100**			**1483**	**1198**	**337**	**16**
	276599		**149344**	**770**	**4721**				**1562**	**1202**	**201**	**14**
			47990	570	4084				549	436	90	7

国土资源调

Land and Resources

年份/专业性质	Year/Work	累计完成国土资源调查费（万元） Sum of Cumulative Expenditures for Land and Resources Survey Completed (10^4 yuan)	国土资源调查经费[①] Cumulative Expenditures for Land and Resources Survey	本年完成 Completed in Current Year	大调查项目数(个) Number of survey projects	完成国土 Completed Area of 1:100 万 1:1000 thousand	1:50 万 1:500 thousand
地面化探	Surface Geochemical Survey	81211.63	55330.33	9007.46	77		
航空物探	Airborne Geophysical Survey	21145.67	19928.58	3996.21	10		
物化探综合勘查	Geophysical-geochemical Survey	3020.39	3020.39	842.36	9		
遥感	**Remote Sensing**	**30222.43**	**28570.87**	**10385.23**	**67**		
矿产资源	Mineral Resources	29961.83	28310.27	10385.23	66		
土地资源	Land Resources	260.60	260.60		1		
地质灾害预警工程	**Geological Hazard Earlywarning Engineering**	**75676.40**	**74515.08**	**12937.19**	**144**		
地质灾害调查	Geological Hazard Investigation	65857.00	64860.86	12658.88	126		
地质灾害治理	Geological Hazard Control	9819.40	9654.22	278.31	18		
土地资源监测调查评价	**Land Resources Monitoring, Survey, and Evaluation**	**94207.26**	**94207.26**	**9585.50**	**28**		
土地资源监测	Land Resources Monitoring	39174.50	39174.50	3479.50	4		
土地资源调查	Land Resources Survey	27358.00	27358.00	4000.00	13		
土地资源评价	Land Resources Evaluation	11774.90	11774.90	280.00	2		
土地市场调查	Land Market Survey	11231.00	11231.00	1385.00	2		
土地资源技术与标准	Land Resources Technology and Standards	4668.86	4668.86	441.00	7		
数字国土工程	**Digital Land Project**	**77151.82**	**76407.60**	**10736.58**	**89**		
信息化标准建设	IT Application Standards Construction	8792.57	8792.57	880.23	10		
地矿基础数据库建设	Geological and Mining Basic Database Construction	30790.56	30066.91	4777.36	46		
土地基础数据库建设	Land Basic Database Construction	35750.96	35730.39	5012.16	30		
国土资源网络系统建设	Land and Resources Network System Construction	1817.73	1817.73	66.83	3		
国土资源科学研究	**Scientific Research on Land and Resources**	**56816.48**	**56676.28**	**19033.31**	**191**		
地质科学研究	Geoscience Research	56394.77	56254.57	19033.31	191		
土地科学研究	Land Science Research	421.71	421.71				
地矿技术发展工程	**Geological and Mineral Resources Technological Development Engineering**	**69294.43**	**68414.92**	**11047.53**	**147**		
地矿技术发展工程	Geological and Mineral Resources Technological Development Engineering	69294.43	68414.92	11047.53	147		
其他	**Others**	**64359.84**	**62760.44**	**19972.24**	**151**		

注：① 为2003年新增指标；② 2009年以前该指标为年末从业人员。

Note: ① Newly added indicator in 2003; ② Is yearend Employees Before 2009.

查完成情况 续表
Survey Completed Continued

资源调查面积（平方千米）Land and Resources Survey (km²)						完成实物工作量 Amount of work completed		完成土地监测调查评价市、县[②](个) Cities and Counties That Have Completed Land Monitoring, Survey, and Evaluation	平均从业人员 Average Year Employees		累计提交调查报告 Cumulative Survey Reports Submitted	
1:25万 1:250 thousand	1:20万 1:200 thousand	1:10万 1:100 thousand	1:5万 1:50 thousand	1:2.5万 1:25 thousand	1:1万 1:10 thousand	机械岩心钻探（米）Footage of Core Drilling (m)	坑探（米）Footage of Pitting (m)		(人) (person)	技术人员 Technical Personnel	(份) (number)	本年 Current Year
	216599		83854	200	637				830	603	92	5
	60000		17500						115	97	19	2
									68	66		
			41000						**1238**	**883**	**39**	**2**
			41000						1238	883	38	1
											1	1
50000		**2300**	**93163**	**300**	**1427**	**3810**			**1225**	**1059**	**417**	**14**
50000		2300	93163	300	1427	3810			1192	1029	359	11
									33	30	58	3
			12000		**1204071**			**22298**	**27185**	**26047**	**26315**	**5289**
					660000			1129	1568	1559	3037	46
					509332			19417	20564	20472	11193	84
			12000					1533	300	180	2366	1130
					34739			210	4612	3734	9500	4013
								9	141	102	219	16
									964	**841**	**420**	**31**
									125	95	38	1
									350	302	237	4
									447	402	72	21
									42	42	53	5
						1876			**2049**	**1825**	**110**	**11**
						1876			2049	1825	109	11
											1	
						2648			**1494**	**1191**	**288**	**20**
						2648			1494	1191	288	20
									1655	**1477**	**64**	**3**

主要统计指标解释

累计完成国土资源调查费 是指自国土资源调查项目开始工作起至报告期止，实际完成的项目费用。包括国土资源大调查经费和为进行国土资源大调查项目立项及前期准备工作等投入的资金。该项应等于历年完成国土资源大调查费用之和。

累计完成国土资源调查经费 是指累计完成的由国家财政收支预算国土资源调查经费科目列支的国土资源大调查经费。

本年完成（国土资源调查经费） 是指报告年度实际完成的由国家财政收支预算国土资源调查经费科目列支的国土资源大调查经费。

完成国土资源调查面积 是指报告期采用各种方法（如测量、物探、化探、遥感等）实际完成的区域性国土资源调查的面积数。包括土地资源调查、地质矿产资源调查、水文地质、工程地质、环境地质调查、海洋资源调查和国土资源综合调查等。调查工作的比例尺有 1:100 万、1:50 万、1:25 万、1:20 万、1:10 万、1:5 万、1:2.5 万、1:1 万。

机械岩心钻探工作量 是指用动力机械带动，回转或冲击回转钻进，并以取出岩心了解和研究地下地质情况为目的的钻探工作。如手轮给进钻机、油压钻机、石油钻机、海洋石油钻机、水文水井钻机以及汽车钻机等。以“米”计量，取整数。

坑探工作量 是指用凿岩机械或人工开凿的各种坑道工程，以“米”计量，取整数。

平均从业人员 是指报告期内在地勘单位平均每天实有的从业人员。平均从业人数=（年初人数+年末人数）/2 或用年度各月平均人数之和除以 12。

技术人员 是指在国土资源调查项目中从事工作并取得劳动报酬的，具有初级及初级以上地质勘查或土地勘测技术职称的专业技术人员。包括地质技术人员、工程技术人员、物化探技术人员、土地勘测、测绘、岩矿鉴定、化验等技术人员。

累计提交调查报告 是指自国土资源调查工作开始起至报告期止实际提交并经上级主管单位验收的各类正式国土资源调查项目报告数。

本年（提交调查报告） 是指报告期实际提交并经上级主管单位验收的各类正式国土资源调查项目报告数。

Explanatory Notes on Main Statistical Indicators

Cumulative expenditures for land and resources survey completed — refers to the total expenditures of the land and resources survey projects completed actually from the beginning of the survey projects to the reporting period, including expenditures of the land and resources survey and funds input for the filing of the land and resources survey projects and early-stage preparatory work. This item should be equal to the sum of the expenditures for the land and resources survey completed over the years.

Cumulative expenditures for survey completed — refer to the cumulative expenditures completed for the land and resources survey listed and paid by the State Budget Land and Resources Survey Fund Section.

Completed this year (expenditures of land and resources survey) — refers to the expenditures completed actually during the reporting year for the land and resources survey listed and paid by the State Budget Land and Resources Survey Fund Section.

Area of land and resources survey completed — refers to the actual acreage (expressed as square kilometers) completed for the regional land and resources survey using various methods (e.g. measurements, geophysical, and geochemical methods, and remote sensing techniques) during the reporting period. The survey includes land resource survey, mineral resource survey, hydrogeological survey, engineering geological survey, environmental geological survey, marine resource survey, and comprehensive land and resources survey. The scales of these surveys are 1:1 million, 1:500000, 1:250000, 1:200000, 1:100000, 1:50000, 1:25000, and 1:10000.

Penetration of core drilling — refers to the penetration of rotary or percussive drilling driven by power machinery that recovers the core in order to study the underground geology. The drills include hand-lever feed drills, hydraulic feed drills, oil drills, marine oil drills, hydrological water well drills, and truck-mounted drills. It is calculated in "meters" and rounded off.

Advance of tunneling — refers to the advances of various underground workings excavated by rock drills or man operations. It is calculated in "meters" and rounded off.

Average employees — refer to the average daily number of employees in geological exploration units during the reporting period. The average number of employees=(number of employees at year beginning + number of employees at year end)/2 or the sum of the average monthly numbers during the current year/12.

Technical personnel — refer to professional technical persons who work in the land and resources survey project for payment and have technical titles of geological survey or land survey at and above the junior level. They include geological technical personnel, engineering technical personnel, geophysical and geochemical technical personnel, land surveying personnel, surveying and mapping personnel, and technical personnel for identification and chemical analysis of rocks and minerals.

Cumulative survey reports submitted — refer to the number of various formal reports on land and resources survey submitted actually from the beginning of land and resources survey to the reporting period and checked and accepted by competent administration departments at a higher level.

Current survey reports submitted — refer to the number of various formal reports on land and resources survey submitted actually during the reporting period and checked and accepted by competent administrative departments at a higher level.

土地资源

Land Resources

耕 地 增 减
Changes in

单位：亩[①]

年份/地区	Year/Region	年初耕地面积 Cultivated Land Area at Year Beginning	年内增加耕地面积 Increase of Cultivated Land Area During the Year					年内 Decrease of
			小计 Subtotal	整理 Land Consolidation	复垦 Land Reclamation	开发 Land Development	农业结构调整 Agricultural Restructuring	小计 Subtotal
2001		1923647002.9	3989155.8	654171.6	366760.8	2018191.8	950031.6	13399026.0
2002		1914237132.7	5117852.2	787197.1	525643.2	2598570.0	1206441.9	30411004.3
2003		1888943980.6	5154047.0	965558.0	487711.5	3208830.2	491947.3	43214877.7
2004		1850883149.9	7955493.2	861694.6	895663.0	3427085.7	2771049.9	22174810.4
2005		1836663832.7	9343521.9	1070570.2	1059953.3	2469481.5	4743516.9	14768006.9
2006		1831240000.8	10796850.3	1183417.1	954687.2	3369816.9	5288929.1	15398781.8
2007		1826638069.3	4499778.8	683452.3	395189.9	1858892.0	1562244.6	5109865.3
2008[③]		1826027982.8	3880581.2	928642.2	440010.7	2075454.7	436473.6	4170186.9
北京	Beijing	3482810.0	29767.3	16831.2	444.7	11785.7	705.7	37254.0
天津	Tianjin	6655144.6	56831.0	8100.6	723.3	48007.1		95629.8
河北	Hebei	94727101.9	237162.1	47330.2	21309.0	123653.2	44869.7	204803.7
山西	Shanxi	60801716.5	81443.2	6009.0	2059.4	71411.8	1963.0	45808.3
内蒙古	Inner Mongolia	107194196.3	76694.3	15544.4	8239.0	45537.4	7373.5	62245.0
辽宁	Liaoning	61277519.6	76430.7	6839.1	1180.6	67773.4	637.6	74698.1
吉林	Jilin	83025334.6	67238.8	27014.9	5798.4	34425.5		72908.5
黑龙江	Heilongjiang	177575475.7	101022.2	24471.4	7868.2	55543.2	13139.4	224683.2
上海	Shanghai	3894513.3	47140.5	9646.5	15355.2	13.1	22125.7	282260.9
江苏	Jiangsu	71456624.8	334924.9	49669.4	102968.7	182284.4	2.4	334656.8
浙江	Zhejiang	28763041.7	365681.9	145782.7	35232.9	146278.8	38387.5	315901.4
安徽	Anhui	85922292.9	179114.8	30003.4	63294.8	72077.7	13738.9	148576.9
福建	Fujian	19996135.1	60711.9	5782.6	542.6	53711.9	674.8	105287.9
江西	Jiangxi	42401215.8	91283.6	5976.3	380.9	82880.7	2045.7	86207.1
山东	Shandong	112605923.5	346227.8	119674.7	40210.7	128421.2	57921.2	222561.3
河南	Henan	118890406.8	156469.1	26863.8	22025.7	104874.9	2704.7	151261.6
湖北	Hubei	69950328.8	132878.1	37062.5	27267.4	66585.4	1962.8	121385.4
湖南	Hunan	56834558.6	98084.0	18925.9	1139.6	76819.4	1199.1	92030.1
广东	Guangdong	42714886.6	80866.5	12272.1	1888.2	62833.7	3872.5	334781.0
广西	Guangxi	63220455.7	117135.3	10788.5	278.9	97836.1	8231.8	74794.6
海南	Hainan	10912491.5	24021.1	13763.8		9976.1	281.2	23879.5
重庆	Chongqing	33586232.8	107740.7	67470.7	4588.6	32652.8	3028.6	154993.3
四川	Sichuan	89251815.1	294224.7	156566.0	7176.3	47722.0	82760.4	335061.5
贵州	Guizhou	67311828.8	82069.9	3307.5	5088.7	73065.7	608.0	114439.9
云南	Yunnan	91085369.6	174858.1	8127.0	16609.4	107959.1	42162.6	179328.5
西藏	Tibet	5417085.4	12264.1	1709.0	429.7	9631.9	493.5	4880.1
陕西	Shaanxi	60735668.2	147514.5	18349.5	37558.5	89008.6	2597.9	127968.0
甘肃	Gansu	69896304.7	50434.1	15391.2	5481.5	27425.7	2135.7	65226.5
青海	Qinghai	8133029.8	19176.7	1563.0	101.6	17465.3	46.8	11417.6
宁夏	Ningxia	16595099.5	40244.6	2651.1	33.1	26224.5	11335.9	29412.6
新疆	Xinjiang	61713374.6	190924.7	15154.2	4735.1	101568.4	69467.0	35843.8

注：① 1亩=0.067公顷；② 为2004年附加指标；③ 2008年度土地变更调查统计周期为2007年11月1日至2008年12月31日。

Notes: ① 1 mu=0.067 hectare; ② Newly added indicator in 2004; ③ The statistical time of The Land-use Alteration Survey in 2008 is from Nov.1st,

变 动 情 况
Cultivated Land

Unit: mu[①]

减 少 耕 地 面 积 Cultivated Land Area During the Year					年末耕地面积 Cultivated Land Area at Yearend
建设占用 Land for Construction Use	往年未变更上报[②] Used in Previous Years and Reported in Current Year	灾毁耕地 Destroyed by Natural Hazards	生态退耕 Turned to Ecological Uses	农业结构调整 Agricultural Restructuring	
2454809.3		458685.4	8860339.1	1625192.2	1914237132.7
2947494.0		845079.7	21383287.3	5235143.3	1888943980.6
3436585.8		756374.6	33559636.1	5462281.2	1850883149.9
4392053.9	2215713.0	949250.6	10992988.3	5840517.6	1836663832.7
3181673.1	1101254.4	802562.5	5854828.0	4928943.3	1831240000.8
3878093.2	1367569.6	537955.0	5090852.3	5891881.3	1826638069.3
2824289.4		268863.2	381686.4	1635026.3	1826027982.8
2873522.9		372047.7	113973.3	810643.0	1825738377.1
30408.2			2561.3	4284.5	3475323.3
56822.2		38804.8		2.8	6616345.8
112907.6		172.2	41442.3	50281.6	94759460.3
45199.2		68.8	77.6	462.7	60837351.4
44476.4		15065.9	3.0	2699.7	107208645.6
73649.0			693.0	356.1	61279252.2
64256.9		3.1	4950.0	3698.5	83019664.9
75554.0		278.0	18.4	148832.8	177451814.7
108167.2		1828.3	6989.2	165276.2	3659392.9
334656.8					71456892.9
306939.3		1134.7	324.0	7503.4	28812822.2
133439.9		61.0	3184.1	11891.9	85952830.8
97494.5		3824.4	49.6	3919.4	19951559.1
85445.6		175.8	60.0	525.7	42406292.3
203331.2		418.4	3765.6	15046.1	112729590.0
146686.2			1016.2	3559.2	118895614.3
103104.3		3261.4	507.1	14512.6	69961821.5
89405.6		1007.8	109.7	1507.0	56840612.5
53211.7		8008.0	5575.3	267986.0	42460972.1
68499.4		2425.1	1511.7	2358.4	63262796.4
9035.3		851.6	934.5	13058.1	10912633.1
75526.7		66246.6	2523.3	10696.7	33538980.2
184136.0		137378.4	4713.1	8834.0	89210978.3
53876.4		47551.9	8583.8	4427.8	67279458.8
130279.1		30438.7	3079.0	15531.7	91080899.2
2925.6		849.7	671.2	433.6	5424469.4
92106.8		3201.0	8845.8	23814.4	60755214.7
38809.4		8627.7	3196.1	14593.3	69881512.3
11166.8			2.4	248.4	8140788.9
22903.8		4.9	413.3	6090.6	16605931.5
19101.8		359.5	8172.7	8209.8	61868455.5

2007 to Dec.31th, 2008.

主要统计指标解释

年初（末）耕地面积 是指年初（末）统计区域内实有的全部耕地面积。

年内增加耕地面积 是指本年度因土地整理、复垦、开发、农业结构调整而增加的耕地面积。

土地整理 是指在一定区域内，按照土地利用规划，对田、水、路、林、村综合整治，提高农地质量，增加有效农地面积，改善农业生产条件和生态环境。其内容主要包括调整用地结构；归并零散地块；平整土地；道路、渠道等的综合治理；村庄及乡村企业用地的集中、搬迁和内部改造等。

土地复垦 是指对生产建设过程中挖损、塌陷、压占、污染等造成破坏的土地和洪灾、滑坡、崩塌、泥石流、风沙等自然灾害损毁的土地，采取生物和工程技术手段，使其恢复到可供利用状态的活动。

土地开发 是指按照土地利用规划，在保护和改善生态环境、防止水土流失和土地荒漠化的前提下，对滩涂、盐碱地、荒草地、裸土地等未利用地的宜农土地进行整治。

农业结构调整 是指由于经济发展和保护生态环境需要，在报告期对原有种植业、林业、牧业、水产养殖业、副业等所占土地在农业生产中所占比例进行调整。

农业结构调整（增加耕地） 是指由于农业结构调整，将原其他农业用途的土地改为耕地的面积。

年内减少耕地面积 是指本年度因建设占用、灾害损毁、生态退耕和农业结构调整而减少的耕地面积。

建设占用 是指因各类建设占用而减少的耕地面积。

灾害损毁 是指因水冲、沙压、山崩、泥石流、沟蚀、地震等自然灾害破坏而减少的耕地面积。

生态退耕 是指因生态环境建设需要，实际耕地退耕还林、还牧、还湖的面积。

农业结构调整（减少耕地） 是指由于农业结构调整，将原耕地改为其他农业用途土地的面积。

Explanatory Notes on Main Statistical Indicators

Cultivated land area at the year beginning (end) — refers to the area of all the cultivated land available within a geographic region of statistical surveys at the beginning (end) of the year.

Cultivated land area increased during the year — refers to the area of cultivated land increased during the year as a result of land consolidation, reclamation, new development, and agricultural restructuring.

Land consolidation — refers to the process of comprehensive renovation of farmland, water, roads, forests, and villages in a particular region according to land-use planning in order to raise the farmland quality, increase the effective farmland area and improve the conditions of agricultural production and ecological environment. The content mainly includes land-use structure adjustment, consolidation of scattered parcels of land, land leveling, road and canal improvements, and concentration, relocation, and internal modification of land used for the construction of villages and village-and-town enterprises.

Land reclamation — refers to the process of restoring to the usable state the land damaged by excavation, collapse, surface land occupation, and pollution during the production and by natural disasters such as floods, landslides, avalanches, mud-flows, and wind-blown sand disasters by taking biotechnical and engineering technological means.

Land development — refers to the process of improving unused land suited to agricultural purposes such as shoals, saline-alkali land, land overgrown with weeds, and nuked land according to land-use planning in order to protect and improve the ecological environment, prevent soil erosion, and land desertification.

Agricultural restructuring — refers to the adjustment of the percentages of the lands originally used by crop growing, forestry, livestock farming, aquatic products farming, and side-line occupation in agricultural production during the reporting period in order to meet the requirements for economic development and eco-environmental protection.

Agricultural restructuring (increase of cultivated land) — refers to the area of cultivated land to which the land for other agricultural uses is converted as a result of agricultural restructuring.

Cultivated land area reduced during the year — refers to the area of cultivated land decreased during the year as a result of use for construction, damage by natural hazards, transfer of productive cultivated land to ecological preservation uses, and agricultural restructuring.

Use for construction — refers to the area of cultivated land decreased due to various construction uses.

Damage by natural hazards — refers to the area of cultivated land decreased due to damage by natural hazards such as water erosion, sand coverage, landslides, mudflows, rill erosion, and earthquakes.

Conversion of cultivated land to ecological preservation uses — refers to the area of actual cultivated land converted for forestry, pasture, and lakes in order to meet the requirements for eco environmental construction.

Agricultural restructuring (decrease of cultivated land) — refers to the area of land for other agricultural uses to which original cultivated land is converted as a result of agricultural restructuring.

矿产资源勘查

Mineral Resources Exploration

地质勘查新查明矿产资源——按矿种分列（2009 年）
Mineral Resources Identified Newly Through Geological Exploration (2009)

矿 种	Mineral	计量单位	Unit	查明资源量 Newly Identified Mineral Resources
煤炭	Coal	原煤亿吨	10^8t (raw coal)	504.31
地热	Geotherm	热（电），兆瓦（能）	Heat (power), MW (energy)	15.89
铁矿	Iron	矿石亿吨	10^8t (ore)	35.23
锰矿	Manganese	矿石万吨	10^4t (ore)	3853.31
铬矿	Chromite	矿石万吨	10^4t (ore)	620.47
钒矿	Vanadium	V_2O_5 万吨	10^4t (V_2O_5)	269.12
钛矿	Titanium	TiO_2 万吨	10^4t (TiO_2)	400.43
铜矿	Copper	金属万吨	10^4t (metal)	208.87
铅矿	Lead	金属万吨	10^4t (metal)	367.78
锌矿	Zinc	金属万吨	10^4t (metal)	766.84
铝土矿	Bauxite	矿石万吨	10^4t (ore)	31889.68
镍矿	Nickel	金属万吨	10^4t (metal)	18.09
钴矿	Cobalt	金属万吨	10^4t (metal)	1.12
钨矿	Tungsten	WO_3 万吨	10^4t (WO_3)	49.51
锡矿	Tin	金属万吨	10^4t (metal)	18.22
钼矿	Molybdenum	金属万吨	10^4t (metal)	132.92
锑矿	Antimony	金属万吨	10^4t (metal)	17.94
铂族金属	Platinum	金属吨	t (metal)	0.71
岩金	Gold	金属吨	t (metal)	389.58
砂金	Gold	金属吨	t (metal)	0.03
银矿	Silver	金属吨	t (metal)	5195.71
铌矿	Niobium	Nb_2O_5 万吨	10^4t (Nb_2O_5)	0.01
锂矿	Lithium	LiCl 万吨	10^4t (LiCl)	23.21
锶矿	Strontium	菱锶矿石万吨	10^4t ($SrSO_4$)	26.00
锆矿	Zirconium	ZrO_2 万吨	10^4t (ZrO_2)	48.55
稀土矿	Rare Earths	TR_2O_3 万吨	10^4t (TR_2O_3)	0.73
锗矿	Germanium	Ge 吨	t (Ge)	1490.49
镓矿	Gallium	Ga 吨	t (Ga)	170.42
铟矿	Indium	In 吨	t (In)	92.95
镉矿	Cadmium	Cd 吨	t (Cd)	728.14
萤石（普通）	Fluorite (Common)	CaF_2 万吨	10^4t (CaF_2)	579.11
溶剂用石灰岩	Limestone for Flux	矿石亿吨	10^8t (ore)	2.77
冶金用白云岩	Metallurgical, Dolomite	矿石亿吨	10^8t (ore)	2.11
冶金用石英岩	Metallurgical, Quartzite	矿石万吨	10^4t (ore)	278.11
铸型用粘土	Foundry Clay	矿石万吨	10^4t (ore)	1000.00
硫铁矿	Pyrite	矿石万吨	10^4t (ore)	13046.00
伴生硫	Pyrite	矿石万吨	10^4t (ore)	102.66
磷矿	Phosphate Rock	矿石万吨	10^4t (ore)	28471.20
芒硝	Mirabilite	Na_2SO_4 万吨	10^4t (Na_2SO_4)	8776.38

地质勘查新查明矿产资源——按矿种分列（2009年） 续表

Mineral Resources Identified Newly Through Geological Exploration (2009) Continued

矿　种	Mineral	计量单位	Unit	查明资源量 Newly Identified Mineral Resources
重晶石	Barite	矿石万吨	10^4t (ore)	9.10
天然碱	Trona	$Na_2CO_3+NaHCO_3$万吨	10^4t（$Na_2CO_3+NaHCO_3$）	1971.41
电石用灰岩	Tourmaline Limestone	矿石亿吨	10^8t (ore)	0.50
盐矿（包括地下卤水）	Salt (Including Subsurface Brine)	NaCl 亿吨	10^8t (NaCl)	70.56
砷矿	Arsenic	砷万吨	10^4t (arsenic)	4.90
石榴子石	Garnet	矿物万吨	10^4t (mineral)	9.00
方解石	Calcite	矿物万吨	10^4t (mineral)	26.90
玉石	Jade	矿石万吨	10^4t (ore)	507.00
硅灰石	Wollastonite	矿物万吨	10^4t (mineral)	541.56
长石	Feldspar	矿物万吨	10^4t (mineral)	160.00
叶蜡石	Pyrophyllite	矿石万吨	10^4t (ore)	300.00
高岭土	Kaolin	矿物万吨	10^4t (mineral)	678.00
陶瓷土	Ceramic Clay	矿石万吨	10^4t (ore)	139410.00
霞石正长岩	Nepheline Syenite	矿石万吨	10^4t (ore)	165.79
玻璃用石英岩	Quartzite for Glass	矿石万吨	10^4t (ore)	1336.93
玻璃用砂岩	Sandstone for Glass	矿石万吨	10^4t (ore)	3370.90
玻璃用脉石英	Vein Quartz for Glass	矿石万吨	10^4t (ore)	5.88
粉石英	Powdery Quartz	矿石万吨	10^4t (ore)	151.50
水泥用灰岩	Limestone for Cement	矿石亿吨	10^8t (ore)	36.97
水泥配料用砂岩	Sandstone for Cement	矿石万吨	10^4t (ore)	4200.00
水泥配料用页岩	Shale for Cement	矿石万立方米	10^4m^3 (ore)	790.00
砖瓦用页岩	Shale for Bricks and Tiles	矿石万立方米	10^4m^3 (ore)	51.50
砖瓦用粘土	Clay for Bricks and Tiles	矿石万立方米	10^4m^3 (ore)	175.00
膨润土	Bentonite	矿石万吨	10^4t (ore)	7520.26
硅藻土	Diatomaceous Earth	矿石万吨	10^4t (ore)	300.00
建筑用砂	Building Sand	矿石万立方米	10^4m^3 (ore)	330.60
建筑用灰岩	Building Stone	矿石万立方米	10^4m^3 (ore)	236.50
建筑用花岗岩	Building Granite	矿石万立方米	10^4m^3 (ore)	213.44
建筑用大理岩	Building Marble	矿石万立方米	10^4m^3 (ore)	0.11
建筑用砂岩	Building Sandstone	矿石万立方米	10^4m^3 (ore)	38.47
饰面用花岗岩	Facing Granite	矿石万立方米	10^4m^3 (ore)	51.00
片麻岩	Amphibolite	矿石万立方米	10^4m^3 (ore)	90.08
石墨(晶质)	Graphite (Cryptocrystalline)	矿物万吨	10^4t (mineral)	0.84
石膏	Gypsum	矿石万吨	10^4m^3 (ore)	16023.21
铸石用玄武岩	Basalt for Casting	矿石万吨	10^4m^3 (ore)	1500.00
矿泉水	Mineral Water	允许开采量立方米/日	m^3/day (allowable output)	864.00
地下水	Groundwater	允许开采量立方米/日	m^3/day (allowable output)	21000.00
其他	Others	矿石亿吨	10^8t (ore)	229.01

地质勘查新发现矿产地

Newly Discovered Mineral

年份/地区	Year/Region	合计 Total	属地化单位 Localized Departments	冶金部门 Metallurgy Sector	武警黄金 Gold Headquarters	石油天然气 Oil & Natural Gas Sector	海洋石油 Marine Petroleum Sector
2001		198	137	14	5	8	6
2002		245	125	3	10	8	9
2003		228	121	11	3	7	3
2004		253	128	3	3	4	
2005		177	106	1	5	6	4
2006		237	145	5	5	3	
2007		256	162	2	3	5	3
2008		257	149	1	5	6	4
2009		767	621	4	6	7	6
北　京	Beijing						
天　津	Tianjin						
河　北	Hebei	33	32			1	
山　西	Shanxi	25	18	1			
内蒙古	Inner Mongolia	74	63		2	1	
辽　宁	Liaoning	38	36				
吉　林	Jilin	7	3				
黑龙江	Heilongjiang	7	5		1	1	
上　海	Shanghai						
江　苏	Jiangsu	22	19				
浙　江	Zhejiang	8	6				
安　徽	Anhui	18	17				
福　建	Fujian	45	44				
江　西	Jiangxi	32	31				
山　东	Shandong	38	33				
河　南	Henan	31	22				
湖　北	Hubei	15	4				
湖　南	Hunan	29	21		1		
广　东	Guangdong	30	23				
广　西	Guangxi	47	40				
海　南	Hainan	12	10				
重　庆	Chongqing	1				1	
四　川	Sichuan	27	21				
贵　州	Guizhou	45	34				
云　南	Yunnan	42	30				
西　藏	Tibet	14	9				
陕　西	Shaanxi	12	9			1	
甘　肃	Gansu	7	6		1		
青　海	Qinghai	4	3				
宁　夏	Ningxia	6	6				
新　疆	Xinjiang	89	76	1	1	2	
海　域	Sea area	6					6
国　外	Abroad	3		2			

——按地区分列
Prospects by Region

石油化工 Petro-Chemical Industry Sector	中联煤层气 CUCBM	煤炭部门 Coal Sector	核工业部门 Nuclear Industry Sector	化工部门 Chemical Industry Sector	建材部门 Building Materials Sector	有色部门 Nonferrous Metals Sector	中国地质调查局 China Geological Survey
		2		11	15		
70				9	11		
19				8	52	4	
20		2		9	81	3	
2				9	44		
20				10	43	4	2
17		6	3	10	40	4	1
17		1		11	62	1	
11	1	5	4	8	63	3	28
	1				5		
			3		3		2
					2		
1					3		
2					1		
					2		
							1
				1			
					1		
1		2		1			1
3					6		
1		1			4		5
					1		6
					5	1	1
				1	6		
							2
2				3	1		
					7		4
		1		2	9		
							5
					2		
					1		
1			1		4	2	1
		1					

地质勘查新发现矿产地
Newly Discovered Mineral

矿 种	Mineral	合计 Total	属地化单位 Localized Departments	冶金部门 Metallurgy Sector	武警黄金 Gold Headquarters	石油天然气 Oil & Natural Gas Sector	海洋石油 Marine Petroleum Sector
总 计	**Total**	**767**	**621**	**4**	**6**	**7**	**6**
煤炭	Coal	130	124				
石油	Oil	17				4	3
天然气	Natural Gas	7				3	3
煤层气	Coal-bed Methane	1					
石煤	Stone Coal	1	1				
地热	Geotherm	2	1				
铁矿	Iron	77	71	2			
锰矿	Manganese	14	12				
钒矿	Vanadium	12	12				
铁钛矿	Titanium	3	3				
钛矿	Titanium	3	3				
铬矿	Chromite	1	1				
铜矿	Copper	33	30				
铅锌矿	Lead-zinc	74	64				
铅矿	Lead	1			1		
锌矿	Zinc	1					
铝土矿	Bauxite	20	18				
镍矿	Nickel	5	5				
钴矿	Cobalt	4	4				
钨矿	Tungsten	22	18	1	1		
锡矿	Tin	6	4				
钼矿	Molybdenum	27	26				
锑矿	Antimony	4	3				
镓矿	Gallium	1	1				
铟矿	Indium	1	1				
镉矿	Cadmium	1	1				
金矿	Gold	56	50	1	4		
银矿	Silver	16	13				
铂矿	Platinum	2	2				
锆矿	Zirconium	2	2				
锶矿	Strontium	1	1				
锗矿	Germanium	1	1				
铌钽矿	Columbotantalite	1	1				
稀土	Rare Earths	8	8				
萤石（普通）	Fluorite (Common)	6	6				
溶剂用灰岩	Limestone for Flux	2	2				
冶金用白云岩	Metallurgical, Dolomite	3	2				
硫铁矿	Pyrite	7	7				
磷矿	Phosphate Rock	12	7				

——按矿种分列（2009年）

Prospects by Mineral (2009)

石油化工 Petro-Chemical Industry Sector	中联煤层气 CUCBM	煤炭部门 Coal Sector	核工业部门 Nuclear Industry sector	化工部门 Chemical Industry Sector	建材部门 Building Materials Sector	有色部门 Nonferrous Metals Sector	中国地质调查局 China Geological Survey
11	**1**	**5**	**4**	**8**	**63**	**3**	**28**
		4			1		1
10							
1							
	1						
		1					
				1	1		2
							2
						2	1
							10
							1
					1		1
							2
							2
							1
					1		
							1
				1		1	1
					1		
				5			

地质勘查新发现矿产地
Newly Discovered Mineral

矿 种	Mineral	合计 Total	属地化单位 Localized Departments	冶金部门 Metallurgy Sector	武警黄金 Gold Headquarters	石油天然气 Oil & Natural Gas Sector	海洋石油 Marine Petroleum Sector
钾盐	Potash	1	1				
钠硝石	Nitratite	2	2				
芒硝	Mirabilite	6	6				
芒硝(含钙芒硝)	Mirabilite (Including Glauberite)	1	1				
重晶石	Barite	1	1				
天然碱	Trona	1	1				
岩盐	Halite	1					
电石石灰岩	Tourmaline Limestone	2	1				
含钾岩石	K-bearing Rock	2	2				
矿盐（包括地下卤水）	Salt (Incruding Subsurface Brine)	7	7				
砷	Arsenic	1	1				
石榴子石	Garnet	1	1				
方解石	Calcite	1	1				
硅灰石	Wollastonite	1	1				
滑石	Talc	2	1				
叶蜡石	Pyrophyllite	2	2				
高岭土	Kaolin	2	2				
陶瓷土	Ceramic Clay	5	5				
瓷石	China Stone	1	1				
玻璃用石英岩	Quartzite for Glass	4	4				
玻璃用砂岩	Sandstone for Glass	5	5				
水泥用灰岩	Limestone for Cement	73	35				
制灰用灰岩	Limestone for Mortar	1	1				
水泥配料用砂岩	Sandstone for Cement	11	7				
水泥配料用粘土	Clay for Cement	9	5				
水泥用大理石	Marble for Cement	3	1				
建筑用砂	Building Sand	1					
粉石英	Powdery Quartz	1					
膨润土	Bentonite	6	4				
建筑用石料	Tuff	1	1				
珍珠岩	Perlite	1	1				
陶粒页岩	Earthenware Shale	1	1				
石墨	Graphite	4	2				
石膏	Gypsum	5	5				
饰面用花岗岩	Facing Granite	2					
铸石用玄武岩	Basalt for Casting	1	1				
饰面用板岩	Facing Slate	2					
矿泉水	Mineral Water	1	1				
地下水	Groundwater	3	3				
二氧化碳气	Carbon Dioxide Gas	1	1				
其他	Others	6	1				

——按矿种分列（2009年） 续表
Prospects by Mineral (2009) Continued

石油化工 Petro-Chemical Industry Sector	中联煤层气 CUCBM	煤炭部门 Coal Sector	核工业部门 Nuclear Industry sector	化工部门 Chemical Industry Sector	建材部门 Building Materials Sector	有色部门 Nonferrous Metals Sector	中国地质调查局 China Geological Survey
					1		
					1		
					1		
					38		
					4		
					4		
					2		
					1		
				1			
					2		
							2
					2		
					2		
			4				1

坑探工作量——
Footage of Pitting by

单位：米

年份/矿种	Year/Mineral	合计 Total	属地化单位 Localized Departments	冶金部门 Metallurgy Sector
	2001	124986	104796	11387
	2002	95031	79782	6885
	2003	154887	133392	12955
	2004	139974	122222	5948
	2005	397177	379311	7029
	2006	274254	250268	13123
	2007	415348	392307	5753
	2008	962670	914240	31153
	2009	869796	835817	21898
煤	Coal	95380	95200	
铁矿	Iron	81137	76260	4699
锰矿	Manganese	26086	24115	1971
铬矿	Chromite	613	613	
钒矿	Vanadium	4382	4193	189
铜矿	Copper	113748	110755	2893
铅锌矿	Lead-zinc	173377	172414	901
铝土矿	Bauxite	1678	1678	
镍矿	Nickel	3419	3419	
钴矿	Cobalt	25	25	
钨矿	Tungsten	30776	30776	
锡矿	Tin	65591	65591	
钼矿	Molybdenum	7477	6477	
锑矿	Antimony	24831	24831	
汞矿	Mercury	191	191	
铂族金属	PGM	7042	7042	
岩金	Gold	174418	155522	10755
砂金	Gold	4309	4309	
银矿	Silver	10772	9104	80
铌钽矿	Nb-ta Ore	747	747	

按矿种和部门分列
Mineral and Sector

Unit: m

有色部门 Nonferrous Metals Sector	中国地质调查局 China Geological Survey	武警黄金 Gold Headquarters	核工业部门 Nuclear Industry Sector	化工部门 Chemical Industry Sector	建材部门 Building Materials Sector
		8263		540	
	348	6181		1835	
1173	400	6355		522	90
1144	1261	5645		1467	2287
535	926	8170		896	310
3660	1150	2720		1987	1346
3515	1724	4402		6472	1175
5372		6064		4689	1152
4280		5845	204	1394	358
					180
					178
100					
				62	
		1000			
2592		4845	204	500	
1588					

坑探工作量——

Footage of Pitting by

单位：米

年份/矿种	Year/Mineral	合计 Total	属地化单位 Localized Departments	冶金部门 Metallurgy Sector
铍矿	Beryllium	424	424	
锂矿	Lithium	2835	2835	
稀土矿	Rare Earths	354	354	
红柱石	Andalusite	80	80	
萤石（普通）	Fluorite (Common)	3738	3738	
硫铁矿	Pyrite	1087	1087	
磷矿	Phosphate Rock	20756	19924	
钾盐	Potash	2750	2750	
钠硝石	Natratine	460	460	
化肥用灰岩	Limestone for Fertilizer	200	200	
泥炭	Peat	1925	1925	
盐矿	Salt	1229	1229	
电气石	Tourmaline	35	35	
玉石	Jade	100	100	
硅灰石	Wollastonite	940	940	
长石	Feldspar	176	176	
高岭土	Kaolin	685	276	409
陶瓷土	Ceramic Clay	569	569	
玻璃用石英岩	Quartzite for Glass	735	735	
水泥用灰岩	Limestone for Cement	997	997	
硅藻土	Diatomaceous Earth	730	730	
建筑用花岗岩	Building Granite	1022	1022	
建筑用大理岩	Building Marble	142	142	
饰面用辉长岩	Facing Gabbro	50	50	
饰面用大理岩	Facing Marble	30	30	
陶粒用粘土	Ceramic Clay	370	370	
碎云母	Broken Mica Deposit	30	30	
沸石	Zeolite	197	197	
石膏	Gypsum	300	300	
不能分矿种	Others	850	850	

按矿种和部门分列　续表

Mineral and Sector　Continued

Unit: m

有色部门 Nonferrous Metals Sector	中国地质调查局 China Geological Survey	武警黄金 Gold Headquarters	核工业部门 Nuclear Industry Sector	化工部门 Chemical Industry Sector	建材部门 Building Materials Sector
				832	

机械岩心钻探工作量

Footage of Core Drilling

单位：米

年份/地区	Year/Region	合计 Total	属地化单位 Localized Departments	冶金部门 Metallurgy Sector	有色部门 Nonferrous Metals Sector	中国地质调查局 China Geological Survey	武警黄金 Gold Headquarters
	2001	2810690	836290①	37403			38895
	2002	3082697	1037682	47634		1872	33794
	2003	5032030	1322808	64823	2376	4776	39199
	2004	6368500	2218665	118936	4528	8075	41135
	2005	8554379	3520273	155138	7858	10078	47554
	2006	11401868	5798933	241202	11876	16178	48934
	2007	13660347	7439660	303852	36472	34557	50568
	2008	20129743	13466106	445092	71975	12378	91291
	2009	23481486	16158820	478500	36933	30952	148730
北 京	Beijing	49715	47437				
天 津	Tianjin	189702	1637				
河 北	Hebei	539496	52955	28477	424	7150	
山 西	Shanxi	878448	447082	26535			
内蒙古	Inner Mongolia	4869070	4049771	58896	15590		46439
辽 宁	Liaoning	875876	630645	4737		2048	2943
吉 林	Jilin	560299	336428		2481		2431
黑龙江	Heilongjiang	837045	328766				18067
上 海	Shanghai	4106	260				
江 苏	Jiangsu	172584	104234			9700	
浙 江	Zhejiang	88672	74445	6524			
安 徽	Anhui	853607	792930	4633			3459
福 建	Fujian	329048	304433	0			
江 西	Jiangxi	436414	390003	169			
山 东	Shandong	1008677	846217	120892	1493		13919
河 南	Henan	648818	605257				10656
湖 北	Hubei	123730	33999	25937			1037
湖 南	Hunan	347484	305422	4022			4168
广 东	Guangdong	263401	108638				2433
广 西	Guangxi	197742	137296	34680	7471		
海 南	Hainan	140213	140213				
重 庆	Chongqing	142077	136659				
四 川	Sichuan	571341	360376	4417			
贵 州	Guizhou	513244	443382	37690			
云 南	Yunnan	890027	800100	38362			13068
西 藏	Tibet	77888	65275	12613			
陕 西	Shaanxi	3009287	2089273	3628		12054	
甘 肃	Gansu	1178494	339172	13393			19609
青 海	Qinghai	465207	206743	2011			1230
宁 夏	Ningxia	527640	385233				
新 疆	Xinjiang	2692134	1613399	50885	9474		9271

注：① 指原地矿部门（包括现地调局）。

Note: ① Refers to the original geology and mineral resources sector (including the present China Geological Survey).

——按地区和部门分列
by Region and Sector

Unit: m

煤炭部门 Coal Sector	石油天然气 Oil and Natural Gas Sector	海洋石油 Marine Petroleum Sector	石油化工 Petro-chemical Industry Sector	核工业部门 Nuclear Industry Sector	化工部门 Chemical Industry Sector	建材部门 Building Materials Sector	中联煤层气 CUCBM
11619	1671461	111906	16394	69261	1704	11504	4255
73858	1576757	143700	8308	108560	5864	40395	4273
138858	3111594	111928	9120	135686	11884	78072	906
312265	3246369	128676	10055	129169	36369	89297	24961
490366	3698432	130918	7519	185350	51677	60077	189139
601144	3866890	129467	4088	372398	63247	78009	169502
663724	4174567	177592	8431	466155	114673	113945	76151
646310	4275534	201241	6394	497569	142088	177351	96414
961999	4408814	239439	6495	559319	169687	161941	119857
						2278	
	72963	115102					
11952	422416			14275	2271		
290112	970					10911	102838
54669	396315			213044	22585	11761	
	224447			4000		6476	580
	196531		770		9370	12288	
	484212			6000			
		3846					
56883			803		964		
					3250	4453	
35213						10532	6839
					12258	12357	
7822				23000		12119	3300
14391			445		12812		
26082			2216		2083	2525	
7354			215		54977	212	
				22000	3981	7891	
		120491		21000		10839	
				11000		14766	
	5418						
2594	188672		882		3313	11088	
					24756	7416	
13780				4000	10642	7075	3000
45460	849621					5951	3300
138500	653820			14000			
109637	135307			10000		279	
22857	86566			28000		4984	
124693	691556		1164	189000	6426	5740	

机械岩心钻探工作量——按
Footage of Core Drilling by

单位：米

矿 种	Mineral	合计 Total	属地化单位 Localized Departments	冶金部门 Metallurgy Sector	有色部门 Nonferrous Metals Sector	中国地质调查局 China Geological Survey	武警黄金 Gold Headquarters
总 计	**Total**	**23481486**	**16158820**	**478500**	**36933**	**30952**	**148730**
煤	Coal	8315986	7211575	44296		5354	
油页岩	Oil Shale	40491	39595				
陆地石油	Oil, Onshore	5019426	848900				
海域石油	Oil, Offshore	239439					
天然气	Natural gas	369000	369000				
煤层气	Coal-bed Methane	232067		1732			
油砂	Oil Sand	6311					
石煤	Stone Coal	5914	5914				
地热	Geotherm	131511	131511				
铁矿	Iron	1686078	1554784	103922		1255	
锰矿	Manganese	88134	76980	11154			
铬铁矿	Chromite	10008	10008				
钒矿	Vanadium	62000	60945	1055			
钛矿	Titanium	6774	6774				
铜矿	Copper	1507775	1437646	45803	22625		
铅矿	Lead	10463		10143			
铅锌矿	Lead-zinc	1006175	980465	7558	6465		
铝土矿	Bauxite	220847	215454	5394			
镁矿	Magnesium	11100	11100				
镍矿	Nickel	73278	72054	1224			
钴矿	Cobalt	2920	2920				
钨矿	Tungsten	196154	166216	23887		6000	
锡矿	Tin	221657	221657				
钼矿	Molybdenum	489491	461207	5944	2205		10656
锑矿	Antimony	62431	62431				
多金属矿	Polymetallic Ore	80107		51699		6248	20015
铂族金属	Platinum-group Metals	41191	41191				
金矿	Gold	1756610	1463166	148773	5330		118059
银矿	Silver	189195	185083	2312	308		
铌钽矿	Columbotantalite	6715	6715				
铍矿	Beryllium	30065	30065				
锂矿	Lithium	17167	17167				
锶矿	Strontium	1477	1477				
锆矿	Zirconium	3692	3692				
稀土矿	Rare earths	12700	12700				
铼矿	Rhenium	400	400				
红柱石	Andalusite	3385	2945				
菱镁矿	Magnesite	1661	1661				
萤石（普通）	Fluorite (Common)	35461	30298	1768			

矿种和部门分列（2009 年）

Mineral and Sector (2009)

Unit: m

煤炭部门 Coal Sector	石油天然气 Oil and Natural Gas Sector	海洋石油 Marine Petroleum Sector	石油化工 Petro-chemical Industry Sector	核工业部门 Nuclear Industry Sector	化工部门 Chemical Industry Sector	建材部门 Building Materials Sector	中联煤层气 CUCBM
961999	**4408814**	**239439**	**6495**	**559319**	**169687**	**161941**	**119857**
806278	244783					3700	
896							
	4164031		6495				
		239439					
110478							119857
6311							
9000					13267	3850	
					1701		
					320		
					11688		
					52		
					9479		
					2145		
				1275	20007		
					1492		
					440		
					3395		

机械岩心钻探工作量——按

Footage of Core Drilling by

单位：米

矿　种	Mineral	合计 Total	属地化单位 Localized Departments	冶金部门 Metallurgy Sector	有色部门 Nonferrous Metals Sector	中国地质调查局 China Geological Survey	武警黄金 Gold Headquarters
溶剂用石灰岩	Limestone for Flux	15793	15793				
冶金用白云岩	Metallurgical, Dolomite	17553	11553	5999			
冶金用石英岩	Metallurgical Quartzite	707		707			
冶金用脉石英	Metallurgical Vein Quartz	171	171				
耐火粘土	Fireclay	4051	4051				
硫铁矿	Pyrite	23466	22121				
磷矿	Phosphate Rock	107711	1051	3756			
钾盐	Potash	22315	21393				
岩盐	Halite	29036					
芒硝	Mirabilite	10220	10220				
重晶石	Barite	2467	1667	800			
电石石灰岩	Tourmaline Limestone	7949	7949				
化肥用石灰岩	Limestone for Fertilizer	300	300				
化工用白云岩	Dolostone for Chemical Industry	563	563				
含钾砂页岩	K-bearing Sandyshale	113	113				
化肥用蛇纹岩	Serpentinite for Fertilizer	2310	2310				
泥炭	Peat	6528	6528				
盐矿	Salt	48625	48625				
砷矿	Arsenic	1674	1674				
硼矿	Boron	18726	18726				
金刚石	Diamond	3916	3916				
电气石	Tourmaline	1512	1512				
石榴子石	Garnet	200	200				
石膏	Gypsum	49498	49258				
方解石	Calcite	5174	5174				
玉石	Jade	663	663				
硅灰石	Wollastonite	6982	6982				
滑石	Talc	5627	4947				
长石	Feldspar	3002	3002				
叶蜡石	Pyrophyllite	1258	1258				
陶瓷土	Ceramic Clay	9187	9187				
霞石正长岩	Nepheline Syenite	687	687				
玻璃用石英岩	Quartzite for Glass	4345	2067				
玻璃用砂岩	Sandstone for Glass	730	730				
陶瓷用砂岩	Sandstone for Ceramics	347		347			
玻璃用砂	Sand for Glass	7603	7603				
建筑用砂	Sand for Building	1035					
水泥配料用砂	Sand for Cement	689					
玻璃用脉石英	Vein Quartz for Glass	400	400				
粉石英	Powdery Quartz	401	401				

矿种和部门分列（2009年） 续表 1

Mineral and Sector (2009) Continued 1

Unit: m

煤炭部门 Coal Sector	石油天然气 Oil and Natural Gas Sector	海洋石油 Marine Petroleum Sector	石油化工 Petro-chemical Industry Sector	核工业部门 Nuclear Industry Sector	化工部门 Chemical Industry Sector	建材部门 Building Materials Sector	中联煤层气 CUCBM
					1345		
					102905		
					922		
29036							
						240	
						680	
						2278	
						1035	
						689	

机械岩心钻探工作量——按
Footage of Core Drilling by

单位：米

矿种	Mineral	合计 Total	属地化单位 Localized Departments	冶金部门 Metallurgy Sector	有色部门 Nonferrous Metals Sector	中国地质调查局 China Geological Survey	武警黄金 Gold Headquarters
玻璃用大理岩	Marble for Glass	73	73				
水泥用灰岩	Limestone for Cement	128389	14500	228			
制灰用灰岩	Limestone for Mortar	2019	2019				
泥灰岩	Marlstone	250	250				
水泥配料用砂岩	Sandstone for Cement	3378					
水泥配料用粘土	Clay for Cement	5393					
水泥用大理岩	Marble for Cement	4425					
砖瓦用页岩	Shale for Bricks and Tiles	1343	1343				
砖瓦用粘土	Clay for Bricks and Tiles	303	303				
砖瓦用砂岩	Sandstone for Bricks and Tiles	179	179				
高岭土	Kaolin	12701	11620				
膨润土	Bentonite	26968	15728				
硅藻土	Diatomite	13229	4509				
建筑用灰岩	Building Limestone	674	674				
建筑用安山岩	Building Andesite	837	837				
建筑用凝灰岩	Building Tuff	87	87				
建筑用玄武岩	Building Basalt	1211	1211				
建筑用闪长岩	Building Diorite	460	460				
建筑用花岗岩	Granite for Building	3060	3060				
建筑用大理岩	Marble for Building	938	938				
建筑用白云岩	Dolomite for Building	3778	3778				
建筑用砂岩	Building Sandstone	1173	1173				
饰面用辉长岩	Facing Gabbro	1350	1350				
饰面用辉绿岩	Facing Diabase	76	76				
饰面用玄武岩	Facing Basalt	1500	1500				
饰面用闪长岩	Facing Diorite	1368	1368				
饰面用花岗岩	Facing Granite	2729	2729				
饰面用大理岩	Facing Marble	2100					
陶粒用页岩	Earthenware Shale	237	237				
陶粒用粘土	Ceramic Clay	332	332				
石墨	Graphite	17801	17801				
云母	Mica	3886	3886				
透闪石	Tremolite	514	514				
沸石	Zeolite	370	370				
铸石用玄武岩	Basalt for Casting	1960	1960				
矿泉水	Mineral Water	6395	6395				
地下水	Groundwater	38072	38072				
二氧化碳气	Carbon Dioxide Gas	3000	3000				
不能分矿种	Others	570139				12095	

矿种和部门分列（2009年） 续表2

Mineral and Sector (2009) Continued 2

Unit: m

煤炭部门 Coal Sector	石油天然气 Oil and Natural Gas Sector	海洋石油 Marine Petroleum Sector	石油化工 Petro-chemical Industry Sector	核工业部门 Nuclear Industry Sector	化工部门 Chemical Industry Sector	建材部门 Building Materials Sector	中联煤层气 CUCBM
						113661	
						3378	
						5393	
						4425	
					530	552	
						11240	
						8720	
						2100	
				558044			

地质勘查投入情况
Input in Geological

年份/地区	Year/Region	地质勘查 Expenditures for Geological					
		合计 Total	中央财政拨款 Central Budgetary Allocations	地方财政拨款 Local Budgetary Allocations	企事业 Funds from Enterprises		
					小计 Subtotal	国内企事业 Funds from Domestic Enterprises and Institutions	港澳台商[①] Investment from Hong Kong, Macao and Taiwan
	2001	2223651.41	91025.62	54605.54	2063155.30	1853770.29	
	2002	2220272.75	100364.77	72399.66	2032814.00	1919886.43	
	2003	2597619.34	98490.75	62449.05	2430056.24	2284330.02	762.77
	2004	3129145.96	108114.56	87010.68	2917321.30	2758027.85	571.00
	2005	3444127.26	125081.45	146633.05	3160857.16	2996221.62	384.00
	2006	4951694.68	178709.14	199273.10	4554310.06	4331986.06	611.37
	2007	6228345.24	281043.86	295253.26	5605262.17	5407068.26	8209.29
	2008	7357583.93	351500.00	572400.00	6433683.93	6329514.23	7564.43
	2009	8306187.19	456189.12	826505.10	7023492.97	6315984.70	2976.64
北京	Beijing	25752.90	997.00	3749.50	21006.40	21006.40	
天津	Tianjin	377702.70	8776.70	2997.00	365929.00	346187.00	
河北	Hebei	450315.32	13224.48	63580.76	373510.08	368856.34	
山西	Shanxi	160481.71	13389.43	73411.56	73680.72	43480.25	
内蒙古	Inner Mongolia	944908.09	50866.00	205096.00	688946.09	552542.31	
辽宁	Liaoning	233234.73	6836.30	70493.32	155905.11	151016.11	
吉林	Jilin	229722.04	7097.21	9843.94	212780.89	208948.29	
黑龙江	Heilongjiang	318661.00	20320.00	22655.00	275686.00	269911.00	
上海	Shanghai	87383.00	1040.00	6847.00	79496.00	56496.00	
江苏	Jiangsu	124155.20	4865.43	4104.20	115185.57	114479.27	
浙江	Zhejiang	20377.52	1737.04	7020.43	11620.05	9493.75	
安徽	Anhui	86352.09	6476.00	19258.70	60617.39	57681.90	
福建	Fujian	37156.16	3796.00	7906.00	25454.16	22912.16	173.00
江西	Jiangxi	51986.73	7544.00	10771.20	33671.53	26720.04	
山东	Shandong	439746.71	8618.50	22589.19	408539.02	407696.37	207.45
河南	Henan	335639.97	10502.65	75127.29	250010.03	249865.63	
湖北	Hubei	95514.87	7388.40	3160.00	84966.47	84243.47	
湖南	Hunan	45038.63	9509.09	16369.41	19160.14	17207.49	
广东	Guangdong	641286.58	12854.96	13583.19	614848.43	263500.03	180.00
广西	Guangxi	42440.18	6475.33	15252.41	20712.44	17799.68	742.19
海南	Hainan	23645.45	680.00	4684.85	18280.60	16210.60	
重庆	Chongqing	44255.79	5259.65	19524.15	19471.99	19091.99	
四川	Sichuan	701727.95	15479.92	29842.76	656405.27	652839.41	
贵州	Guizhou	70531.55	3537.21	11471.41	55522.92	50654.69	80.00
云南	Yunnan	133379.36	12444.56	6001.00	114933.80	108888.65	180.00
西藏	Tibet	37383.27	12396.00	3017.00	21970.27	20908.46	
陕西	Shaanxi	611126.28	5565.00	11915.32	593645.96	588757.76	
甘肃	Gansu	274158.04	6554.25	23081.00	244522.79	242886.95	
青海	Qinghai	140151.76	15583.00	21616.97	102951.79	98951.79	
宁夏	Ningxia	60562.60	6395.00	9551.74	44615.86	44598.86	
新疆	Xinjiang	1278823.85	34382.00	31982.80	1212459.05	1182152.05	1414.00
其他	Others	182585.16	135598.01		46987.15		

注：①为2003年新增指标。
Note: ①newly added indicators in 2003.

——按地区分列
Exploration by Region

经 费（万 元） Exploration (10^4 yuan)		机械岩心钻探工作量（米） Footage of Core Drilling(m)	坑探工作量（米） Footage of Pitting(m)	年末勘查从业人员 Yearend Exploration Personnel	
资 金 and Institutions					
外 商 Foreign Investment	其他投入 Other Investments				技术人员 Technical Personnel
209372.01	14864.95	2810690	124986	240148	51059
112927.57	14694.32	3082697	95031	221524	52310
144963.45	6623.30	5032030	154887	209398	47470
158722.45	16698.42	6368500	139974	224978	49661
164251.54	11555.60	8554379	397177	234582	58587
221712.63	19402.38	11401868	274254	214652	65899
189984.62	46785.95	13660347	415348	215937	77661
35651.16	60954.11	20129743	962670	351096	171498
437628.02	266903.61	23481486	869796	456981	196871
		49715		9883	7318
19742.00		189702		15538	5042
25.42	4628.32	539496	30604	40856	15511
29695.50	504.97	878448	12736	8804	6027
	136403.78	4869070	39321	24385	7595
	4889.00	875876	3962	23507	9585
	3832.60	560299	5965	7103	4566
63.00	5712.00	837045	3212	30192	8779
23000.00		4106		2693	1777
	706.30	172584	27095	12531	5915
	2126.30	88672	4301	3034	2230
1738.00	1197.49	853607	767	10257	5581
26.00	2343.00	329048	11229	4981	3683
1605.40	5346.09	436414	49655	10483	7124
273.00	362.20	1008677	4118	26916	12509
	144.40	648818	24616	28868	16086
	723.00	123730	3391	10339	6240
35.00	1917.65	347484	32954	9211	6464
350610.00	558.40	263401	10713	8020	6310
	2170.57	197742	30078	4002	3075
2070.00		140213	2686	1419	1225
	380.00	142077	36743	7437	2971
454.00	3111.86	571341	69698	28816	12578
	4788.23	513244	23748	3703	2843
1055.50	4809.65	890027	208381	7270	5951
	1061.81	77888	20388	873	794
3009.20	1879.00	3009287	85765	83794	15048
120.00	1515.84	1178494	19498	5001	2628
2850.00	1150.00	465207	12340	6343	2781
	17.00	527640	1165	1783	1329
1256.00	27637.00	2692134	94669	18919	7306
	46987.15				

地质勘查投入情况
Input in Geological

矿 种	Mineral	地 质 勘 查 Expenditures for Geological		
		合计 Total	中央财政拨款 Central Budgetary Allocations	地方财政拨款 Local Budgetary Allocations
总 计	**Total**	**8306187.19**	**456189.12**	**826505.10**
煤	Coal	1052429.26	37472.32	321731.14
天然沥青	Native Bitumen	30.00		
油页岩	Oil Shale	8348.00		769.00
陆地石油	Oil, Onshore	3896183.70	18564.70	
海域石油	Oil, Offshore	975474.00	1377.00	
天然气	Natural Gas	148029.00	539.00	
煤层气	Coal-bed Methane	82048.35	1011.00	
油砂	Oil Sand	766.67	40.00	726.67
石煤	Stone Coal	598.00		15.00
钍矿	Thorium	40.00	20.00	20.00
地热	Geotherm	27209.10	170.00	13446.99
天然气水合物	Natural Gas Hydrate	3621.00	3621.00	
铁矿	Iron	255377.85	15892.80	84577.33
锰矿	Manganese	20965.71	1569.97	2907.59
铬矿	Chromite	3655.86	880.00	1011.00
钒矿	Vanadium	9527.34		1494.83
钛矿	Titanium	1337.42		434.00
铜矿	Copper	316435.26	26014.79	49636.38
铅矿	Lead	372.22		
铅锌矿	Lead-zinc	239943.01	15558.46	27397.32
铝土矿	Bauxite	33052.73	1490.43	8644.33
镁矿	Magnesium	2527.00		2527.00
镍矿	Nickel	14160.13	1891.21	1226.24
钴矿	Cobalt	712.75		352.00
钨矿	Tungsten	29709.97	4160.50	9455.20
锡矿	Tin	32937.10	1000.00	4142.00
钼矿	Molybdenum	79082.25	1120.00	15733.16
锑矿	Antimony	13562.16	1009.21	2241.43
汞矿	Mercury	38.50		13.70
铋矿	Bismuth	150.00		
多金属矿	Polymetallic Ore	12712.28	4829.12	3508.00
铂族金属	Platinum-group Metals	6710.01	1275.24	2580.00
金矿	Gold	353135.18	38649.26	59297.98
银矿	Silver	59508.31	702.00	23593.76
铌钽矿	Columbotantalite	2878.76	295.00	314.20
铍矿	Beryllium	5760.24		34.00

——按矿种分列（2009年）

Exploration by Mineral (2009)

经　费（万 元） Exploration (10⁴ yuan)				
企　事　业　资　金 Funds from Enterprises and Institutions				
小 计 Subtotal	国内企事业 Funds from Domestic Enterprises and Institutions	港澳台商 Investment from Hong Kong, Macao and Taiwan	外 商 Foreign Investment	其他投入 Other Investments
7023492.97	**6315984.70**	**2976.64**	**437628.02**	**266903.61**
693225.80	670405.12		926.71	21893.97
30.00				30.00
7579.00	5832.00			1747.00
3877619.00	3877619.00			
974097.00	583458.00		390639.00	
147490.00	147490.00			
81037.35	44044.75		36992.60	
583.00	550.00			33.00
				0.00
13592.11	13412.11			180.00
154907.73	129516.00	157.00	58.00	25176.73
16488.14	12481.86	96.00		3910.28
1764.86	1657.86			107.00
8032.51	6718.17			1314.34
903.42	402.42			501.00
240784.09	199938.09	205.00	83.00	40558.01
372.22	372.22			
196987.23	139484.42		111.00	57391.81
22917.97	22241.07			676.90
11042.68	9179.17			1863.51
360.75	315.00			45.75
16094.27	13198.08			2896.19
27795.10	26969.30			825.80
62229.09	53314.12			8914.97
10311.52	9202.36			1109.16
24.80	24.80			
150.00	150.00			
4375.16	4375.16			
2854.77	2772.67			82.10
255187.94	220755.45	1596.45	8110.00	24726.04
35212.55	23794.20			11418.35
2269.56	2199.15			70.41
5726.24	5691.24			35.00

地质勘查投入情况
Input in Geological

矿种	Mineral	地质勘查 Expenditures for Geological		
		合计 Total	中央财政拨款 Central Budgetary Allocations	地方财政拨款 Local Budgetary Allocations
锂矿	Lithium	6549.70		170.00
锶矿	Strontium	264.90	15.00	110.90
锆矿	Zirconium	1036.00		380.00
稀土矿	Rare Earths	4291.84		496.50
铼矿	Rhenium	80.00		
蓝晶石	Kyanite	136.42		
矽线石	Sillimanite	52.00		
红柱石	Andalusite	804.00		285.00
菱镁矿	Magnesite	409.33		40.74
萤石（普通）	Fluorite (Common)	7499.67	132.04	491.83
熔剂用石灰岩	Limestone for Flux	1981.11		1286.21
冶金用白云岩	Metallurgical, Dolomite	3298.53		1176.05
冶金用石英岩	Metallurgical, Quartzite	82.20		
冶金用脉石英	Metallurgical Vein Quartz	99.08		
耐火粘土	Fireclay	233.71		93.00
溶剂用蛇纹岩	Serpentinite for Flux	48.00		
自然硫	Native Sulfur	40.00		40.00
硫铁矿	Greigite	2530.03		620.00
磷矿	Phosphate Rock	19019.75	1544.37	3088.45
钾盐	Potash	2092.00	500.00	
钠硝石	Natratine	697.00		
芒硝	Mirabilite	1624.00		84.00
重晶石	Barite	326.09		
电石石灰岩	Tourmaline Limestone	1844.09		90.30
制碱用灰岩	Limestone for Soda Ash	19.00		
化工用白云岩	Dolostone for Chemical Industry	88.00		67.00
含钾砂页岩	K-bearing Sandshale	5.00		
含钾岩石	K-bearing Rock	244.00		
化肥用蛇纹岩	Serpentinite for Fertilizer	150.61		
泥炭	Peat	510.63		
盐矿	Salt	8506.30		1853.50
砷矿	Arsenic	221.00		100.00
硼矿	Boron	2977.24		2259.03
岩盐	Halite	3282.15		
天然卤水	Natural Brine	195.00		
金刚石	Diamond	1619.00		1237.00
电气石	Tourmaline	119.00		

——按矿种分列（2009年） 续表1
Exploration by Mineral (2009) Continued 1

经 费（万 元） Exploration (10^4 yuan)				
企 事 业 资 金 Funds from Enterprises and Institutions				
小 计 Subtotal	国内企事业 Funds from Domestic Enterprises and Institutions	港澳台商 Investment from Hong Kong, Macao and Taiwan	外 商 Foreign Investment	其他投入 Other Investments
6379.70	5725.69			654.01
139.00	139.00			
656.00	656.00			
3795.34	3779.04			16.30
80.00	80.00			
136.42	131.92			4.50
52.00	52.00			
519.00	433.00			86.00
368.59	54.00			314.59
6875.80	4551.30			2324.50
694.90	659.90			35.00
2122.48	1837.48			285.00
82.20	77.20			5.00
99.08	86.08			13.00
140.71	140.71			
48.00	48.00			
1910.03	1872.01			38.02
14386.93	14214.75			172.18
1592.00	1564.00			28.00
697.00	697.00			
1540.00	1540.00			
326.09	237.97			88.12
1753.79	1553.79			200.00
19.00	19.00			
21.00	21.00			
5.00	5.00			
244.00	244.00			
150.61	150.61			
510.63	510.63			
6652.80	6546.00			106.80
121.00	121.00			
718.21	718.21			
3282.15	3282.15			
195.00	195.00			
382.00	109.00		273.00	
119.00	119.00			

地质勘查投入情况
Input in Geological

矿种	Mineral	地质勘查 Expenditures for Geological		
		合计 Total	中央财政拨款 Central Budgetary Allocations	地方财政拨款 Local Budgetary Allocations
石榴子石	Garnet	50.73		
方解石	Calcite	223.50		
光学萤石	Optical Fluorite	4.00		
玉石	Jade	316.00		126.00
玛瑙	Agate	22.28		
硅灰石	Wollastonite	742.70		508.00
滑石	Talc	923.00	271.73	466.27
长石	Feldspar	398.53		
叶蜡石	Pyrophyllite	417.50		69.00
高岭土	Kaolin	1865.62		374.93
陶瓷用砂岩	Sandstone for Ceramic	98.00		97.20
陶瓷土	Ceramic Clay	1161.21		884.00
霞石正长岩	Nepheline Syenite	134.00		
玻璃用白云岩	Dolostone for Glass	10.80		6.80
玻璃用石英岩	Quartzite for Glass	616.42		438.00
玻璃用砂岩	Sandstone for Glass	158.00		49.00
玻璃用砂	Sand for Glass	660.24		167.64
玻璃用脉石英	Vein Quartz for Glass	122.10		80.00
粉石英	Powdery Quartz	86.20		55.00
玻璃用大理岩	Marble for Glass	8.30		
水泥用灰岩	Limestone for Cement	20387.81	3124.99	3592.13
建筑石料用灰岩	Limestone for Building Stone	18.00		
制灰用灰岩	Limestone for Mortar	181.30		1.80
泥灰岩	Marl Stone	65.00		
水泥配料用砂岩	Sandstone for Cement	849.00	100.00	145.74
水泥配料用页岩	Shale for Cement	50.00		
水泥配料用粘土	Clay for Cement	550.00	120.00	
水泥用凝灰岩	Tuff for Cement	70.00		
水泥用大理岩	Marble for Cement	1053.00	120.00	298.00
砖瓦用页岩	Shale for Bricks and Tiles	132.25		15.00
砖瓦用粘土	Clay for Bricks and Tiles	74.30	5.40	
砖瓦用砂岩	Sandstone for Bricks and Tiles	10.35		
膨润土	Bentonite	2873.11		1629.00
硅藻土	Diatomite	1844.60		98.00
建筑用砂	Building Sand	2617.00	2467.00	5.00
水泥配料用砂	Sand for Cement	280.00	20.00	
建筑用灰岩	Building Limestone	408.67		25.00

——按矿种分列（2009年） 续表2
Exploration by Mineral (2009) Continued 2

经 费（万 元） Exploration (10^4 yuan)				
企 事 业 资 金 Funds from Enterprises and Institutions				
小 计 Subtotal	国内企事业 Funds from Domestic Enterprises and Institutions	港澳台商 Investment from Hong Kong, Macao and Taiwan	外 商 Foreign Investment	其他投入 Other Investments
50.73	50.73			
223.50	219.10			4.40
4.00	4.00			
190.00	190.00			
22.28	22.28			
234.70	126.07			108.63
185.00	185.00			
398.53	129.28			269.25
348.50	132.50			216.00
1490.69	704.74			785.95
0.80				0.80
277.21	55.08	180.00		42.13
134.00	134.00			
4.00	4.00			
178.42	178.42			
109.00	109.00			
492.60	492.60			
42.10				42.10
31.20	30.00			1.20
8.30				8.30
13670.69	11400.17	457.92	422.00	1390.60
18.00	18.00			
179.50	176.00			3.50
65.00	65.00			
603.26	525.40	60.86		17.00
50.00	50.00			
430.00	206.59	223.41		
70.00	40.00			30.00
635.00	585.00			50.00
117.25	67.30			49.95
68.90	7.00			61.90
10.35	0.00			10.35
1244.11	419.11			825.00
1746.60	1186.60			560.00
145.00	134.00			11.00
260.00	260.00			
383.67	157.10			226.57

地质勘查投入情况
Input in Geological

矿种	Mineral	地质勘查 Expenditures for Geological		
		合计 Total	中央财政拨款 Central Budgetary Allocations	地方财政拨款 Local Budgetary Allocations
建筑用安山岩	Building Andesite	362.00		
建筑用凝灰岩	Building Tuff	25.46		
建筑用玄武岩	Building Basalt	824.50		2.00
建筑用闪长岩	Building Diorite	294.40		
建筑用花岗岩	Building Granite	1635.18		50.00
建筑用大理岩	Marble for Building	710.80		
建筑用白云岩	Dolomite for Building	171.20		
建筑用砂岩	Building Sandstone	238.00		6.00
建筑用页岩	Building Shale	23.00		
饰面用辉长岩	Facing Gabbro	792.00		
饰面用辉绿岩	Facing Diabase	27.68		
饰面用玄武岩	Facing Basalt	925.80		
饰面用闪长岩	Facing Diorite	293.50		
饰面用辉石岩	Facing Pyroxenite	42.00		
饰面用花岗岩	Facing Granite	779.91		271.41
饰面用二长岩	Facing Monzonite	8.00		
饰面用大理岩	Facing Marble	368.20		
饰面用蛇纹岩	Facing Serpentinite	43.00		
饰面用板岩	Facing Slate	298.00		
珍珠岩	Perlite	5.00		
陶粒用页岩	Ceramic Shale	10.00		
陶粒用粘土	Haydite Clay	21.00		
石墨	Graphite	3193.73	811.00	791.00
石棉	Asbestos	229.00		
云母	Mica	755.00	120.00	314.15
透辉石	Diopside	260.00		
透闪石	Tremolite	90.00		
沸石	Zeolite	108.00		
石膏	Gypsum	3933.88	75.00	1070.60
铸石用玄武岩	Basalt for Casting	73.00		73.00
矿泉水	Mineral Water	932.22		297.00
地下水	Groundwater	12707.44	5876.50	1752.32
二氧化碳气	Carbon Dioxide Gas	1860.00		
不能分矿种	Others	472657.27	261733.08	160946.35

——按矿种分列（2009年） 续表3
Exploration by Mineral (2009) Continued 3

经　费（万元） Exploration (10^4 yuan)				
企　事　业　资　金 Funds from Enterprises and Institutions				
小计 Subtotal	国内企事业 Funds from Domestic Enterprises and Institutions	港澳台商 Investment from Hong Kong, Macao and Taiwan	外商 Foreign Investment	其他投入 Other Investments
362.00				362.00
25.46	2.50			22.96
822.50	232.50			590.00
294.40				294.40
1585.18	1035.48			549.70
710.80	358.30			352.50
171.20	167.00			4.20
232.00	93.00			139.00
23.00	23.00			
792.00	27.00			765.00
27.68	11.50			16.18
925.80	33.00			892.80
293.50				293.50
42.00	42.00			
508.50	437.00			71.50
8.00				8.00
368.20	368.20			
43.00	43.00			
298.00	298.00			
5.00				5.00
10.00	10.00			
21.00	15.00			6.00
1591.73	1573.73			18.00
229.00	204.00			25.00
320.85	256.97		12.71	51.17
260.00	260.00			
90.00	90.00			
108.00	108.00			
2788.28	2763.78			24.50
635.22	258.22			377.00
5078.62	4733.32			345.30
1860.00	1860.00			
49977.84	2880.91			47096.93

地质勘查费用

Expenditures for Geological

单位：万元

年份/地区	Year/Region	合 计 Total	属地化单位 Localized Departments	冶金部门 Metallurgy Sector	有色部门 Nonferrous Metals Sector	中国地质调查局 China Geological Survey	武警黄金 Gold Headquarters
2001		2223651.41	198535.19①	17210.82		11660.00	6297.21
2002		2220272.75	255974.08	18900.10		15118.00	5207.18
2003		2597619.34	253296.49	6579.30	1085.00	17800.00	4639.80
2004		3129144.96	316644.03	12554.99	2275.50	15934.00	6368.47
2005		3444127.26	485178.16	17590.43	2190.80	21281.00	5906.36
2006		4951694.68	680665.81	26776.61	3516.88	35830.49	6985.45
2007		6228345.24	945755.92	30083.92	6916.00	107081.60	5000.00
2008		7357583.93	2189779.48	51651.21	9513.00	11800.00	59530.41
2009		8306187.19	2879440.72	47695.18	7930.00	189470.20	21080.00
北 京	Beijing	25752.90	10980.90				
天 津	Tianjin	377702.70	4657.00			7116.70	
河 北	Hebei	450315.32	55654.60	3062.37	455.00	26243.00	81.00
山 西	Shanxi	160481.71	66476.58	3228.38			150.00
内蒙古	Inner Mongolia	944908.09	729139.60	6207.35	2291.00		5442.00
辽 宁	Liaoning	233234.73	90279.72	3667.71		4591.40	339.00
吉 林	Jilin	229722.04	41414.00		622.00		193.00
黑龙江	Heilongjiang	318661.00	74019.00				3146.00
上 海	Shanghai	87383.00	7234.00				
江 苏	Jiangsu	124155.20	15995.05			4019.30	
浙 江	Zhejiang	20377.52	18363.69	801.95			
安 徽	Anhui	86352.09	77657.13	196.76			310.00
福 建	Fujian	37156.16	34900.55	45.00			32.00
江 西	Jiangxi	51986.73	46414.33	33.00			
山 东	Shandong	439746.71	76433.48	6201.67		11451.00	1003.00
河 南	Henan	335639.97	113627.97			1011.00	2189.00
湖 北	Hubei	95514.87	15089.88	2368.01		3825.40	136.00
湖 南	Hunan	45038.63	39906.17	707.42	150.00		486.00
广 东	Guangdong	641286.58	30541.02		237.00	6521.40	206.00
广 西	Guangxi	42440.18	34028.41	2083.77		1218.00	
海 南	Hainan	23645.45	23558.45				87.00
重 庆	Chongqing	44255.79	31720.79				
四 川	Sichuan	701727.95	88881.92	347.52	411.00	12307.00	96.00
贵 州	Guizhou	70531.55	63834.85	2548.86			
云 南	Yunnan	133379.36	123482.26	2015.02			2121.00
西 藏	Tibet	37383.27	34330.22	3053.05			
陕 西	Shaanxi	611126.28	325244.07	892.22		13129.40	246.00
甘 肃	Gansu	274158.04	87758.58	1152.32	320.00		3273.00
青 海	Qinghai	140151.76	48700.55	267.29			491.00
宁 夏	Ningxia	60562.60	34612.10				
新 疆	Xinjiang	1278823.85	358983.29	8815.51	3444.00		1038.00
其 他	Others	182585.16	75520.56			98036.60	15.00

注：① 指原地矿部门（包括现中国地质调查局）。

Note: ① Refers to the original geology and mineral resources sector (including the present China Geological Survey).

——按地区和部门分列
Exploration by Region and Sector

Unit: 10^4 yuan

煤炭部门 Coal Sector	石油天然气 Oil and Natural Gas Sector	海洋石油 Marine Petroleum Sector	石油化工 Petro-chemical Industry Sector	核工业部门 Nuclear Industry Sector	化工部门 Chemical Industry Sector	建材部门 Building Materials Sector	中联煤层气 CUCBM
3512.40	1009590.00	298189.00	652613.00	4631.00	4133.68	6494.60	10784.51
19919.90	933676.00	257926.00	685142.00	7099.60	5033.72	8101.00	8175.17
	1191361.00	256977.00	811718.00	9166.30	5513.23	8599.00	9791.22
	1533284.00	313651.00	852101.00	9357.70	7563.45	8537.00	20154.82
	1644703.00	251400.00	887220.00	13808.00	9647.62	7984.00	64060.89
	2556514.00	367659.00	1087833.00	29183.60	8100.38	14683.42	77774.44
	2910822.00	495662.00	1507557.00	40242.77	9798.23	19718.00	70191.10
104657.00	3003204.00	533104.00	1275328.00	49421.00	12393.90	26983.00	30218.93
86427.37	2512575.00	975474.00	1422123.00	54625.00	12120.27	30389.00	66837.45
		13041.00		1233.00		498.00	
	54221.00	311708.00					
2981.50	361679.00				158.85		
31619.90	156.00					1533.00	57317.85
7440.00	174222.00			16444.00	2048.14	1674.00	
20.00	131352.00			300.00	23.90	2461.00	200.00
	101550.00		83724.00		116.04	2103.00	
155.00	239596.00			1710.00	35.00		
		49413.00	30736.00				
6650.60			97366.00		124.25		
					392.88	819.00	
4195.20						1435.00	2558.00
					668.61	1510.00	
831.00				1841.00		1262.00	1605.40
2293.00			340417.00	447.00	1500.56		
2012.00			215702.00		278.50	559.00	260.50
753.00			69422.00		2285.58	1635.00	
				2191.00	401.04	1197.00	
		601312.00		1729.00	56.16	684.00	
1351.00				2394.00	20.00	1315.00	
	12535.00						
593.40	271535.00		325140.00		386.11	2030.00	
					2014.84	2133.00	
2158.00				355.00	411.08	1351.00	1486.00
5156.70	261638.00			80.00	132.69	1598.00	3009.20
277.00	179717.00			1640.00	20.14		
11624.07	76516.00			1124.00	96.85	1332.00	
416.00	21465.00			1998.00		1671.00	400.50
5600.00	626393.00		259616.00	12426.00	949.05	1559.00	
300.00				8713.00			

地质勘查费用——
Expenditures for Geological

单位：万元

矿 种	Mineral	合 计 Total	属地化单位 Localized Departments	冶金部门 Metallurgy Sector	有色部门 Nonferrous Metals Sector	中国地质调查局 China Geological Survey	武警黄金 Gold Headquarters
合计	**Total**	**8306187.19**	**2879440.72**	**47695.18**	**7930.00**	**189470.20**	**21080.00**
煤	Coal	1052429.26	841799.49	3212.26		276.50	
天然沥青	Native Bitumen	30.00	30.00				
油页岩	Oil Shale	8348.00	7996.90			47.10	
陆地石油	Oil, Onshore	3896183.70	89121.00			18564.70	
海域石油	Oil, Offshore	975474.00					
天然气	Natural Gas	148029.00	147490.00			539.00	
煤层气	Coal-bed Methane	82048.35		211.00			
油砂	Oil Sand	766.67					
石煤	Stone Coal	598.00	582.00			16.00	
钍矿	Thorium	40.00	40.00				
地热	Geotherm	27209.10	25592.10				
天然气水合物	Natural Gas Hydrate	3621.00				3621.00	
铁矿	Iron	255377.85	237231.69	14611.34		879.40	
锰矿	Manganese	20965.71	18936.11	1814.44	38.00	103.20	
铬矿	Chromite	3655.86	3538.86	117.00			
钒矿	Vanadium	9527.34	9041.32	149.12		336.90	
钛矿	Titanium	1337.42	1337.42				
铜矿	Copper	316435.26	304898.68	6883.34	2905.00	1175.90	
铅矿	Lead	372.22		344.12			
铅锌矿	Lead-zinc	239943.01	235642.23	1388.49	1750.00	79.80	
铝土矿	Bauxite	33052.73	32573.84	389.89		89.00	
镁矿	Magnesium	2527.00	2527.00				
镍矿	Nickel	14160.13	13931.23	134.00		54.90	
钴矿	Cobalt	712.75	712.75				
钨矿	Tungsten	29709.97	27504.91	976.56		1178.50	
锡矿	Tin	32937.10	32647.10		150.00	140.00	
钼矿	Molybdenum	79082.25	76236.59	426.63	278.00		2116.00
锑矿	Antimony	13562.16	13229.16				
汞矿	Mercury	38.50	38.50				
铋矿	Bismuth	150.00	150.00				
多金属矿	Polymetallic Ore	12712.28		4733.21		3842.10	2078.00
铂族金属	Platinum-group Metals	6710.01	6235.01			28.00	
金矿	Gold	353135.18	322174.09	10108.44	2287.00	100.60	16886.00
银矿	Silver	59508.31	57945.67	779.62	522.00	44.00	
铌钽矿	Columbotantalite	2878.76	2661.76			217.00	
铍矿	Beryllium	5760.24	5760.24				
锂矿	Lithium	6549.70	6337.70	212.00			

按矿种和部门分列（2009年）

Exploration by Mineral and Sector (2009)

Unit: 10^4 yuan

煤炭部门 Coal Sector	石油天然气 Oil and Natural Gas Sector	海洋石油 Marine Petroleum Sector	石油化工 Petro-chemical Industry Sector	核工业部门 Nuclear Industry Sector	化工部门 Chemical Industry Sector	建材部门 Building Materials Sector	中联煤层气 CUCBM
86427.37	**2512575.00**	**975474.00**	**1422123.00**	**54625.00**	**12120.27**	**30389.00**	**66837.45**
59971.40	146200.00				40.61	929.00	
284.00					20.00		
	2366375.00		1422123.00				
		975474.00					
14999.90							66837.45
726.67					40.00		
1617.00							
600.00					1203.42	852.00	
					73.96		
					572.34		
					28.10		
350.00					732.49		
					40.00		
					50.00		
					25.03		
						333.00	
				1887.00	171.97		
				447.00			
				168.00	1411.05		
					217.02		

地质勘查费用——
Expenditures for Geological

单位：万元

矿 种	Mineral	合 计 Total	属地化单位 Localized Departments	冶金部门 Metallurgy Sector	有色部门 Nonferrous Metals Sector	中国地质调查局 China Geological Survey	武警黄金 Gold Headquarters
锶矿	Strontium	264.90	264.90				
锆矿	Zirconium	1036.00	1036.00				
稀土矿	Rare Earths	4291.84	4291.84				
铼矿	Rhenium	80.00	80.00				
蓝晶石	Kyanite	136.42	136.42				
矽线石	Sillimanite	52.00	22.00				
红柱石	Andalusite	804.00	774.00				
菱镁矿	Magnesite	409.33	409.33				
萤石（普通）	Fluorite (Common)	7499.67	6844.71	218.03			
溶剂用石灰岩	Limestone for Flux	1981.11	1981.11				
冶金用白云岩	Metallurgical, Dolomite	3298.53	3071.15	227.38			
冶金用石英岩	Metallurgical, Quartzite	82.20		82.20			
冶金用脉石英	Metallurgical Vein Quartz	99.08	99.08				
耐火粘土	Fireclay	233.71	233.71				
溶剂用蛇纹岩	Serpentinite for Flux	48.00	48.00				
自然硫	Native Sulfur	40.00					
硫铁矿	Greigite	2530.03	2073.30				
磷矿	Phosphate Rock	19019.75	12574.66	339.52			
钾盐	Potash	2092.00	1551.39			379.80	
钠硝石	Nitatite	697.00	697.00				
芒硝	Mirabilite	1624.00	1624.00				
重晶石	Barite	326.09	285.25	20.00			
电石石灰岩	Tourmaline Limestone	1844.09	1844.09				
制碱用灰岩	Limestone for Soda Ash	19.00	19.00				
化工用白云岩	Dolostone for Chemical Industry	88.00	88.00				
含钾砂页岩	K-bearing Sandshale	5.00	5.00				
含钾岩石	K-bearing Rock	244.00	244.00				
化肥用蛇纹岩	Serpentinite for Fertilizer	150.61	150.61				
泥炭	Peat	510.63	510.63				
盐矿	Salt	8506.30	8506.30				
砷矿	Arsenic	221.00	221.00				
硼矿	Boron	2977.24	2948.74				
岩盐	Halite	3282.15					
天然卤水	Natural Brine	195.00					
金刚石	Diamond	1619.00	1619.00				
电气石	Tourmaline	119.00	119.00				

按矿种和部门分列（2009年） 续表1

Exploration by Mineral and Sector (2009) Continued 1

Unit: 10^4 yuan

煤炭部门 Coal Sector	石油天然气 Oil and Natural Gas Sector	海洋石油 Marine Petroleum Sector	石油化工 Petro-chemical Industry Sector	核工业部门 Nuclear Industry Sector	化工部门 Chemical Industry Sector	建材部门 Building Materials Sector	中联煤层气 CUCBM
					30.00		
					30.00		
					436.93		
					40.00		
					456.73		
					6105.57		
					160.81		
					20.84		
					28.50		
3204.40					77.75		
195.00							

地质勘查费用——
Expenditures for Geological

单位：万元

矿种	Mineral	合计 Total	属地化单位 Localized Departments	冶金部门 Metallurgy Sector	有色部门 Nonferrous Metals Sector	中国地质调查局 China Geological Survey	武警黄金 Gold Headquarters
石榴子石	Garnet	50.73	50.73				
方解石	Calcite	223.50	223.50				
光学萤石	Optical Fluorite	4.00	4.00				
玉石	Jade	316.00	196.00				
玛瑙	Agate	22.28	22.28				
硅灰石	Wollastonite	742.70	742.70				
滑石	Talc	923.00					
长石	Feldspar	398.53	398.53				
叶蜡石	Pyrophyllite	417.50	417.50				
高岭土	Kaolin	1865.62	1537.62	80.00			
陶瓷用砂岩	Sandstone for Ceramic	98.00		98.00			
陶瓷土	Ceramic Clay	1161.21	1161.21				
霞石正长岩	Nepheline Syenite	134.00	134.00				
玻璃用白云岩	Dolostone for Glass	10.80	10.80				
玻璃用石英岩	Quartzite for Glass	616.42	118.42				
玻璃用砂岩	Sandstone for Glass	158.00	158.00				
玻璃用砂	Sand for Glass	660.24	660.24				
玻璃用脉石英	Vein Quartz for Glass	122.10	122.10				
粉石英	Powdery Quartz	86.20	86.20				
玻璃用大理岩	Marble for Glass	8.30	8.30				
水泥用灰岩	Limestone for Cement	20387.81		80.00			
建筑石料用灰岩	Limestone for Building Stone	18.00					
制灰用灰岩	Limestone for Mortar	181.30	181.30				
泥灰岩	Marl Stone	65.00	65.00				
水泥配料用砂岩	Sandstone for Cement	849.00					
水泥配料用页岩	Shale for Cement	50.00	50.00				
水泥配料用粘土	Clay for Cement	550.00	0.00				
水泥用凝灰岩	Tuff for Cement	70.00	70.00				
水泥用大理岩	Marble for Cement	1053.00					
砖瓦用页岩	Shale for Bricks and Tiles	132.25	132.25				
砖瓦用粘土	Clay for Bricks and Tiles	74.30	74.30				
砖瓦用砂岩	Sandstone for Bricks and Tiles	10.35	10.35				
膨润土	Bentonite	2873.11	1459.11				
硅藻土	Diatomite Earth	1844.60	634.60				
建筑用砂	Sand for Building	2617.00				2467.00	
水泥配料用砂	Sand for Cement	280.00					

按矿种和部门分列（2009年）　续表2

Exploration by Mineral and Sector (2009)　Continued 2

Unit: 10^4 yuan

煤炭部门 Coal Sector	石油天然气 Oil and Natural Gas Sector	海洋石油 Marine Petroleum Sector	石油化工 Petro-chemical Industry Sector	核工业部门 Nuclear Industry Sector	化工部门 Chemical Industry Sector	建材部门 Building Materials Sector	中联煤层气 CUCBM
						120.00	
						923.00	
					48.00	200.00	
						498.00	
					6.81	20301.00	
						18.00	
						849.00	
						550.00	
						1053.00	
					40.00	1374.00	
						1210.00	
						150.00	
						280.00	

地质勘查费用——
Expenditures for Geological

单位：万元

矿 种	Mineral	合 计 Total	属地化单位 Localized Departments	冶金部门 Metallurgy Sector	有色部门 Nonferrous Metals Sector	中国地质调查局 China Geological Survey	武警黄金 Gold Headquarters
建筑用灰岩	Building Limestone	408.67	408.67				
建筑用安山岩	Building Andesite	362.00	362.00				
建筑用凝灰岩	Building Tuff	25.46	25.46				
建筑用玄武岩	Building Basalt	824.50	824.50				
建筑用闪长岩	Building Diorite	294.40	294.40				
建筑用花岗岩	Granite for Building	1635.18	1635.18				
建筑用大理石	Marble for Building	710.80	710.80				
建筑用白云岩	Dolomite for Building	171.20	157.61	13.59			
建筑用砂岩	Building Sandstone	238.00	238.00				
建筑用页岩	Building Shale	23.00	23.00				
饰面用辉长岩	Facing Gabbro	792.00	792.00				
饰面用辉绿岩	Facing Diabase	27.68	22.68	5.00			
饰面用玄武岩	Facing Basalt	925.80	925.80				
饰面用闪长岩	Facing Diorite	293.50	293.50				
饰面用辉石岩	Facing Pyroxenite	42.00	42.00				
饰面用花岗岩	Facing Granite	779.91	779.91				
饰面用二长岩	Facing Monzonite	8.00	8.00				
饰面用大理岩	Facing Marble	368.20	150.20				
饰面用蛇纹岩	Facing Serpentinite	43.00	43.00				
饰面用板岩	Facing Slate	298.00					
珍珠岩	Perlite	5.00	5.00				
陶粒用页岩	Ceramic Shale	10.00	10.00				
陶粒用粘土	Haydite Clay	21.00	21.00				
石墨	Graphite	3193.73	3031.39				
石棉	Asbestos	229.00	229.00				
片云母	Mica	95.47	95.47				
碎云母	Mica	659.53	659.53				
透辉石	Diopside	260.00	260.00				
透闪石	Tremolite	90.00	90.00				
沸石	Zeolite	108.00	108.00				
石膏	Gypsum	3933.88	3850.88				
铸石用玄武岩	Basalt for Casting	73.00	73.00				
矿泉水	Mineral Water	932.22	558.22	40.00			
地下水	Groundwater	12707.44	2685.94			5876.50	
二氧化碳气	Carbon Dioxide Gas	1860.00	1860.00				
不能分矿种	Others	472657.27	271120.97			149413.30	

按矿种和部门分列（2009年） 续表3
Exploration by Mineral and Sector (2009) Continued 3

Unit: 10^4 yuan

煤炭部门 Coal Sector	石油天然气 Oil and Natural Gas Sector	海洋石油 Marine Petroleum Sector	石油化工 Petro-chemical Industry Sector	核工业部门 Nuclear Industry Sector	化工部门 Chemical Industry Sector	建材部门 Building Materials Sector	中联煤层气 CUCBM
						218.00	
						298.00	
					12.34	150.00	
						83.00	
334.00							
4145.00							
				52123.00			

地质勘查单位人员及
Employees and Assets of

单位：人，万元

地 区	Region	年末在职职工 On-the-job Employees at the Yearend							
			地质勘查人员 Geological Exploration Personnel				工程勘察与施工人员 Personnel Engaging in Engineering Surveys and Operations	矿产开发人员 Personnel Engaging in Engineering Surveys and Operations	其他人员 Other Personnel
				技术人员 Technical Personnel					
					高级 Senior	中级 Intermediate			
合 计	**Total**	**610424**	**229816**	**148267**	**40253**	**64229**	**74340**	**43846**	**262399**
北 京	Beijing	13361	7208	5865	2154	2424	2319	693	3141
天 津	Tianjin	4651	3089	2304	720	1002	376	51	1135
河 北	Hebei	34451	18856	9420	2527	3942	5048	461	10086
山 西	Shanxi	65027	8612	5923	1395	2465	3246	400	52769
内蒙古	Inner Mongolia	18886	12243	6046	1694	2485	2780	554	3309
辽 宁	Liaoning	14700	7891	6300	2128	3163	2206	264	4339
吉 林	Jilin	17764	6885	4426	1451	1690	1531	296	9052
黑龙江	Heilongjiang	20485	13362	6101	1853	2760	2821	484	3818
上 海	Shanghai	2498	1875	1434	236	649	224	44	355
江 苏	Jiangsu	11758	6285	4300	1050	1534	1804	377	3292
浙 江	Zhejiang	9551	3034	2230	604	896	2620	572	3325
安 徽	Anhui	45321	10219	5558	1598	2466	2997	166	31939
福 建	Fujian	10523	4981	3683	942	1627	1508	400	3634
江 西	Jiangxi	25819	10475	7121	1608	2809	4259	1588	9497
山 东	Shandong	44182	13799	7088	2188	2722	5156	6754	18473
河 南	Henan	34003	15930	10788	2611	4888	5268	8305	4500
湖 北	Hubei	13670	5853	4582	1307	2079	2649	239	4929
湖 南	Hunan	29350	9211	6464	1650	2854	6153	3336	10650
广 东	Guangdong	14212	7635	6151	1621	2830	2324	715	3538
广 西	Guangxi	10201	4002	3075	728	1425	1577	977	3645
海 南	Hainan	2400	1419	1225	411	754	177	190	614
重 庆	Chongqing	4652	2128	1806	438	766	1012	192	1320
四 川	Sichuan	26154	14019	8434	1925	3697	3518	608	8009
贵 州	Guizhou	9357	3703	2843	577	1284	1607	318	3729
云 南	Yunnan	22591	7258	5943	1717	2822	2799	6568	5943
西 藏	Tibet	2522	873	794	195	359	466	522	661
陕 西	Shaanxi	21478	12450	7898	2431	3525	3257	1130	4641
甘 肃	Gansu	59254	5001	2628	614	1345	2872	7113	44268
青 海	Qinghai	6193	3382	2334	454	860	485	193	2133
宁 夏	Ningxia	4321	1777	1326	350	583	846	106	1592
新 疆	Xinjiang	11089	6361	4177	1076	1524	435	230	4063

资产情况（2009 年）
Geological Exploration Units (2009)

Unit: Person, 10^4 yuan

平均从业人员 Average Employees	劳动者报酬 Remuneration Payment of Employees	离退休人员 Retirees		总资产 Total Assets			总负债 Total Depts	净资产 Net Assets
		年末人数 Number of Retirees at the year end	总费用 Total Expenditure		专用仪器设备原值 Original Value of Special Instruments and Equipment	专用仪器设备净值 Net Value of Special Instruments and Equipment		
607139	**2478763**	**467279**	**1065449**	**43123508**	**2216565**	**1585205**	**22901641**	**20030128**
13929	71610	5961	15868	1543938	117748	75951	643005	873802
4569	26013	3977	10576	251366	34727	22451	127439	103140
34047	110579	23813	48451	855494	113451	70511	488795	352760
64190	362204	19402	32109	6796250	52630	29747	4402263	2389369
18457	107794	16451	43012	1487787	166460	125183	962097	520390
14012	86676	13687	46744	1187334	208478	189176	216067	657700
16752	52845	15057	27889	1742935	45725	28202	1129935	612440
20521	52387	11120	30948	644451	66239	37074	338372	311279
2301	12320	65	253	132842	16081	13402	70417	65124
11381	47878	10299	31068	495760	41600	27240	312795	183046
12503	57773	8649	23049	615472	45748	39301	337132	277390
44747	161121	38991	78313	4926647	54211	26925	3379921	1546676
9586	32492	7645	13218	3359403	28863	18513	989698	2519837
24934	63750	18254	36829	444701	37213	22252	268717	183523
43662	138744	27539	74634	2062056	137912	90846	1060864	977919
32905	196607	21896	58514	1030721	253879	196028	448053	489345
13755	49881	16190	39957	425958	47987	26977	263677	166715
32638	101461	24685	64679	1007791	62809	41326	488635	519156
14750	63664	14800	44582	662580	70269	54007	359725	302855
10458	38467	11963	24679	320670	24334	15912	188691	145246
2349	7518	902	1516	76529	12010	7950	39972	36993
3979	14772	3744	9157	127633	12186	8089	58019	69824
23908	90385	18830	39275	698406	80367	47599	432141	250950
8335	24784	11211	27498	309656	25102	17993	172751	143122
21404	70543	23571	52448	1406361	44585	27636	820856	743999
1953	10598			225228	8003	5561	111275	112453
22085	92489	20658	64534	2035752	273797	237790	502077	1524248
60263	233126	53025	49467	7239757	28821	19201	3799008	3440541
6087	34749	9620	34060	336802	33100	21649	174006	152995
4124	17987	3323	9022	140920	21698	11907	90886	49351
12555	47547	11951	33101	532310	50532	28806	224350	307940

地质勘查单位

Revenue and Expenditure of

单位：万元

地区	Region	总收 General							
		合计 Total	地质勘查业 Subtotal of Revenue of Geological						
				地质勘探费 Fees of Geological Exploration		地质专项拨款 Special Budgetary Allocations			地质勘查 Revenue of of Mineral
				中央 Central	地方 Local		中央 Central	地方 Local	
总计	**Total**	**16527635**	**5424905**	**551867**	**1430502**	**1130786**	**406297**	**724489**	**2311749**
北京	Beijing	871879	291716	45338	8292	146725	133450	13275	91361
天津	Tianjin	120821	69892	5667	17361	9604	6772	2832	37260
河北	Hebei	734859	392864	72711	89598	111938	26368	85570	118616
山西	Shanxi	245376	134560	20484	26270	17762	5059	12703	70045
内蒙古	Inner Mongolia	1063378	679514	24921	54630	193251	19555	173696	406712
辽宁	Liaoning	356281	198146	10320	71984	61612	4560	57053	54230
吉林	Jilin	269185	134020	3110	74097	18894	4651	14243	37919
黑龙江	Heilongjiang	323975	159674	3844	60682	41988	10636	31352	53160
上海	Shanghai	115461	57030			2023	395	1628	55007
江苏	Jiangsu	194422	107479	3351	35450	11486	8296	3190	57192
浙江	Zhejiang	625871	113311	28064	35218	14512	6632	7881	35516
安徽	Anhui	4404259	223946	3824	78104	29870	3969	25901	112149
福建	Fujian	252076	68575	7624	16021	6509	2676	3833	38421
江西	Jiangxi	331287	145712	20577	61840	10425	4833	5593	52870
山东	Shandong	1234401	375869	37546	56447	48292	17515	30777	233584
河南	Henan	425776	228041	14340	88575	77149	12692	64458	47977
湖北	Hubei	360363	146879	29266	44241	21506	13218	8287	51867
湖南	Hunan	625489	207018	4735	125986	26931	9235	17695	49367
广东	Guangdong	553237	155436	29414	75503	13190	9837	3353	37329
广西	Guangxi	200939	93653	4280	35453	20485	8396	12090	33434
海南	Hainan	37493	19539	1344	3487	4786	1558	3228	9922
重庆	Chongqing	66255	40173	8037	12042	8439	2386	6053	11656
四川	Sichuan	491454	237154	17619	71030	43783	26071	17712	104722
贵州	Guizhou	241242	108185	32861	19083	16577	4319	12258	39664
云南	Yunnan	888398	126627	4004	40737	15055	9704	5351	66830
西藏	Tibet	63368	26696	2710	14476	5639	5265	374	3870
陕西	Shaanxi	505728	256568	78832	33560	21831	12427	9404	122344
甘肃	Gansu	277702	162646	7260	72184	27021	9857	17164	56181
青海	Qinghai	176831	129611	16853	29013	43038	11183	31855	40706
宁夏	Ningxia	144202	79263	670	22437	9298	2820	6478	46858
新疆	Xinjiang	325624	255108	12261	56702	51163	11961	39202	134981

收支情况（2009 年）

Geological Exploration Units (2009)

Unit: 10^4 yuan

入 Revenue					总支出 General Expenditures			
收入 Exploration / 劳务收入 Labor Services Exploration / 涉外 Foreign-related	矿业权转让收入 Revenue from Transfer of Mining Rights	工程勘察施工收入 Revenue from Mineral Resource Development	矿产开发收入 Revenue from Engineering Surveys and Operations	其他收入 Other Revenues		地质勘查（项目）支出 Expenditures of Mineral Exploration	自有资金 Free Funds	矿产开发支出 Expenditures of Mineral Resource Development
53963	**390547**	**2893280**	**1646590**	**6172313**	**14244205**	**3797268**	**919094**	**834282**
22859	101810	165234	23304	289814	740952	267270	58618	100180
11425		18137	5478	27314	105134	59657	31424	
1504	9797	149856	8080	174261	662243	209159	21413	8042
5196		71151	100	39565	239941	108842	45402	997
	17844	110560	206824	48636	750057	324313	115237	161152
370	47437	78360	3960	28378	270852	155281	16083	3354
	2615	28256	85416	18878	245159	56833	16600	60211
	410	140979	3213	19699	318880	136871	32002	12082
		39487		18944	100217	85351	14079	
2225	1437	52327	2607	30571	181805	70583	15839	10000
	8083	396466	14253	93759	573509	81236	5031	8047
100	882	204715	1539	3973176	4351132	182071	28563	1564
26		112091	15204	56206	251654	61530	27265	12320
673	11287	72130	14427	87730	302731	90928	12625	11715
2176	73501	174812	350578	259641	1019914	324568	98437	88
66	8829	55500	26348	107058	367749	175609	36906	29704
5120	3412	161649	1108	47314	339506	99349	18832	1260
452	3458	162312	197367	55334	571544	107014	13797	167379
251		103774	63455	130372	414127	59446	32736	55161
52	7351	40587	21449	37899	179850	76889	12334	13661
	300	6333	6684	4636	32994	16409	510	4111
85	200	11446	1946	12491	58514	51278	22752	2814
307	26976	144615	19168	63542	387840	188280	44719	16844
122	29118	48632	27240	28068	201559	92596	26706	22196
606	5705	82195	408848	265023	307535	122430	56125	15332
	500	9385	20111	6677	57794	23273	12780	12695
	1005	64370	77490	106295	433928	153829	27204	65958
	12798	37366	36234	28658	236437	81786	12064	29939
	11032	23312	1818	11058	157793	105126	12331	5270
345	1675	40523	464	22278	133403	64078	28007	407
	3086	6719	1875	58835	249452	165383	22672	1500

主要统计指标解释

新发现矿产地 是指报告期内通过各类地质调查工作，或者根据群众报矿、群众采矿线索新发现的，并经过矿产调查工作证实为有进一步工作意义或具有工业价值，具有一定规模，作出初步评价的矿区。

查明资源量 在本表中的查明资源量主要是推断的内蕴经济资源量（333）以上的资源量。

坑探工作量 是指用凿岩机械或人工开凿的各种坑道工程，以“米”计量，取整数。

机械岩心钻探工作量 是指用动力机械带动，回转或冲击回转钻进，并以取出岩心了解和研究地下地质情况为目的的钻探工作。如手轮给进钻机、油压钻机、石油钻机、海洋石油钻机、水文水井钻机以及汽车钻机等。以“米”计量，取整数。

地质勘查经费 是指报告期完成的来自各方面的地质勘查资金。包括完成的中央财政、地方财政地质勘查拨款，企事业单位、港澳台商、外商投入的地质勘查工作的资金以及其他资金。

中央财政专项拨款 是指报告期实际完成的由国家预算收支科目安排的直接用于地质勘查经费。

地方财政专项拨款 是指报告期实际完成的地方财政拨付的地质勘查经费。

地勘基金 是指在报告期内，由中央财政和地方财政拨款，通过项目招标的形式，主要用于支持重点矿种、重要成矿区带的矿产前期勘查的专项资金。

企事业资金 是指报告期完成的各类企事业单位投入的地质勘查工作的资金。包括国内企事业资金、港澳台商投资和外商投资。

国内企事业资金 是指报告期完成的国有、集体企事业单位和私营企业投入地质勘查工作的资金。

港澳台商投资 是指港澳台企业和经济组织或个人按我国有关政策、法规，用现汇、实物（折资）和技术等投入地质勘查工作的资金。

外商投资 是指报告期内完成境外投入地质勘查工作的资金，包括外商直接投资、对外借贷（外国政府贷款、国际金融组织贷款、出口信贷、外国银行商业贷款、对外发行债券和股票）及外商其他投资（包括补偿贸易和加工装配由外商提供的设备价款、国际租赁）。不包括我国自有外汇资金（包括国家外汇、地方外汇、流程外汇、调剂外汇和中国银行自有资金发行的外汇贷款等）。

年末地质勘查人员 是指年末在职职工中，直接从事地质勘查工作的人员。

技术人员 是指在国土资源调查项目中从事工作并取得劳动报酬的，具有初级及初级以上地质勘查或土地勘测技术职称的专业技术人员。包括地质技术人员、工程技术人员、物化探技术人员、土地勘测、测绘、岩矿鉴定、化验等技术人员。

平均从业人员 是指报告期内在地勘单位平均每天实有的从业人员。平均从业人数=（年初人数+年末人数）/2 或用年度各月平均人数之和除以 12。

总资产 是指填报单位年末拥有或控制的全部资产总额，包括流动资产、长期投资、固定资产、无形及递延资产、其他长期资产、递延税项等，为本单位资产负债表的资产总计项。

总负债 是指填报单位年末所承担的能以货币计量，将以资产或劳务偿付的债务。

总收入 是指报告期内地质勘查资质单位从事地质勘查等经济活动所取得的各种收入，包括地勘业收入、矿业权转让收入、矿产开发收入、工程勘察施工收入和其他收入。

地勘业收入 是指报告期内从事地质勘查经济活动所取得的各种收入。包括地质勘探费、地质专项拨款、矿产勘查劳务收入等。其中，矿产勘查劳务收入中包括了在本地区注册登记或本系统直属的具有地质勘查资质的单位在本省及省外、境外从事地质勘查工作所获得的收入，以及以合作、入股等方式获得的地质勘查收入。涉外是指地勘单位在从事的地勘项目中由境外投资所带来的收入。

地质勘探费 是指报告期内国家（中央和地方）预算用于本单位地质勘探工作的费用，包括地质勘查管理机构及其事业单位经费、地质勘探经费等，按中央财政和地方财政投入分别统计。

中央财政专项拨款 是指在报告期内地勘单位取得的中央财政专项拨款费用。

地方财政专项拨款 是指在报告期内地勘单位取得的地方财政专项拨款费用。

国土资源大调查经费 是指报告期内地勘单位取得的中央地质专项拨款费用，用于地质大调查项目工作。

地勘基金 是指在报告期内由中央财政和地方财政拨款，通过项目招标的形式，主要用于支持重点矿种、重要成矿区带的矿产前期勘查的专项资金。

矿产勘查劳务收入 是指报告期内填报单位在本省及省外、境外从事地质勘查工作取得的收入及以合作、入股等方式取得的地质勘查收入。

涉外 是指报告期内填报单位在从事的地勘项目中由境外投资所带来的收入。

矿业权转让收入 是指地勘单位通过矿业权转让取得的收入。

矿产开发收入 是指地勘单位从事矿产开发经营活动取得的收入。

工程勘察施工收入 是指地勘单位从事工程勘察施工经营活动取得的各项收入。

其他收入 是指报告期内地勘单位从事除地质勘查、矿业权转让、矿产开发、工程勘察施工等以外的经济活动所取得的其他收入。

地质找矿支出 是指报告期内填报单位因地质找矿活动而发生的各项费用支出总额。自有资金是指地质找矿支出中属于单位自有资金的部分。

矿产开发支出 是指报告期内填报单位因矿产开发经营活动而发生的各项费用支出总额。

总支出 是指地勘单位在报告期内发生的各种经济支出。

Explanatory Notes on Main Statistical Indicators

New mineral occurrence — refers to a mineral occurrence that is newly found through all kinds of geological survey or on the basis of the ore information and clues reported by the broad masses of people, demonstrated through mineral surveys to be of value for further work or of industrial value and have a certain size, and evaluated preliminarily during the reporting period.

Identified resources — mainly refer to resources above inferred potentially economic resources (333).

Advance of tunneling — refers to the advances of various underground workings excavated by rock drills or manual operations. It is calculated by "meters" and rounded off.

Penetration of core drilling — refers to the penetration of rotary or percussive drilling driven by power machinery that recovers the core in order to study the underground geology. The drills include hand-lever feed drills, hydraulic feed drills, oil drills, marine oil drills, hydrological water well drills, and truck-mounted drills. It is calculated in "meters" and rounded off.

Funds of geological exploration — refer to the funds for geological exploration from various sides completed during the reporting period. They include funds allocated from the Central and local financial budgets for geological exploration, funds invested by enterprises and institutions, Hong Kong, Macao, and Taiwan businessmen, and foreign businessmen for geological exploration, and other funds.

Central special budgetary allocations — refer to expenditures directly used for geological exploration and arranged by the state budgeted revenue and expenditure account, which are actually completed during the reporting period.

Local special budgetary allocations — refer to expenditures for geological exploration and allocated by local finance, which are actually completed during the reporting period.

Fund of geological exploration — refers to the special fund of early-stage mineral resource exploration mainly used to support exploration of major useful minerals and important metallogenic regions (belts), which is allocated from the Central and local budgets during the reporting period and obtained in the way of the project bidding.

Funds from enterprises and institutions — refer to the funds invested by various enterprises and institutions for geological exploration, which are completed during the reporting period. They include funds invested by domestic enterprises and institutions, Hong Kong, Macao, and Taiwan businessmen, and foreign businessmen.

Funds from domestic enterprises and institutions — refer to the funds invested by state- and collective-owned enterprises and institutions and private enterprises for geological exploration, which are completed during the reporting period.

Investments from Hong Kong, Macao, and Taiwan — refer to the funds invested by Hong Kong, Macao, and Taiwan enterprises or economic establishments or individuals in cash, kind (converted into money according to the price indices), and technologies for geological exploration according to relevant policies, laws and regulations of China.

Foreign investment — refers to the funds invested from abroad for geological exploration, which are completed during the reporting period. They include foreign direct investments, foreign loans (loans from foreign governments, loans from international financial organizations, export credit loan, commercial loans from foreign banks, and bonds and stocks issued abroad) and other investments of foreigners (including compensation trade, processing and assembling for which the equipment and funds are provided by foreign businessmen, and international leasing) but China's free exchange funds (including national exchanges, local exchanges, floating exchanges, accommodation exchanges, and foreign exchanges loans issued using the equity capital of the Bank of China) are excluded.

Yearend exploration personnel — refer to the personnel who directly engage in geological exploration among employees on the job at the year end.

Technical personnel — refer to professional technical personnel who work in geological exploration units and receive payments and have technical titles of geological survey or mineral exploration at and above the junior titles. They include geological technical personnel, engineering technical personnel, geophysical and geochemical technical personnel, surveying and mapping personnel, and technical personnel for identification and chemical analysis of rocks and minerals.

Average employees — refer to the average daily number of employees of geological exploration units during the reporting period. The average number of employees=(number of employees at year beginning + number of employees at year end)/2 or the sum of the average monthly numbers during the current year/12.

Total assets — refers to the total amount of all the assets owned or controlled by the reporting units at the year end, including current assets, long-term investment, fixed assets, immaterial assets, and deferred taxes.

Total debts — refer to the debts assumed by the filling units at the year end, which can be measured as currency and repaid by assets or labor services.

General revenue — refers to all kinds of revenue obtained in economic activities such as geological exploration carried out by qualified geological exploration units during the reporting period, including revenues from geological exploration, transfer of mining rights, mineral resources development, and engineering surveys and operations, and other revenues.

Revenue from geological exploration — refers to all kinds of revenue obtained in economic activities of geological exploration, including fees of geological exploration, special allocations for geology, and revenue of labor services of mineral exploration. Of these, the revenue of labor services of mineral exploration includes the revenue of geological exploration carried out by qualified geological exploration units registered in the area or affiliated to the system inside and outside the province and abroad and the revenue of geological exploration obtained through cooperation and investment as share-holders. Foreign related refers to the revenue brought by Chinese investment abroad by geological exploration units in their geological exploration projects.

Fees of geological exploration — refer to the fees used for geological exploration of a unit from the State (Central and local) budgets during the reporting period, including funds of administration departments in charge of geological exploration and their institutions and funds of geological exploration, which are calculated separately according to the Central and local financial inputs.

Central special budgetary allocations — refer to the funds obtained by geological exploration units from the Central special budgetary allocations during the reporting period.

Local special budgetary allocations — refer to the funds obtained by geological exploration units from the local special budgetary allocations during the reporting period.

Funds of the land and resources survey — refer to the funds obtained by geological exploration units from the Central geological special budgetary allocation during the reporting period, which are used in the geological survey project.

Fund of geological exploration — refers to the special fund of early-stage mineral resource exploration mainly used to support exploration of major useful minerals and important metallogenic regions (belts), which is allocated from the Central and local budgets during the reporting period and obtained in the way of the project bidding.

Revenue of labor services of mineral exploration — refers to the revenue of geological exploration carried out by the reporting units during the reporting period inside and outside the province and abroad and the revenue of geological exploration obtained through cooperation and investment as share-holders.

Foreign-related — refers to the revenue brought by Chinese investment abroad of the reporting units in their geological exploration projects during the reporting period.

Revenue from transfer of mining rights — refers to the revenue obtained by geological exploration units through transfer of mining rights.

Revenue from mineral resource development — refers to the revenue obtained by geological exploration units through carrying out mineral resource developments and operations.

Revenue from engineering surveys and operations — refers to all items of revenues obtained by geological exploration units through carrying out engineering surveys and operations.

Other revenues — refer to other revenues obtained by geological exploration units during the reporting period through economic activities except geological exploration, transfer of mining rights, mineral resource development, and engineering surveys and operations.

Expenditures of mineral exploration — refer to the total amount of all items of expenditures incurred due to mineral exploration of reporting units during the reporting period. Free fund refers to the part of fund belonging to the free fund of the units in the expenditures of mineral exploration.

Expenditures of mineral resource development — refer to the total amount of all items of expenditures incurred due to mineral resource developments and operations of reporting units during the reporting period.

General expenditures — refer to all kinds of expenditures of geological exploration units incurred during the reporting period.

三、国土资源开发利用

Chapter 3 Land and Resources Development and Utilization

土地资源

Land Resources

土地整治项目竣工情况（2009 年）
Results of Completion of the Land Consolidation, Reclamation and Development Projects (2009)

年份/地区 Year/Region	土地整治项目个数（个）Number of Projects of Land Consolidation, Reclamation, and Developmen (number)	项目规模（公顷）Project scale (hectare)				新增农用地面积（公顷）Increase of Agricultural Land (hectare)	
		合计 Total	整理 Land Consolidation	复垦 Land Reclamation	开发 Land Development		新增耕地面积 Increase of Cultivated Land
总 计 Total	**23523**	**874610.30**	**143933.76**	**699801.48**	**30875.05**	**304917.13**	**268966.51**
北 京 Beijing	32	3939.56	372.69	3284.06	282.81	1207.28	941.86
天 津 Tianjin	6	1243.62	1243.62			1025.73	993.71
河 北 Hebei	508	56349.52	12468.31	43611.24	269.97	17015.19	16673.76
山 西 Shanxi	350	4011.20	3133.44	586.93	290.83	4912.93	3027.75
内蒙古 Inner Mongolia	98	63148.47	818.39	62330.08		4183.74	8420.81
辽 宁 Liaoning	92	28079.56	2847.27	24232.79	999.50	5652.19	4656.15
吉 林 Jilin	78	32387.40	652.10	31520.99	214.31	10454.54	9256.27
黑龙江 Heilongjiang	44	50648.46		48551.06	2097.40	1864.40	5805.37
上 海 Shanghai	159	3286.07		3259.80	26.27	491.07	871.79
江 苏 Jiangsu	3877	110065.26	13889.26	81551.93	14624.07	41662.05	32092.09
浙 江 Zhejiang	650	10542.16	8156.22	2385.94		15282.88	7089.98
安 徽 Anhui	3415	4375.54	1618.54	1676.86	1080.14	14168.81	19772.21
福 建 Fujian	2011	46616.77	7928.09	38574.58	114.10	11392.86	10965.57
江 西 Jiangxi	49	8030.51	2985.07	4980.73	64.71	3503.02	3118.17
山 东 Shandong	1455	58683.30	10978.19	45308.93	2396.18	21238.71	14347.94
河 南 Henan	252	117960.22	8032.84	108915.17	1012.21	20077.41	24763.26
湖 北 Hubei	795	9128.06	3828.38	3646.21	1653.47	5973.16	6210.74
湖 南 Hunan	871	44296.37	11339.20	32929.66	27.51	16944.70	12213.27
广 东 Guangdong	2211	15178.64	15178.64			35424.19	29362.54
广 西 Guangxi	3510	18200.23	9202.99	8982.70	14.54	11002.16	9234.83
海 南 Hainan	27	4909.76	1051.57	3181.22	676.97	1653.15	1657.90
重 庆 Chongqing	185	41860.08	377.16	40686.74	796.18	8525.63	7555.16
四 川 Sichuan	154	85299.53	931.74	84274.36	93.43	8977.52	10376.77
贵 州 Guizhou	1307	19362.04	11794.10	6798.24	769.70	9790.15	11469.20
云 南 Yunnan	11	4165.07	768.02	3397.05		3016.34	770.83
西 藏 Tibet	2	46.26	46.26			49.51	46.26
陕 西 Shaanxi	1315	23211.13	9503.62	10566.56	3140.95	21917.94	12346.62
甘 肃 Gansu	39	3713.18	2077.06	1499.64	136.48	2096.09	2096.09
青 海 Qinghai	3	60.70		46.38	14.32	49.38	
宁 夏 Ningxia	10	2886.82	1710.99	1096.83	79.00	3691.68	1637.66
新 疆 Xinjiang	7	2924.80	1000.00	1924.80		1672.74	1191.96

主要统计指标解释

土地整治 即土地整理复垦开发。

土地整理 是指在一定区域内，按照土地利用规划，对田、水、路、林、村综合整治，提高耕地质量，增加有效耕地面积，改善农业生产条件和生态环境。其内容主要包括调整用地结构；平整土地；道路、渠道等的综合治理；村庄及乡村企业用地的集中、搬迁和内部改造。

土地复垦 是指对生产建设过程中，挖损、塌陷、压占、污染等造成破坏的土地，和洪灾、滑坡、崩塌、泥石流、风沙等自然灾害损害的土地，采取生物和工程技术手段，使其恢复到可利用状态的活动。

土地开发 是指按照土地利用总体规划，在保护和改善生态环境、防治水土流失和土地荒漠的前提下，对滩涂、盐碱地、黄草地、裸土地等未利用地的宜农土地进行整治。

项目规模 是指完成土地整治项目即土地整理复垦开发项目所包括的面积，按实际验收数统计。

新增农用地、耕地、建设用地面积 指经过土地整治即土地整理、复垦、开发分别增加的农用地、耕地及建设用地面积，按实际验收数统计。

Explanatory Notes on Main Statistical Indicators

Land renovation — refers to land consolidation, reclamation, and development.

Land consolidation — refers to the process of comprehensive renovation of farmland, water, roads, forests, and villages in a particular region according to land-use planning in order to raise the cultivated land quality, increase the effective cultivated land area and improve the conditions of agricultural production and ecological environment. The content mainly includes land-use structure readjustment, consolidation of scattered parcels of land, land leveling, road and canal improvements, and concentration, relocation, and internal modification of land used for villages and village-and-town enterprises.

Land reclamation — refers to the process of restoring to the usable state the land damaged by excavation, collapse, surface land occupation, and pollution during the production and by natural disasters such as floods, landslides, rock falls, mud-flows, and wind-blown sand disasters by taking biotechnical and engineering technological means.

Land development — refers to the process of improving unused land suited to agricultural purposes such as shoals, saline-alkali land, land overgrown with weeds, and nuked land according to land-use planning in order to protect and improve the ecological environment, prevent and control soil erosion, and land desertification.

Project scale — refers to the area included in the land renovation project completed, i.e. the project of land consolidation, reclamation, and development. It is calculated according to the number of hectares checked and accepted actually.

Areas of newly added land for agricultural uses, cultivated land, and land for construction — refer to the areas of farmland, cultivated land, and land for construction added separately through land renovation, i.e. land consolidation, reclamation, and development. They are calculated according to the number of hectares checked and accepted actually.

矿 产 资 源

Mineral Resources

全国石油天然气开发利用情况
Oil and Gas Development

年份/地区	Year/Region	油气田总数（个）Number of Oil & Gas Fields	大型 Large	中型 Medium	小型 Small	从业人数（人）Employees (person)	油产量（万吨）Oil Production (10^4 tons)
	2005	850				421380	18145.62
	2006	804	87	189	528	453357	18375.63
	2007	822	91	200	531	513375	18597.16
	2008	833	97	202	534	529636	18946.06
	2009	864	96	217	551	540274	18821.42
天　津	Tianjin	23	3	12	8	12192	480.99
河　北	Hebei	62	2	16	44	25493	598.05
辽　宁	Liaoning	40	5	8	27	30483	995.12
吉　林	Jilin	39	4	12	23	22934	615.14
黑龙江	Heilongjiang	52	11	10	31	92137	3984.22
江　苏	Jiangsu	59		4	55	9193	184.03
山　东	Shandong	71	11	39	21	105074	2744.25
河　南	Henan	37	1	11	25	40748	516.31
湖　北	Hubei	31	1	2	28	14370	96.00
广　西	Guangxi	1			1	91	3.10
海　南	Hainan	4			4	130	14.23
四　川	Sichuan	142	7	18	117	39642	15.71
陕　西	Shaanxi	62	11	22	29	73937	2713.69
甘　肃	Gansu	7		2	5	12359	39.86
青　海	Qinghai	23	4	2	17	16399	185.17
新　疆	Xinjiang	85	15	29	41	42831	2439.59
渤　海	Bohai Sea	53	9	12	32	602	1808.56
南　海	South China Sea	65	12	17	36	861	1377.80
东　海	East China Sea	8		1	7	798	9.60

注：1. 中国石油长庆、华北、大港和西南经济数据未按省分列，本汇总表将中国石油长庆全部计入陕西，中国石油华北全部计入河北，中国石
2. 本表不包括煤层气和二氧化碳气。

Notes: 1. The data of the Changqing, North China, Dagang and Southwest oil fields of China National Petroleum Corporation (CNPC) are not listed by province
2. The data of coal-bed methane and gas hydrate are not included in the table.

—— 按地区分列

and Utilization by Region

气产量 (亿立方米) Gas Production (10^8 m^3)	工业总产值 (万元) Gross Industrial Output Value (10^4 yuan)	工业增加值 (万元) Value-added of Industry (10^4 yuan)	销售收入 (万元) Sales Revenue (10^4 yuan)	年利税总额 (万元) Total Amount of Profits and Taxes (10^4 yuan)	实缴补偿费 (万元) Compensation Fee Paid (10^4 yuan)
490.37	49043014.39	42964327.97	49925898.14	36464705.88	336147.42
584.46	65066878.27	54785327.29	64725140.22	45575444.36	424845.36
698.87	70146545.49	57967304.37	70404379.92	44494037.50	622332.50
774.87	88243301.74	73385123.07	88500727.28	58473888.73	631264.38
843.95	62778077.22	48947020.16	64325051.38	33106530.91	429734.35
5.37	1168774.00	708946.00	1124295.61	288474.44	15600.00
10.08	1708217.00	1267962.00	1761863.00	621572.00	37124.00
8.10	2161669.00	1090580.00	1940356.00	15885.00	21245.00
14.22	1527348.00	1292643.00	1461098.19	365480.80	7855.12
30.04	11204417.00	10168910.00	13894429.00	7546780.00	76622.00
3.81	797567.00	696847.00	797586.00	685919.00	6270.44
7.00	12051689.00	10942712.00	12375666.00	9028190.00	42850.00
8.82	1933092.00	865037.00	1909605.00	157349.00	3872.00
1.60	428050.00	296255.00	427407.00	−13174.00	
0.01	128561.00	30855.00	132151.00	26653.00	72.36
1.86	75595.00	64776.00	115834.00	40662.00	679.00
180.35	2206172.00	1092329.00	2326436.00	143426.00	14147.00
209.11	8259091.00	6329206.00	8366125.96	3975311.25	39118.00
0.29	1185755.00	313328.00	1184272.00	157763.00	79.00
43.07	757583.00	782987.00	981747.00	395549.00	2000.00
245.36	7447611.08	5971613.39	7597680.89	4427637.06	67196.41
8.93	4798622.00	4219187.00	4480639.00	2906282.00	94736.00
59.98	4780046.90	2742294.74	3318441.71	2307073.25	268.02
5.95	158217.24	70552.03	129418.02	29698.11	

油大港全部计入天津，中国石油西南全部计入四川。

In this table, CNPC Changqing is included in Shaanxi, CNPC North China in Hebei, CNPC Dagang in Tianjin and CNPC South-West China in Sichuan.

全国石油天然气开发利用情况
Oil and Gas Development

经济类型	Economic Type	油气田总数（个）Number of Oil & Gas Fields				从业人数（人）Employees (person)
			大型 Large	中型 Medium	小型 Small	
总　计	**Total**	**864**	**96**	**217**	**551**	**540274.00**
国有企业	State-owned Enterprises	19	1	10	8	57109.00
国有联营企业	Joint State-owned Enterprises	1			1	91.00
股份有限公司	Share Holding Company Limited	844	95	207	542	483074.00

注：经济类型为公司在工商管理机关登记注册类型。

Note: The economic type refers to the type registered by a company at agencies or industrial and commercial administration.

——按经济类型分列（2009 年）
and Utilization by Economic Type (2009)

油产量（万吨） Oil Production (10^4 tons)	气产量（亿立方米） Gas Production (10^8 m^3)	工业总产值（万元） Gross Industrial Output Value (10^4 yuan)	工业增加值（万元） Value-added of Industry (10^4 yuan)	销售收入（万元） Sales Revenue (10^4 yuan)	年利税总额（万元） Total Amount of Profits and Taxes (10^4 yuan)	实缴补偿费（万元） Compensation Fee Paid (10^4 yuan)
18821.42	**843.95**	**62778077.22**	**48947020.16**	**64325051.38**	**33106530.91**	**429734.35**
1131.60		2471800.00	2036300.00	2859634.00	1084900.00	
3.10	0.01	128561.00	30833.00	132151.00	26653.00	72.36
17686.72	843.94	60177716.22	46879865.16	61333266.38	31994977.91	429661.99

全国非油气矿产资源开发利用情况
Non-Petroleum Mineral Resources Development

年份/地区	Year/Region	矿山企业数（个） Number of Mine Enterprises				
			大型 Large	中型 Medium	小型 Small	小矿 Small-scale Mine
	2001[①]	153723	500	1254		
	2002[①]	149506	489	1127	34014	113867
	2003[①]	145406	527	1354	37692	105833
	2004[①]	124982	4147	4636	45357	70842
	2005	126695	3279	4338	55147	63931
	2006	126370	3850	5345	56158	61017
	2007	124930	4014	5756	59446	55714
	2008	119550	2975	5368	58431	52776
	2009	117965	4156	5303	56675	51831
北京	Beijing	169	10	21	107	31
天津	Tianjin	397	87	133	177	
河北	Hebei	5280	77	142	2524	2537
山西	Shanxi	6724	128	326	4062	2208
内蒙古	Inner Mongolia	4457	106	259	1927	2165
辽宁	Liaoning	4419	56	79	2238	2046
吉林	Jilin	2341	84	101	1223	933
黑龙江	Heilongjiang	4037	235	296	1911	1595
上海	Shanghai	82	4	2	62	14
江苏	Jiangsu	2112	112	327	1658	15
浙江	Zhejiang	2393	1049	194	843	307
安徽	Anhui	5130	345	246	2173	2366
福建	Fujian	3224	132	277	1728	1087
江西	Jiangxi	6437	34	145	3307	2951
山东	Shandong	5417	856	974	2604	983
河南	Henan	4434	201	256	2536	1441
湖北	Hubei	4192	29	106	1751	2306
湖南	Hunan	8289	64	172	2234	5819
广东	Guangdong	2313	58	50	1759	446
广西	Guangxi	5119	37	79	2030	2973
海南	Hainan	464	39	58	251	116
重庆	Chongqing	3550	43	154	2428	925
四川	Sichuan	7949	90	397	4289	3173
贵州	Guizhou	7622	43	105	3600	3874
云南	Yunnan	8449	18	86	4448	3897
西藏	Tibet	69	5	7	41	16
陕西	Shaanxi	5053	71	94	2379	2509
甘肃	Gansu	3205	29	56	774	2346
青海	Qinghai	832	27	32	262	511
宁夏	Ningxia	710	11	25	211	463
新疆	Xinjiang	3096	76	104	1138	1778

注：① 包括油气矿产。

Notes: ① Including the data of oil and gas.

——按地区分列

and Utilization by Region

从业人数（人）Employees (person)	年产矿量(原矿) Annual Production (Crude Ore)		工业总产值(万元) Gross Industrial Output Value (10^4 yuan)	综合利用产值(万元) Output Value of Comprehensive Use (10^4 yuan)	矿产品销售收入(万元) Sales Revenue of Mineral Commodities (10^4 yuan)	利润总额(万元) Total Profits (10^4 yuan)
	固体矿产和液体矿产(万吨) Solid and Liquid Mineral (10^4 tons)	气体矿产(亿立方米) Gaseous Mineral (10^8 m^3)				
9239267	456488.29	250.50	46011320.73	1249640.26	40848787.49	3603057.83
8912304	490443.93	251.66	45673346.85	849373.09	40767774.99	9491569.72
9296792	571180.95	329.70	59675447.29	880998.29	53196771.16	14166449.90
8110648	734724.11	400.98	81714104.16	5112808.99	84673465.66	20723382.81
7691566	524732.70		55884758.13	3522918.98	48806461.44	7279364.52
7983010	583263.44		67097342.04	4856684.16	61618919.74	10774021.31
7594709	625698.07		85559009.18	5252714.98	72410290.04	13148895.90
7309547	671976.65		112821408.88	8823572.40	98445091.27	20233847.11
7240067	692717.95		117086064.36	8865860.13	100877783.81	19100882.39
27339	2079.34		497106.75	95743.72	341819.17	53647.81
8292	3337.44		29638.53	952.10	19049.43	824.26
346215	36433.21		6170524.48	744386.09	4829977.88	948030.77
854036	54658.66		21263168.08	1661042.37	17891816.23	3102368.35
265079	60896.45		11723594.12	2052516.73	10723228.44	3013842.66
384718	31181.97		5219073.20	170944.50	4102393.07	658557.98
147524	13869.06		1583258.38	5181.49	1378747.00	153506.85
370260	13491.75		2425427.87	39262.92	2402863.63	238067.26
5452	249.19		117982.90	1651.00	18534.70	593.64
208067	20196.08		2456291.57	6396.70	2281074.07	245999.58
68765	46697.51		896866.73	9249.56	821057.55	51349.00
383217	43958.02		7818476.14	469009.91	6992182.98	621904.71
100873	18399.44		1442754.01	230070.87	1360027.74	433957.07
247526	23543.15		2419567.14	169999.68	2205216.43	269951.52
620310	47675.03		10162967.18	437491.12	9017715.70	2042683.82
550504	29481.78		8467787.01	280118.51	6723320.21	1279290.67
156259	14296.18		1406927.90	81327.06	1290235.62	170286.05
321973	28217.19		2667587.32	441685.55	2341038.03	384134.01
70263	21060.44		946686.32	25434.69	835601.39	165589.31
125585	20696.81		924042.99	58048.86	849658.17	177764.29
12729	7043.38		223459.96	2772.86	214281.93	57947.10
206168	14227.59		1454843.37	208938.61	7102.20	119752.58
443743	24341.30		3285938.18	374938.91	2980881.93	290266.33
285765	20931.71		4043173.96	882372.30	3867875.04	733242.55
372707	23070.61		4058872.50	62458.23	3179635.29	412949.49
3940	87.28		68221.49	15879.00	49058.78	22786.02
249970	34143.92		8154230.47	16090.86	7618479.53	2055636.33
172069	10029.25		2190394.88	50453.05	2032083.56	158257.86
44404	6527.60		1909492.69	132377.40	1527994.96	607120.50
50410	6078.26		1210289.81	111069.38	1197238.35	342821.37
135905	15818.38		1847418.44	27996.11	1777594.80	287752.66

全国非油气矿产资源开发利用情况
Non-Petroleum Mineral Resources Development

		矿山企业数（个）Number of Mine Enterprises				
			大型 Large	中型 Medium	小型 Small	小矿 Small-scale Mine
总计	**Total**	**117965**	**4156**	**5303**	**56675**	**51831**
煤炭	Coal	16438	436	845	9036	6121
油页岩	Oil Shale	19	1	4	9	5
油砂	Oil Sand	4			4	
石煤	Stone Coal	274		1	35	238
天然沥青	Natural Asphalt	5				5
地热	Geotherm	799	183	142	369	105
铁矿	Iron	4318	91	212	2330	1685
锰矿	Manganese	596	24	39	370	163
铬矿	Chromite	27		1	14	12
钛矿	Titanium	128	10	2	76	40
钒矿	Vanadium	88	10	17	46	15
铜矿	Copper	803	17	49	443	294
铅矿	Lead	916	7	20	371	518
锌矿	Zinc	856	7	30	462	357
铝土矿	Bauxite	246	6	19	155	66
镁矿	Magnesium	29		1	16	12
镍矿	Nickel	55	3	7	27	18
钴矿	Cobalt	5	1		2	2
钨矿	Tungsten	153	1	19	105	28
锡矿	Tin	157	3	11	69	74
铋矿	Bismuth	3			2	1
钼矿	Molybdenum	196	10	21	107	58
汞矿	Mercury	40		1	16	23
锑矿	Antimony	94	1	1	50	42
铂矿	Platinum	3			3	
金矿	Gold	1600	57	111	752	680
银矿	Silver	82	6	5	42	29
铌钽矿	Columbotantalite	9		1	5	3
铌矿	Niobium	1				1
钽矿	Tantalum	5	1		3	1
铍矿	Beryllium	1				1

——按矿种分列（2009年）
and Utilization by Mineral (2009)

从业人数（人）Employees (person)	年产矿量（原矿，万吨）Annual Production (Crude Ore, 10^4 tons)	工业总产值（万元）Gross Industrial Output Value (10^4 yuan)	综合利用产值（万元）Output Value of Comprehensive Use (10^4 yuan)	矿产品销售收入（万元）Sales Revenue of Mineral Commodities (10^4 yuan)	利润总额（万元）Total Profits (10^4 yuan)
7240067	**692717.95**	**117086064.36**	**8865860.13**	**100877783.81**	**19100882.39**
4094279	232742.72	77995004.99	5240209.18	69121471.69	13684392.71
13382	282.96	492421.79	390.00	447032.35	39482.93
55	0.03	50.00	18.00	50.00	5.00
2841	382.62	11810.01	548.68	10520.24	1348.52
75	0.13	749.75		711.60	242.00
29768	7491.64	155542.74		129119.48	10414.90
366189	45889.49	9786628.05	1198656.50	7661839.87	1121711.26
37032	932.23	563938.15	34906.98	259867.23	77403.75
1502	20.01	30573.42	8648.00	24980.62	12393.52
3447	262.82	13416.81	1176.13	10661.36	709.93
7273	182.49	63323.21	756.00	47766.76	1699.20
118883	8920.51	2117146.09	114297.71	1887621.05	322605.89
48933	1162.51	690830.05	100207.45	582620.76	198521.27
69855	2141.88	1551697.39	99613.94	1265393.94	246496.85
16304	1175.28	204312.62	29620.30	153296.02	6079.00
294	8.00	144.00	60.00	144.00	5.00
11312	927.75	799643.77	40447.45	740662.44	43731.89
394	11.21	2034.06		1296.19	-1083.70
37450	2111.81	340919.05	29812.52	279079.90	36523.35
30711	780.15	342288.11	7903.17	311589.03	82350.64
171	4.50	1968.00		490.00	140.00
33297	4784.42	1513183.70	48614.18	678078.16	152328.59
889	39.12	14113.53	2920.00	9018.27	2231.40
9342	101.67	91527.87	1991.00	87828.64	5528.29
117					
168546	11407.03	3398442.35	545512.94	3185179.26	1031079.69
11164	412.01	244198.69	62403.90	232503.82	58910.24
1049	97.50	12839.70	8035.70	11077.71	371.00
1					
278	21.78	2988.00	2661.96	326.04	10.00
207					

全国非油气矿产资源开发利用情况
Non-Petroleum Mineral Resources Development

		矿山企业数（个）Number of Mine Enterprises				
			大 型 Large	中 型 Medium	小 型 Small	小 矿 Small-scale Mine
锂矿	Lithium	16	2	1	7	6
锆矿	Zirconium	30	24	4	1	1
锶矿	Strontium	17		1	5	11
重稀土矿	Heavy Rare Earths	20		1	18	1
轻稀土矿	Light Rare Earths	101		5	78	18
锗矿	Germanium	2			2	
碲矿	Tellurium	2				2
蓝晶石	Kyanite	6	1	1	3	1
矽线石	Sillimanite	4	1		3	
红柱石	Andalusite	9	4	2	3	
菱镁矿	Magnesite	132	5	9	95	23
普通萤石	Fluorite (Common)	1330	3	36	697	594
熔剂用灰岩	Limestone for Flux	319	17	22	149	131
冶金用白云岩	Metallurgical, Dolomite	367	12	9	208	138
冶金用石英岩	Metallurgical, Quartzite	610	2	9	369	230
冶金用砂岩	Sandstone for Metallurgy	23			15	8
铸型用砂岩	Sandstone for Casting	21			14	7
铸型用砂	Sand for Casting	97		8	75	14
冶金用脉石英	Metallurgical, Vein Quartz	386		3	214	169
耐火粘土	Fireclay	320	2	7	184	127
铁矾土	Ferruginous Bauxite	36			22	14
铸型用粘土	Clay for Casting	3			1	2
耐火用橄榄岩	Fire Peridotite	6	1		4	1
熔剂用蛇纹岩	Serpentinite for Flux	7	3	2	2	
自然硫	Native Sulfur	3				3
硫铁矿	Greigite	322	7	7	169	139
钠硝石	Nitratite	4	1		1	2
明矾石	Alunite	9	2		7	
芒硝	Mirabilite	82	18	20	32	12
重晶石	Barite	527	8	21	310	188
毒重石	Witherite	37		3	31	3
天然碱	Trona	41	1	3	31	6

——按矿种分列（2009 年）　续表 1
and Utilization by Mineral (2009)　Continued 1

从业人数（人）Employees (person)	年产矿量（原矿，万吨）Annual Production (Crude Ore, 10⁴ tons)	工业总产值（万元）Gross Industrial Output Value (10^4 yuan)	综合利用产值（万元）Output Value of Comprehensive Use (10^4 yuan)	矿产品销售收入（万元）Sales Revenue of Mineral Commodities (10^4 yuan)	利润总额（万元）Total Profits (10^4 yuan)
3070	266.00	150862.56	77907.45	150065.69	21052.62
1219	3963.15	17525.06	2266.37	15564.78	3607.94
1891	13.57	3627.95		1032.09	–42.00
2451	466.03	17519.20		20092.58	3882.03
2175	135.57	29258.36	828.77	26882.15	2974.10
434	391.80	37611.00	30776.00	37611.00	649.00
4					
275	2.50	1750.00	50.00	1296.00	125.00
415	14.13	1228.50	50.00	1228.50	–405.50
602	14.75	829.05	0.10	820.05	13.55
8160	743.64	134300.18	861.50	56094.54	7183.31
24402	536.11	121801.10	14940.08	100365.79	9370.94
17623	4625.50	202513.67	7599.63	149160.11	19217.58
8453	1841.96	93202.48	14580.01	54452.38	–2213.62
7922	558.95	56903.89	3038.86	37227.51	–970.71
286	15.23	573.13		265.13	46.09
214	76.80	1070.70		932.70	163.78
2718	214.48	16379.29	135.00	15676.50	1609.27
3741	98.32	8760.73	351.40	8314.36	616.23
7960	270.76	45037.72	1639.80	22311.20	1880.78
426	7.21	691.00		658.75	68.50
22	1.25	25.00	25.00	25.00	12.00
201	19.28	1183.65		1180.60	–90.50
557	68.60	3889.80	5.00	3488.80	369.80
32					
20989	648.95	131294.51	4563.00	100741.78	5979.41
97	6.10	753.82		913.00	
1904	13.51	5950.00		5615.73	–71.80
12812	2144.67	220288.63	4153.96	199961.18	17694.67
7255	336.97	39013.62	1859.26	35900.46	2991.24
765	20.63	5334.30	926.00	30.00	287.80
3704	318.52	128310.00	60160.00	103108.00	5748.80

全国非油气矿产资源开发利用情况
Non-Petroleum Mineral Resources Development

		矿山企业数（个）Number of Mine Enterprises				
			大型 Large	中型 Medium	小型 Small	小矿 Small-scale Mine
电石用灰岩	Tourmaline Limestone	81	2	4	35	40
制碱用灰岩	Limestone for Soda Ash	71	3	3	41	24
化肥用灰岩	Limestone for Fertilizer	10			10	
化工用白云岩	Dolostone for Chemical Industry	23			14	9
化肥用石英岩	Quartzite for Fertilizer	12			6	6
化肥用砂岩	Sandstone for Fertilizer	7		1	4	2
含钾砂页岩	Potassium Bearing Sandshale	8			4	4
含钾岩石	Potassium Bearing Rock	36		5	23	8
化肥用橄榄岩	Peridotite for Fertilizer	1			1	
化肥用蛇纹岩	Serpentinite for Fertilizer	20		3	10	7
泥炭	Peat	47			9	38
盐矿	Salt	255	76	28	131	20
镁盐	Magnesium	3		1	2	
钾盐	Potash	17	4	6	5	2
溴矿	Bromine	62			20	42
砷矿	Arsenic	8			4	4
硼矿	Boron	69	5	5	52	7
磷矿	Phosphate Rock	339	13	51	235	40
金刚石	Diamond	5	3	1	1	
石墨	Graphite	202	42	23	65	72
压电水晶	Piezoquartz	3			1	2
熔炼水晶	Smelting Quartz	4			1	3
光学水晶	Optical Crystal	2				2
工艺水晶	Crystal for Artware	1			1	
硅灰石	Wollastonite	267	3	5	146	113
滑石	Talc	191	4	7	104	76
石棉	Asbestos	45	12	5	25	3
云母	Mica	33			18	15
长石	Feldspar	424	2	6	218	198
电气石	Tourmaline	4			1	3
石榴子石	Garnet	23			11	12

——按矿种分列（2009 年） 续表 2
and Utilization by Mineral (2009) Continued 2

从业人数（人）Employees (person)	年产矿量（原矿，万吨）Annual Production (Crude Ore, 10^4 tons)	工业总产值（万元）Gross Industrial Output Value (10^4 yuan)	综合利用产值（万元）Output Value of Comprehensive Use (10^4 yuan)	矿产品销售收入（万元）Sales Revenue of Mineral Commodities (10^4 yuan)	利润总额（万元）Total Profits (10^4 yuan)
1808	304.12	7391.04	521.66	6772.08	738.90
1905	315.79	26817.52	4296.14	7104.82	1497.15
163	26.10	309.00		261.00	8.10
417	20.88	815.56	4.00	773.12	117.87
804	13.03	424.95	14.00	424.95	72.00
382	2.97	288.80	15.00	154.80	55.50
67	5.60	70.00		64.00	26.00
427	9.07	591.37	35.00	474.31	81.28
8	2.90	72.50		72.50	0.80
207	8.57	254.56	20.00	236.56	4.45
639	18.35	1391.00	69.00	1291.30	243.40
46376	6433.38	781898.29	123518.95	651873.95	51864.33
134	52.00	743.50		635.00	43.91
8010	3349.05	1148377.88	15140.00	813102.00	381953.47
3129	6.47	66847.10	32260.30	58342.17	7343.50
156	0.99	424.00		287.50	−156.50
3462	93.09	20824.35	3351.30	20029.81	2918.50
40019	4876.01	868447.18	13880.52	770091.82	141968.85
768	5.86	655.00		584.24	−350.00
7337	347.27	40570.24	51.00	30847.54	1328.94
47					
44	0.05	70.00	2.00	65.00	10.00
4					
10					
3340	145.29	16390.75	1097.10	11255.08	1835.90
6769	193.55	34244.13	461.80	29439.23	7023.66
6186	587.96	31181.80	474.60	27454.70	1440.87
376	3.77	519.00	1.00	503.00	35.50
5880	282.84	19386.66	3236.90	17242.59	2350.83
30		0.10			
279	1.79	358.60		312.30	−32.90

全国非油气矿产资源开发利用情况
Non-Petroleum Mineral Resources Development

		矿山企业数（个）Number of Mine Enterprises				
			大型 Large	中型 Medium	小型 Small	小矿 Small-scale Mine
叶蜡石	Pyrophyllite	96	2	16	52	26
透辉石	Diopside	38		1	21	16
蛭石	Vermiculite	17	1		13	3
沸石	Zeolite	83	1	4	41	37
透闪石	Tremolite	10			4	6
石膏	Gypsum	661	31	100	343	187
方解石	Calcite	744	11	22	325	386
光学萤石	Optic Fluorite	19			6	13
宝石	Gem	11			4	7
玉石	Jade	72			17	55
玛瑙	Agate	4				4
玻璃用灰岩	Limestone for Glass	16			7	9
水泥用灰岩	Limestone for Cement	3966	220	233	2255	1258
建筑石料用灰岩	Limestone for Building Stone	19111	77	170	8878	9986
饰面用灰岩	Facing Limestone	135	1	2	61	71
制灰用石灰岩	Limestone for Mortar	1104	6	16	540	542
泥灰岩	Marlstone	31			20	11
白垩	Chalk	2				2
玻璃用白云岩	Dolostone for Glass	59	1		27	31
建筑用白云岩	Dolostone for Building	1289	5	17	788	479
玻璃用石英岩	Quartzite for Glass	521	16	38	336	131
玻璃用砂岩	Sandstone for Glass	132	1	38	63	30
水泥配料用砂岩	Sandstone for Cement	253	4	32	140	77
砖瓦用砂岩	Sandstone for Bricks and Tiles	241		9	123	109
陶瓷用砂岩	Sandstone for Ceramics	77		2	60	15
建筑用砂	Building Sand	7096	82	198	2955	3861
玻璃用砂	Sand for Glass	79	5	15	36	23
水泥配料用砂	Sand for Cement	29	1	2	6	20
水泥标准砂	Cement Standard Sand	8			3	5

——按矿种分列（2009 年） 续表 3
and Utilization by Mineral (2009) Continued 3

从业人数（人）Employees (person)	年产矿量（原矿，万吨）Annual Production (Crude Ore, 10^4 tons)	工业总产值（万元）Gross Industrial Output Value (10^4 yuan)	综合利用产值（万元）Output Value of Comprehensive Use (10^4 yuan)	矿产品销售收入（万元）Sales Revenue of Mineral Commodities (10^4 yuan)	利润总额（万元）Total Profits (10^4 yuan)
1492	132.03	6767.33	257.90	6616.97	1199.49
668	91.60	5954.45	100.00	4875.10	393.70
205	1.38	700.00		561.00	130.50
1009	58.85	1687.08	210.00	1551.43	134.41
128	0.42	18.60		9.60	3.00
35214	2174.84	108413.69	9495.11	96283.00	7733.48
7273	667.62	40813.14	10150.60	36182.24	3982.53
172	1.56	118.54		118.54	6.46
132		158.00		91.00	10.00
1221	6.98	6684.89	1151.00	4280.78	892.77
172	0.01	1450.00	1300.00	1350.00	205.00
97	32.20	915.60	8.00	915.60	2.20
118382	73958.73	4699180.12	380774.83	3662445.12	457759.05
252141	67918.27	1138809.64	99295.13	935288.73	154649.90
1902	200.93	11860.65	1914.00	9228.25	1404.33
19681	4380.18	104068.63	9188.72	92950.44	10540.54
727	41.31	1532.00	1068.00	683.00	101.42
13	0.20	11.00		11.00	
1391	202.06	4440.08	717.50	4152.48	306.55
16180	6734.42	103808.69	16689.70	96444.60	13396.12
8224	698.34	36256.38	2835.45	30543.42	2999.09
1954	524.03	31159.70	395.50	29862.76	9367.38
3726	1067.90	122507.31	1494.30	117944.37	24722.86
4615	289.30	18478.30	1188.91	15561.18	2611.82
908	108.67	2659.82	38.60	2381.62	−107.84
77549	27499.69	421042.71	23222.21	376828.57	53139.54
2776	390.74	25495.04	30.00	22967.10	2136.72
493	244.34	4714.26	11.00	4345.22	198.10
151	9.68	1478.80		1366.30	240.50

全国非油气矿产资源开发利用情况
Non-Petroleum Mineral Resources Development

		矿山企业数（个）Number of Mine Enterprises	大型 Large	中型 Medium	小型 Small	小矿 Small-scale Mine
砖瓦用砂	Sand for Bricks and Tiles	156			33	123
玻璃用脉石英	Vein Quartz for Glass	235	1	2	121	111
粉石英	Powdery Quartz	42		4	21	17
天然油石	Natural Whetstone	1			1	
硅藻土	Diatomite	28		6	20	2
陶粒页岩	Haydite Shale	36	1	4	27	4
砖瓦用页岩	Shale for Bricks and Tiles	7583	20	591	4823	2149
水泥配料用页岩	Shale for Cement	142	4	22	69	47
高岭土	Kaolin	553	19	28	366	140
陶瓷土	Ceramic Clay	607	6	24	471	106
凹凸棒石粘土	Attapulgite Clay	66	2	11	22	31
海泡石粘土	Sepiolite Clay	6			5	1
伊利石粘土	Illite Clay	48		2	37	9
累托石粘土	Rectorite Clay	36		1	17	18
膨润土	Bentonite	353	7	29	267	50
砖瓦用粘土	Clay for Bricks and Tiles	21425	5	276	6829	14315
陶粒用粘土	Earthenware Clay	346	4	13	219	110
水泥配料用粘土	Clay for Cement	192	3	7	77	105
水泥配料用红土	Laterite for Cement	34			8	26
水泥配料用黄土	Loess for Cement	9		1	6	2
水泥配料用泥岩	Mudstone for Cement	28	1	1	7	19
保温材料用粘土	Clay for Thermal Insulating Material	6			3	3
建筑用橄榄岩	Peridotite for Building	15	1		8	6
饰面用蛇纹岩	Facing Serpentinite	68			50	18
铸石用玄武岩	Basalt for Casting	13	1		10	2
岩棉用玄武岩	Basalt for Wool Rock	1			1	
角闪岩	Amphibolite	47	5	2	26	14
水泥用辉绿岩	Diabase for Cement	3			2	1
铸石用辉绿岩	Diabase for Casting	3				3

——按矿种分列（2009年） 续表4
and Utilization by Mineral (2009) Continued 4

从业人数（人）Employees (person)	年产矿量（原矿，万吨）Annual Production (Crude Ore, 10^4 tons)	工业总产值（万元）Gross Industrial Output Value (10^4 yuan)	综合利用产值（万元）Output Value of Comprehensive Use (10^4 yuan)	矿产品销售收入（万元）Sales Revenue of Mineral Commodities (10^4 yuan)	利润总额（万元）Total Profits (10^4 yuan)
2432	109.44	10110.70	311.95	7461.70	1957.21
2084	95.96	7622.84	1341.60	7387.11	1451.99
452	16.81	1237.00	421.00	1282.00	290.86
55					
879	22.60	18964.15	200.00	8136.78	−559.50
855	73.81	3461.36	20.00	1934.45	74.44
197033	14798.84	944746.90	64178.43	775147.46	97948.51
1641	450.30	6466.16	484.10	5318.46	745.11
13967	965.81	81385.66	8366.11	77173.40	13040.34
6595	959.32	41664.62	3735.28	37154.46	5317.94
1368	23.69	6536.96	3.30	5833.76	324.54
47		6.00		6.00	
649	13.04	638.05	71.00	533.05	33.78
1046	25.32	2489.00	73.00	1515.00	344.50
6624	648.83	48381.47	3202.85	44838.80	4459.97
799606	43164.69	2128073.10	120108.69	2000026.39	203637.34
9044	341.92	15818.46	1512.60	13721.49	1232.22
2695	597.14	8570.26	884.40	7486.33	1202.65
337	31.83	1209.83	295.00	985.41	78.21
2598	79.78	1063.95		1035.80	203.87
368	111.47	1884.92	1.00	1407.42	119.90
88	0.70	10.50		10.50	1.00
331	37.67	874.60		864.60	78.50
647	10.27	763.85	25.00	721.50	112.60
175	24.35	424.00	23.00	424.00	18.10
120	10.01	400.00		400.00	12.00
617	105.72	1787.19	385.00	1662.00	134.04
55	7.00	780.00	3.00	730.00	16.50
18		15.00		1.00	

全国非油气矿产资源开发利用情况
Non-Petroleum Mineral Resources Development

		矿山企业数（个）Number of Mine Enterprises				
			大 型 Large	中 型 Medium	小 型 Small	小 矿 Small-scale Mine
饰面用辉绿岩	Facing Diabase	273	12	5	127	129
建筑用辉绿岩	Diabase for Building	301	16	15	186	84
饰面用安山岩	Facing Andesite	1			1	
建筑用安山岩	Andesite for Building	717	139	114	307	157
建筑用闪长岩	Diorite for Building	348	44	19	167	118
水泥混合材用闪长玢岩	Diorite Porphyrite for Addition of Cement	1			1	
建筑用花岗岩	Granite for Building	5067	764	465	2700	1138
饰面用花岗岩	Facing Granite	2021	85	426	857	653
麦饭石	Medical Stone	16			10	6
珍珠岩	Perlite	61	4	3	44	10
黑曜岩	Obsidian	4			2	2
浮石	Float-stone	19			13	6
铸石用粗面岩	Trachyte for Casting	13		1	9	3
霞石正长岩	Nepheline Syenite	5	2		3	
玻璃用凝灰岩	Tuff for Glass	1			1	
水泥用凝灰岩	Tuff for Cement	32	6	3	18	5
建筑用凝灰岩	Tuff for Building	1640	931	78	401	230
火山灰	Pozzuolana	14			10	4
火山渣	Volcanic Cinder	3			1	2
饰面用大理岩	Facing Marble	557	36	26	218	277
建筑用大理岩	Marble for Building	575	132	52	260	131
水泥用大理岩	Marble for Cement	214	51	29	112	22
玻璃用大理岩	Marble for Glass	36	2		31	3
饰面用板岩	Facing Slate	263	8	15	135	105
水泥配料用板岩	Slate for Cement	20	2	1	8	9
片麻岩	Gneiss	417		31	223	163
矿泉水	Mineral Water	904	54	64	624	162
地下水	Groundwater	6	1		4	1
其他矿产	Other Minerals	1338	164	130	665	379

——按矿种分列（2009 年） 续表 5
and Utilization by Mineral (2009) Continued 5

从业人数（人）Employees (person)	年产矿量（原矿，万吨）Annual Production (Crude Ore, 10^4 tons)	工业总产值（万元）Gross Industrial Output Value (10^4 yuan)	综合利用产值（万元）Output Value of Comprehensive Use (10^4 yuan)	矿产品销售收入（万元）Sales Revenue of Mineral Commodities (10^4 yuan)	利润总额（万元）Total Profits (10^4 yuan)
2491	411.89	21696.60	958.53	20991.40	2657.06
2937	489.95	10139.89	371.23	9036.38	1250.95
3					
12417	7032.02	109147.31	3413.50	107217.14	7853.23
5163	1545.62	21937.03	793.00	21073.87	2914.89
2					
64664	27612.07	357327.00	14603.21	329406.82	38450.18
30747	2843.40	258411.25	37853.41	226998.76	34907.56
132	5.79	157.03		152.03	9.37
1981	182.18	13905.76	92.20	13821.26	4529.40
13					
154	3.47	196.50	10.00	148.90	−143.82
108	9.85	146.10	40.00	128.00	6.00
181	2.74	113.10		113.10	0.86
366	67.16	890.00	4.00	812.80	89.00
31409	30747.37	407030.02	6124.90	342513.52	28934.17
85	16.11	317.66		317.66	54.30
34	0.90	36.00	5.00	11.00	3.20
8822	655.80	44755.18	4262.25	32923.08	8997.93
6439	2577.32	50428.58	4562.30	45721.06	5414.17
5374	1745.02	61214.65	16498.40	70798.44	8937.06
173	20.63	768.25		768.25	125.00
3140	159.97	9793.73	799.30	9098.03	982.38
202	43.36	983.65	30.00	963.65	30.15
4722	844.22	13249.25	421.10	11158.99	2011.68
30128	2011.86	373979.89	30.00	240260.64	18566.62
93	10.13	88.60		65.60	16.02
20063	6280.37	104190.68	3225.86	93306.97	14041.05

全国非油气矿产资源开发利用情况
Non-Petroleum Mineral Resources Development

经济类型	Economic Type	矿山企业数 (个) Number of Mine Enterprises				
			大型 Large	中型 Medium	小型 Small	小矿 Small-scale Mine
总计	**Total**	**117965**	**4156**	**5303**	**56675**	**51831**
一、内资企业	**I. Domestic Funded Enterprises**	**117379**	**4018**	**5216**	**56384**	**51761**
国有企业	State-owned Enterprises	4134	559	612	2226	737
集体企业	Collective-owned Enterprises	14184	189	325	6540	7130
股份合作企业	Cooperative Stock Enterprises	1953	112	110	980	751
联营企业	Joint Ownership Enterprises	716	21	30	388	277
有限责任公司	Limited Liability Corporations	10102	750	899	5790	2663
股份有限公司	Share Holding Company Limited	4616	365	454	2648	1149
私营企业	Private Enterprises	76041	1719	2558	35440	36324
其他企业	Other Enterprises	5633	303	228	2372	2730
二、港澳台商投资企业	**II. Enterprises with Funds from Hong Kong, Macao and Taiwan**	**232**	**38**	**30**	**135**	**29**
三、外商投资企业	**III. Foreign Funded Enterprises**	**354**	**100**	**57**	**156**	**41**

——按经济类型分列（2009年）

and Utilization by Economic Type (2009)

从业人数 (人) Employees (person)	年产矿量 (原矿,万吨) Annual Production (Crude Ore, 10^4 tons)	工业总产值 (万元) Gross Industrial Output Value (10^4 yuan)	综合利用产值 (万元) Output Value of Comprehensive Use (10^4 yuan)	矿产品销售收入 (万元) Sales Revenue of Mineral Commodities (10^4 yuan)	利润总额 (万元) Total Profits (10^4 yuan)
7240067	**692717.95**	**117086064.36**	**8865860.13**	**100877783.81**	**19100882.39**
7168234	**675230.54**	**114213672.56**	**8641726.23**	**98552295.31**	**18394500.64**
2044390	157343.88	44188054.33	2871309.94	38589871.23	6172651.69
679151	42859.67	4545699.11	333757.91	4106045.84	659940.85
151157	12624.38	2227789.05	104031.30	1967280.05	302010.13
42065	2919.45	692376.79	25754.78	629507.71	182629.90
1137834	119853.19	21186368.39	1658780.95	17795150.97	3349345.02
925790	88121.26	23376812.72	1666766.32	19857339.15	5167163.76
2105729	236015.81	17563295.35	1959602.03	15255001.34	2507083.63
82118	15192.90	433276.80	21722.99	352099.02	53675.65
22439	**4766.43**	**452606.51**	**13738.60**	**416742.53**	**99582.24**
49394	**12720.98**	**2419785.29**	**210395.30**	**1908745.97**	**606799.51**

主要统计指标解释

矿种 是指矿山企业开采的矿产名称。

矿山规模 指依据国土资源部矿山生产规模划分标准确定的大型、中型、小型、小矿。

小矿 指矿山生产规模为小型规模上限1/10以下的矿山。

企业登记注册类型 是指工商行政管理部门对企业登记注册的类型。

矿山数 是指各类矿山企业的数量，以“个”计量。

从业人数 是指报告期的矿山企业中从事矿业生产劳动，并取得劳动报酬或经营收入的就业年平均人数。当年在矿山企业中从事采矿活动的临时工、轮换工，应加入此项统计。非独立法人矿山企业只填报本矿山的平均就业人数。

年产矿量 是指矿山企业当年采矿作业实际生产的符合产品质量要求的各类矿产的实物数量。应严格按各对应矿产的计量单位，分固、液、气三种状态分别合计填报。

工业总产值 是指以货币表现的矿山企业报告期生产的最终工业产品总价值量。

综合利用产值 是指在总产值中，由于对共生、伴生矿及“三废”综合利用的最终工业产品的价值量总和。

利税总额 年利润总额与税金的合计。

利润总额 企业当年实现的利润总量。反映企业最终的财务成果。带“–”号数据表示亏损。

税金 指企业当年生产经营中应缴纳的各项税金总量。包括企业按规定缴纳的产品销售税金及附加（城市维护建设税、教育费附加、资源税、消费税）、增值税、所得税以及房产税、印花税、车船使用税、土地使用税等。以当年企业财务会计报表中有关税金栏目数值为准填报。

工业增加值 指矿山企业当年以货币表现的工业生产活动的最终成果。有三种基本核算方法：

生产法 在计算货物和服务通过生产过程形成总产品（总产出）的基础上，剔除生产过程中的中间产品（货物和服务）价值，从而得到新增价值的方法。即：增加值=总产出–中间投入。

收入法 通过将生产经营和劳务活动所形成的各种收入相加，反映最终成果的方法，亦即根据生产要素再生产过程中应得收入份额反映最终成果的一种计算方法。即：增加值=固定资产折旧+劳动者报酬+生产税净额+营业盈余。

支出法 是从最终使用的角度来反映最终产品生产规模的一种方法。即：增加值=总消费+总投资+净出口。

矿产品销售收入 指矿山企业当年度销售该矿产品（包括产成品、半成品及废品）所取得的收入。以销售实现为原则进行填报。

Explanatory Notes on Main Statistical Indicators

Name of Mineral — refers to the name of the mineral mined by a mining enterprise.

Size of Mine — refers to large, medium and small sizes as well as small mines defined according to the production scale standards of mines set by the Ministry of Land and Resources.

Small-scale Mine — refers to a mine whose production scale is small below 1/10 of the upper limit of a small-sized mine.

Type of Registration of an Enterprise — refers to the type of registration of an enterprise stipulated by administrative agencies for industry and commerce.

Number of Mines — refers to the number of various kinds of mining enterprises.

Number of Employees — refers to the annual average number of all the persons who are engaged in mining labor and get remuneration payment or earn income in mining enterprises during the report period. Temporary laborers and rotated laborers who are engaged in mining operations in mining enterprises during the current year should be included in this statistics. Mining enterprises that are nonindependent legal persons are demanded to report the average number of employees in their own mines only.

Ore Output — refers to the quantity of various mineral materials that are actually produced by a mining enterprise in mining operations during the current year and meet the requirements of the product quality. The ore outputs should be reported according to the related measuring units of the minerals and separately according to the solid, liquid and gas states.

Gross Industrial Output Value — refers to the gross value of the final industrial products produced by mining enterprises during the report period, which is expressed in currency.

Output Value of Comprehensive Use — refers to the total sum of the values of final industrial products in the gross value of mining output due to the comprehensive use of co-products, by-products and "three wastes" (waste slag, waste gas, waste liquid).

Total Amount of Profits and Taxes — refers to the total sum of the amounts of profits and taxes in the current year.

Total Profits — refers to the total amount of profits achieved by an enterprise during the current year, which reflects the final financial outcomes of an enterprise. Loss is expressed by "–" before the figure.

Taxes — refer to the total sum of all the taxes payable by an enterprise during its production and operations in the current year, including taxes on sales and surtaxes (tax on city or town maintenance and construction, education tax, resources tax and consumption tax), value added tax, income tax and tax on real estates, stamp tax, tax on the use of vehicles and ships and land-use tax. These taxes are reported with the values in columns concerning taxes in the financial statements of an enterprise during the current year as the standard.

Value-added of Industry — refers to the final results of industrial productive operations of a mining enterprise during the current year, expressed in currency. There are three basic accounting methods.

Production Method — refers to a method of accounting the added value, which is obtained on the basis of calculating the gross product (gross outputs) formed by goods and services in the process of production and by excluding the value of intermediate goods (goods and services) in the process of production, which may be expressed by the following equation: value added = gross output – intermediate input.

Revenue Method refers to a method of reflecting the final results through adding various incomes earnable through productive operations and labor services, i.e. a calculation method of reflecting the final results based on the portion of earnable incomes in the process of reproduction of production elements, which may be expressed by the following equation: value added = depreciation of fixed assets + remunerations of laborers+net of the production tax+surplus from operations.

Expenditure Method — refers to a method of reflecting the production scale of final products in terms of the end use, which may be expressed by the following equation: value added = total consumption + total investment + net exports.

Sales Revenue — refers to the revenue earned by selling mineral commodities (including finished commodities, half-finished commodities and wastes) by a mining enterprises during the current year, which is demanded to be reported in light of the principle of achieving sales.

海洋资源

Marine Resources

海洋资源利用情况
Uses of Marine Resources

年份/地区 Year/Region		海洋石油（万吨）Marine oil (10^4 tons)	海洋天然气（亿立方米）Marine Natural Gas (10^8 m^3)	海滨砂矿（万吨）Beach Placers (10^4 tons)	海洋水产（万吨）Marine Aquatic Products (10^4 tons)		海洋盐业（万吨）Marine Salt Industry (10^4 tons)
						近海养殖 Offshore Products	
	2001	2142.95	45.72	154.59	2572.15	1131.53	2205
	2002	2405.55	46.47	203.05	2646.34	1212.84	2598.3
	2003	2545.43	43.7	390.5	1432.31	1253.31	2281.09
	2004	2842.21	61.33	6862.9	1451.09	1316.71	2307.28
	2005	3174.66	62.69	4849.29	1453.55	1384.78	2828.55
	2006	3239.91	74.86	10355.22	1442.04	1445.64	3100.89
	2007	3178.37	82.35	2958.16	1243.55	1307.34	3176.90
	2008	3421.13	85.78	4808.57	1340.86	1443.61	3127.15
天津	Tianjin	1557.15	14.01		2.45	1.41	235.96
河北	Hebei	189.62	1.89		27.44	29.92	385.07
辽宁	Liaoning	22.80	0.59		147.83	263.76	182.08
上海	Shanghai	15.34	6.37		19.15		
江苏	Jiangsu				56.63	67.44	102.43
浙江	Zhejiang			4001.53	327.23	84.05	19.28
福建	Fujian			206.38	203.17	283.68	40.13
山东	Shandong	232.15	1.68	330.86	248.13	361.35	2122.71
广东	Guangdong	1404.07	61.24		145.46	222.98	14.54
广西	Guangxi			88.80	69.53	112.94	13.18
海南	Hainan			181.00	93.84	16.07	11.77

沿海地区海洋及相关产业增加值（2008年）

Added Values of Marine and Related Industries in Coastal Regions (2008)

地区	Region	海洋生产总值（亿元） Gross Marine Production (10^8 yuan)				
			海洋产业 Marine Industries			海洋相关产业 Marine Related Industries
				主要海洋产业 Major Marine Industries	海洋科研教育管理服务业 Industries of Marine Scientific Research, Education, Management and Service	
总计	**Total**	**29662.3**	**17350.9**	**12243.7**	**5107.1**	**12311.5**
天津	Tianjin	1888.7	1009.5	922.1	87.4	879.3
河北	Hebei	1396.6	761.3	696.6	64.6	635.3
辽宁	Liaoning	2074.4	1221.5	977.4	244.1	852.9
上海	Shanghai	4792.5	2640.2	1602.5	1037.6	2152.3
江苏	Jiangsu	2114.5	1279.9	929.5	350.4	834.5
浙江	Zhejiang	2677.0	1583.6	1055.1	528.4	1093.4
福建	Fujian	2688.2	1557.2	1101.7	455.6	1131
山东	Shandong	5346.3	3091.7	2373.7	718.1	2254.5
广东	Guangdong	5825.5	3625.8	2143.9	1481.9	2199.7
广西	Guangxi	398.4	244.8	190.4	54.4	153.6
海南	Hainan	429.6	304.7	220	84.7	124.9

全国主要海洋产业增加值
Added Values of Major Marine Industries

年份/海洋产业	Year/Marine Industry	增加值（亿元） Value-added (10^8 yuan)	比上年增长（%）（按 1990 年不变价） Increase over Previous Year (%) (at Constant Prices in 1990)
2001		2143	8.7
2002		4041.53	9.2
2003		4622.64	9.7
2004		5828.66	11.3
2005		7185.05	12
2006		8792.5	17.6
2007		10465.1	15.7
2008		12243.7	10.4
海洋渔业	Marine Fishery Industry	2216.3	3.3
海洋石油与天然气	Marine Oil and Natural Gas	874.1	−1.1
海滨矿业	Mining Industry of Seashore	9.3	21.3
海洋盐业	Marine Salt Industry	58.9	11.2
海洋化工	Marine Chemical Industry	542.4	6.8
海洋生物医药	Marine Biopharmacy	58.3	28.3
海洋电力	Marine Power	7.9	51.6
海水利用业	Seawater Utilization Industry	7.9	22.7
海洋船舶工业	Inshore Shipbuilding Industry	761.7	36.4
海洋工程建筑	Marine Engineering	411.2	−9.0
海洋交通运输	Marine Transportation	3858.1	16.1
滨海旅游	Beach Tourism	3437.6	0.2

主要统计指标解释

海洋产业 是指人类直接开发和利用海洋、海岸带资源所进行的生产和服务活动。主要表现在以下方面：① 直接从海洋中获取产品的生产和服务；② 直接从海洋中获取的产品的一次加工生产和服务；③ 直接应用于海洋和海洋开发活动的产品生产和服务；④ 利用海水或海洋空间作为生产过程的基本要素所进行的生产和服务；⑤ 与海洋密切相关的科学研究、教育、服务和管理。

主要海洋产业 是指海洋经济发展的主导和基础产业。主要是指具有一定规模的、具有相当发展空间的海洋主导产业。

其他海洋产业 是指中华人民共和国海洋行业标准《国家经济统计分类与代码》（HY/T 052—1999）中规定的（现有统计的主要海洋产业除外）所有海洋产业。包括：海洋石油化工、滩涂林业、海洋地质勘查业、海事保险、海洋专用设备制造、航运信息服务业、海洋环境保护、海洋科研教育等。

海洋产业总产值 是指各类海洋产业总产值之和。目前海洋产业总产值是指海洋渔业及相关产业、海洋石油和天然气、海滨砂矿、海洋盐业、海洋化工、海洋生物医药、海洋船舶工业、海洋电力、海水综合利用、海洋工程建筑、海洋交通运输、滨海旅游、其他海洋产业等产业总产值之和。

Explanatory Notes on Main Statistical Indicators

Marine Industry — refers to the production and service activities carried out by the human beings for direct exploitation and utilization of oceanic and coastal resources. It mainly includes the following aspects: ① production and services relating to direct acquisition of products from the ocean; ② primary processing and services relating to direct acquisition of products from the ocean;③ production and services relating to products directly applied in the ocean and oceanic development activities; ④ production and services for using seawater or oceanic space as the essential element of the production process; ⑤ scientific research, education, services, and management closely related to the ocean.

Major Marine Industries — refer to pillar and fundamental industries for marine economic development. They are mainly marine pillar industries with a fairly large scale and large development potentials.

Other Marine Industries — refer to all the marine industries (except major marine industries in the current statistics) stipulated in the standards of the marine industry of the People's Republic of China "Statistical Classification of the State Economy and the Statistical Codes", including the marine petrochemical industry, beach forestry, marine geological exploration, maritime insurance, special marine equipment manufacturing, maritime navigation information services, marine environmental protection, and marine scientific research and education.

Gross Output Value of Marine Industry — refers to the sum of the gross output values of various marine industries. Currently the gross output value of marine industry refers to the sum of the gross output values of marine fishery and its related industries, offshore oil and natural gas, beach placers, marine salt industry, marine chemical industry, marine biopharmacy and health products, shipbuilding industry, marine power, comprehensive seawater utilization, marine engineering, marine transportation, beach tourism, and other marine industries.

四、国土资源行政管理

Chapter 4 Land and Resources Administration

国土资源管理机构
Land and Resources Administrative Agencies

全国省、市、县级国土资源管理机构数

Number of Land and Resources Administrative Agencies of the Provincial, Municipal and County Level

单位：个　　Unit: number

年份/地区	Year/Region	合计 Total	省级 Provincial Level	市（地）级 Municipal (Prefecture) Level	县（区）级 County (District) Level
	2001	4855	32	552	4271
	2002	3303	32	398	2873
	2003	3230	32	415	2783
	2004	3156	32	414	2710
	2005	3367	32	393	2942
	2006	3332	32	400	2900
	2007	3293	32	412	2849
	2008	3344	32	454	2858
	2009	3473	32	434	3007
北　京	Beijing	20	1	17	2
天　津	Tianjin	15	1	11	3
河　北	Hebei	196	1	11	184
山　西	Shanxi	146	1	11	134
内蒙古	Inner Mongolia	119	1	11	107
辽　宁	Liaoning	117	1	14	102
吉　林	Jilin	84	1	10	73
黑龙江	Heilongjiang	114	1	17	96
上　海	Shanghai	22	1	21	
江　苏	Jiangsu	104	1	13	90
浙　江	Zhejiang	102	1	11	90
安　徽	Anhui	112	1	17	94
福　建	Fujian	89	1	9	79
江　西	Jiangxi	147	1	12	134
山　东	Shandong	174	1	17	156
河　南	Henan	174	1	18	155
湖　北	Hubei	133	1	18	114
湖　南	Hunan	127	1	15	111
广　东	Guangdong	161	1	22	138
广　西	Guangxi	92	1	14	77
海　南	Hainan	19	1	2	16
重　庆	Chongqing	44	1	22	21
四　川	Sichuan	200	1	21	178
贵　州	Guizhou	107	1	9	97
云　南	Yunnan	163	1	17	145
西　藏	Tibet	75	1	7	67
陕　西	Shaanxi	137	1	11	125
甘　肃	Gansu	103	1	15	87
青　海	Qinghai	41	1	6	34
宁　夏	Ningxia	26	1	5	20
新　疆	Xinjiang	310	2	30	278

土地资源管理

Land Resources Administration

审批建设用地情况（一）
Examination and Approval of Land for Construction Use (Ⅰ)

单位：公顷　　　　Unit: hectare

年份/地区 Year/Region	合计 Total			国务院批准用地 Land Approved by the State Council			省级政府批准用地 Land Approved by Provincial Governments		
		农用地转用 Transferred Agricultural Land			农用地转用 Transferred Agricultural Land			农用地转用 Transferred Agricultural Land	
			耕地 Cultivated Land			耕地 Cultivated Land			耕地 Cultivated Land
2001	166988.04	110180.18	84040.27	72615.95	40998.48	29317.91	94372.09	69181.70	54722.36
2002	183540.14	137836.95	102296.50	44372.58	37524.17	20739.28	139167.56	100312.78	81557.22
2003	420632.34	275481.34	192000.34	170615.13	89972.95	52633.43	250017.21	185508.39	139366.91
2004	285185.06	167400.30	115866.38	137257.25	65772.96	39309.92	147927.81	101627.34	76556.46
2005	350712.38	252958.39	170068.28	149559.37	116748.99	75693.15	201153.01	136209.40	94375.13
2006	405998.05	288052.26	188763.93	122758.47	95679.84	52135.75	283239.58	192372.42	136628.18
2007	412790.01	274365.52	176879.79	153899.16	108760.04	67032.06	258890.86	165605.48	109847.74
2008	398771.88	270185.75	173358.89	129275.26	95639.10	59038.43	269496.62	174546.65	114320.46
2009	587699.44	413793.10	244356.00	302065.22	221239.64	118966.92	285634.22	192553.46	125389.08
北　京 Beijing	10233.57	6618.07	3956.46	4290.36	2642.93	1469.93	5943.21	3975.15	2486.53
天　津 Tianjin	12845.22	7301.44	4847.39	3919.16	3086.32	2348.08	8926.06	4215.11	2499.32
河　北 Hebei	23015.88	13919.75	11064.63	8670.41	7008.47	5826.49	14345.46	6911.29	5238.14
山　西 Shanxi	7862.05	5208.11	3979.92	3318.97	2196.42	1705.94	4543.08	3011.70	2273.98
内蒙古 Inner Mongolia	29423.19	18271.93	5421.15	17103.91	12884.42	2632.96	12319.28	5387.51	2788.20
辽　宁 Liaoning	27039.80	18766.85	13203.97	15244.12	11910.55	7977.33	11795.67	6856.30	5226.64
吉　林 Jilin	7283.66	5470.49	3671.66	3579.96	2430.04	1595.16	3703.70	3040.46	2076.50
黑龙江 Heilongjiang	11716.61	9293.25	6239.19	8712.52	6959.54	4443.07	3004.09	2333.72	1796.12
上　海 Shanghai	8062.85	5496.19	4421.95	2310.35	1578.10	1285.58	5752.50	3918.09	3136.36
江　苏 Jiangsu	37939.57	24039.91	18766.13	15052.98	12128.01	9723.85	22886.59	11911.90	9042.28
浙　江 Zhejiang	29701.66	24038.21	17145.01	11796.16	9682.44	7183.78	17905.50	14355.77	9961.23
安　徽 Anhui	21442.70	14917.26	11209.85	6580.53	5635.91	4290.46	14862.17	9281.35	6919.39
福　建 Fujian	19650.62	16279.94	6623.38	9794.22	8087.20	3278.13	9856.41	8192.74	3345.25
江　西 Jiangxi	21243.75	17995.44	8434.11	13392.85	12004.52	5304.55	7850.90	5990.92	3129.56
山　东 Shandong	29493.47	21118.24	15455.96	5795.87	5190.20	3996.89	23697.60	15928.05	11459.07
河　南 Henan	22295.81	16290.72	13828.80	6539.04	5630.72	4663.26	15756.77	10659.99	9165.54
湖　北 Hubei	27201.67	22608.92	14691.96	10262.97	8711.89	5174.49	16938.70	13897.03	9517.47
湖　南 Hunan	49597.38	33799.28	15659.64	37784.27	25185.81	11348.42	11813.11	8613.47	4311.21
广　东 Guangdong	17412.49	12112.49	3744.79	5778.04	3023.11	660.61	11634.45	9089.37	3084.18
广　西 Guangxi	18902.98	12884.11	6590.99	8079.23	4396.96	2158.37	10823.76	8487.15	4432.63
海　南 Hainan	3937.32	2674.91	654.97	2901.18	1780.99	428.71	1036.15	893.91	226.26
重　庆 Chongqing	15531.86	11598.16	7210.38	8116.12	6005.57	3387.48	7415.74	5592.59	3822.89
四　川 Sichuan	19832.01	13521.43	9473.12	15409.55	10290.96	7131.32	4422.15	3230.47	2341.80
贵　州 Guizhou	15502.51	11538.20	6755.93	10807.29	7780.91	4161.16	4695.23	3757.29	2594.77
云　南 Yunnan	39989.94	28047.04	11255.08	32145.09	21992.50	7550.69	7844.86	6054.53	3704.40
西　藏 Tibet	1418.32	959.95	354.29	813.32	544.26	141.87	605.00	415.69	212.43
陕　西 Shaanxi	15247.10	12044.48	8170.07	6446.81	5316.18	3339.31	8800.29	6728.30	4830.76
甘　肃 Gansu	7273.89	5219.69	3528.30	5028.39	3512.71	2138.07	2245.50	1706.98	1390.23
青　海 Qinghai	3724.34	1983.82	1495.57	1065.73	504.01	399.78	2658.61	1479.82	1095.79
宁　夏 Ningxia	6213.20	4005.55	2507.69	3197.47	2319.38	1143.85	3015.73	1686.17	1363.84
新　疆 Xinjiang	26664.00	15769.24	3993.65	18128.36	10818.60	2077.32	8535.64	4950.64	1916.33

注：2003 年批准用地面积中含三峡库区淹没用地面积 10.13 万公顷，其中耕地 1.71 万公顷。

Note: The land-use area approved in 2003 includes 101300 hectares of inundated land in the Three Gorges Reservoir, of which there are 17100 hectares of cultivated land.

审批建设用地情况（二）

Examination and Approval of Land for Construction Use (II)

单位：公顷 Unit: hectare

年份/地区 Year/Region	城镇村建设用地 Land for Construction in City, Town and Village						单独选址建设用地 Land for Construction at Separated Selected Sites			
		商服用地 Land for Commercial and Service Uses	工矿仓储用地 Land for Industry, Mining and Warehousing	住宅用地 Land for Residential Uses	公共管理与公共服务用地① Land for Public Management and Public Services	交通运输用地① Land for Transport		交通运输用地 Land for Transport	水利设施用地 Land for Water Conservancy Facilites	能源用地① Land for Energy Projects
2003	356165.17	6549.46	46926.10	14409.65			64467.17	15168.07	5084.25	
2004	126400.15	9119.50	54388.92	19552.59			158784.92	48838.52	7546.35	
2005	171703.25②	10625.47	68380.51	34117.64			183011.17	96991.11	29299.12	
2006	239853.69②	15681.46	108649.54	44355.95			166144.35	55086.14	61265.08	
2007	246708.21	12348.30	109645.18	50979.72			166081.80	72696.78	40339.01	
2008	258487.81	16622.82	116214.90	57913.21			140284.04	79601.20	34245.66	
2009	283531.68	26491.82	126563.19	64294.79	40119.87	17046.81	304167.76	158365.28	43718.23	80774.97
北京 Beijing	7862.18	665.21	667.21	2493.64	1802.16	2043.54	2371.39	2146.63	66.80	1.87
天津 Tianjin	8347.78	327.09	3276.40	2439.83	1379.74	620.96	4497.44	4244.11	26.28	188.52
河北 Hebei	14893.96	1110.50	9280.33	2973.37	1304.93	104.47	8121.92	7454.35	0.00	480.92
山西 Shanxi	5067.48	450.29	1477.71	1449.57	1105.91	302.22	2794.58	2314.51	12.95	447.54
内蒙古 Inner Mongolia	9532.10	1470.45	2828.42	3693.18	1351.86	176.63	19891.09	11860.93	3263.09	2004.72
辽宁 Liaoning	13669.18	979.34	5812.62	5541.71	966.24	288.79	13370.62	4506.50	7380.55	924.08
吉林 Jilin	4152.78	180.71	2188.76	792.16	74.21	38.44	3130.87	1918.31	530.03	178.61
黑龙江 Heilongjiang	4999.98	371.27	1596.94	1455.54	1105.80	222.56	6716.64	1501.28	358.41	4243.57
上海 Shanghai	6084.66	555.40	1806.50	1408.34	769.29	958.16	1978.19	1349.78	236.58	10.42
江苏 Jiangsu	20274.45	1614.20	11258.27	4756.61	2165.30	396.09	17665.12	16333.67	71.67	458.24
浙江 Zhejiang	19027.40	2190.07	7757.84	4836.18	1684.05	1934.81	10674.26	9458.27	559.48	351.17
安徽 Anhui	10548.67	1316.30	5276.08	1957.25	932.16	963.49	10894.02	5112.83	873.22	945.77
福建 Fujian	10408.13	413.55	6002.14	2049.93	1294.95	571.72	9242.50	8122.94	273.10	632.43
江西 Jiangxi	8158.68	771.15	4484.96	1031.42	902.98	364.94	13085.07	12439.88	0.00	250.75
山东 Shandong	25917.70	1861.85	14037.15	6276.34	3233.75	334.02	3575.77	2509.68	297.68	176.27
河南 Henan	16793.58	1745.75	8924.43	3249.94	1852.67	649.32	5502.23	4225.27	259.31	504.36
湖北 Hubei	17739.63	2091.24	10002.18	3201.32	1172.42	1203.28	9462.04	7130.11	98.34	1304.60
湖南 Hunan	10873.73	1451.48	4451.91	1811.86	2610.36	415.18	38723.65	20400.90	7203.18	10789.79
广东 Guangdong	15543.46	1830.95	6322.51	2118.43	2065.17	1906.72	1869.02	1163.26	107.54	290.36
广西 Guangxi	10947.65	1068.77	4323.84	1353.46	2613.59	1469.01	7955.34	3574.52	2608.09	354.92
海南 Hainan	1137.19	234.81	213.60	340.00	159.82	188.50	2800.14	0.00	2689.88	52.03
重庆 Chongqing	6371.29	447.18	2500.08	1464.48	995.49	759.85	9160.57	3554.35	801.43	3736.17
四川 Sichuan	5319.51	279.25	1518.94	1398.67	1988.78	116.01	14512.50	3995.80	656.83	9701.90
贵州 Guizhou	4026.85	313.39	1188.90	978.57	1528.46	8.06	11475.66	2781.52	453.46	7467.59
云南 Yunnan	5132.80	971.04	759.22	1297.41	1264.68	49.21	34857.15	3016.77	221.32	29000.90
西藏 Tibet	554.90	34.24	151.21	124.70	117.83	49.31	863.42	773.41	0.00	44.54
陕西 Shaanxi	9522.98	889.46	4643.43	1752.43	1862.86	333.22	5724.12	4912.58	0.00	749.33
甘肃 Gansu	2073.87	197.62	771.16	400.17	314.89	295.88	5200.02	938.33	3009.52	1164.82
青海 Qinghai	1600.21	197.54	512.08	415.51	439.95	24.74	2124.13	1234.79	154.31	540.17
宁夏 Ningxia	3053.66	189.01	982.46	114.21	309.97	61.80	3159.54	2406.26	0.00	379.36
新疆 Xinjiang	3895.25	272.70	1545.93	1118.55	749.60	195.88	22768.74	6983.75	11505.19	3399.25

注：① 为 2009 年新增指标。
② 2005 和 2006 年，城镇村建设用地中含部分申请用地面积。

Note: ① are newly added indicators in 2009.
② In 2005 and 2006, the area of land for construction in city,town and village includes few area applicated but not approved.

土地征收情况

Land Requisition

单位：公顷　　　　　　　　　　　　　　　　　　　　　　Unit: hectare

年份/地区 Year/Region	土地征收面积 Requisitioned Land Area			国务院批准 Requisitioned Land Area Approved by the State Council			省级政府批准 Requisitioned Land Area Approved by Provincial Governments		
		农用地 Agricultural Land			农用地 Agricultural Land			农用地 Agricultural Land	
			耕地 Cultivated Land			耕地 Cultivated Land			耕地 Cultivated Land
2003		286026.41	203508.89		86379.95	53271.80		199646.46	150237.09
2004	195655.36	156458.78	109687.60	63308.27	57355.10	34672.98	132347.09	99103.68	75014.62
2005	296931.29	233369.62	161315.41	124649.55	106156.17	72530.28	172281.74	127213.45	88785.13
2006	341643.60	253781.04	169706.21	102419.93	88603.71	51003.32	239223.67	165177.33	118702.89
2007	301937.28	223116.05	148241.15	98495.93	85713.39	54507.15	203441.35	137402.66	93734.01
2008	304010.74	223206.05	149112.21	78760.70	68323.57	43277.70	225250.03	154882.48	105834.51
2009	451025.72	351173.64	216762.98	204239.02	177455.25	99112.56	246786.71	173718.38	117650.42
北　京 Beijing	6475.38	4654.95	2964.22	2147.07	1736.19	1080.64	4328.32	2918.76	1883.58
天　津 Tianjin	10687.69	7030.76	4803.69	3201.04	2876.67	2239.18	7486.65	4154.09	2564.51
河　北 Hebei	19808.31	12631.20	10226.73	7191.73	6304.92	5336.21	12616.59	6326.28	4890.51
山　西 Shanxi	4694.27	3035.19	2310.58	2407.38	1681.89	1248.73	2286.89	1353.30	1061.85
内蒙古 Inner Mongolia	23899.40	15392.35	4812.81	13571.60	11216.07	2353.08	10327.80	4176.29	2459.73
辽　宁 Liaoning	21196.08	14901.70	11026.34	9950.38	8532.69	6121.76	11245.70	6369.01	4904.58
吉　林 Jilin	4707.14	3970.99	3077.93	1486.12	1325.35	1076.64	3221.02	2645.63	2001.29
黑龙江 Heilongjiang	5588.31	4897.25	3667.74	3858.68	3594.51	2522.79	1729.63	1302.74	1144.95
上　海 Shanghai	6039.26	4614.22	3756.05	1384.71	1094.06	869.54	4654.55	3520.16	2886.51
江　苏 Jiangsu	34172.75	22718.23	18057.78	13310.29	11395.53	9373.99	20862.45	11322.71	8683.80
浙　江 Zhejiang	24135.72	20886.12	14980.99	9111.17	8270.81	6064.30	15024.55	12615.31	8916.69
安　徽 Anhui	20544.81	15868.45	12147.66	6057.19	5334.69	4125.33	14487.62	10533.76	8022.33
福　建 Fujian	17327.92	15213.63	6266.71	8393.00	7590.67	3100.70	8934.92	7622.97	3166.01
江　西 Jiangxi	19737.85	16856.59	7848.88	12323.23	11202.61	4827.97	7414.63	5653.97	3020.91
山　东 Shandong	25666.01	18036.12	13232.17	2851.44	2598.25	1992.90	22814.57	15437.87	11239.27
河　南 Henan	20369.00	14887.10	12662.97	4825.16	4313.21	3585.03	15543.84	10573.89	9077.94
湖　北 Hubei	22770.94	19419.97	12871.43	7473.12	6922.57	4136.21	15297.82	12497.40	8735.23
湖　南 Hunan	38596.35	32408.74	14661.62	27930.94	23746.62	10363.58	10665.41	8662.12	4298.05
广　东 Guangdong	11316.53	9059.25	2982.85	1040.19	909.66	264.93	10276.34	8149.58	2717.91
广　西 Guangxi	12384.79	10218.15	5786.37	3342.77	2928.75	1597.57	9042.02	7289.40	4188.80
海　南 Hainan	2165.46	1952.40	524.98	1479.55	1340.04	330.02	685.91	612.36	194.95
重　庆 Chongqing	13090.56	10565.13	6688.15	5790.43	5022.43	2891.81	7300.14	5542.70	3796.34
四　川 Sichuan	14344.27	11864.77	8437.39	10089.26	8644.72	6095.60	4255.01	3220.05	2341.79
贵　州 Guizhou	11624.87	10226.20	5893.23	7636.31	7001.74	3509.37	3988.55	3224.46	2383.86
云　南 Yunnan	31533.87	26538.05	10983.67	24547.36	20871.94	7378.27	6986.51	5666.11	3605.40
西　藏 Tibet	833.81	746.09	286.34	409.78	338.78	81.87	424.03	407.30	204.47
陕　西 Shaanxi	12445.92	10215.12	7016.13	4941.04	4213.26	2484.67	7504.88	6001.86	4531.46
甘　肃 Gansu	5144.61	4648.53	3150.27	3169.38	2959.89	1762.04	1975.23	1688.64	1388.23
青　海 Qinghai	1969.95	1309.67	1111.76	735.79	413.44	322.69	1234.16	896.23	789.07
宁　夏 Ningxia	3132.82	2526.26	1788.89	1233.28	1098.54	529.76	1899.54	1427.72	1259.13
新　疆 Xinjiang	4621.05	3880.46	2736.65	2349.63	1974.75	1445.38	2271.42	1905.71	1291.28

注：该表中的土地征收面积为 2004 年新增指标。

Note: “Requisitioned Land Area” in the table is a newly added indicator in 2004.

国有建设用地供应情况
State-owned Land of Construction Use

年份/地区 Year/Region	建设用地供应总量 Total Amount of Construction-used Land Supplied			划拨 Allocation			出让 Granting		
	宗数（宗） Number of Plots	土地面积（公顷） Land Area (hectare)	新增 Newly Increased Area	宗数（宗） Number of Plots	土地面积（公顷） Land Area (hectare)	新增 Newly Increased Area	宗数（宗） Number of Plots	土地面积（公顷） Land Area (hectare)	新增 Newly Increased Area
2001	459104	178678.27		141168	73979.54		170157	90394.12	
2002	433457	235436.90		104491	88052.10		242763	124229.84	
2003	317112	286436.66	114865.54	48334	65258.16	29246.12	207387	193603.96	77274.96
2004	249955	257919.71	102930.14	36844	62053.99	31293.88	184850	181510.36	69685.86
2005	222364	244269.47	83455.76	30581	64623.39	31640.14	162112	165586.08	50009.45
2006	233316	306805.89	126761.58	30747	63790.63	35477.96	186667	233017.88	89947.38
2007	211918	341973.95	125735.31	26909	76087.97	32720.03	160404	234960.59	92390.94
2008	163918	234184.69	102080.57	26330	62380.55	33377.95	123358	165859.67	67839.27
2009	150906	361648.75	233621.04	26114	122287.53	98532.15	122498	220813.90	134576.81
北京 Beijing	759	2378.18	1261.13	127	567.44	273.82	632	1810.74	987.31
天津 Tianjin	1440	6981.10	3768.15	191	1250.56	948.15	1240	5693.72	2814.30
河北 Hebei	4886	16149.06	9266.83	634	2360.71	1663.64	4247	13776.46	7592.23
山西 Shanxi	1844	5119.82	4230.78	383	1352.18	1197.72	1461	3767.64	3033.06
内蒙古 Inner Mongolia	5206	19683.35	14716.67	1208	8846.58	7678.59	3854	10830.14	7038.07
辽宁 Liaoning	4708	19939.86	14221.08	853	5091.28	4218.42	3821	14841.00	10001.50
吉林 Jilin	3891	6294.26	3367.72	974	3069.73	2037.37	2813	3208.74	1327.69
黑龙江 Heilongjiang	4200	18145.73	6706.98	1409	5879.07	4973.59	2274	3750.98	1659.96
上海 Shanghai	1228	4897.29	1957.06	633	2437.05	917.88	595	2460.24	1039.18
江苏 Jiangsu	11093	34566.76	21469.98	2057	8439.32	5665.89	8981	26106.93	15793.45
浙江 Zhejiang	10634	20840.78	17173.12	2768	7771.50	7108.48	7752	12675.99	9671.47
安徽 Anhui	4443	14073.86	9528.85	672	4820.31	3590.38	3762	9235.18	5931.94
福建 Fujian	2688	8372.84	6207.43	798	3784.54	3015.64	1890	4588.30	3191.80
江西 Jiangxi	3307	16128.62	14624.82	890	8487.92	8304.11	2417	7640.70	6320.71
山东 Shandong	9522	41523.88	28683.25	1417	9707.45	8799.40	8096	31812.02	19883.85
河南 Henan	4523	14192.45	9931.67	597	5783.63	5301.12	3926	8408.82	4630.56
湖北 Hubei	9696	9297.74	6917.72	1160	2289.68	1983.17	8447	7007.06	4934.56
湖南 Hunan	9366	6938.79	3744.69	759	2365.32	1406.48	8154	4565.58	2338.21
广东 Guangdong	11252	12827.85	6061.47	708	3135.30	1416.01	10544	9692.56	4645.46
广西 Guangxi	10597	7323.29	3776.97	777	1639.89	1165.29	9812	5667.99	2611.68
海南 Hainan	487	1999.13	914.98	88	368.15	310.28	399	1630.97	604.70
重庆 Chongqing	1984	9557.03	6720.43	910	5872.10	4472.89	1074	3684.93	2247.54
四川 Sichuan	10535	14913.23	9601.56	1748	4973.09	3972.16	8770	9871.01	5628.90
贵州 Guizhou	2601	7205.90	6177.26	773	5453.90	5306.12	1828	1752.00	871.14
云南 Yunnan	8211	12029.81	9962.02	1183	6415.84	6065.79	7027	5613.68	3896.23
西藏 Tibet	445	916.00	555.61	217	806.61	499.81	228	109.39	55.80
陕西 Shaanxi	1636	5908.74	3703.34	389	2956.14	1566.07	1238	2952.05	2137.27
甘肃 Gansu	1565	12345.69	1945.51	461	1248.82	995.09	1005	1715.42	947.89
青海 Qinghai	683	1622.41	1123.86	176	904.89	626.60	497	709.55	492.48
宁夏 Ningxia	578	4241.15	3427.30	162	2480.73	2291.76	416	1760.43	1135.53
新疆 Xinjiang	6898	5234.16	1872.80	992	1727.82	760.44	5298	3473.68	1112.33

注：“新增”为2003年新增指标。

Note: “Newly Increased Area” are newly added indicators in 2003.

——按供地方式和地区分列

Supplied by Land Supply Way and by Region

成交价款（万元）Transaction Price Value (10^4 yuan)	租赁 Lease				其他供地方式 Other Land Supply ways			
	宗数（宗）Number of Plots	土地面积（公顷）Land Area (hectare)	新增 Newly Increased Area	租金（万元）Rent (10^4 yuan)	宗数（宗）Number of Plots	土地面积（公顷）Land Area (hectare)	新增 Newly Increased Area	收入（万元）Income (10^4 yuan)
12958896.10	119580	10128.26		39530.24	28199	4176.35		182490.43
24167925.18	67807	17555.82		57409.25	18396	5599.14		317700.73
54213112.88	39223	10551.61	420.55	48022.01	22168	17022.93	7923.91	2797177.1
64121759.67	24524	8772.53	394.14	30561.89	3737	5582.83	1556.26	434614.41
58838170.95	24907	8044.13	233.78	96648.1	4764	6015.87	1572.39	482005.93
80776447.01	13420	7587.83	353.56	37548.29	2482	2409.55	982.68	276833.34
122167208.32	21134	29397.16	323.58	25486.07	3471	1528.23	300.76	280318.66
102597987.90	11930	3615.97	93.39	32494.67	2300	2328.49	769.97	1513849.65
171795255.79	2122	9030.02	496.80	257118.57	172	9517.30	15.20	799367.29
6929441.96								
5719610.04	7	1.11		72.80	2	35.70	5.70	84474.12
5664238.67	5	11.89	10.97	253.48				
1697584.42								
2079178.04	144	6.64		32.21				
8954801.74	32	7.28	1.17	2028.95	2	0.30		250.14
1485131.62	104	15.79	2.66	1213.12				
1884204.76	517	8515.68	73.42	235207.90				
9756621.18								
26219537.95	55	20.51	10.63					
25462580.73	114	393.29	393.18					
6148759.89	1	0.02		3951.00	8	18.35	6.53	
6598867.24								
2932199.72								
15885816.02	9	4.42		834.01				
3705949.30								
3546635.19	89	0.99		12977.27				
2064365.53	453	7.89		18.61				
13323684.83								
2182871.16	8	15.41		431.65				
1320306.54								
3886650.28								
7039471.08	1	0.34		12.00	16	68.79	0.45	917.88
817697.64								
2388980.65	1	0.30		2.57				
11923.64								
1765902.91	9	0.56		57.91				
616521.26					99	9381.45	2.52	713725.14
469448.09	10	7.98	4.74	24.92				
648621.06								
587652.65	563	19.94	0.04	0.15	45	12.72		

国有建设用地供应情况——
State-owned Land of Construction Use Supplied by Land Supply

地 区	Region	建设用地供应总量 Total Amount of Construction-used Land Supplied			划拨 Allocation				
		宗数（宗） Number of Plots	土地面积（公顷） Land Area (hectare)	新增 Newly Increased Area	宗数（宗） Number of Plots	土地面积（公顷） Land Area (hectare)	新增 Newly Increased Area	宗数（宗） Number of Plots	土地面积（公顷）
总 计	**Total**	**150906**	**361648.75**	**233621**	**26114**	**122287.53**	**98532.15**	**122498**	**220813.90**
北京市	**Beijing**	**759**	**2378.18**	**1261**	**127**	**567.44**	**273.82**	**632**	**1810.74**
天津市	**Tianjin**	**1440**	**6981.10**	**3768**	**191**	**1250.56**	**948.15**	**1240**	**5693.72**
河北省	**Hebei**	**4886**	**16149.06**	**9267**	**634**	**2360.71**	**1663.64**	**4247**	**13776.46**
石家庄市	Shijiazhuang City	356	1708.98	1397	71	592.36	562.46	285	1116.62
唐山市	Tangshan City	545	2655.00	1402	80	583.11	296.65	465	2071.89
秦皇岛市	Qinhuangdao City	302	786.55	432	42	106.73	50.16	260	679.81
邯郸市	Handan City	397	932.11	642	32	84.08	48.39	362	847.55
邢台市	Xingtai City	412	903.86	562	53	92.11	57.51	359	811.74
保定市	Baoding City	544	1406.53	855	62	108.57	73.31	482	1297.95
张家口市	Zhangjiakou City	488	1478.35	889	84	252.09	220.32	404	1226.26
承德市	Chengde City	520	918.86	611	101	208.59	96.46	417	698.85
沧州市	Cangzhou City	643	2876.53	751	74	252.33	194.08	569	2624.19
廊坊市	Langfang City	371	1652.84	1096	12	25.99	12.71	359	1626.85
衡水市	Hengshui City	308	829.47	628	23	54.73	51.60	285	774.74
山西省	**Shanxi**	**1844**	**5119.82**	**4231**	**383**	**1352.18**	**1197.72**	**1461**	**3767.64**
太原市	Taiyuan City	183	730.50	514	37	197.41	149.28	146	533.09
大同市	Datong City	127	651.13	528	40	250.87	235.12	87	400.25
阳泉市	Yangquan City	92	194.56	152	16	35.44	31.49	76	159.12
长治市	Changzhi City	194	356.23	297	32	22.50	21.36	162	333.74
晋城市	Jincheng City	161	440.13	378	47	160.46	138.74	114	279.66
朔州市	Shuozhou City	164	397.30	311	29	152.09	135.01	135	245.21
晋中市	Jinzhong City	232	517.86	417	65	147.94	120.34	167	369.92
运城市	Yuncheng City	293	686.57	591	12	19.70	19.43	281	666.87
忻州市	Xinzhou City	68	188.03	164	20	31.69	24.47	48	156.34
临汾市	Linfen City	186	623.99	572	61	258.06	253.43	125	365.93
吕梁市	Lüliang City	144	333.53	307	24	76.01	69.07	120	257.52
内蒙古	**Inner Mongolia**	**5206**	**19683.35**	**14717**	**1208**	**8846.58**	**7678.59**	**3854**	**10830.14**
呼和浩特市	Hohhot City	134	514.88	407	16	54.35	49.23	118	460.53
包头市	Baotou City	331	1503.69	1183	74	223.05	170.24	257	1280.64

按供地方式和省市分列（2009年）

Way and by Province, Autonomous Region and Municipality (2009)

出让 Granting		租赁 Lease				其他供地方式 Other Land Supply Ways			
Land Area (hectare)	成交价款（万元）Transaction Price Value (10^4 yuan)	宗数（宗）Number of Plots	土地面积（公顷）Land Area（hectare）		租金（万元）Rent (10^4 yuan)	宗数（宗）Number of Plots	土地面积（公顷）Land Area (hectare)		收入（万元）Income (10^4 yuan)
新增 Newly Increased Area				新增 Newly Increased Area				新增 Newly Increased Area	
134576.81	**171795255.79**	**2122**	**9030.02**	**496.80**	**257118.57**	**172**	**9517.30**	**15.20**	**799367.29**
987.31	**6929441.96**								
2814.30	**5719610.04**	**7**	**1.11**		**72.80**	**2**	**35.70**	**5.70**	**84474.12**
7592.23	**5664238.67**	**5**	**11.89**	**10.97**	**253.48**				
835.00	793618.81								
1105.23	746946.39								
381.70	428424.29								
594.10	621618.01	3	0.48		195.63				
504.95	242120.62								
781.97	357378.60								
669.02	349981.67								
503.86	314910.33	2	11.42	10.97	57.84				
557.18	655326.83								
1082.85	1013526.14								
576.36	140386.98								
3033.06	**1697584.42**								
364.53	600962.65								
292.98	232631.23								
120.48	49888.25								
275.98	112755.52								
238.84	144170.81								
176.37	86261.25								
296.39	77892.03								
571.26	144551.34								
139.35	32591.40								
318.78	126215.69								
238.10	89664.26								
7038.07	**2079178.04**	**144**	**6.64**		**32.21**				
357.40	362951.63								
1012.50	161422.21								

国有建设用地供应情况——
State-owned Land of Construction Use Supplied by Land Supply Way and

地 区	Region	建设用地供应总量 Total Amount of Construction-used Land Supplied			划拨 Allocation				
		宗数（宗） Number of Plots	土地面积（公顷） Land Area (hectare)	新增 Newly Increased Area	宗数（宗） Number of Plots	土地面积（公顷） Land Area (hectare)	新增 Newly Increased Area	宗数（宗） Number of Plots	土地面积（公顷）
乌海市	Wuhai City	55	351.69	271	28	186.95	124.65	27	164.74
赤峰市	Chifeng City	48	269.43	119	20	49.50	17.26	28	219.93
通辽市	Tongliao City	407	910.47	467	73	269.63	200.92	233	637.09
鄂尔多斯市	Erdos City	1021	7541.41	6916	192	4708.10	4475.93	829	2833.31
呼伦贝尔市	Hulunbuir City	940	2986.80	917	304	535.11	94.06	593	2448.80
巴彦淖尔市	Bayannur City	379	1202.46	986	104	205.66	193.36	275	996.80
乌兰察布市	Ulanqab City	209	711.04	502	76	224.56	168.70	133	486.48
兴安盟	Xing'an League	636	341.49	193	162	79.06	26.87	474	262.43
锡林郭勒盟	Xilingol League	666	2569.02	2182	91	2112.50	2042.37	575	456.52
阿拉善盟	Alxa League	130	406.10	233	36	86.07	10.63	94	320.04
辽宁省	**Liaoning**	**4708**	**19939.86**	**14221**	**853**	**5091.28**	**4218.42**	**3821**	**14841.00**
沈阳市	Shenyang City	804	4449.27	3750	209	1343.11	1188.26	595	3106.16
大连市	Dalian City	742	3973.53	2341	182	654.26	391.76	555	3317.17
鞍山市	Anshan City	621	1503.72	1063	33	112.77	38.87	588	1390.95
抚顺市	Fushun City	210	1128.43	992	56	618.95	612.20	125	504.00
本溪市	Benxi City	153	649.80	552	47	140.05	98.36	106	509.75
丹东市	Dandong City	392	1503.13	1155	42	791.91	754.48	350	711.22
锦州市	Jinzhou City	255	718.41	441	18	71.05	55.99	237	647.35
营口市	Yingkou City	347	1834.66	1430	50	289.12	239.80	297	1545.54
阜新市	Fuxin City	191	388.57	244	17	50.63	47.46	174	337.94
辽阳市	Liaoyang City	121	376.57	236	21	128.98	83.20	100	247.58
盘锦市	Panjin City	113	925.80	394	12	239.52	143.03	101	686.29
铁岭市	Tieling City	356	1223.26	1012	92	430.75	407.70	264	792.51
朝阳市	Chaoyang City	257	659.92	393	43	140.12	103.62	214	519.80
葫芦岛市	Huludao City	146	604.79	219	31	80.08	53.70	115	524.71
吉林省	**Jilin**	**3891**	**6294.26**	**3368**	**974**	**3069.73**	**2037.37**	**2813**	**3208.74**
长春市	Changchun City	1429	2750.96	1573	285	1559.84	990.42	1064	1187.41
吉林市	Jilin City	540	753.32	288	139	151.68	41.97	398	600.19
四平市	Siping City	277	241.46	29	26	2.09		251	239.37
辽源市	Liaoyuan City	139	281.87	199	44	174.02	135.58	95	107.85
通化市	Tonghua City	243	241.13	60	108	101.54	30.54	131	131.96
白山市	Baishan City	405	747.37	624	80	574.65	546.19	308	169.72

按供地方式和省市分列（2009年） 续表1

by Province, Autonomous Region and Municipality (2009) Continued 1

出让 Granting		租赁 Lease				其他供地方式 Other Land Supply Ways			
Land Area (hectare) 新增 Newly Increased Area	成交价款（万元）Transaction Price Value (10^4 yuan)	宗数（宗）Number of Plots	土地面积（公顷）Land Area（hectare）	新增 Newly Increased Area	租金（万元）Rent (10^4 yuan)	宗数（宗）Number of Plots	土地面积（公顷）Land Area (hectare)	新增 Newly Increased Area	收入（万元）Income (10^4 yuan)
146.43	45215.56								
101.94	62675.09								
265.70	97272.17	101	3.75		23.41				
2439.87	758872.37								
823.11	189344.44	43	2.88		8.81				
793.11	156572.35								
333.36	54215.78								
166.02	58040.18								
140.08	61408.37								
222.02	29795.34								
10001.50	**8954801.74**	**32**	**7.28**	**1.17**	**2028.95**	**2**	**0.30**		**250.14**
2561.63	2880917.25								
1948.40	2654555.60	3	1.80	1.17	1910.80	2	0.30		250.14
1023.79	1120270.58								
379.90	340606.01	29	5.48		118.16				
453.61	44729.24								
400.08	142991.61								
384.59	140551.41								
1190.54	869465.21								
196.06	95277.24								
152.68	151805.66								
251.11	92761.89								
604.27	170535.93								
289.84	151589.75								
164.99	98744.36								
1327.69	**1485131.62**	**104**	**15.79**	**2.66**	**1213.12**				
583.08	1027688.57	80	3.71		83.57				
246.06	194312.33	3	1.45		15.34				
28.83	48702.83								
63.19	20220.97								
27.08	50293.26	4	7.63	2.66	947.43				
77.71	42757.43	17	3.00		166.78				

国有建设用地供应情况——
State-owned Land of Construction Use Supplied by Land Supply Way and

地区	Region	建设用地供应总量 Total Amount of Construction-used Land Supplied			划拨 Allocation				
		宗数（宗） Number of Plots	土地面积（公顷） Land Area (hectare)	新增 Newly Increased Area	宗数（宗） Number of Plots	土地面积（公顷） Land Area (hectare)	新增 Newly Increased Area	宗数（宗） Number of Plots	土地面积（公顷）
松原市	Songyuan City	238	300.81	61	58	30.23	1.81	180	270.58
白城市	Baicheng City	244	207.08	62	90	90.56	42.13	154	116.51
延边朝鲜族自治州	Yanbian Korean A.P.	376	770.27	472	144	385.11	248.73	232	385.15
黑龙江省	**Heilongjiang**	**4200**	**18145.73**	**6707**	**1409**	**5879.07**	**4973.59**	**2274**	**3750.98**
哈尔滨市	Harbin City	653	10616.53	1557	194	859.60	739.04	444	1345.06
齐齐哈尔市	Qiqihar City	250	741.28	530	103	512.44	489.69	112	227.36
鸡西市	Jixi City	112	126.61	30	51	47.70	13.14	61	78.90
鹤岗市	Hegang City	53	76.40	22	16	9.48		32	50.07
双鸭山市	Shuangyashan City	109	321.79	32	60	215.18	7.60	44	104.63
大庆市	Daqing City	698	1883.31	1621	87	1589.69	1517.37	188	284.34
伊春市	Yichun City	90	232.48	172	55	213.34	167.15	35	19.13
佳木斯市	Jiamusi City	168	183.27	86	53	90.48	76.39	115	92.79
七台河市	Qitaihe City	67	1105.43	1059	21	949.15	926.07	36	84.19
牡丹江市	Mudanjiang City	222	621.75	257	46	55.64	32.09	172	565.89
黑河市	Heihe City	208	369.62	147	89	75.33	24.12	119	294.29
绥化市	Suihua City	373	450.84	236	76	98.15	64.94	283	352.51
大兴安岭地区	Da Hinggan Ling Prefecture	67	355.40	280	42	323.30	279.82	24	31.17
农垦总局	General Bureau of Agriculture	935	878.49	604	412	694.88	564.11	523	183.61
森工总局	General Bureau of Forest Industry	179	105.12	57	95	91.16	56.86	79	13.18
友谊国土资源局	Youyi Land and Resources Bureau	15	76.59	16	8	52.72	14.36	7	23.87
五大连池风景名胜区	Wudalianchi	1	0.82	1	1	0.82	0.82		
上海市	**Shanghai**	**1228**	**4897.29**	**1957**	**633**	**2437.05**	**917.88**	**595**	**2460.24**
江苏省	**Jiangsu**	**11093**	**34566.76**	**21470**	**2057**	**8439.32**	**5665.89**	**8981**	**26106.93**
南京市	Nanjing City	663	3200.45	2286	253	1632.11	1160.47	410	1568.34
无锡市	Wuxi City	1299	4133.65	2975	403	1932.95	1461.39	848	2183.70
徐州市	Xuzhou City	539	1904.17	1206	56	119.43	70.52	483	1784.74
常州市	Changzhou City	1106	3375.35	1902	253	1409.90	781.33	853	1965.45
苏州市	Suzhou City	1549	4662.31	2539	274	786.85	377.36	1275	3875.45

按供地方式和省市分列（2009 年） 续表 2

by Province, Autonomous Region and Municipality (2009) Continued 2

出让 Granting		租赁 Lease				其他供地方式 Other Land Supply Ways			
Land Area (hectare)	成交价款（万元）Transaction Price Value (10^4 yuan)	宗数（宗）Number of Plots	土地面积（公顷）Land Area (hectare)		租金（万元）Rent (10^4 yuan)	宗数（宗）Number of Plots	土地面积（公顷）Land Area (hectare)		收入（万元）Income (10^4 yuan)
新增 Newly Increased Area				新增 Newly Increased Area				新增 Newly Increased Area	
59.28	22545.29								
19.57	20319.71								
222.89	58291.22								
1659.96	**1884204.76**	**517**	**8515.68**	**73.42**	**235207.90**				
818.44	1149123.02	15	8411.86		6.36				
39.88	136550.92	35	1.48		6.40				
16.66	12179.46								
22.47	5201.70	5	16.85		440.84				
23.27	16289.91	5	1.98	1.42	23.39				
103.57	248313.49	423	9.29		25.28				
4.78	3312.30								
9.88	14688.55								
61.27	14059.23	10	72.09	71.79	453.19				
224.32	145077.12	4	0.22	0.22	4.91				
122.39	51893.25								
171.00	61721.20	14	0.19		5.54				
	3245.92	1	0.93		208361.89				
40.08	18515.43								
	1269.97	5	0.79		25880.09				
1.94	2763.30								
1039.18	**9756621.18**								
15793.45	**26219537.95**	**55**	**20.51**	**10.63**					
1125.70	2540013.39								
1502.75	2805494.84	48	17.01	10.63					
1135.06	1180818.61								
1120.45	2806846.62								
2161.79	5455688.43								

国有建设用地供应情况——
State-owned Land of Construction Use Supplied by Land Supply Way and

地 区	Region	建设用地供应总量 Total Amount of Construction-used Land Supplied			划拨 Allocation				
		宗数（宗） Number of Plots	土地面积（公顷） Land Area (hectare)		宗数（宗） Number of Plots	土地面积（公顷） Land Area (hectare)		宗数（宗） Number of Plots	土地面积（公顷）
				新增 Newly Increased Area			新增 Newly Increased Area		
南通市	Nantong City	1047	3308.59	2308	162	371.18	334.05	878	2933.91
连云港市	Lianyungang City	350	2609.79	623	43	581.08	118.80	307	2028.71
淮安市	Huai'an City	755	2424.87	1337	72	187.39	119.51	683	2237.48
盐城市	Yancheng City	1274	2808.76	1687	134	410.45	366.24	1140	2398.31
扬州市	Yangzhou City	771	1641.36	1182	141	258.13	238.53	630	1383.23
镇江市	Zhenjiang City	371	825.43	686	51	117.42	103.16	320	708.01
泰州市	Taizhou City	609	1169.10	900	80	157.88	134.58	529	1011.23
宿迁市	Suqian City	760	2502.93	1840	135	474.55	399.96	625	2028.39
浙江省	**Zhejiang**	**10634**	**20840.78**	**17173**	**2768**	**7771.50**	**7108.48**	**7752**	**12675.99**
杭州市	Hangzhou City	2569	6236.49	5119	1015	3183.84	2788.98	1440	2659.36
宁波市	Ningbo City	1265	2766.15	1990	305	829.41	740.41	960	1936.75
温州市	Wenzhou City	628	722.33	647	233	290.41	271.25	395	431.91
嘉兴市	Jiaxing City	1257	2894.66	2556	170	1109.32	1089.77	1087	1785.35
湖州市	Huzhou City	585	1215.19	977	67	91.72	84.52	518	1123.48
绍兴市	Shaoxing City	694	1382.05	1069	163	354.62	317.47	531	1027.43
金华市	Jinhua City	1136	1317.85	1164	173	346.80	330.36	963	971.06
衢州市	Quzhou City	517	717.38	571	77	119.46	109.68	440	597.93
舟山市	Zhoushan City	348	1087.21	900	81	95.90	79.26	267	991.31
台州市	Taizhou City	893	1190.92	941	168	369.20	336.75	725	821.71
丽水市	Lishui City	742	1310.54	1239	316	980.83	960.04	426	329.71
安徽省	**Anhui**	**4443**	**14073.86**	**9529**	**672**	**4820.31**	**3590.38**	**3762**	**9235.18**
合肥市	Hefei City	722	3574.43	2657	206	1929.04	1494.64	516	1645.39
芜湖市	Wuhu City	262	1151.39	628	18	62.01	46.47	244	1089.39
蚌埠市	Bengbu City	154	503.12	350	10	30.48	16.03	144	472.64
淮南市	Huainan City	130	618.04	475	41	367.78	349.62	81	231.92
马鞍山市	Ma'anshan City	89	552.98	353	30	184.57	107.37	59	368.41
淮北市	Huaibei City	117	565.20	428	20	346.13	341.39	97	219.07
铜陵市	Tongling City	89	513.57	75	14	80.61		75	432.96
安庆市	Anqing City	379	381.26	301	17	32.50	30.10	362	348.76
黄山市	Huangshan City	191	402.72	345	22	22.11	16.28	169	380.61
滁州市	Chuzhou City	293	1084.40	861	63	221.99	185.60	230	862.40
阜阳市	Fuyang City	190	469.13	399	19	50.62	46.71	171	418.52

按供地方式和省市分列（2009年） 续表3
by Province, Autonomous Region and Municipality (2009) Continued 3

出让 Granting		租赁 Lease				其他供地方式 Other Land Supply Ways			
Land Area (hectare)	成交价款（万元） Transaction Price Value (10^4 yuan)	宗数（宗） Number of Plots	土地面积（公顷） Land Area（hectare）		租金（万元） Rent (10^4 yuan)	宗数（宗） Number of Plots	土地面积（公顷） Land Area (hectare)		收入（万元） Income (10^4 yuan)
新增 Newly Increased Area				新增 Newly Increased Area				新增 Newly Increased Area	
1973.91	3322508.26	7	3.50						
504.19	737624.64								
1217.11	1560919.54								
1320.92	2608224.67								
943.47	1182963.33								
583.26	605042.40								
765.15	733779.82								
1439.69	679613.40								
9671.47	**25462580.73**	**114**	**393.29**	**393.18**					
1936.35	10699437.86	114	393.29	393.18					
1249.61	4884578.19								
375.62	1253694.17								
1466.00	1903935.08								
892.70	1060568.53								
751.29	1587886.52								
833.71	1111312.49								
461.79	452985.62								
821.21	590943.50								
604.63	1485423.87								
278.56	431814.89								
5931.94	**6148759.89**	**1**	**0.02**		**3951.00**	**8**	**18.35**	**6.53**	
1161.87	1610459.03								
581.33	1075665.38								
333.82	406261.50								
118.61	78208.07					8	18.35	6.53	
245.84	366788.30								
87.05	83316.82								
74.74	283790.22								
271.06	288166.20								
329.01	178242.92								
675.23	214837.48								
352.10	231924.07								

国有建设用地供应情况——
State-owned Land of Construction Use Supplied by Land Supply Way and

地 区	Region	建设用地供应总量 Total Amount of Construction-used Land Supplied			划拨 Allocation				
		宗数（宗） Number of Plots	土地面积（公顷） Land Area (hectare)		宗数（宗） Number of Plots	土地面积（公顷） Land Area (hectare)		宗数（宗） Number of Plots	土地面积（公顷）
				新增 Newly Increased Area			新增 Newly Increased Area		
宿州市	Suzhou City	128	455.58	219	29	148.93	122.12	99	306.66
巢湖市	Chaohu City	249	697.78	569	23	161.99	156.49	226	535.79
六安市	Lu'an City	436	986.19	824	56	455.02	446.44	380	531.17
亳州市	Bozhou City	284	947.48	317	46	647.41	164.41	237	300.05
池州市	Chizhou City	180	435.75	213	1	0.08		179	435.67
宣城市	Xuancheng City	550	734.83	515	57	79.05	66.70	493	655.78
福建省	**Fujian**	**2688**	**8372.84**	**6207**	**798**	**3784.54**	**3015.64**	**1890**	**4588.30**
福州市	Fuzhou City	424	1416.79	1251	129	563.03	545.28	295	853.75
厦门市	Xiamen City	397	1724.39	535	285	1142.62	511.06	112	581.78
莆田市	Putian City	128	1131.26	1024	46	921.81	911.57	82	209.45
三明市	Sanming City	462	1032.90	836	149	424.21	382.04	313	608.70
泉州市	Quanzhou City	317	558.82	417	37	80.28	59.92	280	478.54
漳州市	Zhangzhou City	284	964.87	791	43	105.28	86.21	241	859.59
南平市	Nanping City	141	291.16	253	27	48.74	46.33	114	242.42
龙岩市	Longyan City	333	751.82	636	44	252.67	233.00	289	499.15
宁德市	Ningde City	202	500.83	464	38	245.91	240.21	164	254.92
江西省	**Jiangxi**	**3307**	**16128.62**	**14625**	**890**	**8487.92**	**8304.11**	**2417**	**7640.70**
南昌市	Nanchang City	516	2084.46	1846	93	725.44	707.17	423	1359.02
景德镇市	Jingdezhen City	122	467.57	391	25	59.06	57.82	97	408.51
萍乡市	Pingxiang City	99	372.47	334	24	91.62	90.71	75	280.85
九江市	Jiujiang City	374	1903.67	1650	105	990.71	976.44	269	912.96
新余市	Xinyu City	99	1155.19	1142	21	281.43	276.07	78	873.76
鹰潭市	Yingtan City	100	517.45	495	44	367.41	361.26	56	150.04
赣州市	Ganzhou City	483	3038.34	2872	187	2307.35	2292.72	296	730.99
吉安市	Ji'an City	339	1443.14	1343	70	978.33	974.92	269	464.81
宜春市	Yichun City	381	1806.19	1545	89	446.78	407.93	292	1359.41
抚州市	Fuzhou City	355	1542.33	1311	89	846.27	797.26	266	696.06
上饶市	Shangrao City	439	1797.82	1695	143	1393.53	1361.83	296	404.29
山东省	**Shandong**	**9522**	**41523.88**	**28683**	**1417**	**9707.45**	**8799.40**	**8096**	**31812.02**
济南市	Jinan City	372	2579.25	2198	66	1143.67	1139.38	306	1435.58
青岛市	Qingdao City	1392	5614.96	3455	171	970.03	877.98	1221	4644.93
淄博市	Zibo City	428	2147.73	1040	90	414.68	380.05	338	1733.05

按供地方式和省市分列（2009年） 续表4
by Province, Autonomous Region and Municipality (2009) Continued 4

出让 Granting		租赁 Lease				其他供地方式 Other Land Supply Ways			
Land Area (hectare)			土地面积（公顷） Land Area（hectare）				土地面积（公顷） Land Area (hectare)		
新增 Newly Increased Area	成交价款（万元） Transaction Price Value (10^4 yuan)	宗数（宗） Number of Plots		新增 Newly Increased Area	租金（万元） Rent (10^4 yuan)	宗数（宗） Number of Plots		新增 Newly Increased Area	收入（万元） Income (10^4 yuan)
96.59	111722.44								
412.27	183991.60								
377.84	272780.47								
152.82	167188.17	1	0.02		3951.00				
212.98	267831.72								
448.79	327585.50								
3191.80	**6598867.24**								
705.93	1569399.70								
24.13	3022723.30								
112.55	167067.84								
453.87	406147.84								
357.37	450508.54								
704.88	242203.53								
206.76	120204.84								
402.63	304892.74								
223.66	315718.92								
6320.71	**2932199.72**								
1138.79	762302.38								
333.18	135364.07								
243.45	122721.04								
673.54	377915.57								
865.96	204579.89								
133.40	44676.14								
579.74	374333.63								
368.53	135476.20								
1137.44	330556.37								
513.97	275576.64								
332.72	168697.79								
19883.85	**15885816.02**	**9**	**4.42**		**834.01**				
1058.35	1637978.69								
2577.04	3409491.16								
659.54	790014.83								

国有建设用地供应情况——
State-owned Land of Construction Use Supplied by Land Supply Way and

地区	Region	建设用地供应总量 Total Amount of Construction-used Land Supplied			划拨 Allocation				
		宗数（宗） Number of Plots	土地面积（公顷） Land Area (hectare)	新增 Newly Increased Area	宗数（宗） Number of Plots	土地面积（公顷） Land Area (hectare)	新增 Newly Increased Area	宗数（宗） Number of Plots	土地面积（公顷）
枣庄市	Zaozhuang City	269	887.14	670	39	222.16	213.21	230	664.98
东营市	Dongying City	313	1554.14	1263	63	281.29	183.14	250	1272.85
烟台市	Yantai City	746	2802.00	2286	38	503.65	496.09	699	2293.92
潍坊市	Weifang City	1804	9899.11	5249	281	1620.14	1450.43	1523	8278.97
济宁市	Jining City	535	1570.54	1085	69	256.20	209.25	466	1314.34
泰安市	Tai'an City	330	919.10	697	64	175.73	104.79	266	743.37
威海市	Weihai City	512	1699.04	1150	53	237.08	225.09	459	1461.96
日照市	Rizhao City	327	1216.15	1076	80	419.87	404.00	247	796.29
莱芜市	Laiwu City	194	382.65	351	19	131.62	127.55	175	251.02
临沂市	Linyi City	908	3500.59	2913	196	1525.30	1466.72	712	1975.30
德州市	Dezhou City	494	2489.52	2033	81	901.93	854.07	413	1587.59
聊城市	Liaocheng City	329	1178.82	917	36	95.14	91.15	293	1083.67
滨州市	Binzhou City	301	1602.30	1232	43	552.37	343.70	258	1049.93
菏泽市	Heze City	268	1480.85	1071	28	256.58	232.81	240	1224.28
河南省	**Henan**	**4523**	**14192.45**	**9932**	**597**	**5783.63**	**5301.12**	**3926**	**8408.82**
郑州市	Zhengzhou City	461	1904.25	1024	76	746.43	662.36	385	1157.81
开封市	Kaifeng City	152	446.12	262	28	132.24	98.92	124	313.88
洛阳市	Luoyang City	236	796.65	635	56	194.96	135.43	180	601.70
平顶山市	Pingdingshan City	169	367.12	227	22	41.17	31.28	147	325.95
安阳市	Anyang City	275	1642.82	1451	96	1245.96	1208.04	179	396.86
鹤壁市	Hebi City	536	394.50	329	19	90.58	71.61	517	303.93
新乡市	Xinxiang City	282	856.87	478	41	281.51	249.55	241	575.36
焦作市	Jiaozuo City	208	1203.01	979	35	593.28	569.73	173	609.73
濮阳市	Puyang City	137	251.50	127	14	10.83	7.83	123	240.68
许昌市	Xuchang City	175	536.43	415	8	43.31	43.16	167	493.11
漯河市	Luohe City	134	325.13	178	20	71.77	26.03	114	253.36
三门峡市	Sanmenxia City	167	496.99	370	47	256.75	217.47	120	240.24
南阳市	Nanyang City	278	1818.00	1422	26	1006.32	978.33	252	811.68
商丘市	Shangqiu City	247	581.39	360	27	83.75	80.43	220	497.64
信阳市	Xinyang City	391	435.96	208	27	44.54	20.26	364	391.42
周口市	Zhoukou City	331	1122.62	816	32	556.97	533.10	299	565.65
驻马店市	Zhumadian City	344	1013.09	652	23	383.28	367.61	321	629.81

按供地方式和省市分列（2009 年） 续表 5

by Province, Autonomous Region and Municipality (2009) Continued 5

出让 Granting		租赁 Lease				其他供地方式 Other Land Supply Ways			
Land Area (hectare) 新增 Newly Increased Area	成交价款（万元） Transaction Price Value (10^4 yuan)	宗数（宗） Number of Plots	土地面积（公顷） Land Area（hectare）	新增 Newly Increased Area	租金（万元） Rent (10^4 yuan)	宗数（宗） Number of Plots	土地面积（公顷） Land Area (hectare)	新增 Newly Increased Area	收入（万元） Income (10^4 yuan)
457.18	588219.17								
1079.75	424536.71								
1789.52	840660.58	9	4.42		834.01				
3798.66	3341407.12								
876.22	848857.29								
591.73	391671.16								
924.53	924715.77								
671.84	393217.59								
223.20	85633.06								
1446.16	971596.64								
1178.58	428829.29								
825.57	293089.49								
888.08	273563.44								
837.88	242334.04								
4630.56	**3705949.30**								
361.25	1210890.22								
162.97	180394.86								
500.04	154808.69								
195.43	131313.07								
242.95	169125.16								
256.96	83586.70								
228.02	154630.72								
409.73	147915.45								
119.33	70156.30								
372.01	297767.42								
152.18	85264.43								
152.16	105416.75								
443.86	202209.92								
279.68	149112.21								
187.45	206621.90								
282.52	151144.15								
284.01	205591.34								

国有建设用地供应情况——
State-owned Land of Construction Use Supplied by Land Supply Way and

地区	Region	建设用地供应总量 Total Amount of Construction-used Land Supplied			划拨 Allocation				
		宗数（宗） Number of Plots	土地面积（公顷） Land Area (hectare)	新增 Newly Increased Area	宗数（宗） Number of Plots	土地面积（公顷） Land Area (hectare)	新增 Newly Increased Area	宗数（宗） Number of Plots	土地面积（公顷）
湖北省	**Hubei**	**9696**	**9297.74**	**6918**	**1160**	**2289.68**	**1983.17**	**8447**	**7007.06**
武汉市	Wuhan City	616	2722.91	1988	148	1109.64	951.71	468	1613.27
黄石市	Huangshi City	373	441.78	338	18	40.47	35.66	355	401.31
十堰市	Shiyan City	124	221.96	156	25	21.13	13.13	99	200.83
宜昌市	Yichang City	382	1099.36	816	85	207.91	188.88	297	891.46
襄樊市	Xiangfan City	1076	577.75	309	105	95.43	52.79	882	481.33
鄂州市	Ezhou City	139	272.77	212	3	9.01	9.01	136	263.76
荆门市	Jingmen City	411	817.23	717	22	269.10	251.95	389	548.13
孝感市	Xiaogan City	784	571.58	386	17	42.57	37.95	767	529.01
荆州市	Jingzhou City	3317	633.83	438	479	192.14	166.94	2838	441.69
黄冈市	Huanggang City	417	513.05	411	31	127.31	106.81	386	385.74
咸宁市	Xianning City	795	586.40	456	16	53.46	52.34	779	532.93
随州市	Suizhou City	100	263.95	242	9	5.86	5.47	91	258.08
恩施土家族苗族自治州	Enshi Tujia & Miao A.P.	952	227.38	183	194	99.22	94.53	758	128.16
省直辖行政单位	Administrative Units Directly Under the Provincial Government	210	347.78	266	8	16.41	15.99	202	331.36
湖南省	**Hunan**	**9366**	**6938.79**	**3745**	**759**	**2365.32**	**1406.48**	**8154**	**4565.58**
长沙市	Changsha City	480	1630.59	1030	165	831.90	401.44	315	798.69
株洲市	Zhuzhou City	352	257.64	172	10	28.76	25.50	342	228.88
湘潭市	Xiangtan City	318	730.64	392	47	324.87	145.14	271	405.77
衡阳市	Hengyang City	254	304.98	192	12	111.00	62.60	242	193.97
邵阳市	Shaoyang City	458	388.57	294	32	139.78	132.12	426	248.78
岳阳市	Yueyang City	453	639.76	441	21	250.15	227.59	432	389.61
常德市	Changde City	1197	621.09	277	38	102.69	71.66	706	510.52
张家界市	Zhangjiajie City	326	194.42	43	46	93.63	23.34	280	100.79
益阳市	Yiyang City	1481	345.79	203	39	46.64	37.16	1442	299.15
郴州市	Chenzhou City	1008	549.86	128	82	141.59	53.19	926	408.27
永州市	Yongzhou City	747	326.88	141	32	93.99	62.32	715	232.89
怀化市	Huaihua City	1052	473.14	271	166	74.83	45.77	886	398.30

按供地方式和省市分列（2009年） 续表 6
by Province, Autonomous Region and Municipality (2009) Continued 6

出让 Granting		租赁 Lease				其他供地方式 Other Land Supply Ways			
Land Area (hectare)	成交价款（万元）Transaction Price Value (10^4 yuan)	宗数（宗）Number of Plots	土地面积（公顷）Land Area（hectare）		租金（万元）Rent (10^4 yuan)	宗数（宗）Number of Plots	土地面积（公顷）Land Area (hectare)		收入（万元）Income (10^4 yuan)
新增 Newly Increased Area				新增 Newly Increased Area				新增 Newly Increased Area	
4934.56	**3546635.19**	**89**	**0.99**		**12977.27**				
1036.08	1815136.22								
301.86	95314.63								
142.70	73366.08								
627.04	292444.50								
256.01	199660.91	89	0.99		12977.27				
203.28	68301.94								
465.53	122270.67								
347.90	260727.84								
270.87	132069.39								
303.88	98724.72								
403.88	157644.64								
236.91	81122.89								
88.28	48988.93								
250.34	100861.83								
2330.21	**2064365.53**	**453**	**7.89**		**18.61**				
628.41	459738.04								
146.69	153560.37								
246.72	191255.50								
129.66	67871.24								
162.35	81868.09								
213.58	139878.90								
205.55	246230.87	453	7.89		18.61				
20.10	49690.59								
166.04	91173.16								
74.89	228764.78								
78.60	70503.84								
225.31	156192.71								

国有建设用地供应情况——
State-owned Land of Construction Use Supplied by Land Supply Way and

地区	Region	建设用地供应总量 Total Amount of Construction-used Land Supplied 宗数（宗） Number of Plots	土地面积（公顷） Land Area (hectare)	新增 Newly Increased Area	划拨 Allocation 宗数（宗） Number of Plots	土地面积（公顷） Land Area (hectare)	新增 Newly Increased Area	宗数（宗） Number of Plots	土地面积（公顷）
娄底市	Loudi City	505	365.30	125	27	105.12	104.88	478	260.18
湘西土家族苗族自治州	West Hunan Tujia & Miao A.P.	735	110.14	34	42	20.37	13.77	693	89.77
广东省	**Guangdong**	**11252**	**12827.85**	**6061**	**708**	**3135.30**	**1416.01**	**10544**	**9692.56**
广州市	Guangzhou City	400	2244.23	1279	137	508.47	315.52	263	1735.75
韶关市	Shaoguan City	390	355.60	158	21	8.90	2.85	369	346.70
深圳市	Shenzhen City	141	275.61	11				141	275.61
珠海市	Zhuhai City	66	794.61		49	287.23		17	507.38
汕头市	Shantou City	55	133.81	40	13	40.61	14.03	42	93.20
佛山市	Foshan City	3463	1367.88	159	108	272.02	41.95	3355	1095.86
江门市	Jiangmen City	375	526.48	274	51	104.23	62.28	324	422.26
湛江市	Zhanjiang City	525	289.57	138	18	28.19	11.64	507	261.38
茂名市	Maoming City	520	171.90	55	14	42.31	34.90	506	129.59
肇庆市	Zhaoqing City	271	601.03	398	13	54.96	10.07	258	546.08
惠州市	Huizhou City	1262	1591.80	457	161	665.29	231.08	1101	926.51
梅州市	Meizhou City	1931	246.42	105	15	10.53	5.12	1916	235.89
汕尾市	Shanwei City	15	88.68	55	4	7.30	6.26	11	81.38
河源市	Heyuan City	48	189.58	72	10	17.70	3.84	38	171.88
阳江市	Yangjiang City	108	687.30	189	13	384.32	14.30	95	302.98
清远市	Qingyuan City	590	476.07	190	22	24.68	11.04	568	451.39
东莞市	Dongguan City	133	473.98	413	8	89.75	89.75	125	384.22
中山市	Zhongshan City	580	1538.79	1413	25	37.67	36.92	555	1501.12
潮州市	Chaozhou City	53	38.94	13	8	8.66	4.56	45	30.28
揭阳市	Jieyang City	57	612.30	538	7	533.99	515.00	50	78.32
云浮市	Yunfu City	269	123.27	104	11	8.49	4.91	258	114.77
广西	**Guangxi**	**10597**	**7323.29**	**3777**	**777**	**1639.89**	**1165.29**	**9812**	**5667.99**
南宁市	Nanning City	1377	1367.78	945	164	428.33	298.96	1205	924.04
柳州市	Liuzhou City	3292	668.92	247	95	212.03	182.51	3197	456.89
桂林市	Guilin City	1279	1147.60	337	85	169.48	53.90	1194	978.12
梧州市	Wuzhou City	282	301.52	202	46	59.01	47.89	236	242.50

按供地方式和省市分列（2009年） 续表7

by Province, Autonomous Region and Municipality (2009) Continued 7

出让 Granting		租赁 Lease				其他供地方式 Other Land Supply Ways			
Land Area (hectare) 新增 Newly Increased Area	成交价款（万元）Transaction Price Value (10^4 yuan)	宗数（宗）Number of Plots	土地面积（公顷）Land Area（hectare）	新增 Newly Increased Area	租金（万元）Rent (10^4 yuan)	宗数（宗）Number of Plots	土地面积（公顷）Land Area (hectare)	新增 Newly Increased Area	收入（万元）Income (10^4 yuan)
20.18	99884.26								
20.13	27753.18								
4645.46	**13323684.83**								
963.78	5514884.19								
155.19	84040.65								
11.15	375321.33								
	1681583.47								
25.92	53446.44								
117.20	2610575.30								
211.26	410552.54								
126.24	163809.01								
19.89	21391.95								
387.48	138955.42								
226.01	506083.50								
99.90	57995.45								
49.17	25067.10								
67.88	81848.91								
174.86	89927.81								
179.14	167059.63								
323.64	690238.99								
1375.92	499858.21								
8.00	24908.72								
23.33	73119.53								
99.49	53016.67								
2611.68	**2182871.16**	**8**	**15.41**		**431.65**				
646.47	548150.70	8	15.41		431.65				
64.46	383643.37								
282.78	233155.20								
154.00	128272.97								

国有建设用地供应情况——
State-owned Land of Construction Use Supplied by Land Supply Way and

地区	Region	建设用地供应总量 Total Amount of Construction-used Land Supplied			划拨 Allocation				
		宗数（宗） Number of Plots	土地面积（公顷） Land Area (hectare)	新增 Newly Increased Area	宗数（宗） Number of Plots	土地面积（公顷） Land Area (hectare)	新增 Newly Increased Area	宗数（宗） Number of Plots	土地面积（公顷）
北海市	Beihai City	996	766.70	168	31	21.32	6.42	965	745.38
防城港市	Fangchenggang City	223	446.10	227	49	40.90	5.21	174	405.20
钦州市	Qinzhou City	256	484.89	281	77	50.22	19.66	179	434.67
贵港市	Guigang City	447	514.19	354	26	282.51	274.07	421	231.68
玉林市	Yulin City	258	412.82	259	49	71.98	45.66	209	340.84
百色市	Baise City	737	262.69	121	38	73.52	47.46	699	189.17
贺州市	Hezhou City	142	131.29	61	22	47.26	22.53	120	84.04
河池市	Hechi City	359	219.02	167	39	63.85	55.49	320	155.17
来宾市	Laibin City	726	231.39	197	25	81.92	79.19	701	149.48
崇左市	Chongzuo City	223	368.37	211	31	37.56	26.34	192	330.81
海南省	**Hainan**	**487**	**1999.13**	**915**	**88**	**368.15**	**310.28**	**399**	**1630.97**
海口市	Haikou City	160	400.43	190	19	79.10	67.73	141	321.33
三亚市	Sanya City	32	243.76	220	12	54.36	46.68	20	189.40
省直辖县级行政单位	County-level Administrative Units Directly Under the Provincial Government	295	1354.94	505	57	234.69	195.88	238	1120.25
重庆市	**Chongqing**	**1984**	**9557.03**	**6720**	**910**	**5872.10**	**4472.89**	**1074**	**3684.93**
四川省	**Sichuan**	**10535**	**14913.23**	**9602**	**1748**	**4973.09**	**3972.16**	**8770**	**9871.01**
成都市	Chengdu City	997	4944.41	3723	77	1582.81	1550.15	920	3361.60
自贡市	Zigong City	283	332.70	163	80	65.53	36.42	202	266.84
攀枝花市	Panzhihua City	382	444.53	182	61	110.74	41.86	321	333.79
泸州市	Luzhou City	464	487.07	380	64	61.27	39.21	400	425.80
德阳市	Deyang City	359	578.67	430	15	10.75	2.19	344	567.92
绵阳市	Mianyang City	3044	1304.49	625	550	456.19	351.80	2481	846.84
广元市	Guangyuan City	1955	608.82	323	183	305.73	275.46	1772	303.10
遂宁市	Suining City	251	576.69	171	19	145.66	5.04	232	431.02
内江市	Neijiang City	127	269.24	135	41	77.08	19.82	86	192.16
乐山市	Leshan City	298	677.84	342	46	22.35	6.65	249	588.15
南充市	Nanchong City	247	529.77	288	51	52.88	32.80	196	476.89
眉山市	Meishan City	130	615.82	562	25	29.49	23.78	105	586.32

按供地方式和省市分列（2009年） 续表 8
by Province, Autonomous Region and Municipality (2009) Continued 8

出让 Granting		租赁 Lease				其他供地方式 Other Land Supply Ways			
Land Area (hectare)	成交价款（万元）Transaction Price Value (10^4 yuan)	宗数（宗）Number of Plots	土地面积（公顷）Land Area（hectare）		租金（万元）Rent (10^4 yuan)	宗数（宗）Number of Plots	土地面积（公顷）Land Area (hectare)		收入（万元）Income (10^4 yuan)
新增 Newly Increased Area				新增 Newly Increased Area				新增 Newly Increased Area	
161.14	206987.83								
221.35	120718.92								
260.96	97168.48								
79.93	61878.54								
213.64	159226.35								
73.93	79059.00								
38.24	17339.76								
111.86	38583.57								
117.98	46761.23								
184.94	61925.24								
604.70	**1320306.54**								
122.35	449116.46								
173.69	416796.50								
308.67	454393.59								
2247.54	**3886650.28**								
5628.90	**7039471.00**	**1**	**0.34**		**12.00**	**16**	**68.79**	**0.45**	**917.88**
2172.47	4313506.44								
126.95	76754.61					1	0.33		257.04
139.65	113441.31								
341.19	154155.64								
428.18	256464.22								
273.15	282164.38					13	1.45	0.45	652.84
47.30	105199.91								
165.47	261920.98								
114.94	53637.57								
335.34	258922.72	1	0.34		12.00	2	67.00		8.00
255.50	405590.59								
538.39	173992.13								

国有建设用地供应情况——
State-owned Land of Construction Use Supplied by Land Supply Way and

地 区	Region	建设用地供应总量 Total Amount of Construction-used Land Supplied			划拨 Allocation				
		宗数（宗） Number of Plots	土地面积（公顷） Land Area (hectare)	新增 Newly Increased Area	宗数（宗） Number of Plots	土地面积（公顷） Land Area (hectare)	新增 Newly Increased Area	宗数（宗） Number of Plots	土地面积（公顷）
宜宾市	Yibin City	469	564.36	284	90	318.25	140.73	379	246.11
广安市	Guang'an City	171	283.99	115	27	19.57	1.17	144	264.42
达州市	Dazhou City	252	355.01	259	46	127.83	112.96	206	227.17
雅安市	Ya'an City	157	189.39	141	43	47.04	25.53	114	142.35
巴中市	Bazhong City	240	27.07	5	51	17.68	3.36	189	9.39
资阳市	Ziyang City	201	524.18	110	50	94.86	43.62	151	429.32
阿坝藏族羌族自治州	Aba Tibetan & Qiang A.P.	262	293.19	119	173	264.51	113.10	89	28.68
甘孜藏族自治州	Ganzi Tibetan A.P.	70	42.92	30	17	20.64	16.18	53	22.27
凉山彝族自治州	Liangshan Yi A.P.	176	1263.11	1215	39	1142.23	1130.33	137	120.88
贵州省	**Guizhou**	**2601**	**7205.90**	**6177**	**773**	**5453.90**	**5306.12**	**1828**	**1752.00**
贵阳市	Guiyang City	236	1354.55	1039	91	731.60	707.10	145	622.95
六盘水市	Liupanshui City	242	830.97	809	49	755.87	736.40	193	75.10
遵义市	Zunyi City	324	415.86	219	105	138.27	116.85	219	277.59
安顺市	Anshun City	164	137.82	68	31	48.61	38.00	133	89.21
铜仁地区	Tongren Prefecture	169	444.70	406	35	324.92	318.97	134	119.78
黔西南布依族苗族自治州	Southwest Guizhou Buyei & Miao A.P.	496	161.07	91	31	61.96	43.58	465	99.10
毕节地区	Bijie Prefecture	153	557.59	544	118	470.57	468.48	35	87.02
黔东南苗族侗族自治州	Southeast Guizhou Miao & Dong A.P.	408	2875.43	2677	128	2662.37	2651.72	280	213.06
黔南布依族苗族自治州	South Guizhou Buyei & Miao A.P.	409	427.91	325	185	259.72	225.03	224	168.19
云南省	**Yunnan**	**8211**	**12029.81**	**9962**	**1183**	**6415.84**	**6065.79**	**7027**	**5613.68**
昆明市	Kunming City	2431	1874.53	1126	69	311.08	209.68	2362	1563.45
曲靖市	Qujing City	688	1603.22	1482	108	446.55	437.42	580	1156.67
玉溪市	Yuxi City	366	369.58	309	75	71.37	53.22	291	298.21
保山市	Baoshan City	537	281.34	224	100	66.32	44.11	437	215.02
昭通市	Zhaotong City	470	82.71	55	54	35.40	26.01	415	47.01
丽江市	Lijiang City	57	122.87	118	26	51.99	50.52	31	70.88

按供地方式和省市分列（2009年） 续表9

by Province, Autonomous Region and Municipality (2009) Continued 9

出让 Granting		租赁 Lease				其他供地方式 Other Land Supply Ways			
Land Area (hectare) 新增 Newly Increased Area	成交价款（万元）Transaction Price Value (10^4 yuan)	宗数（宗）Number of Plots	土地面积（公顷）Land Area（hectare）	新增 Newly Increased Area	租金（万元）Rent (10^4 yuan)	宗数（宗）Number of Plots	土地面积（公顷）Land Area (hectare)	新增 Newly Increased Area	收入（万元）Income (10^4 yuan)
143.05	112170.73								
114.00	87218.45								
146.39	96375.52								
115.46	36179.88								
1.92	4833.92								
66.17	122891.48								
5.80	4001.16								
13.33	16064.10								
84.23	73985.36								
871.14	**817697.64**								
332.21	325901.40								
72.11	17990.28								
102.57	129972.75								
30.13	61684.55								
86.66	79938.33								
47.37	54686.77								
75.26	32692.19								
25.22	39510.79								
99.62	75320.58								
3896.23	**2388980.65**	**1**	**0.30**		**2.57**				
915.95	910871.92								
1044.25	378427.39								
255.74	202506.32								
179.41	78802.79								
28.69	28009.14	1	0.30		2.57				
67.89	21653.94								

国有建设用地供应情况——

State-owned Land of Construction Use Supplied by Land Supply Way and

地 区	Region	建设用地供应总量 Total Amount of Construction-used Land Supplied			划拨 Allocation				
		宗数（宗） Number of Plots	土地面积（公顷） Land Area (hectare)	新增 Newly Increased Area	宗数（宗） Number of Plots	土地面积（公顷） Land Area (hectare)	新增 Newly Increased Area	宗数（宗） Number of Plots	土地面积（公顷）
普洱市	Pu'er City	211	295.17	52	21	50.08	19.64	190	245.09
临沧市	Lincang City	302	179.80	118	61	62.79	27.81	241	117.00
楚雄彝族自治州	Chuxiong Yi A.P.	273	470.66	222	54	89.97	54.57	219	380.70
红河哈尼族彝族自治州	Honghe Hani & Yi A.P.	901	456.13	335	47	49.44	47.11	854	406.69
文山壮族苗族自治州	Wenshan Zhuang & Miao A.P.	552	1815.09	1795	368	1465.00	1453.12	184	350.09
西双版纳傣族自治州	Xishuangbanna Dai A.P.	293	302.90	249	58	61.14	37.82	235	241.76
大理白族自治州	Dali Bai A.P.	551	515.78	291	72	165.31	125.17	479	350.47
德宏傣族景颇族自治州	Dehong Dai & Jingpo A.P.	287	3617.23	3575	44	3481.90	3477.13	243	135.33
怒江傈僳族自治州	Nujiang Lisu A.P.	290	39.79	12	26	7.50	2.45	264	32.28
迪庆藏族自治州	Diqing Tibetan A.P.	2	3.02					2	3.02
西藏	**Tibet**	**445**	**916.00**	**556**	**217**	**806.61**	**499.81**	**228**	**109.39**
拉萨市	Lhasa City	55	98.92	67	15	18.41	14.89	40	80.52
昌都地区	Qamdo Prefecture	8	328.11	327	7	327.40	327.40	1	0.71
山南地区	Lhokha Prefecture	35	31.81	30	30	30.19	30.19	5	1.62
日喀则地区	Xigaze Prefecture	74	97.76	98	66	94.10	94.10	8	3.66
那曲地区	Nagqu Prefecture	25	45.39	33	15	44.74	33.23	10	0.65
阿里地区	Ngari Prefecture	52	296.36		40	286.44		12	9.91
林芝地区	Nyingchi Prefecture	196	17.65		44	5.33		152	12.32
陕西省	**Shaanxi**	**1636**	**5908.74**	**3703**	**389**	**2956.14**	**1566.07**	**1238**	**2952.05**
西安市	Xi'an City	300	2133.34	512	51	1494.91	154.31	240	637.87
铜川市	Tongchuan City	78	206.28	184	12	34.07	21.89	66	172.20
宝鸡市	Baoji City	139	476.16	344	18	83.21	82.38	121	392.95
咸阳市	Xianyang City	194	1029.64	843	34	381.44	375.58	160	648.20
渭南市	Weinan City	100	441.61	397	16	48.39	47.38	84	393.22
延安市	Yan'an City	114	707.04	685	57	654.03	646.83	57	53.01

按供地方式和省市分列（2009年） 续表10

by Province, Autonomous Region and Municipality (2009) Continued 10

出让 Granting		租赁 Lease				其他供地方式 Other Land Supply Ways			
Land Area (hectare) 新增 Newly Increased Area	成交价款（万元） Transaction Price Value (10^4 yuan)	宗数（宗） Number of Plots	土地面积（公顷） Land Area（hectare）	新增 Newly Increased Area	租金（万元） Rent (10^4 yuan)	宗数（宗） Number of Plots	土地面积（公顷） Land Area (hectare)	新增 Newly Increased Area	收入（万元） Income (10^4 yuan)
32.81	66057.06								
89.83	42371.50								
167.37	104784.76								
287.93	170835.49								
342.09	139462.33								
211.62	70232.33								
165.84	125131.32								
97.62	39625.33								
9.18	7371.15								
	2837.77								
55.80	**11923.64**								
51.94	7599.76								
	1098.40								
0.20	980.88								
3.66	121.33								
	110.01								
	516.60								
	1497.66								
2137.27	**1765902.91**	**9**	**0.56**		**57.91**				
358.18	1081621.85	9	0.56		57.91				
162.05	23459.93								
261.91	104780.45								
467.25	225462.94								
349.49	65155.07								
38.16	56541.23								

国有建设用地供应情况——

State-owned Land of Construction Use Supplied by Land Supply Way and

地 区	Region	建设用地供应总量 Total Amount of Construction-used Land Supplied			划拨 Allocation				
		宗数（宗） Number of Plots	土地面积（公顷） Land Area (hectare)	新增 Newly Increased Area	宗数（宗） Number of Plots	土地面积（公顷） Land Area (hectare)	新增 Newly Increased Area	宗数（宗） Number of Plots	土地面积（公顷）
汉中市	Hanzhong City	158	214.10	173	42	90.24	77.27	116	123.86
榆林市	Yulin City	88	413.29	364	14	67.89	67.63	74	345.40
安康市	Ankang City	356	153.23	99	120	78.98	70.57	236	74.25
商洛市	Shangluo City	109	134.05	101	25	22.98	22.23	84	111.08
甘肃省	**Gansu**	**1565**	**12345.69**	**1946**	**461**	**1248.82**	**995.09**	**1005**	**1715.42**
兰州市	Lanzhou City	157	829.31	511	34	308.97	272.18	122	356.34
嘉峪关市	Jiayuguan City	127	8928.68		12	12.51		24	25.13
金昌市	Jinchang City	68	192.06	167	24	151.80	147.25	44	40.26
白银市	Baiyin City	149	336.60	144	39	134.48	117.95	110	202.13
天水市	Tianshui City	103	198.65	111	58	114.03	61.00	45	84.62
武威市	Wuwei City	146	155.60	41	31	59.57	16.11	115	96.04
张掖市	Zhangye City	156	395.80	78	19	21.03	15.36	134	200.56
平凉市	Pingliang City	70	166.13	141	28	47.49	40.09	42	118.64
酒泉市	Jiuquan City	118	627.83	384	48	271.10	234.58	66	204.52
庆阳市	Qingyang City	106	106.02	80	18	23.81	15.86	88	82.21
定西市	Dingxi City	101	192.05	151	25	31.51	26.31	76	160.54
陇南市	Longnan City	144	54.49	30	94	24.75	16.84	50	29.74
临夏回族自治州	Linxia Hui A.P.	81	126.38	106	24	37.06	31.57	57	89.31
甘南藏族自治州	Gannan Tibetan A.P.	39	36.09		7	10.71		32	25.38
青海省	**Qinghai**	**683**	**1622.41**	**1124**	**176**	**904.89**	**626.60**	**497**	**709.55**
西宁市	Xining City	149	404.64	278	22	155.99	125.27	127	248.64
海东地区	Haidong Prefecture	95	150.74	140	28	19.00	13.25	67	131.74
海北藏族自治州	Haibei Tibetan A.P.	77	140.11	10	33	91.08	9.83	38	45.79
黄南藏族自治州	Huangnan Tibetan A.P.	17	13.35	13	9	9.36	9.36	8	3.99
海南藏族自治州	Hainan Tibetan A.P.	105	27.28	18	22	19.99	15.95	83	7.29
果洛藏族自治州	Golog Tibetan A.P.	100	9.48		11	3.26		89	6.23

按供地方式和省市分列（2009 年） 续表 11

by Province, Autonomous Region and Municipality (2009) Continued 11

出让 Granting		租赁 Lease				其他供地方式 Other Land Supply Ways			
Land Area (hectare)	成交价款（万元）Transaction Price Value (10^4 yuan)	宗数（宗）Number of Plots	土地面积（公顷）Land Area（hectare）		租金（万元）Rent (10^4 yuan)	宗数（宗）Number of Plots	土地面积（公顷）Land Area (hectare)		收入（万元）Income (10^4 yuan)
新增 Newly Increased Area				新增 Newly Increased Area				新增 Newly Increased Area	
95.63	33587.02								
296.64	120742.82								
28.82	24066.59								
79.14	30485.00								
947.89	**616521.26**					**99**	**9381.45**	**2.52**	**713725.14**
239.21	310879.55					1	164.00		25180.56
	1908.61					91	8891.04		679213.01
19.96	5558.26								
26.30	20623.08								
49.92	33311.30								
25.39	28020.39								
60.52	30835.26					3	174.20	2.52	4817.74
101.20	36645.08								
149.07	59365.82					4	152.21		4513.83
64.05	18930.63								
124.80	26442.14								
12.66	14739.11								
74.81	28768.10								
	493.93								
492.48	**469448.09**	**10**	**7.98**	**4.74**	**24.92**				
152.62	439127.05								
126.78	15886.17								
	2131.19	6	3.24		12.54				
3.99	483.13								
2.26	805.79								
	122.87								

国有建设用地供应情况——
State-owned Land of Construction Use Supplied by Land Supply Way and

地区	Region	建设用地供应总量 Total Amount of Construction-used Land Supplied			划拨 Allocation				
		宗数（宗） Number of Plots	土地面积（公顷） Land Area (hectare)		宗数（宗） Number of Plots	土地面积（公顷） Land Area (hectare)		宗数（宗） Number of Plots	土地面积（公顷）
				新增 Newly Increased Area			新增 Newly Increased Area		
玉树藏族自治州	Yushu Tibetan A.P.	1	561.58	435	1	561.58	434.91		
海西蒙古族藏族自治州	Haixi Mongol & Tibetan A.P.	139	315.23	230	50	44.62	18.04	85	265.87
宁夏	**Ningxia**	**578**	**4241.15**	**3427**	**162**	**2480.73**	**2291.76**	**416**	**1760.43**
银川市	Yinchuan City	201	2586.33	2149	47	1516.72	1463.73	154	1069.61
石嘴山市	Shizuishan City	95	400.53	152	46	230.73	100.85	49	169.80
吴忠市	Wuzhong City	121	325.89	276	22	133.40	130.46	99	192.48
固原市	Guyuan City	45	122.45	94	12	83.37	83.37	33	39.08
中卫市	Zhongwei City	116	805.96	755	35	516.51	513.36	81	289.45
新疆	**Xinjiang**	**6898**	**5234.16**	**1873**	**992**	**1727.82**	**760.44**	**5298**	**3473.68**
乌鲁木齐市	Urumqi City	1086	1019.60	98	186	468.18	89.22	855	538.70
克拉玛依市	Karamay City	163	288.21	30	72	197.86	18.84	91	90.35
吐鲁番地区	Turpan Prefeture	110	53.42	39	11	10.68	9.22	99	42.74
哈密地区	Hami Prefeture	155	193.05		23	11.60		132	181.46
昌吉回族自治州	Changji Hui A.P.	457	1268.35	892	90	443.76	357.85	206	813.35
博尔塔拉蒙古族自治州	Bortala Mongol A.P.	60	37.52	2	16	11.61		44	25.91
巴音郭楞蒙古族自治州	Bayingolin Mongol A.P.	194	165.53	52	40	31.84	13.28	154	133.68
阿克苏地区	Akesu Prefeture	166	436.87	240	43	235.57	190.98	123	201.30
克孜勒苏柯尔克孜自治州	Kizilsu Kirgiz A.P.	32	29.86	24				32	29.86
喀什地区	Kashi Prefeture	3233	328.51	95	54	97.41	57.70	2786	223.44
和田地区	Hotan Prefeture	97	72.28	40	53	20.60	6.77	44	51.68
伊犁哈萨克自治州	Ili Kazak A.P.	169	787.07	286				169	787.07
塔城地区	Tacheng Prefeture	560	381.70		192	128.82		360	252.02
阿勒泰地区	Altay Prefeture	350	56.71	1	163	30.81		187	25.90
石河子市	Shihezi City	66	115.49	73	49	39.07	16.58	16	76.24
新疆生产建设兵团	Xinjiang Production and Construction Corps								
图木舒克市	Tumxuk City								
五家渠市	Wujiaqu City								

按供地方式和省市分列（2009年） 续表 12

by Province, Autonomous Region and Municipality (2009) Continued 12

出让 Granting		租赁 Lease				其他供地方式 Other Land Supply Ways			
Land Area (hectare) 新增 Newly Increased Area	成交价款（万元）Transaction Price Value (10^4 yuan)	宗数（宗）Number of Plots	土地面积（公顷）Land Area（hectare）	新增 Newly Increased Area	租金（万元）Rent (10^4 yuan)	宗数（宗）Number of Plots	土地面积（公顷）Land Area (hectare)	新增 Newly Increased Area	收入（万元）Income (10^4 yuan)
206.84	10891.89	4	4.74	4.74	12.37				
1135.53	**648621.06**								
685.73	515818.11								
51.15	44712.57								
145.90	50475.72								
10.69	9788.92								
242.06	27825.75								
1112.33	**587652.65**	**563**	**19.94**	**0.04**	**0.15**	**45**	**12.72**		
9.12	257567.24					45	12.72		
11.62	11354.67								
29.77	7915.73								
0.25	14633.56								
534.07	71333.33	161	11.24	0.04					
2.43	2769.24								
38.53	22622.06								
48.64	31663.18								
23.87	1369.92								
37.29	30181.67	393	7.66		0.15				
33.16	5920.14								
286.10	93514.57								
	21431.59	8	0.86						
1.00	2903.27								
56.48	12472.49	1	0.18						

国有建设用地供应情况
State-owned Land of Construction Use

单位：公顷

年份/地区	Year/Region	供地总量 Total Amount of Land Supplied	工矿仓储用地 Land for Industry,Mining and Warehousing	商业服务业 Land for Commercial and Service Uses	住宅用地合计		
						普通商品住房 Common House	
							中低价位、中小套型 Medium- and Low-price, Medium- and Small-sized Ordinary Commercial Houses
	2003	286436.66	116379.42	53676.46	63751.63	36251.44	
	2004	257919.70	106756.71	43831.10	59689.78	42755.53	
	2005	244269.47	109813.83	29591.38	55144.85	37993.37	
	2006	306805.89	154635.30	32124.51	65153.68	47975.55	
	2007	341973.95	141723.43	57751.08	80174.84	59630.44	
	2008	234184.68	92918.09	26532.02	62030.09	46362.43	
	2009	361648.75	141486.49	27570.86	81548.17	69089.89	12960.30
北京	Beijing	2378.18	899.94	314.80	686.16	487.20	42.81
天津	Tianjin	6981.10	3744.65	511.41	1675.13	1432.44	85.24
河北	Hebei	16149.06	9585.61	1167.19	3701.36	3355.60	641.68
山西	Shanxi	5119.82	2279.63	513.87	1156.26	984.03	99.33
内蒙古	Inner Mongolia	19683.35	8088.76	1440.24	2868.11	2408.16	557.85
辽宁	Liaoning	19939.86	8729.48	1166.80	4893.78	4542.69	1189.27
吉林	Jilin	6294.26	1946.45	379.43	1889.56	1050.84	107.84
黑龙江	Heilongjiang	18145.73	11785.75	561.95	2251.48	1664.72	263.18
上海	Shanghai	4897.29	1208.19	381.03	975.82	835.42	220.83
江苏	Jiangsu	34566.76	13152.15	4667.56	9368.60	7912.00	668.52
浙江	Zhejiang	20840.78	7180.39	1559.31	5385.28	3623.30	585.02
安徽	Anhui	14073.86	5497.73	1157.57	3333.39	2788.61	546.22
福建	Fujian	8372.84	3039.20	444.29	1318.66	1072.51	166.37
江西	Jiangxi	16128.62	5119.75	698.45	2248.36	1906.13	188.40
山东	Shandong	41523.88	16984.45	4661.62	11334.89	10633.10	3361.77
河南	Henan	14192.45	4469.55	785.20	3982.57	3426.67	647.35
湖北	Hubei	9297.74	4450.17	524.60	2199.76	1793.36	319.87
湖南	Hunan	6938.79	2017.09	617.89	2020.76	1754.94	196.36
广东	Guangdong	12827.85	3979.78	884.06	4573.22	4376.61	472.13
广西	Guangxi	7323.29	3388.95	502.85	1771.71	1571.83	219.43
海南	Hainan	1999.13	190.88	391.25	971.05	777.90	142.57
重庆	Chongqing	9557.03	1847.10	411.24	1850.22	1331.39	150.83
四川	Sichuan	14913.23	5649.38	1385.15	3308.33	2969.69	516.20
贵州	Guizhou	7205.90	783.75	300.29	1059.03	782.67	620.57
云南	Yunnan	12029.81	2275.50	919.64	2565.72	2308.26	238.65
西藏	Tibet	916.00	55.97	20.77	57.43	29.53	
陕西	Shaanxi	5908.74	2009.62	250.62	1047.64	811.78	71.04
甘肃	Gansu	12345.69	8006.80	147.32	715.19	507.28	147.16
青海	Qinghai	1622.41	364.12	55.54	295.29	256.19	6.31
宁夏	Ningxia	4241.15	646.82	487.49	765.68	616.28	151.65
新疆	Xinjiang	5234.16	2108.89	261.44	1277.75	1078.77	335.83

——按用地类型和地区分列
Supplied by Land-use Type and by Region

unit: hectare

Land for Residential Uses				其他用地 Other Types				
经济适用住房 Economically Affordable House	廉租住房 Cheap Rent House	高档住宅 High-grade Residence		公共管理与公共服务用地 Public Management and Public Services	特殊用地 Land for Special Uses	交通运输用地 Land for Transport	水域及水利设施用地 Water Conservancy Facilities	其他土地 Land for Other Uses
3554.99		1003.06	52629.14	35145.51	3552.02	10398.81	3532.80	
4645.71		201.43	47642.11	27189.50	2697.05	13456.98	4298.58	
5821.66		26.03	49719.41	23481.34	4123.94	14779.49	7334.64	
5278.69		23.93	54892.41	29582.60	2239.51	18135.89	4934.41	
5084.85		68.33	62324.60	33248.17	1945.48	20258.82	6872.11	
5107.35		6.62	52704.51	26573.24	2623.58	17004.19	6503.50	
10343.01	1394.29	720.99	111043.23	43763.85	1761.48	45613.76	19436.83	467.31
195.53	3.14	0.28	477.28	432.28	4.05	40.32	0.64	
241.75		0.95	1049.90	669.48	241.15	138.16	1.10	
279.85	39.03	26.88	1694.89	1113.15	87.25	485.83	7.52	1.15
128.29	34.79	9.15	1170.06	817.07	54.54	297.85	0.60	
365.15	94.48	0.31	7286.24	2463.65	78.31	4035.13	684.62	24.52
319.31	20.33	11.45	5149.79	2507.89	72.78	1583.97	984.22	0.93
791.35	46.78	0.60	2078.82	856.43	17.68	737.93	466.00	0.78
502.77	78.71	5.29	3546.55	971.39	34.50	1724.78	815.82	0.06
136.75		3.65	2332.25	830.65	11.86	1346.80	110.89	32.06
1304.41	54.86	97.32	7378.46	3476.89	87.82	3530.92	208.98	73.84
1735.17	8.59	18.22	6715.80	2316.84	95.22	3976.24	309.16	18.35
451.29	55.71	37.78	4085.16	1564.39	70.40	2419.04	31.34	
165.38	68.86	11.92	3570.69	1238.24	120.40	1512.65	695.20	4.20
214.34	115.52	12.36	8062.06	2644.27	30.72	5214.30	172.39	0.38
624.72	76.86	0.21	8542.93	3895.50	130.23	2895.57	1620.55	1.09
439.88	103.85	12.17	4955.14	1740.83	33.81	3159.63	20.83	
349.69	22.08	34.62	2123.21	1055.25	93.95	953.81	20.20	
210.64	43.31	11.88	2283.05	1039.17	13.74	1173.75	56.38	
164.01	15.79	16.80	3390.80	1416.29	33.38	1921.57	19.41	0.15
127.20	56.80	15.89	1659.77	1192.50	13.32	407.91	18.57	27.47
9.80	14.70	168.66	445.95	320.63	3.33	22.64	98.77	0.59
368.36	55.84	94.64	5448.47	1150.16	26.85	1149.04	3122.03	0.40
234.40	70.84	33.40	4570.37	1790.57	67.09	1028.31	1415.46	268.93
226.17	50.19		5062.83	722.45	31.85	1006.91	3301.60	0.02
116.09	54.94	86.43	6268.95	945.24	60.10	844.76	4418.11	0.75
2.47	25.43		781.83	305.34	12.39	321.76	140.05	2.30
187.69	41.57	6.60	2600.87	1805.75	32.43	753.03	8.09	1.57
163.62	40.76	3.53	3476.38	2674.48	107.51	401.26	292.70	0.43
26.79	12.31		907.46	141.13	4.52	674.45	87.36	0.01
110.23	39.17		2341.16	1046.53	65.17	1202.67	24.13	2.67
149.92	49.06		1586.09	619.43	25.14	652.75	284.11	4.66

国有建设用地供应情况——
State-owned Land of Construction Use Supplied by Land-use Type

单位：公顷

地　区	Region	供地总量 Total Amount of Land Supplied	工矿仓储用地 Land for Industry, Mining and Warehousing	商业服务业 Land for Commercial and Service Uses	住宅用地合计		
						普通商品住房 Common House	
							中低价位、中小套型 Medium- and Low-price, Medium- and Small-sized Ordinary Commercial Houses
总　计	**Total**	361648.75	141486.49	27570.86	81548.17	69089.89	12960.30
北京市	**Beijing**	**2378.18**	**899.94**	**314.80**	**686.16**	**487.20**	**42.81**
天津市	**Tianjin**	**6981.10**	**3744.65**	**511.41**	**1675.13**	**1432.44**	**85.24**
河北省	**Hebei**	**16149.06**	**9585.61**	**1167.19**	**3701.36**	**3355.60**	**641.68**
石家庄市	Shijiazhuang City	1708.98	688.54	91.97	385.07	302.61	21.90
唐山市	Tangshan City	2655.00	2113.46	111.62	303.56	294.09	81.26
秦皇岛市	Qinhuangdao City	786.55	336.08	106.95	249.46	224.87	
邯郸市	Handan City	932.11	490.25	67.56	302.76	285.71	6.03
邢台市	Xingtai City	903.86	532.74	84.33	221.02	178.31	23.74
保定市	Baoding City	1406.53	855.77	101.47	307.17	288.41	40.26
张家口市	Zhangjiakou City	1478.35	742.97	204.53	323.91	252.50	12.03
承德市	Chengde City	918.86	290.52	137.83	376.95	357.46	71.47
沧州市	Cangzhou City	2876.53	2243.11	108.59	296.98	261.44	21.32
廊坊市	Langfang City	1652.84	789.86	115.43	698.04	678.79	308.37
衡水市	Hengshui City	829.47	502.32	36.93	236.45	231.41	55.30
山西省	**Shanxi**	**5119.82**	**2279.63**	**513.87**	**1156.26**	**984.03**	**99.33**
太原市	Taiyuan City	730.50	182.75	119.38	247.14	227.57	38.33
大同市	Datong City	651.13	381.06	21.45	83.28	50.16	8.01
阳泉市	Yangquan City	194.56	97.94	34.63	56.29	29.00	
长治市	Changzhi City	356.23	148.43	77.54	100.62	95.98	6.08
晋城市	Jincheng City	440.13	200.33	13.99	59.99	54.32	13.90
朔州市	Shuozhou City	397.30	169.77	33.48	62.13	41.92	
晋中市	Jinzhong City	517.86	284.07	52.04	85.71	53.48	0.73
运城市	Yuncheng City	686.57	397.78	52.35	218.06	212.74	12.58
忻州市	Xinzhou City	188.03	52.38	43.61	49.58	44.30	9.47
临汾市	Linfen City	623.99	213.91	40.18	113.87	96.61	
吕梁市	Lüliang City	333.53	151.22	25.22	79.60	77.96	10.23
内蒙古	**Inner Mongolia**	**19683.35**	**8088.76**	**1440.24**	**2868.11**	**2408.16**	**557.85**
呼和浩特市	Hohhot City	514.88	211.12	58.76	197.21	184.14	
包头市	Baotou City	1503.69	908.14	154.86	287.17	175.06	68.83

按用地类型和省市分列（2009 年）

and by Province,Autonomous Region and Municipality (2009)

unit: hectare

Land for Residential Uses			其他用地 Other Types					
经济适用住房 Economically Affordable House	廉租住房 Cheap Rent House	高档住宅 High-grade Residence		公共管理与公共服务用地 Public Management and Public Services	特殊用地 Land for Special Uses	交通运输用地 Land for Transport	水域及水利设施用地 Water Conservancy Facilities	其他土地 Land for Other Uses
10343.01	1394.29	720.99	111043.23	43763.85	1761.48	45613.76	19436.83	467.31
195.53	**3.14**	**0.28**	**477.28**	**432.28**	**4.05**	**40.32**	**0.64**	
241.75		**0.95**	**1049.90**	**669.48**	**241.15**	**138.16**	**1.10**	
279.85	**39.03**	**26.88**	**1694.89**	**1113.15**	**87.25**	**485.83**	**7.52**	**1.15**
71.60	10.62	0.24	543.40	222.35	72.40	248.65		
0.07	3.58	5.83	126.36	47.11	0.07	79.19		
22.48	1.80	0.31	94.06	94.06				
15.85	1.20		71.53	68.53	2.00	1.00		
40.75	1.95		65.78	60.34	1.37	4.07		
10.14	8.62		142.12	122.32	4.08	14.03	0.60	1.08
68.24	3.18		206.95	156.34	3.24	47.29		0.07
11.47	2.89	5.13	113.56	106.02	0.53	4.30	2.71	
33.38	2.16		227.85	143.49		84.37		
1.66	2.22	15.37	49.51	43.14	3.56	2.81		
4.22	0.82		53.77	49.44		0.12	4.21	
128.29	**34.79**	**9.15**	**1170.06**	**817.07**	**54.54**	**297.85**	**0.60**	
19.16	0.41		181.22	171.00	4.48	5.74		
4.83	19.13	9.15	165.35	86.54	0.54	78.27		
27.29			5.71	5.71				
4.47	0.17		29.65	16.10	3.00	10.55		
5.67			165.82	53.14	42.51	69.57	0.60	
12.72	7.49		131.93	66.38	2.53	63.02		
29.11	3.12		96.04	95.78		0.26		
5.32			18.38	18.38				
3.38	1.90		42.46	33.19		9.27		
14.94	2.33		256.02	196.55		59.48		
1.40	0.24		77.48	74.30	1.49	1.69		
365.15	**94.48**	**0.31**	**7286.24**	**2463.65**	**78.31**	**4035.13**	**684.62**	**24.52**
10.20	2.87		47.79	33.48	14.15	0.16		
99.80	12.30		153.52	100.02	0.97	52.53		

国有建设用地供应情况——
State-owned Land of Construction Use Supplied by Land-use Type

地区	Region	供地总量 Total Amount of Land Supplied	工矿仓储用地 Land for Industry, Mining and Warehousing	商业服务业 Land for Commercial and Service Uses	住宅用地合计		
						普通商品住房 Common House	
							中低价位、中小套型 Medium- and Low-price, Medium- and Small-sized Ordinary Commercial Houses
乌海市	Wuhai City	351.69	143.39	11.85	38.53	0.45	
赤峰市	Chifeng City	269.43	211.23	0.64	10.51	8.07	
通辽市	Tongliao City	910.47	428.34	74.58	174.24	154.19	3.38
鄂尔多斯市	Erdos City	7541.41	1509.19	547.16	883.82	781.92	273.27
呼伦贝尔市	Hulunbuir City	2986.80	2009.78	148.75	352.85	285.70	96.15
巴彦淖尔市	Bayannur City	1202.46	655.89	59.09	314.80	267.38	3.56
乌兰察布市	Ulanqab City	711.04	325.13	34.76	167.08	148.98	24.23
兴安盟	Xing'an League	341.49	72.24	57.81	134.20	129.10	
锡林郭勒盟	Xilingol League	2569.02	1376.02	82.07	147.95	141.46	58.05
阿拉善盟	Alxa League	406.10	281.03	14.55	40.60	21.98	1.08
辽宁省	**Liaoning**	**19939.86**	**8729.48**	**1166.80**	**4893.78**	**4542.69**	**1189.27**
沈阳市	Shenyang City	4449.27	1909.84	135.10	1102.78	1094.41	36.72
大连市	Dalian City	3973.53	2202.99	143.41	1053.99	940.50	501.39
鞍山市	Anshan City	1503.72	443.78	394.66	551.44	473.15	418.79
抚顺市	Fushun City	1128.43	244.54	36.10	243.47	223.31	1.08
本溪市	Benxi City	649.80	480.62	1.56	58.18	35.77	13.18
丹东市	Dandong City	1503.13	492.40	58.98	123.11	122.42	5.57
锦州市	Jinzhou City	718.41	485.10	28.73	113.13	99.27	20.04
营口市	Yingkou City	1834.66	414.16	125.15	823.95	781.07	60.39
阜新市	Fuxin City	388.57	297.40	14.40	24.37	18.10	1.00
辽阳市	Liaoyang City	376.57	73.18	54.33	126.27	115.38	0.30
盘锦市	Panjin City	925.80	495.45	47.37	144.52	143.47	1.06
铁岭市	Tieling City	1223.26	562.90	27.14	182.32	178.34	79.03
朝阳市	Chaoyang City	659.92	269.21	76.85	173.26	170.60	
葫芦岛市	Huludao City	604.79	357.92	23.01	173.01	146.91	50.75
吉林省	**Jilin**	**6294.26**	**1946.45**	**379.43**	**1889.56**	**1050.84**	**107.84**
长春市	Changchun City	2750.96	620.21	192.15	1107.47	499.20	31.57
吉林市	Jilin City	753.32	401.39	47.29	216.54	164.82	24.22
四平市	Siping City	241.46	131.75	23.03	85.45	85.45	22.15
辽源市	Liaoyuan City	281.87	87.52	3.58	55.31	14.97	
通化市	Tonghua City	241.13	92.15	14.02	73.43	38.33	2.93

按用地类型和省市分列（2009年） 续表1

and by Province,Autonomous Region and Municipality (2009) Continued 1

Land for Residential Uses			其他用地 Other Types					
经济适用住房 Economically Affordable House	廉租住房 Cheap Rent House	高档住宅 High-grade Residence		公共管理与公共服务用地 Public Management and Public Services	特殊用地 Land for Special Uses	交通运输用地 Land for Transport	水域及水利设施用地 Water Conservancy Facilities	其他土地 Land for Other Uses
37.41	0.66		157.93	157.13	0.80			
2.44			47.06	45.06		2.00		
8.81	11.23		233.30	233.03	0.27			
80.14	21.75		4601.23	1167.69	17.52	3416.03		
48.72	18.42		475.42	231.13	27.45	208.38	0.04	8.43
39.88	7.54		172.68	134.67	7.89	29.62	0.51	
13.78	4.33		184.06	80.96	1.22	100.88		1.00
0.45	4.66		77.24	69.66	3.03	4.54	0.02	
0.36	6.13		962.99	120.41	3.86	160.29	678.42	
18.08	0.54		69.92	54.36	1.16	8.76	5.64	
319.31	**20.33**	**11.45**	**5149.79**	**2507.89**	**72.78**	**1583.97**	**984.22**	**0.93**
7.99	0.38		1301.56	595.09	25.32	614.62	66.53	
104.80		8.69	573.14	330.61	5.89	236.65		
75.53		2.76	113.85	106.62		7.22		
20.16			604.33	171.69	0.65	16.07	415.91	
18.59	3.82		109.43	108.65	0.08	0.55	0.16	
0.69			828.65	334.71	2.62	31.38	459.94	
13.85			91.45	52.19	4.64	33.70		0.93
34.71	8.17		471.40	41.39	23.68	364.64	41.68	
6.27			52.39	12.65		39.74		
5.50	5.39		122.78	70.52	1.00	51.26		
	1.05		238.46	105.30		133.16		
2.66	1.31		450.90	389.47	8.76	52.68		
2.45	0.21		140.60	139.78		0.82		
26.10			50.84	49.22	0.14	1.48		
791.35	**46.78**	**0.60**	**2078.82**	**856.43**	**17.68**	**737.93**	**466.00**	**0.78**
595.99	12.29		831.13	542.33	4.22	278.85	5.73	
39.54	12.18		88.10	53.91	3.63		30.57	
			1.24	1.18		0.05		
39.55	0.78		135.47	11.74		123.72		
32.19	2.90		61.53	53.73	0.79	6.13	0.87	

国有建设用地供应情况——
State-owned Land of Construction Use Supplied by Land-use Type

地 区	Region	供地总量 Total Amount of Land Supplied	工矿仓储用地 Land for Industry, Mining and Warehousing	商业服务业 Land for Commercial and Service Uses	住宅用地合计		
						普通商品住房 Common House	中低价位、中小套型 Medium- and Low-price, Medium- and Small-sized Ordinary Commercial Houses
白山市	Baishan City	747.37	76.05	39.19	79.20	58.26	1.47
松原市	Songyuan City	300.81	196.05	17.33	55.55	54.33	10.15
白城市	Baicheng City	207.08	69.11	19.42	28.53	26.68	6.41
延边朝鲜族自治州	Yanbian Korean A.P.	770.27	272.23	23.42	188.09	108.80	8.93
黑龙江省	**Heilongjiang**	**18145.73**	**11785.75**	**561.95**	**2251.48**	**1664.72**	**263.18**
哈尔滨市	Harbin City	10616.53	9038.74	165.48	630.99	595.78	26.46
齐齐哈尔市	Qiqihar City	741.28	33.60	22.02	193.98	174.58	10.57
鸡西市	Jixi City	126.61	44.31	7.50	50.59	23.07	5.40
鹤岗市	Hegang City	76.40	31.48	5.95	26.44	22.94	
双鸭山市	Shuangyashan City	321.79	40.46	10.40	258.41	55.76	0.30
大庆市	Daqing City	1883.31	1347.61	46.23	154.57	144.87	78.66
伊春市	Yichun City	232.48	2.47	4.86	33.44	3.10	0.24
佳木斯市	Jiamusi City	183.27	50.34	6.17	70.76	67.02	20.76
七台河市	Qitaihe City	1105.43	138.23	8.34	96.74	9.71	1.32
牡丹江市	Mudanjiang City	621.75	148.85	147.83	271.73	265.47	63.80
黑河市	Heihe City	369.62	156.59	35.31	105.35	93.05	3.31
绥化市	Suihua City	450.84	242.86	20.54	102.57	90.76	23.38
大兴安岭地区	Da Hinggan Ling Prefecture	355.40	15.57	3.82	48.43	11.50	4.56
农垦总局	General Bureau of Agriculture	878.49	426.88	68.98	159.02	89.04	23.00
森工总局	General Bureau of Forest Industry	105.12	60.31	5.00	33.68	4.13	1.43
友谊国土资源局	Youyi Land and Resources Bureau	76.59	7.45	3.53	13.95	13.95	
五大连池风景名胜区	Wudalianchi	0.82			0.82		
上海市	**Shanghai**	**4897.29**	**1208.19**	**381.03**	**975.82**	**835.42**	**220.83**
江苏省	**Jiangsu**	**34566.76**	**13152.15**	**4667.56**	**9368.60**	**7912.00**	**668.52**
南京市	Nanjing City	3200.45	919.83	261.00	621.47	358.83	70.00
无锡市	Wuxi City	4133.65	1213.40	391.82	965.53	652.23	186.90
徐州市	Xuzhou City	1904.17	818.67	383.43	599.49	577.20	6.15
常州市	Changzhou City	3375.35	1025.25	440.10	743.10	626.03	8.55
苏州市	Suzhou City	4662.31	2217.85	418.40	1366.50	986.41	57.51
南通市	Nantong City	3308.59	1421.14	460.78	972.27	907.65	94.37

按用地类型和省市分列（2009年） 续表 2

and by Province,Autonomous Region and Municipality (2009) Continued 2

Land for Residential Uses			其他用地 Other Types					
经济适用住房 Economically Affordable House	廉租住房 Cheap Rent House	高档住宅 High-grade Residence		公共管理与公共服务用地 Public Management and Public Services	特殊用地 Land for Special Uses	交通运输用地 Land for Transport	水域及水利设施用地 Water Conservancy Facilities	其他土地 Land for Other Uses
11.08	9.25	0.60	552.93	39.06	0.90	310.65	202.33	
	1.22		31.88	27.19	0.20	4.49		
0.58	1.27		90.01	75.21		14.03		0.78
72.41	6.88		286.53	52.08	7.95		226.50	
502.77	**78.71**	**5.29**	**3546.55**	**971.39**	**34.50**	**1724.78**	**815.82**	**0.06**
29.41	5.81		781.32	432.97	7.35	272.16	68.84	
15.05		4.35	491.68	20.35	0.13	306.39	164.76	0.06
27.52			24.20	23.56		0.65		
3.37	0.13		12.53	12.53				
201.85	0.80		12.53	12.43			0.10	
9.52	0.17		334.91	70.26	3.24	261.40		
7.29	23.05		191.71	102.39	1.64	87.52	0.15	
3.41	0.32		56.00	21.91	9.85	8.99	15.25	
84.11	2.92		862.12	18.74		465.97	377.41	
4.09	2.17		53.34	30.45	5.53	12.33	5.04	
10.46	1.84		72.36	44.03	3.48	24.85		
11.55	0.27		84.86	83.49		1.37		
10.59	26.35		287.58	5.33	2.42	279.82		
54.99	14.04	0.94	223.61	37.43	0.83	1.77	183.58	
29.55			6.13	4.91	0.02	0.49	0.71	
			51.66	50.60		1.06		
	0.82							
136.75		**3.65**	**2332.25**	**830.65**	**11.86**	**1346.80**	**110.89**	**32.06**
1304.41	**54.86**	**97.32**	**7378.46**	**3476.89**	**87.82**	**3530.92**	**208.98**	**73.84**
255.66		6.98	1398.16	562.05	26.58	805.96	3.57	
248.84	31.63	32.83	1562.90	530.50	5.03	1027.32	0.04	
21.58	0.71		102.57	97.53	0.29	4.76		
108.98	6.83	1.26	1166.90	449.62	2.92	639.31	1.20	73.84
320.35	4.46	55.29	659.56	393.73	20.43	184.64	60.76	
64.06	0.56		454.40	192.03	4.66	257.11	0.60	

国有建设用地供应情况——
State-owned Land of Construction Use Supplied by Land-use Type

地 区	Region	供地总量 Total Amount of Land Supplied	工矿仓储用地 Land for Industry, Mining and Warehousing	商业服务业 Land for Commercial and Service Uses	住宅用地合计		
						普通商品住房 Common House	
							中低价位、中小套型 Medium- and Low-price, Medium- and Small-sized Ordinary Commercial Houses
连云港市	Lianyungang City	2609.79	903.90	460.61	640.78	639.69	5.72
淮安市	Huai'an City	2424.87	792.52	784.57	665.14	647.71	40.12
盐城市	Yancheng City	2808.76	1165.47	353.51	904.30	871.54	87.03
扬州市	Yangzhou City	1641.36	609.60	314.02	530.18	466.08	68.18
镇江市	Zhenjiang City	825.43	470.73	44.76	163.85	155.33	6.74
泰州市	Taizhou City	1169.10	610.38	98.94	358.06	305.08	2.69
宿迁市	Suqian City	2502.93	983.43	255.61	837.91	718.24	34.57
浙江省	**Zhejiang**	**20840.78**	**7180.39**	**1559.31**	**5385.28**	**3623.30**	**585.02**
杭州市	Hangzhou City	6236.49	1070.75	466.45	1849.80	1072.82	291.87
宁波市	Ningbo City	2766.15	871.79	359.56	875.71	666.43	116.21
温州市	Wenzhou City	722.33	277.83	41.34	203.17	155.39	42.10
嘉兴市	Jiaxing City	2894.66	1074.46	196.98	642.38	400.06	42.17
湖州市	Huzhou City	1215.19	701.10	72.02	358.28	330.25	30.30
绍兴市	Shaoxing City	1382.05	632.40	52.28	495.41	310.25	5.30
金华市	Jinhua City	1317.85	604.49	178.32	286.46	172.70	0.78
衢州市	Quzhou City	717.38	455.17	28.79	117.80	99.13	14.00
舟山市	Zhoushan City	1087.21	790.10	55.96	193.85	132.84	9.46
台州市	Taizhou City	1190.92	504.42	72.80	261.54	202.52	16.58
丽水市	Lishui City	1310.54	197.88	34.81	100.89	80.91	16.24
安徽省	**Anhui**	**14073.86**	**5497.73**	**1157.57**	**3333.39**	**2788.61**	**546.22**
合肥市	Hefei City	3574.43	1188.27	119.75	668.03	509.67	36.09
芜湖市	Wuhu City	1151.39	591.18	93.78	331.76	327.67	71.12
蚌埠市	Bengbu City	503.12	277.67	42.28	162.68	151.85	81.81
淮南市	Huainan City	618.04	125.82	22.93	193.92	135.71	6.02
马鞍山市	Ma'anshan City	552.98	155.57	13.00	178.01	166.55	134.95
淮北市	Huaibei City	565.20	390.27	29.46	100.01	39.27	5.64
铜陵市	Tongling City	513.57	166.49	38.01	228.46	177.86	59.09
安庆市	Anqing City	381.26	150.60	64.18	134.78	125.29	1.43
黄山市	Huangshan City	402.72	76.99	129.06	167.99	158.50	11.60

按用地类型和省市分列（2009年） 续表3

and by Province,Autonomous Region and Municipality (2009) Continued 3

Land for Residential Uses				其他用地 Other Types				
经济适用住房 Economically Affordable House	廉租住房 Cheap Rent House	高档住宅 High-grade Residence		公共管理与公共服务用地 Public Management and Public Services	特殊用地 Land for Special Uses	交通运输用地 Land for Transport	水域及水利设施用地 Water Conservancy Facilities	其他土地 Land for Other Uses
0.43	0.66		604.49	593.47	7.15	3.88		
16.08	1.35		182.64	145.34	6.65	30.66		
26.92	5.84		385.48	153.21	4.00	227.54	0.72	
60.70	2.82	0.58	187.56	47.14	2.78	71.43	66.22	
8.52			146.09	77.88		66.93	1.28	
52.61		0.38	101.72	38.74	6.64	56.34		
119.68			425.98	195.65	0.70	155.05	74.59	
1735.17	**8.59**	**18.22**	**6715.80**	**2316.84**	**95.22**	**3976.24**	**309.16**	**18.35**
772.03	4.95		2849.48	941.18	21.66	1780.66	105.98	
208.30		0.98	659.10	205.45	7.69	389.57	56.39	
47.13	0.65		199.98	108.84	1.65	60.93	10.21	18.35
241.99	0.32		980.85	258.98		721.87		
27.09	0.95		83.79	75.61	2.89	4.09	1.19	
167.97		17.19	201.96	136.80	19.97	44.87	0.32	
113.75			248.59	172.07	8.60	67.92		
17.43	1.24		115.62	88.56	8.88	15.84	2.34	
61.01			47.30	33.18	7.83	6.30		
58.50	0.48	0.04	352.16	152.19	9.49	162.57	27.90	
19.98			976.96	143.97	6.55	721.61	104.83	
451.29	**55.71**	**37.78**	**4085.16**	**1564.39**	**70.40**	**2419.04**	**31.34**	
141.65	16.31	0.39	1598.37	408.04	6.29	1181.14	2.91	
4.09			134.68	134.68				
10.83			20.49	18.79	0.70	0.45	0.56	
58.21			275.38	67.61		207.77		
6.51	4.94		206.40	70.64	18.19	117.57		
60.74			45.46	30.74	14.72			
41.99	8.61		80.62	73.16	0.54	6.92		
7.60	1.89		31.71	23.33	4.10	4.27		
	9.49		28.69	26.61	2.08			

国有建设用地供应情况——
State-owned Land of Construction Use Supplied by Land-use Type

地 区	Region	供地总量 Total Amount of Land Supplied	工矿仓储用地 Land for Industry, Mining and Warehousing	商业服务业 Land for Commercial and Service Uses	住宅用地合计		
						普通商品住房 Common House	
							中低价位、中小套型 Medium- and Low-price, Medium- and Small-sized Ordinary Commercial Houses
滁州市	Chuzhou City	1084.40	648.50	71.46	139.37	111.92	
阜阳市	Fuyang City	469.13	239.55	89.30	107.51	93.90	14.41
宿州市	Suzhou City	455.58	167.30	24.10	131.73	131.73	7.18
巢湖市	Chaohu City	697.78	243.21	31.37	242.16	232.46	76.70
六安市	Lu'an City	986.19	245.89	104.95	181.76	123.83	33.89
亳州市	Bozhou City	947.48	186.46	65.02	111.14	88.22	3.47
池州市	Chizhou City	435.75	246.16	106.17	73.37	71.80	2.06
宣城市	Xuancheng City	734.83	397.81	112.77	180.71	142.39	0.74
福建省	**Fujian**	**8372.84**	**3039.20**	**444.29**	**1318.66**	**1072.51**	**166.37**
福州市	Fuzhou City	1416.79	452.20	103.13	292.08	281.81	48.32
厦门市	Xiamen City	1724.39	140.17	159.63	326.63	238.26	35.94
莆田市	Putian City	1131.26	128.78	15.44	65.79	59.36	1.52
三明市	Sanming City	1032.90	420.33	41.34	152.94	134.67	4.29
泉州市	Quanzhou City	558.82	336.89	38.29	124.45	103.27	23.33
漳州市	Zhangzhou City	964.87	723.00	8.04	130.42	116.54	31.16
南平市	Nanping City	291.16	180.65	15.41	41.95	41.23	5.16
龙岩市	Longyan City	751.82	398.99	40.92	107.45	38.28	2.35
宁德市	Ningde City	500.83	258.20	22.11	76.94	59.07	14.33
江西省	**Jiangxi**	**16128.62**	**5119.75**	**698.45**	**2248.36**	**1906.13**	**188.40**
南昌市	Nanchang City	2084.46	676.48	125.91	473.81	443.55	13.51
景德镇市	Jingdezhen City	467.57	260.40	45.57	114.28	111.67	
萍乡市	Pingxiang City	372.47	124.96	11.83	151.38	144.79	6.99
九江市	Jiujiang City	1903.67	641.61	65.06	365.66	282.30	8.72
新余市	Xinyu City	1155.19	760.34	48.21	65.21	65.21	
鹰潭市	Yingtan City	517.45	86.99	18.37	56.21	36.14	2.18
赣州市	Ganzhou City	3038.34	508.87	97.19	296.00	184.36	59.68
吉安市	Ji'an City	1443.14	373.55	18.90	86.50	62.90	33.88
宜春市	Yichun City	1806.19	1028.57	136.81	283.57	261.79	24.76
抚州市	Fuzhou City	1542.33	414.32	81.35	209.41	195.25	20.57

按用地类型和省市分列（2009年） 续表4

and by Province,Autonomous Region and Municipality (2009) Continued 4

Land for Residential Uses			其他用地 Other Types					
经济适用住房 Economically Affordable House	廉租住房 Cheap Rent House	高档住宅 High-grade Residence		公共管理与公共服务用地 Public Management and Public Services	特殊用地 Land for Special Uses	交通运输用地 Land for Transport	水域及水利设施用地 Water Conservancy Facilities	其他土地 Land for Other Uses
24.66	2.78		225.07	100.94	4.21	119.91		
10.56	3.05		32.78	32.78				
			132.45	21.89		110.56		
1.83	7.31	0.56	181.04	116.94	0.19	63.91		
19.80	1.31	36.83	453.58	275.87	15.44	134.39	27.87	
22.92			584.86	114.02	0.35	470.50		
1.57			10.05	10.05				
38.32	0.01		43.54	38.31	3.59	1.64		
165.38	**68.86**	**11.92**	**3570.69**	**1238.24**	**120.40**	**1512.65**	**695.20**	**4.20**
6.79	3.48		569.38	246.88	50.75	271.75		
31.09	57.28		1097.97	461.31	28.40	598.53	9.73	
3.99	2.45		921.25	31.19		346.49	539.41	4.15
16.17	2.10		418.29	243.70	5.12	169.40	0.07	
20.35	0.83		59.19	39.08	12.27	7.79		0.05
13.68	0.20		103.40	67.97	4.06	31.37		
0.72			53.16	39.24	1.06	12.87		
67.29	1.86	0.01	204.46	80.09	18.74	50.83	54.80	
5.30	0.66	11.91	143.59	28.78		23.62	91.19	
214.34	**115.52**	**12.36**	**8062.06**	**2644.27**	**30.72**	**5214.30**	**172.39**	**0.38**
21.19	9.07		808.26	779.36	12.78	2.78	13.33	
0.78	1.87		47.32	22.32		25.00		
3.68	2.91		84.29	84.29				
67.74	15.62		831.34	236.11	4.00	591.23		
			281.43	84.99		196.44		
4.43	15.65		355.88	51.44	6.20	226.25	71.99	
75.17	30.80	5.67	2136.28	812.45	2.19	1321.26		0.38
18.84	4.76		964.19	107.40	0.05	856.74		
2.16	14.30	5.32	357.25	141.14	0.04	129.09	86.98	
1.05	13.11		837.24	221.74	4.63	610.87		

国有建设用地供应情况——
State-owned Land of Construction Use Supplied by Land-use Type

地 区	Region	供地总量 Total Amount of Land Supplied	工矿仓储用地 Land for Industry, Mining and Warehousing	商业服务业 Land for Commercial and Service Uses	住宅用地合计		
						普通商品住房 Common House	
							中低价位、中小套型 Medium- and Low-price, Medium- and Small-sized Ordinary Commercial Houses
上饶市	Shangrao City	1797.82	243.67	49.24	146.33	118.16	18.11
山东省	**Shandong**	**41523.88**	**16984.45**	**4661.62**	**11334.89**	**10633.10**	**3361.77**
济南市	Jinan City	2579.25	855.21	60.61	583.21	464.10	2.26
青岛市	Qingdao City	5614.96	2660.70	547.78	1178.70	1113.08	152.69
淄博市	Zibo City	2147.73	348.32	109.33	417.59	305.54	13.93
枣庄市	Zaozhuang City	887.14	287.65	107.82	219.55	207.25	129.83
东营市	Dongying City	1554.14	771.50	63.74	478.93	468.24	66.44
烟台市	Yantai City	2802.00	1169.81	158.96	937.51	933.73	233.24
潍坊市	Weifang City	9899.11	3783.51	2423.99	2728.99	2726.52	466.23
济宁市	Jining City	1570.54	623.98	242.13	541.18	500.99	83.59
泰安市	Tai'an City	919.10	452.31	68.84	238.89	207.55	14.51
威海市	Weihai City	1699.04	747.95	141.78	548.27	541.09	124.55
日照市	Rizhao City	1216.15	613.74	58.17	346.05	325.80	5.08
莱芜市	Laiwu City	382.65	178.57	18.30	30.88	26.03	
临沂市	Linyi City	3500.59	954.17	343.39	1812.29	1747.79	1536.94
德州市	Dezhou City	2489.52	1126.27	102.75	422.16	344.98	238.86
聊城市	Liaocheng City	1178.82	755.33	75.57	211.69	208.05	35.39
滨州市	Binzhou City	1602.30	860.08	43.42	181.22	177.43	67.01
菏泽市	Heze City	1480.85	795.36	95.04	457.79	334.93	191.24
河南省	**Henan**	**14192.45**	**4469.55**	**785.20**	**3982.57**	**3426.67**	**647.35**
郑州市	Zhengzhou City	1904.25	460.60	87.30	704.26	574.15	0.85
开封市	Kaifeng City	446.12	135.11	6.21	164.70	162.95	6.77
洛阳市	Luoyang City	796.65	435.49	8.30	239.04	165.77	8.28
平顶山市	Pingdingshan City	367.12	192.04	24.10	124.51	113.52	6.07
安阳市	Anyang City	1642.82	199.55	84.19	472.86	448.23	2.40
鹤壁市	Hebi City	394.50	208.79	18.56	77.31	50.74	3.69
新乡市	Xinxiang City	856.87	142.20	62.22	416.61	375.23	2.45
焦作市	Jiaozuo City	1203.01	457.00	18.60	223.78	130.83	92.51
濮阳市	Puyang City	251.50	152.22	15.11	73.47	71.81	3.69

按用地类型和省市分列（2009 年） 续表 5

and by Province,Autonomous Region and Municipality (2009) Continued 5

Land for Residential Uses			其他用地 Other Types					
经济适用住房 Economically Affordable House	廉租住房 Cheap Rent House	高档住宅 High-grade Residence		公共管理与公共服务用地 Public Management and Public Services	特殊用地 Land for Special Uses	交通运输用地 Land for Transport	水域及水利设施用地 Water Conservancy Facilities	其他土地 Land for Other Uses
19.31	7.49	1.37	1358.58	103.01	0.84	1254.65	0.08	
624.72	**76.86**	**0.21**	**8542.93**	**3895.50**	**130.23**	**2895.57**	**1620.55**	**1.09**
118.51	0.60		1080.22	456.53	33.16	198.08	392.44	
58.35	7.06	0.21	1227.79	488.50	9.07	730.22		
83.94	28.11		1272.49	257.03	4.71	149.34	861.42	
12.30			272.12	152.67		4.61	114.84	
7.81	2.88		239.97	148.91	1.98	89.08		
3.03	0.76		535.72	91.73	22.18	421.81		
2.47			962.62	776.84	5.51	83.35	95.83	1.09
35.79	4.40		163.26	124.96	3.89	5.86	28.55	
31.34			159.05	134.22	2.56	0.72	21.56	
7.18			261.03	215.09	7.21	38.73		
4.40	15.85		198.19	156.67	11.45	30.07		
2.43	2.41		154.89	66.57	0.74	87.58		
62.56	1.95		390.75	171.99	16.47	152.00	50.28	
74.87	2.31		838.35	140.50	5.51	668.60	23.74	
3.63			136.23	74.09	5.48	56.67		
3.78			517.58	340.87		176.71		
112.32	10.53		132.67	98.33	0.31	2.11	31.91	
439.88	**103.85**	**12.17**	**4955.14**	**1740.83**	**33.81**	**3159.65**	**20.85**	
120.90	1.99	7.23	652.08	447.13	4.55	200.40		
0.74	1.00		140.11	107.19	2.23	30.69		
63.33	9.94		113.84	107.77	3.33		2.74	
9.76	1.23		26.48	21.93		2.83	1.71	
23.38	1.25		886.22	317.99	0.55	567.68		
13.15	13.43		89.85	89.85				
17.88	23.51		235.84	80.79		155.04		
91.52	1.42		503.63	80.19	19.16	404.28		
0.02	1.63		10.71	10.64		0.07		

国有建设用地供应情况——
State-owned Land of Construction Use Supplied by Land-use Type

地 区	Region	供地总量 Total Amount of Land Supplied	工矿仓储用地 Land for Industry, Mining and Warehousing	商业服务业 Land for Commercial and Service Uses	住宅用地合计		
						普通商品住房 Common House	
							中低价位、中小套型 Medium- and Low-price, Medium- and Small-sized Ordinary Commercial Houses
许昌市	Xuchang City	536.43	230.95	67.77	220.81	211.84	158.25
漯河市	Luohe City	325.13	91.23	10.84	194.56	137.12	
三门峡市	Sanmenxia City	496.99	121.35	42.04	96.03	72.58	10.58
南阳市	Nanyang City	1818.00	640.71	57.71	155.79	140.37	0.47
商丘市	Shangqiu City	581.39	192.10	124.39	187.12	176.62	79.46
信阳市	Xinyang City	435.96	90.38	58.93	235.31	218.67	136.53
周口市	Zhoukou City	1122.62	334.54	35.57	191.46	178.52	125.09
驻马店市	Zhumadian City	1013.09	385.31	63.38	204.95	197.72	10.26
湖北省	**Hubei**	**9297.74**	**4450.17**	**524.60**	**2199.76**	**1793.36**	**319.87**
武汉市	Wuhan City	2722.91	769.14	141.24	886.44	596.13	61.91
黄石市	Huangshi City	441.78	309.77	23.82	62.30	60.30	2.53
十堰市	Shiyan City	221.96	90.81	33.69	81.05	76.57	4.17
宜昌市	Yichang City	1099.36	731.67	45.04	115.53	97.75	0.75
襄樊市	Xiangfan City	577.75	310.26	42.98	147.11	127.74	43.91
鄂州市	Ezhou City	272.77	206.11	4.79	49.14	49.14	
荆门市	Jingmen City	817.23	346.20	28.42	185.58	147.37	
孝感市	Xiaogan City	571.58	310.39	46.26	175.61	161.63	18.77
荆州市	Jingzhou City	633.83	289.99	25.14	99.52	95.90	29.77
黄冈市	Huanggang City	513.05	271.56	54.49	56.55	44.44	9.21
咸宁市	Xianning City	586.40	286.63	41.38	196.27	195.05	110.10
随州市	Suizhou City	263.95	211.80	7.60	37.97	37.09	13.08
恩施土家族苗族自治州	Enshi Tujia & Miao A.P.	227.38	56.90	23.27	45.95	43.52	2.82
省直辖行政单位	Administrative Units Directly Under the Provincial Government	347.78	258.92	6.49	60.75	60.75	22.85
湖南省	**Hunan**	**6938.79**	**2017.09**	**617.89**	**2020.76**	**1754.94**	**196.36**
长沙市	Changsha City	1630.59	297.06	146.22	450.55	337.35	24.68
株洲市	Zhuzhou City	257.64	100.74	8.84	123.42	114.53	17.46
湘潭市	Xiangtan City	730.64	76.20	105.13	220.60	213.30	17.87
衡阳市	Hengyang City	304.98	76.27	12.26	109.73	102.95	1.70

按用地类型和省市分列（2009年） 续表 6
and by Province,Autonomous Region and Municipality (2009) Continued 6

Land for Residential Uses			其他用地 Other Types					
经济适用住房 Economically Affordable House	廉租住房 Cheap Rent House	高档住宅 High-grade Residence		公共管理与公共服务用地 Public Management and Public Services	特殊用地 Land for Special Uses	交通运输用地 Land for Transport	水域及水利设施用地 Water Conservancy Facilities	其他土地 Land for Other Uses
7.54	1.43		16.90	16.90				
57.44			28.50	28.50				
8.10	15.35		237.57	165.44	0.66	55.07	16.40	
12.49	2.93		963.79	58.90	1.15	903.74		
0.05	9.11	1.35	77.78	68.31	2.17	7.30		
5.43	11.20		51.35	27.59		23.76		
5.33	7.62		561.04	87.87		473.17		
2.82	0.82	3.59	359.46	23.86		335.61		
349.69	**22.08**	**34.62**	**2123.21**	**1055.25**	**93.95**	**953.81**	**20.20**	
282.64	1.38	6.29	926.10	455.39	74.21	393.93	2.56	
2.00			45.89	42.26		3.62		
3.23	1.25		16.41	16.41				
15.51	2.23	0.05	207.13	60.52		144.69	1.92	
17.29	2.08		77.40	54.28	3.20	5.48	14.45	
			12.74	12.74				
11.28	2.65	24.28	257.03	16.47		240.56		
8.52	1.46	4.01	39.32	39.26		0.05		
1.15	2.47		219.19	110.88	3.76	104.54		
5.46	6.65		130.45	78.80	11.03	40.62		
1.22			62.12	55.51		6.61		
0.89			6.57	5.20	1.37			
0.50	1.93		101.26	91.67	0.38	8.27	0.94	
			21.61	15.85		5.43	0.33	
210.64	**43.31**	**11.88**	**2283.05**	**1039.17**	**13.74**	**1173.75**	**56.38**	
113.00	0.20		736.76	158.11	5.09	569.05	4.50	
0.19	7.82	0.89	24.64	20.46			4.18	
1.69	5.62		328.71	304.08		24.64		
6.55	0.24		106.71	30.04		76.67		

国有建设用地供应情况——
State-owned Land of Construction Use Supplied by Land-use Type

地 区	Region	供地总量 Total Amount of Land Supplied	工矿仓储用地 Land for Industry, Mining and Warehousing	商业服务业 Land for Commercial and Service Uses	住宅用地合计		
						普通商品住房 Common House	
							中低价位、中小套型 Medium- and Low-price, Medium- and Small-sized Ordinary Commercial Houses
邵阳市	Shaoyang City	388.57	110.70	34.55	90.19	83.88	3.59
岳阳市	Yueyang City	639.76	225.47	52.84	112.78	97.72	33.65
常德市	Changde City	621.09	246.90	77.70	171.95	163.72	3.35
张家界市	Zhangjiajie City	194.42	10.13	11.50	78.41	70.33	
益阳市	Yiyang City	345.79	214.51	35.48	48.45	34.49	3.48
郴州市	Chenzhou City	549.86	143.35	45.26	265.00	218.32	77.44
永州市	Yongzhou City	326.88	128.94	14.43	85.89	75.59	2.34
怀化市	Huaihua City	473.14	155.15	49.15	162.67	158.26	
娄底市	Loudi City	365.30	196.04	12.45	59.90	50.96	10.81
湘西土家族苗族自治州	West Hunan Tujia & Miao A.P.	110.14	35.63	12.08	41.21	33.53	
广东省	**Guangdong**	**12827.85**	**3979.78**	**884.06**	**4573.22**	**4376.61**	**472.13**
广州市	Guangzhou City	2244.23	344.99	251.81	856.76	770.00	
韶关市	Shaoguan City	355.60	257.05	27.83	50.25	46.62	1.74
深圳市	Shenzhen City	275.61	56.12	6.73	37.51	37.51	
珠海市	Zhuhai City	794.61	357.87	30.28	220.59	217.34	107.65
汕头市	Shantou City	133.81	66.58		29.19	29.19	4.17
佛山市	Foshan City	1367.88	402.63	130.28	666.08	657.06	39.08
江门市	Jiangmen City	526.48	252.08	30.71	132.67	132.67	115.61
湛江市	Zhanjiang City	289.57	124.44	9.97	103.88	103.12	
茂名市	Maoming City	171.90	74.44	25.03	31.58	27.03	1.00
肇庆市	Zhaoqing City	601.03	419.83	9.43	111.16	98.54	22.95
惠州市	Huizhou City	1591.80	395.17	81.13	631.13	611.40	35.58
梅州市	Meizhou City	246.42	86.65	20.00	115.01	112.26	0.94
汕尾市	Shanwei City	88.68	3.03	3.13	51.27	51.27	
河源市	Heyuan City	189.58	63.20	78.51	42.97	29.90	
阳江市	Yangjiang City	687.30	52.63	37.82	221.92	218.30	104.29
清远市	Qingyuan City	476.07	94.68	31.96	290.29	262.51	24.05
东莞市	Dongguan City	473.98	153.83	22.32	144.80	137.19	2.89
中山市	Zhongshan City	1538.79	696.33	52.69	721.23	721.23	1.74

按用地类型和省市分列（2009 年） 续表 7

and by Province,Autonomous Region and Municipality (2009) Continued 7

Land for Residential Uses			其他用地 Other Types					
经济适用住房 Economically Affordable House	廉租住房 Cheap Rent House	高档住宅 High-grade Residence		公共管理与公共服务用地 Public Management and Public Services	特殊用地 Land for Special Uses	交通运输用地 Land for Transport	水域及水利设施用地 Water Conservancy Facilities	其他土地 Land for Other Uses
3.22	3.09		153.13	60.53		84.99	7.61	
3.88	0.23	10.95	248.68	23.12	5.15	220.40		
7.79	0.43		124.54	111.03		13.51		
6.93	1.15		94.38	40.88	1.28	52.22		
13.57	0.37	0.02	47.35	30.77		2.60	13.98	
39.79	6.89		96.24	61.13	2.22	28.84	4.06	
7.89	2.42		97.62	22.03		75.59		
2.83	1.58		106.16	83.91		0.20	22.05	
0.13	8.81		96.91	72.01		24.90		
3.19	4.47	0.02	21.22	21.08		0.14		
164.01	**15.79**	**16.80**	**3390.80**	**1416.29**	**33.38**	**1921.57**	**19.41**	**0.15**
83.65	3.12		790.66	397.85	20.36	372.45		
0.95	0.22	2.47	20.47	19.80	0.37	0.30		
			175.25	129.49	1.31	37.50	6.95	
3.25			185.87	46.85	5.28	131.42	2.32	
			38.03	37.53		0.50		
7.37	1.32	0.33	168.89	162.30	1.55	5.04		
			111.03	78.29	2.11	30.63		
0.06	0.71		51.28	51.20	0.08			
4.53	0.02		40.85	36.39		4.46		
9.96		2.67	60.62	50.44	1.56		8.61	
19.73			484.37	33.84	0.77	449.44	0.32	
2.23	0.53		24.76	24.39		0.03	0.34	
			31.26	31.26				
8.77		4.29	4.90	4.90				
1.56	2.06		374.92	15.55		359.36		
21.77	0.14	5.87	59.14	58.27			0.86	
	7.61		153.03	145.24		7.80		
			68.55	60.58		7.97		

国有建设用地供应情况——
State-owned Land of Construction Use Supplied by Land-use Type

地区	Region	供地总量 Total Amount of Land Supplied	工矿仓储用地 Land for Industry, Mining and Warehousing	商业服务业 Land for Commercial and Service Uses	住宅用地合计		
						普通商品住房 Common House	
							中低价位、中小套型 Medium- and Low-price, Medium- and Small-sized Ordinary Commercial Houses
潮州市	Chaozhou City	38.94	9.23	13.45	9.01	8.83	7.08
揭阳市	Jieyang City	612.30	18.28	13.90	44.42	44.42	3.37
云浮市	Yunfu City	123.27	50.72	7.06	61.50	60.24	
广西	**Guangxi**	**7323.29**	**3388.95**	**502.85**	**1771.71**	**1571.83**	**219.43**
南宁市	Nanning City	1367.78	647.39	51.99	243.22	213.12	66.12
柳州市	Liuzhou City	668.92	231.59	41.72	201.31	171.26	48.41
桂林市	Guilin City	1147.60	563.92	140.60	269.22	246.16	1.47
梧州市	Wuzhou City	301.52	125.63	13.94	106.07	97.85	4.12
北海市	Beihai City	766.70	411.13	102.10	199.28	193.81	14.94
防城港市	Fangchenggang City	446.10	252.97	27.26	114.34	109.02	
钦州市	Qinzhou City	484.89	342.66	2.55	97.19	90.59	0.54
贵港市	Guigang City	514.19	135.47	14.29	125.04	68.72	11.07
玉林市	Yulin City	412.82	181.58	17.26	146.53	140.08	50.30
百色市	Baise City	262.69	54.54	22.44	69.97	62.47	3.01
贺州市	Hezhou City	131.29	36.56	1.16	41.92	27.86	
河池市	Hechi City	219.02	116.25	4.96	35.29	33.20	0.44
来宾市	Laibin City	231.39	86.53	26.10	34.77	30.29	14.22
崇左市	Chongzuo City	368.37	202.74	36.47	87.56	87.38	4.80
海南省	**Hainan**	**1999.13**	**190.88**	**391.25**	**971.05**	**777.90**	**142.57**
海口市	Haikou City	400.43	25.01	100.56	152.76	108.41	
三亚市	Sanya City	243.76	34.26	51.35	53.71	53.71	37.39
省直辖县级行政单位	County-level Administrative Units Directly Under the Provincial Government	1354.94	131.62	239.34	764.58	615.77	105.18
重庆市	**Chongqing**	**9557.03**	**1847.10**	**411.24**	**1850.22**	**1331.39**	**150.83**
四川省	**Sichuan**	**14913.23**	**5649.38**	**1385.15**	**3308.33**	**2969.69**	**516.20**
成都市	Chengdu City	4944.41	2175.09	548.01	1082.05	918.36	200.21
自贡市	Zigong City	332.70	137.68	13.03	125.29	117.57	0.41
攀枝花市	Panzhihua City	444.53	234.59	3.28	89.72	62.15	0.06
泸州市	Luzhou City	487.07	201.78	50.58	180.29	168.62	70.22

按用地类型和省市分列（2009年） 续表 8
and by Province,Autonomous Region and Municipality (2009) Continued 8

Land for Residential Uses			其他用地 Other Types					
经济适用住房 Economically Affordable House	廉租住房 Cheap Rent House	高档住宅 High-grade Residence		公共管理与公共服务用地 Public Management and Public Services	特殊用地 Land for Special Uses	交通运输用地 Land for Transport	水域及水利设施用地 Water Conservancy Facilities	其他土地 Land for Other Uses
0.19			7.24	7.24				
			535.70	21.04		514.66		
	0.07	1.18	3.99	3.84				0.15
127.20	**56.80**	**15.89**	**1659.77**	**1192.50**	**13.32**	**407.91**	**18.57**	**27.47**
19.79	8.16	2.16	425.18	209.36	3.06	206.07	6.35	0.33
24.93	5.12		194.31	131.22		59.35	3.74	
5.69	4.04	13.33	173.85	169.49	0.20	1.03	3.13	
3.92	4.29		55.88	47.53	6.49	1.80	0.07	
4.10	1.37		54.20	32.74		0.89		20.57
0.27	5.05		51.52	39.21	0.94	11.37		
2.00	4.60		42.49	39.09	0.67	0.56		2.17
45.09	11.23		239.39	205.21	0.01	34.16		
	6.44		67.45	64.84	0.53	2.09		
6.80	0.69		115.74	109.24		6.29	0.21	
13.18	0.88		51.65	42.84		6.31	2.49	
0.92	0.78	0.39	62.52	59.21	0.07	0.66	2.59	
0.49	4.00		83.99	10.98	0.12	72.90		
0.02	0.16		41.60	31.55	1.24	4.42		4.39
9.80	**14.70**	**168.66**	**445.95**	**320.63**	**3.33**	**22.64**	**98.77**	**0.59**
3.98	2.26	38.11	122.10	122.10				
			104.45	78.47	3.33	22.64		
5.82	12.43	130.55	219.40	120.05			98.77	0.59
368.36	**55.84**	**94.64**	**5448.47**	**1150.16**	**26.85**	**1149.04**	**3122.03**	**0.40**
234.40	**70.84**	**33.40**	**4570.37**	**1790.57**	**67.09**	**1028.31**	**1415.46**	**268.93**
106.85	23.51	33.33	1139.25	536.95	29.73	572.57		
6.61	1.11		56.70	56.70				
27.43	0.14		116.94	88.19	0.37	0.44	27.95	
2.89	8.78		54.41	30.26	4.51	15.73	3.90	

国有建设用地供应情况——
State-owned Land of Construction Use Supplied by Land-use Type

地　区	Region	供地总量 Total Amount of Land Supplied	工矿仓储用地 Land for Industry, Mining and Warehousing	商业服务业 Land for Commercial and Service Uses	住宅用地合计		
						普通商品住房 Common House	中低价位、中小套型 Medium- and Low-price, Medium- and Small-sized Ordinary Commercial Houses
德阳市	Deyang City	578.67	385.55	25.36	157.88	153.15	13.79
绵阳市	Mianyang City	1304.49	495.74	60.31	200.46	196.00	4.11
广元市	Guangyuan City	608.82	163.99	22.55	116.49	113.47	5.61
遂宁市	Suining City	576.69	151.36	134.05	148.38	141.54	33.56
内江市	Neijiang City	269.24	107.15	57.39	31.68	29.15	
乐山市	Leshan City	677.84	424.46	107.79	115.53	113.42	23.81
南充市	Nanchong City	529.77	145.55	78.92	233.84	229.32	6.12
眉山市	Meishan City	615.82	181.00	201.30	182.04	178.34	79.74
宜宾市	Yibin City	564.36	146.76	17.31	113.86	102.57	18.91
广安市	Guang'an City	283.99	188.94	16.58	61.11	56.80	21.69
达州市	Dazhou City	355.01	147.65	7.28	85.05	71.01	1.28
雅安市	Ya'an City	189.39	118.28	4.34	28.41	19.16	2.22
巴中市	Bazhong City	27.07	1.32	3.26	4.22	4.22	0.09
资阳市	Ziyang City	524.18	117.65	3.78	269.00	265.39	31.76
阿坝藏族羌族自治州	Aba Tibetan & Qiang A.P.	293.19	10.36	13.14	56.84	5.53	2.54
甘孜藏族自治州	Ganzi Tibetan A.P.	42.92		14.45	8.05	7.31	0.07
凉山彝族自治州	Liangshan Yi A.P.	1263.11	114.49	2.45	18.12	16.61	
贵州省	**Guizhou**	**7205.90**	**783.75**	**300.29**	**1059.03**	**782.67**	**620.57**
贵阳市	Guiyang City	1354.55	212.45	134.24	378.97	282.95	232.68
六盘水市	Liupanshui City	830.97	290.20	10.43	48.35	28.19	24.37
遵义市	Zunyi City	415.86	53.50	46.74	216.07	177.80	157.84
安顺市	Anshun City	137.82	11.60	31.89	53.33	43.89	27.86
铜仁地区	Tongren Prefecture	444.70	51.31	16.02	50.50	49.20	38.86
黔西南布依族苗族自治州	Southwest Guizhou Buyei & Miao A.P.	161.07	6.61	27.73	63.13	62.05	40.67
毕节地区	Bijie Prefecture	557.59	77.55	6.63	106.60	19.74	2.59
黔东南苗族侗族自治州	Southeast Guizhou Miao & Dong A.P.	2875.43	3.45	4.57	55.94	52.47	46.18
黔南布依族苗族自治州	South Guizhou Buyei & Miao A.P.	427.91	77.09	22.06	86.15	66.37	49.51

按用地类型和省市分列（2009年） 续表9

and by Province,Autonomous Region and Municipality (2009) Continued 9

Land for Residential Uses			其他用地 Other Types					
经济适用住房 Economically Affordable House	廉租住房 Cheap Rent House	高档住宅 High-grade Residence		公共管理与公共服务用地 Public Management and Public Services	特殊用地 Land for Special Uses	交通运输用地 Land for Transport	水域及水利设施用地 Water Conservancy Facilities	其他土地 Land for Other Uses
1.27	3.45		9.88	9.88				
3.92	0.54		547.99	91.47	8.68	3.32	176.26	268.27
1.48	1.54		305.79	298.52	2.65	4.62		
1.44	5.40		142.89	13.74	1.05	128.09		
0.21	2.32		73.02	73.02				
2.11			30.06	27.84	1.41		0.81	
0.43	4.09		71.47	69.42	2.05			
1.69	2.02		51.48	50.95	0.40	0.13		
7.03	4.26		286.43	96.62	2.84	170.38	16.60	
0.69	3.62		17.35	17.35				
9.60	4.37	0.07	115.03	61.78	3.13	0.27	49.18	0.66
5.44	3.81		38.35	26.38		9.97	2.01	
			18.27	18.21	0.07			
2.49	1.12		133.75	82.93	4.24	46.58		
51.32			212.85	128.01	2.29	76.21	6.35	
0.74			20.41	1.58	3.69		15.15	
0.76	0.75		1128.04	10.78			1117.26	
226.17	**50.19**		**5062.83**	**722.45**	**31.85**	**1006.91**	**3301.60**	**0.02**
79.62	16.40		628.89	79.69	1.95	48.63	498.60	0.02
15.72	4.43		482.00	73.38	0.30	168.34	239.98	
34.91	3.36		99.55	78.58	13.65	7.33		
6.64	2.80		41.01	31.17	1.36	6.89	1.59	
1.00	0.30		326.88	15.60		311.28		
0.77	0.31		63.61	43.39	14.59	4.93	0.70	
79.48	7.38		366.81	204.84		159.23	2.74	
1.25	2.21		2811.47	138.62		116.08	2556.77	
6.79	12.99		242.61	57.19		184.20	1.22	

国有建设用地供应情况——
State-owned Land of Construction Use Supplied by Land-use Type

地 区	Region	供地总量 Total Amount of Land Supplied	工矿仓储用地 Land for Industry, Mining and Warehousing	商业服务业 Land for Commercial and Service Uses	住宅用地合计		
						普通商品住房 Common House	
							中低价位、中小套型 Medium- and Low-price, Medium- and Small-sized Ordinary Commercial Houses
云南省	**Yunnan**	**12029.81**	**2275.50**	**919.64**	**2565.72**	**2308.26**	**238.65**
昆明市	Kunming City	1874.53	534.58	301.72	692.94	577.24	107.64
曲靖市	Qujing City	1603.22	717.09	128.58	372.44	339.82	14.92
玉溪市	Yuxi City	369.58	204.15	44.76	74.10	66.55	0.96
保山市	Baoshan City	281.34	71.20	77.72	71.00	66.85	
昭通市	Zhaotong City	82.71	16.24	22.63	13.28	8.37	
丽江市	Lijiang City	122.87		28.21	49.14	47.26	0.80
普洱市	Pu'er City	295.17	95.03	86.64	65.70	61.64	
临沧市	Lincang City	179.80	39.13	17.25	76.69	65.65	
楚雄彝族自治州	Chuxiong Yi A.P.	470.66	95.77	46.95	251.22	241.13	20.41
红河哈尼族彝族自治州	Honghe Hani & Yi A.P.	456.13	164.79	24.60	218.22	214.92	37.29
文山壮族苗族自治州	Wenshan Zhuang & Miao A.P.	1815.09	101.27	34.98	227.96	212.30	29.56
西双版纳傣族自治州	Xishuangbanna Dai A.P.	302.90	47.79	24.72	173.85	168.38	19.87
大理白族自治州	Dali Bai A.P.	515.78	138.50	40.57	168.07	165.92	6.30
德宏傣族景颇族自治州	Dehong Dai & Jingpo A.P.	3617.23	36.03	30.15	102.48	66.32	0.08
怒江傈僳族自治州	Nujiang Lisu A.P.	39.79	13.91	7.67	8.63	5.90	0.81
迪庆藏族自治州	Diqing Tibetan A.P.	3.02		2.49			
西藏	**Tibet**	**916.00**	**55.97**	**20.77**	**57.43**	**29.53**	
拉萨市	Lhasa City	98.92	51.74	3.11	28.71	23.52	
昌都地区	Qamdo Prefecture	328.11		0.71	3.32		
山南地区	Lhokha Prefecture	31.81		1.62	1.55		
日喀则地区	Xigaze Prefecture	97.76	1.49	1.19	7.29	0.01	
那曲地区	Nagqu Prefecture	45.39		0.65	2.21		
阿里地区	Ngari Prefecture	296.36		9.91	8.19		
林芝地区	Nyingchi Prefecture	17.65	2.74	3.58	6.16	6.00	
陕西省	**Shaanxi**	**5908.74**	**2009.62**	**250.62**	**1047.64**	**811.78**	**71.04**
西安市	Xi'an City	2133.34	220.53	40.02	434.45	357.40	

按用地类型和省市分列（2009年） 续表 10
and by Province,Autonomous Region and Municipality (2009) Continued 10

Land for Residential Uses			其他用地 Other Types					
经济适用住房 Economically Affordable House	廉租住房 Cheap Rent House	高档住宅 High-grade Residence		公共管理与公共服务用地 Public Management and Public Services	特殊用地 Land for Special Uses	交通运输用地 Land for Transport	水域及水利设施用地 Water Conservancy Facilities	其他土地 Land for Other Uses
116.09	**54.94**	**86.43**	**6268.95**	**945.24**	**60.10**	**844.76**	**4418.11**	**0.75**
41.74	1.67	72.29	345.29	244.26	15.39	85.64		
26.88	5.74		385.12	182.93	3.62	126.99	71.58	
1.70	5.85		46.56	32.64	2.67	0.93	10.32	
3.41	0.75		61.41	11.75		1.88	47.78	
0.07	4.85		30.55	16.44	4.24		9.87	
0.78	1.10		45.51	39.98	2.69	2.84		
0.32	3.66	0.07	47.80	39.49	3.47		4.83	0.02
3.78	2.12	5.13	46.73	35.00	1.29	7.32	3.12	
5.40	4.68		76.73	61.92	6.03	8.04		0.73
1.77	1.53		48.51	35.44	6.97	2.53	3.58	
2.01	13.65		1450.88	153.52	5.55	581.75	710.05	
2.76	2.69	0.02	56.53	47.34		4.98	4.21	
0.07	2.06	0.02	168.65	32.50	0.47	11.67	124.01	
25.34	3.35	7.47	3448.37	5.11	4.52	10.19	3428.76	
0.06	1.23	1.44	9.57	6.38	3.19			
			0.53	0.53				
2.47	**25.43**		**781.83**	**305.34**	**12.39**	**321.76**	**140.05**	**2.30**
2.41	2.78		15.37	6.00	0.24	6.32	2.75	0.05
	3.32		324.08	126.57	5.14	133.37	58.05	0.95
	1.55		28.64	11.19	0.45	11.79	5.13	0.08
0.06	7.23		87.79	34.29	1.39	36.13	15.73	0.26
	2.21		42.53	16.61	0.67	17.50	7.62	0.13
0.00	8.19		278.26	108.67	4.41	114.52	49.84	0.82
	0.16		5.17	2.02	0.08	2.13	0.93	0.02
187.69	**41.57**	**6.60**	**2600.87**	**1805.75**	**32.43**	**753.03**	**8.09**	**1.57**
66.45	4.00	6.60	1438.35	1436.46	0.19	1.69		0.02

国有建设用地供应情况——
State-owned Land of Construction Use Supplied by Land-use Type

地 区	Region	供地总量 Total Amount of Land Supplied	工矿仓储用地 Land for Industry, Mining and Warehousing	商业服务业 Land for Commercial and Service Uses	住宅用地合计		
						普通商品住房 Common House	
							中低价位、中小套型 Medium- and Low-price, Medium- and Small-sized Ordinary Commercial Houses
铜川市	Tongchuan City	206.28	151.69	1.71	48.36	19.15	9.56
宝鸡市	Baoji City	476.16	275.18	22.55	115.67	89.34	
咸阳市	Xianyang City	1029.64	489.59	51.30	129.18	120.15	21.39
渭南市	Weinan City	441.61	339.90	11.25	47.14	37.37	8.08
延安市	Yan'an City	707.04	158.53	5.54	86.43	21.17	10.28
汉中市	Hanzhong City	214.10	61.73	7.09	66.35	51.12	12.38
榆林市	Yulin City	413.29	209.42	66.77	61.32	61.03	0.17
安康市	Ankang City	153.23	27.18	29.17	37.63	35.18	9.19
商洛市	Shangluo City	134.05	75.87	15.21	21.10	19.85	
甘肃省	**Gansu**	**12345.69**	**8006.80**	**147.32**	**715.19**	**507.28**	**147.16**
兰州市	Lanzhou City	829.31	323.96	29.90	251.46	152.59	35.55
嘉峪关市	Jiayuguan City	8928.68	6769.28	6.47	3.55	2.65	1.52
金昌市	Jinchang City	192.06	49.34	5.60	26.19	24.51	
白银市	Baiyin City	336.60	106.17	12.47	40.06	22.20	17.23
天水市	Tianshui City	198.65	48.04	4.03	47.68	29.74	14.57
武威市	Wuwei City	155.60	45.99	9.54	30.99	29.53	6.12
张掖市	Zhangye City	395.80	278.23	12.38	72.61	67.72	2.03
平凉市	Pingliang City	166.13	95.45	2.57	40.41	20.96	4.50
酒泉市	Jiuquan City	627.83	134.73	13.91	51.23	24.94	8.30
庆阳市	Qingyang City	106.02	32.38	11.88	36.81	36.01	1.00
定西市	Dingxi City	192.05	93.16	6.85	42.61	36.36	23.89
陇南市	Longnan City	54.49	1.72	8.10	20.20	18.40	0.90
临夏回族自治州	Linxia Hui A.P.	126.38	28.13	22.90	46.82	38.29	30.18
甘南藏族自治州	Gannan Tibetan A.P.	36.09	0.22	0.74	4.57	3.37	1.37
青海省	**Qinghai**	**1622.41**	**364.12**	**55.54**	**295.29**	**256.19**	**6.31**
西宁市	Xining City	404.64	58.86	32.17	178.42	157.24	1.73
海东地区	Haidong Prefecture	150.74	44.06	2.96	73.99	69.80	3.92
海北藏族自治州	Haibei Tibetan A.P.	140.11	21.91	2.59	4.25	2.62	0.67
黄南藏族自治州	Huangnan Tibetan A.P.	13.35	0.63	1.10	2.26	2.26	
海南藏族自治州	Hainan Tibetan A.P.	27.28	0.84	3.45	4.46	2.68	
果洛藏族自治州	Golog Tibetan A.P.	9.48	0.32	3.89	1.37	0.71	

按用地类型和省市分列（2009年） 续表 11

and by Province,Autonomous Region and Municipality (2009) Continued 11

Land for Residential Uses			其他用地 Other Types					
经济适用住房 Economically Affordable House	廉租住房 Cheap Rent House	高档住宅 High-grade Residence		公共管理与公共服务用地 Public Management and Public Services	特殊用地 Land for Special Uses	交通运输用地 Land for Transport	水域及水利设施用地 Water Conservancy Facilities	其他土地 Land for Other Uses
12.18	17.03		4.51	1.97		2.54		
26.33			62.76	56.54	0.26	4.93	1.03	
8.73	0.30		359.57	74.75	12.33	265.66	6.83	
9.77			43.33	38.76		4.56		
62.49	2.77		456.54	90.03	1.50	365.01		
0.95	14.28		78.93	20.42	8.41	49.11		0.99
	0.29		75.78	47.60	9.64	18.53		
0.74	1.71		59.24	17.66	0.10	40.68	0.23	0.57
0.04	1.20		21.87	21.56		0.31		
163.62	**40.76**	**3.53**	**3476.38**	**2674.48**	**107.51**	**401.26**	**292.70**	**0.43**
96.32	2.55		224.00	56.94	7.89	10.09	149.09	
	0.90		2149.37	2100.07		49.31		
1.50	0.18		110.94	86.82	24.12			
2.36	15.49		177.91	105.58			72.33	
9.19	8.76		98.91	83.03	7.95	7.93		
0.33	1.12		69.08	32.91	36.18			
4.17	0.71		32.58	3.21	4.93		24.44	
17.83	1.62		27.70	26.75	0.49		0.46	
22.75		3.53	427.96	71.04	0.18	329.39	27.34	
0.51	0.29		24.94	24.94				
3.50	2.75		49.43	29.21	19.65	0.13		0.43
0.18	1.62		24.47	23.04			1.43	
3.77	4.77		28.53	23.18	0.94	4.40		
1.20			30.56	7.77	5.18		17.60	
26.79	**12.31**		**907.46**	**141.13**	**4.52**	**674.45**	**87.36**	**0.01**
21.19			135.18	30.04	3.57	101.57		
0.75	3.43		29.74	18.80		1.52	9.42	
0.94	0.69		111.35	23.91	0.95	8.56	77.94	
			9.36	9.36				
0.22	1.56		18.53	17.73		0.79		0.01
0.65			3.91	3.91				

国有建设用地供应情况——
State-owned Land of Construction Use Supplied by Land-use Type

地 区	Region	供地总量 Total Amount of Land Supplied	工矿仓储用地 Land for Industry, Mining and Warehousing	商业服务业 Land for Commercial and Service Uses	住宅用地合计		
						普通商品住房 Common House	
							中低价位、中小套型 Medium- and Low-price, Medium- and Small-sized Ordinary Commercial Houses
玉树藏族自治州	Yushu Tibetan A.P.	561.58					
海西蒙古族藏族自治州	Haixi Mongol & Tibetan A.P.	315.23	237.50	9.37	30.54	20.88	
宁夏	**Ningxia**	**4241.15**	**646.82**	**487.49**	**765.68**	**616.28**	**151.65**
银川市	Yinchuan City	2586.33	407.96	293.61	433.80	367.74	112.59
石嘴山市	Shizuishan City	400.53	74.31	25.50	115.87	67.85	0.13
吴忠市	Wuzhong City	325.89	75.90	22.28	97.78	94.30	5.56
固原市	Guyuan City	122.45	11.18	18.93	32.55	8.67	4.82
中卫市	Zhongwei City	805.96	77.48	127.17	85.68	77.71	28.54
新疆	**Xinjiang**	**5234.16**	**2108.89**	**261.44**	**1277.75**	**1078.77**	**335.83**
乌鲁木齐市	Urumqi City	1019.60	212.33	38.92	305.98	287.45	201.22
克拉玛依市	Karamay City	288.21	68.07	7.63	67.51	14.65	14.65
吐鲁番地区	Turpan Prefeture	53.42	28.34	8.11	10.38	10.38	10.38
哈密地区	Hami Prefeture	193.05	150.89	9.98	24.08	19.72	19.72
昌吉回族自治州	Changji Hui A.P.	1268.35	509.73	53.71	271.40	249.58	
博尔塔拉蒙古族自治州	Bortala Mongol A.P.	37.52	13.91	8.55	3.33	1.35	
巴音郭楞蒙古族自治州	Bayingolin Mongol A.P.	165.53	55.63	14.66	72.46	63.00	4.25
阿克苏地区	Akesu Prefeture	436.87	85.81	17.10	123.06	96.93	50.29
克孜勒苏柯尔克孜自治州	Kizilsu Kirgiz A.P.	29.86	26.80	2.77	0.29	0.29	
喀什地区	Kashi Prefeture	328.51	102.37	38.47	88.19	60.21	29.36
和田地区	Hotan Prefeture	72.28	15.63	19.11	15.01	10.83	0.04
伊犁哈萨克自治州	Ili Kazak A.P.	787.07	640.35	25.04	120.04	120.04	
塔城地区	Tacheng Prefeture	381.70	128.28	13.03	125.94	117.77	1.76
阿勒泰地区	Altay Prefeture	56.71	12.87	4.13	14.79	8.49	4.15
石河子市	Shihezi City	115.49	57.89	0.21	35.30	18.07	
新疆生产建设兵团	Xinjiang Production and Construction Corps						
图木舒克市	Tumxuk City						
五家渠市	Wujiaqu City						

按用地类型和省市分列（2009年） 续表12
and by Province,Autonomous Region and Municipality (2009) Continued 12

Land for Residential Uses			其他用地 Other Types					
经济适用住房 Economically Affordable House	廉租住房 Cheap Rent House	高档住宅 High-grade Residence		公共管理与公共服务用地 Public Management and Public Services	特殊用地 Land for Special Uses	交通运输用地 Land for Transport	水域及水利设施用地 Water Conservancy Facilities	其他土地 Land for Other Uses
			561.58			561.58		
3.03	6.62		37.82	37.38		0.44		
110.23	**39.17**		**2341.16**	**1046.53**	**65.17**	**1202.67**	**24.13**	**2.67**
39.85	26.22		1450.97	732.29	52.93	663.08		2.67
35.06	12.95		184.85	100.91	9.84	74.10		
3.48			129.93	101.78		4.02	24.13	
23.88			59.79	34.02	2.40	23.36		
7.97			515.63	77.52		438.11		
149.92	**49.06**		**1586.09**	**619.43**	**25.14**	**652.75**	**284.11**	**4.66**
17.33	1.20		462.37	180.57	7.33	190.29	82.82	1.36
52.24	0.62		145.00	56.63	2.30	59.67	25.97	0.43
			6.59	2.58	0.10	2.71	1.18	0.02
4.25	0.10		8.10	3.16	0.13	3.33	1.45	0.02
21.73	0.09		433.51	169.30	6.87	178.41	77.65	1.27
0.37	1.60		11.73	4.58	0.19	4.83	2.10	0.03
1.26	8.20		22.78	8.90	0.36	9.38	4.08	0.07
26.13			210.90	82.37	3.34	86.80	37.78	0.62
4.53	23.45		99.47	38.85	1.58	40.94	17.82	0.29
2.66	1.52		22.53	8.80	0.36	9.27	4.04	0.07
			1.64	0.64	0.03	0.67	0.29	0.00
8.06	0.11		114.44	44.69	1.81	47.10	20.50	0.34
3.89	2.42		24.92	9.73	0.39	10.26	4.46	0.07
7.48	9.75		22.09	8.63	0.35	9.09	3.96	0.06

国有建设用地出让
State-owned Land of Construction

单位：公顷、万元

年份/地区 Year/Region		出让 Granting				协议 Granting through	
		宗地数 Number of Land Plots	面积 Area	新增 Newly Increased	成交价款 Transaction Price Value	宗地数 Number of Land Plots	面积 Area
2001		170157	90394.12		12958896.1	145228	
2002		242763	124229.84		24167925.18	203866	
2003		207387	193603.96	77274.96	54213112.88	157381	139433.67
2004		184850	181510.36	69685.86	64121759.67	138111	129083.07
2005		162112	165586.08	50009.45	58838170.95	117642	108367.68
2006		186667	233017.88	89947.38	80776447.01	140933	161871.39
2007		160404	234960.59	92390.94	122167208.3	109748	117662.76
2008		123358	165859.67	67839.27	102597987.9	68093	26634.36
2009		122498	220813.90	134576.81	171795255.79	59372	33594.25
北京	Beijing	632	1810.74	987.31	6929441.96	358	464.38
天津	Tianjin	1240	5693.72	2814.30	5719610.04	585	1164.10
河北	Hebei	4247	13776.46	7592.23	5664238.67	1148	1977.93
山西	Shanxi	1461	3767.64	3033.06	1697584.42	261	503.98
内蒙古	Inner Mongolia	3854	10830.14	7038.07	2079178.04	1996	3537.12
辽宁	Liaoning	3821	14841.00	10001.50	8954801.74	957	1769.03
吉林	Jilin	2813	3208.74	1327.69	1485131.62	1585	774.38
黑龙江	Heilongjiang	2274	3750.98	1659.96	1884204.76	668	653.04
上海	Shanghai	595	2460.24	1039.18	9756621.18	62	149.49
江苏	Jiangsu	8981	26106.93	15793.45	26219537.95	1984	2599.08
浙江	Zhejiang	7752	12675.99	9671.47	25462580.73	625	531.48
安徽	Anhui	3762	9235.18	5931.94	6148759.89	910	535.40
福建	Fujian	1890	4588.30	3191.80	6598867.24	257	450.01
江西	Jiangxi	2417	7640.70	6320.71	2932199.72	221	354.73
山东	Shandong	8096	31812.02	19883.85	15885816.02	1418	5484.93
河南	Henan	3926	8408.82	4630.56	3705949.30	1396	1328.89
湖北	Hubei	8447	7007.06	4934.56	3546635.19	5750	726.65
湖南	Hunan	8154	4565.58	2338.21	2064365.53	5085	571.07
广东	Guangdong	10544	9692.56	4645.46	13323684.83	8534	2169.98
广西	Guangxi	9812	5667.99	2611.68	2182871.16	7941	1324.33
海南	Hainan	399	1630.97	604.70	1320306.54	172	242.29
重庆	Chongqing	1074	3684.93	2247.54	3886650.28	237	393.51
四川	Sichuan	8770	9871.01	5628.90	7039471.08	6147	2040.60
贵州	Guizhou	1828	1752.00	871.14	817697.64	757	478.10
云南	Yunnan	7027	5613.68	3896.23	2388980.65	4595	1104.83
西藏	Tibet	228	109.39	55.80	11923.64	201	99.66
陕西	Shaanxi	1238	2952.05	2137.27	1765902.91	531	633.53
甘肃	Gansu	1005	1715.42	947.89	616521.26	397	372.16
青海	Qinghai	497	709.55	492.48	469448.09	321	161.91
宁夏	Ningxia	416	1760.43	1135.53	648621.06	73	97.08
新疆	Xinjiang	5298	3473.68	1112.33	587652.65	4200	900.54

情况——按地区分列
Use Granted by Region

unit:hectare, 10^4 yuan

出让 Agreement		招拍挂出让 Granting through Bidding, Auction, and Listing			
新增 Newly Increased	成交价款 Transaction Price Value	宗地数 Number of Land Plots	面积 Area	新增 Newly Increased	成交价款 Transaction Price Value
		24929			
		38897			
61926.19	23498805.61	50006	54170.30	15348.77	30714307.27
55839.56	28628664.65	46739	52427.29	13846.30	35493095.02
35330.33	16879150.65	44470	57218.40	14679.12	41959020.30
69067.39	22827188.87	45734	71146.50	20879.99	57949258.14
50999.46	21418614.76	50656	117297.82	41391.49	100748593.56
6460.06	7310554.06	55265	139225.30	61379.21	95287433.84
10658.73	8839395.63	63126	187219.64	123918.07	162955860.15
241.10	272346.18	274	1346.37	746.20	6657095.78
149.97	231416.40	655	4529.62	2664.33	5488193.64
630.60	521900.04	3099	11798.53	6961.62	5142338.62
290.88	179347.63	1200	3263.66	2742.18	1518236.79
1817.37	223167.22	1858	7293.01	5220.70	1856010.82
458.58	265698.31	2864	13071.96	9542.92	8689103.43
193.47	84492.71	1228	2434.36	1134.22	1400638.90
269.83	160312.60	1606	3097.94	1390.13	1723892.16
54.79	151931.43	533	2310.74	984.40	9604689.75
1073.59	1969604.39	6997	23507.85	14719.86	24249933.56
388.57	258774.12	7127	12144.51	9282.89	25203806.61
129.51	158514.26	2852	8699.79	5802.43	5990245.63
154.60	187672.30	1633	4138.29	3037.20	6411194.94
96.03	37997.44	2196	7285.97	6224.68	2894202.27
856.87	1303981.62	6678	26327.08	19026.98	14581834.40
331.22	294147.27	2530	7079.93	4299.34	3411802.03
42.24	256780.99	2697	6280.41	4892.32	3289854.20
59.94	196760.23	3069	3994.52	2278.27	1867605.30
1183.17	364860.62	2010	7522.58	3462.29	12958824.21
131.31	301289.24	1871	4343.66	2480.37	1881581.92
42.23	62264.46	227	1388.69	562.47	1258042.08
164.89	39287.17	837	3291.41	2082.64	3847363.10
588.85	530890.51	2623	7830.41	5040.05	6508580.57
183.71	61900.59	1071	1273.88	687.43	755797.05
496.92	175447.34	2432	4508.85	3399.32	2213533.30
50.61	9709.63	27	9.73	5.19	2214.01
256.69	351706.76	707	2318.51	1880.58	1414196.15
78.35	28637.15	608	1343.27	869.54	587884.11
42.03	17574.17	176	547.64	450.45	451873.93
0.05	17400.24	343	1663.34	1135.49	631220.82
200.77	123582.58	1098	2573.13	911.56	464070.07

国有建设用地出让情况

State-owned Land of Construction Use Granted

单位：公顷、万元

地 区	Region	出让 Granting			
		宗地数 Number of Land Plots	面积 Area	新增 Newly Increased	成交价款 Transaction Price Value
总 计	**Total**	122498	220813.90	134576.81	171795255.79
北京市	**Beijing**	**632**	**1810.74**	**987.31**	**6929441.96**
天津市	**Tianjin**	**1240**	**5693.72**	**2814.30**	**5719610.04**
河北省	**Hebei**	**4247**	**13776.46**	**7592.23**	**5664238.67**
石家庄市	Shijiazhuang City	285	1116.62	835.00	793618.81
唐山市	Tangshan City	465	2071.89	1105.23	746946.39
秦皇岛市	Qinhuangdao City	260	679.81	381.70	428424.29
邯郸市	Handan City	362	847.55	594.10	621618.01
邢台市	Xingtai City	359	811.74	504.95	242120.62
保定市	Baoding City	482	1297.95	781.97	357378.60
张家口市	Zhangjiakou City	404	1226.26	669.02	349981.67
承德市	Chengde City	417	698.85	503.86	314910.33
沧州市	Cangzhou City	569	2624.19	557.18	655326.83
廊坊市	Langfang City	359	1626.85	1082.85	1013526.14
衡水市	Hengshui City	285	774.74	576.36	140386.98
山西省	**Shanxi**	**1461**	**3767.64**	**3033.06**	**1697584.42**
太原市	Taiyuan City	146	533.09	364.53	600962.65
大同市	Datong City	87	400.25	292.98	232631.23
阳泉市	Yangquan City	76	159.12	120.48	49888.25
长治市	Changzhi City	162	333.74	275.98	112755.52
晋城市	Jincheng City	114	279.66	238.84	144170.81
朔州市	Shuozhou City	135	245.21	176.37	86261.25
晋中市	Jinzhong City	167	369.92	296.39	77892.03
运城市	Yuncheng City	281	666.87	571.26	144551.34
忻州市	Xinzhou City	48	156.34	139.35	32591.40
临汾市	Linfen City	125	365.93	318.78	126215.69
吕梁市	Lüliang City	120	257.52	238.10	89664.26
内蒙古	**Inner Mongolia**	**3854**	**10830.14**	**7038.07**	**2079178.04**
呼和浩特市	Hohhot City	118	460.53	357.40	362951.63
包头市	Baotou City	257	1280.64	1012.50	161422.21
乌海市	Wuhai City	27	164.74	146.43	45215.56
赤峰市	Chifeng City	28	219.93	101.94	62675.09
通辽市	Tongliao City	233	637.09	265.70	97272.17

——按省市分列（2009年）

by Province, Autonomous Region and Municipality (2009)

unit:hectare, 10^4 yuan

协议出让 Granting through Agreement				招拍挂出让 Granting through Bidding, Auction, and Listing			
宗地数 Number of Land Plots	面积 Area	新增 Newly Increased	成交价款 Transaction Price Value	宗地数 Number of Land Plots	面积 Area	新增 Newly Increased	成交价款 Transaction Price Value
59372	33594.25	10658.73	8839395.63	63126	187219.64	123918.07	162955860.15
358	**464.38**	**241.10**	**272346.18**	**274**	**1346.37**	**746.20**	**6657095.78**
585	**1164.10**	**149.97**	**231416.40**	**655**	**4529.62**	**2664.33**	**5488193.64**
1148	**1977.93**	**630.60**	**521900.04**	**3099**	**11798.53**	**6961.62**	**5142338.62**
54	225.01	156.50	71544.93	231	891.61	678.50	722073.88
139	501.97	4.99	68914.63	326	1569.92	1100.25	678031.75
107	162.88	13.68	63681.13	153	516.93	368.02	364743.16
91	68.06		53299.70	271	779.49	594.10	568318.32
58	37.68	15.67	6712.08	301	774.06	489.28	235408.54
120	147.59	61.96	15418.44	362	1150.36	720.02	341960.16
149	495.39	255.25	107240.99	255	730.88	413.77	242740.68
172	156.56	76.10	87350.14	245	542.29	427.76	227560.19
124	63.64	16.19	13751.11	445	2560.56	540.99	641575.72
68	82.47	26.32	29040.57	291	1544.38	1056.53	984485.57
66	36.69	3.95	4946.33	219	738.05	572.40	135440.66
261	**503.98**	**290.88**	**179347.63**	**1200**	**3263.66**	**2742.18**	**1518236.79**
43	116.22	82.18	68868.82	103	416.87	282.36	532093.83
10	39.66		29644.77	77	360.59	292.98	202986.46
22	7.42	0.47	1963.49	54	151.70	120.01	47924.76
47	60.05	19.29	11936.90	115	273.68	256.69	100818.62
11	25.73	21.84	17805.33	103	253.93	217.00	126365.48
4	7.73	2.70	2938.89	131	237.48	173.68	83322.36
33	36.01	9.03	7575.15	134	333.91	287.36	70316.87
53	176.80	141.69	26108.05	228	490.07	429.57	118443.29
7	15.43	13.56	2004.84	41	140.91	125.79	30586.56
28	18.26	0.14	10260.96	97	347.67	318.64	115954.73
3	0.66		240.43	117	256.86	238.10	89423.83
1996	**3537.12**	**1817.37**	**223167.22**	**1858**	**7293.01**	**5220.70**	**1856010.82**
32	24.76		6348.88	86	435.77	357.40	356602.75
75	394.39	277.75	20853.72	182	886.26	734.75	140568.49
12	67.96	66.55	3065.89	15	96.78	79.87	42149.67
9	94.39	16.22	12267.09	19	125.54	85.73	50408.00
137	321.70	196.28	28119.19	96	315.39	69.42	69152.98

国有建设用地出让情况
State-owned Land of Construction Use Granted

地区	Region	出让 Granting			
		宗地数 Number of Land Plots	面积 Area	新增 Newly Increased	成交价款 Transaction Price Value
鄂尔多斯市	Erdos City	829	2833.31	2439.87	758872.37
呼伦贝尔市	Hulunbuir City	593	2448.80	823.11	189344.44
巴彦淖尔市	Bayannur City	275	996.80	793.11	156572.35
乌兰察布市	Ulanqab City	133	486.48	333.36	54215.78
兴安盟	Xing'an League	474	262.43	166.02	58040.18
锡林郭勒盟	Xilingol League	575	456.52	140.08	61408.37
阿拉善盟	Alxa League	94	320.04	222.02	29795.34
辽宁省	**Liaoning**	**3821**	**14841.00**	**10001.50**	**8954801.74**
沈阳市	Shenyang City	595	3106.16	2561.63	2880917.25
大连市	Dalian City	555	3317.17	1948.40	2654555.60
鞍山市	Anshan City	588	1390.95	1023.79	1120270.58
抚顺市	Fushun City	125	504.00	379.90	340606.01
本溪市	Benxi City	106	509.75	453.61	44729.24
丹东市	Dandong City	350	711.22	400.08	142991.61
锦州市	Jinzhou City	237	647.35	384.59	140551.41
营口市	Yingkou City	297	1545.54	1190.54	869465.21
阜新市	Fuxin City	174	337.94	196.06	95277.24
辽阳市	Liaoyang City	100	247.58	152.68	151805.66
盘锦市	Panjin City	101	686.29	251.11	92761.89
铁岭市	Tieling City	264	792.51	604.27	170535.93
朝阳市	Chaoyang City	214	519.80	289.84	151589.75
葫芦岛市	Huludao City	115	524.71	164.99	98744.36
吉林省	**Jilin**	**2813**	**3208.74**	**1327.69**	**1485131.62**
长春市	Changchun City	1064	1187.41	583.08	1027688.57
吉林市	Jilin City	398	600.19	246.06	194312.33
四平市	Siping City	251	239.37	28.83	48702.83
辽源市	Liaoyuan City	95	107.85	63.19	20220.97
通化市	Tonghua City	131	131.96	27.08	50293.26
白山市	Baishan City	308	169.72	77.71	42757.43
松原市	Songyuan City	180	270.58	59.28	22545.29
白城市	Baicheng City	154	116.51	19.57	20319.71

——按省市分列（2009年） 续表1
by Province, Autonomous Region and Municipality (2009) Continued 1

协议出让 Granting through Agreement				招拍挂出让 Granting through Bidding, Auction, and Listing			
宗地数 Number of Land Plots	面积 Area	新增 Newly Increased	成交价款 Transaction Price Value	宗地数 Number of Land Plots	面积 Area	新增 Newly Increased	成交价款 Transaction Price Value
456	188.84	179.70	30292.60	373	2644.47	2260.17	728579.76
327	1917.53	670.69	81047.26	266	531.27	152.42	108297.18
138	192.31	136.40	16792.30	137	804.49	656.71	139780.04
21	86.01	85.49	5003.77	112	400.47	247.88	49212.01
358	15.48		1935.41	116	246.95	166.02	56104.77
333	172.68	118.70	15372.66	242	283.84	21.38	46035.71
47	10.48	3.69	956.91	47	309.56	218.33	28838.44
957	**1769.03**	**458.58**	**265698.31**	**2864**	**13071.96**	**9542.92**	**8689103.43**
54	142.05	4.69	20122.97	541	2964.11	2556.94	2860794.28
170	221.29	74.43	60954.27	385	3095.88	1873.97	2593601.33
72	89.09	4.66	15834.11	516	1301.86	1019.13	1104436.48
41	37.63	1.77	9171.71	84	466.38	378.13	331434.30
26	37.70	0.44	3610.18	80	472.05	453.17	41119.06
201	208.37	9.07	22150.44	149	502.86	391.02	120841.17
148	215.37	33.08	12227.63	89	431.99	351.51	128323.78
20	367.73	304.19	72187.35	277	1177.81	886.35	797277.87
14	7.33	1.39	2835.56	160	330.61	194.67	92441.68
49	26.66	5.34	3694.62	51	220.93	147.33	148111.04
17	84.36		6819.47	84	601.92	251.11	85912.42
49	59.81	11.96	9965.12	215	732.70	592.31	160570.81
58	74.55	0.27	6219.88	156	445.25	289.58	145369.87
38	197.11	7.29	19875.00	77	327.61	157.70	78869.36
1585	**774.38**	**193.47**	**84492.71**	**1228**	**2434.36**	**1134.22**	**1400638.90**
797	266.77	15.66	29445.51	267	920.64	567.41	998243.07
46	84.96	56.69	15755.30	352	515.23	189.37	178557.03
202	117.92	5.36	10273.46	49	121.45	23.47	38429.36
75	43.48	1.05	3757.81	20	64.36	62.14	16463.17
59	40.95	1.71	3241.80	72	91.01	25.37	47051.46
224	59.59	30.37	7111.97	84	110.12	47.34	35645.47
80	28.36	0.80	1655.26	100	242.22	58.48	20890.03
50	4.68		212.21	104	111.83	19.57	20107.49

国有建设用地出让情况
State-owned Land of Construction Use Granted

地区	Region	出让 Granting			
		宗地数 Number of Land Plots	面积 Area	新增 Newly Increased	成交价款 Transaction Price Value
延边朝鲜族自治州	Yanbian Korean A.P.	232	385.15	222.89	58291.22
黑龙江省	**Heilongjiang**	**2274**	**3750.98**	**1659.96**	**1884204.76**
哈尔滨市	Harbin City	444	1345.06	818.44	1149123.02
齐齐哈尔市	Qiqihar City	112	227.36	39.88	136550.92
鸡西市	Jixi City	61	78.90	16.66	12179.46
鹤岗市	Hegang City	32	50.07	22.47	5201.70
双鸭山市	Shuangyashan City	44	104.63	23.27	16289.91
大庆市	Daqing City	188	284.34	103.57	248313.49
伊春市	Yichun City	35	19.13	4.78	3312.30
佳木斯市	Jiamusi City	115	92.79	9.88	14688.55
七台河市	Qitaihe City	36	84.19	61.27	14059.23
牡丹江市	Mudanjiang City	172	565.89	224.32	145077.12
黑河市	Heihe City	119	294.29	122.39	51893.25
绥化市	Suihua City	283	352.51	171.00	61721.20
大兴安岭地区	Da Hinggan Ling Prefecture	24	31.17		3245.92
农垦总局	General Bureau of Agriculture	523	183.61	40.08	18515.43
森工总局	General Bureau of Forest Industry	79	13.18		1269.97
友谊国土资源局	Youyi Land and Resources Bureau	7	23.87	1.94	2763.30
五大连池风景名胜区	Wudalianchi				
上海市	**Shanghai**	**595**	**2460.24**	**1039.18**	**9756621.18**
江苏省	**Jiangsu**	**8981**	**26106.93**	**15793.45**	**26219537.95**
南京市	Nanjing City	410	1568.34	1125.70	2540013.39
无锡市	Wuxi City	848	2183.70	1502.75	2805494.84
徐州市	Xuzhou City	483	1784.74	1135.06	1180818.61
常州市	Changzhou City	853	1965.45	1120.45	2806846.62
苏州市	Suzhou City	1275	3875.45	2161.79	5455688.43
南通市	Nantong City	878	2933.91	1973.91	3322508.26
连云港市	Lianyungang City	307	2028.71	504.19	737624.64
淮安市	Huai'an City	683	2237.48	1217.11	1560919.54
盐城市	Yancheng City	1140	2398.31	1320.92	2608224.67
扬州市	Yangzhou City	630	1383.23	943.47	1182963.33
镇江市	Zhenjiang City	320	708.01	583.26	605042.40
泰州市	Taizhou City	529	1011.23	765.15	733779.82

——按省市分列（2009年） 续表2
by Province, Autonomous Region and Municipality (2009) Continued 2

协议出让 Granting through Agreement				招拍挂出让 Granting through Bidding, Auction, and Listing			
宗地数 Number of Land Plots	面积 Area	新增 Newly Increased	成交价款 Transaction Price Value	宗地数 Number of Land Plots	面积 Area	新增 Newly Increased	成交价款 Transaction Price Value
52	127.66	81.83	13039.39	180	257.50	141.07	45251.83
668	**653.04**	**269.83**	**160312.60**	**1606**	**3097.94**	**1390.13**	**1723892.16**
125	293.95	181.86	82103.66	319	1051.11	636.58	1067019.36
4	6.59	5.86	2322.43	108	220.77	34.02	134228.49
33	43.85	15.69	6011.19	28	35.05	0.98	6168.28
7	3.48		573.91	25	46.59	22.47	4627.79
17	10.16		1324.27	27	94.47	23.27	14965.64
80	28.26	2.00	22553.42	108	256.07	101.57	225760.07
28	12.86	2.13	1833.37	7	6.28	2.65	1478.92
3	9.13	2.10	194.00	112	83.65	7.78	14494.54
12	10.25	5.36	3383.15	24	73.94	55.91	10676.07
26	101.74	0.55	26392.93	146	464.15	223.77	118684.19
26	27.10		2704.67	93	267.18	122.39	49188.58
143	79.39	53.82	8652.78	140	273.12	117.19	53068.42
10	11.80		936.29	14	19.37		2309.63
135	13.16	0.47	1134.26	388	170.45	39.62	17381.17
19	1.33		192.27	60	11.85		1077.70
				7	23.87	1.94	2763.30
62	**149.49**	**54.79**	**151931.43**	**533**	**2310.74**	**984.40**	**9604689.75**
1984	**2599.08**	**1073.59**	**1969604.39**	**6997**	**23507.85**	**14719.86**	**24249933.56**
119	244.13	84.07	62529.79	291	1324.21	1041.63	2477483.60
310	380.22	325.42	186488.49	538	1803.48	1177.34	2619006.35
89	225.71	2.63	28105.54	394	1559.03	1132.43	1152713.07
242	210.91	58.01	192871.79	611	1754.54	1062.45	2613974.83
141	393.79	213.40	151858.77	1134	3481.66	1948.39	5303829.65
185	111.51	62.76	42325.86	693	2822.40	1911.15	3280182.40
18	17.77		1628.60	289	2010.95	504.19	735996.04
184	513.31	29.25	222347.41	499	1724.16	1187.86	1338572.13
299	62.17	2.60	892056.82	841	2336.14	1318.32	1716167.86
121	62.93	34.11	38805.16	509	1320.30	909.36	1144158.17
96	108.53	74.06	31044.75	224	599.48	509.20	573997.64
153	206.49	127.97	112467.86	376	804.74	637.17	621311.96

国有建设用地出让情况
State-owned Land of Construction Use Granted

地区	Region	出让 Granting			
		宗地数 Number of Land Plots	面积 Area	新增 Newly Increased	成交价款 Transaction Price Value
宿迁市	Suqian City	625	2028.39	1439.69	679613.40
浙江省	**Zhejiang**	**7752**	**12675.99**	**9671.47**	**25462580.73**
杭州市	Hangzhou City	1440	2659.36	1936.35	10699437.86
宁波市	Ningbo City	960	1936.75	1249.61	4884578.19
温州市	Wenzhou City	395	431.91	375.62	1253694.17
嘉兴市	Jiaxing City	1087	1785.35	1466.00	1903935.08
湖州市	Huzhou City	518	1123.48	892.70	1060568.53
绍兴市	Shaoxing City	531	1027.43	751.29	1587886.52
金华市	Jinhua City	963	971.06	833.71	1111312.49
衢州市	Quzhou City	440	597.93	461.79	452985.62
舟山市	Zhoushan City	267	991.31	821.21	590943.50
台州市	Taizhou City	725	821.71	604.63	1485423.87
丽水市	Lishui City	426	329.71	278.56	431814.89
安徽省	**Anhui**	**3762**	**9235.18**	**5931.94**	**6148759.89**
合肥市	Hefei City	516	1645.39	1161.87	1610459.03
芜湖市	Wuhu City	244	1089.39	581.33	1075665.38
蚌埠市	Bengbu City	144	472.64	333.82	406261.50
淮南市	Huainan City	81	231.92	118.61	78208.07
马鞍山市	Ma'anshan City	59	368.41	245.84	366788.30
淮北市	Huaibei City	97	219.07	87.05	83316.82
铜陵市	Tongling City	75	432.96	74.74	283790.22
安庆市	Anqing City	362	348.76	271.06	288166.20
黄山市	Huangshan City	169	380.61	329.01	178242.92
滁州市	Chuzhou City	230	862.40	675.23	214837.48
阜阳市	Fuyang City	171	418.52	352.10	231924.07
宿州市	Suzhou City	99	306.66	96.59	111722.44
巢湖市	Chaohu City	226	535.79	412.27	183991.60
六安市	Lu'an City	380	531.17	377.84	272780.47
亳州市	Bozhou City	237	300.05	152.82	167188.17
池州市	Chizhou City	179	435.67	212.98	267831.72
宣城市	Xuancheng City	493	655.78	448.79	327585.50
福建省	**Fujian**	**1890**	**4588.30**	**3191.80**	**6598867.24**
福州市	Fuzhou City	295	853.75	705.93	1569399.70

——按省市分列（2009年） 续表3

by Province, Autonomous Region and Municipality (2009) Continued 3

协议出让 Granting through Agreement				招拍挂出让 Granting through Bidding, Auction, and Listing			
宗地数 Number of Land Plots	面积 Area	新增 Newly Increased	成交价款 Transaction Price Value	宗地数 Number of Land Plots	面积 Area	新增 Newly Increased	成交价款 Transaction Price Value
27	61.62	59.33	7073.56	598	1966.77	1380.36	672539.84
625	**531.48**	**388.57**	**258774.12**	**7127**	**12144.51**	**9282.89**	**25203806.61**
170	41.56	20.37	21196.74	1270	2617.81	1915.98	10678241.13
64	97.39	46.23	60657.12	896	1839.36	1203.38	4823921.07
106	102.57	100.30	55352.96	289	329.35	275.32	1198341.21
135	156.04	122.18	77743.33	952	1629.31	1343.81	1826191.75
6	6.06	3.87	574.54	512	1117.42	888.83	1059993.99
32	40.21	23.33	10570.09	499	987.22	727.96	1577316.43
29	25.83	23.93	7816.46	934	945.23	809.77	1103496.03
5	3.23	2.96	677.61	435	594.70	458.82	452308.01
24	7.19	5.53	4833.17	243	984.11	815.68	586110.33
38	41.66	31.94	15311.62	687	780.05	572.69	1470112.25
16	9.75	7.92	4040.47	410	319.96	270.64	427774.43
910	**535.40**	**129.51**	**158514.26**	**2852**	**8699.79**	**5802.43**	**5990245.63**
58	43.28	22.46	22519.80	458	1602.10	1139.41	1587939.24
14	6.56		4670.77	230	1082.83	581.33	1070994.61
18	27.35	11.36	11694.84	126	445.29	322.46	394566.66
56	72.05	0.22	12683.87	25	159.87	118.40	65524.20
15	102.02	6.30	40267.30	44	266.39	239.54	326521.00
6	5.78		4322.11	91	213.29	87.03	78994.71
10	54.45	18.08	14276.14	65	378.51	56.66	269514.08
88	28.56	19.60	4147.57	274	320.21	251.47	284018.63
7	8.17	8.14	1842.17	162	372.44	320.87	176400.74
74	42.93	3.01	8819.84	156	819.47	672.22	206017.64
9	5.86	0.90	9450.06	162	412.66	351.20	222474.01
12	5.74		1736.27	87	300.92	96.59	109986.18
68	47.62	25.44	5414.81	158	488.16	386.83	178576.78
130	20.12	0.11	2259.89	250	511.04	377.73	270520.58
98	38.87	9.42	9790.57	139	261.18	143.40	157397.61
2	0.27		202.38	177	435.40	212.98	267629.34
245	25.76	4.48	4415.88	248	630.03	444.31	323169.63
257	**450.01**	**154.60**	**187672.30**	**1633**	**4138.29**	**3037.20**	**6411194.94**
105	119.64	75.60	79855.97	190	734.12	630.34	1489543.73

国有建设用地出让情况
State-owned Land of Construction Use Granted

地 区	Region	出让 Granting			
		宗地数 Number of Land Plots	面积 Area	新增 Newly Increased	成交价款 Transaction Price Value
厦门市	Xiamen City	112	581.78	24.13	3022723.30
莆田市	Putian City	82	209.45	112.55	167067.84
三明市	Sanming City	313	608.70	453.87	406147.84
泉州市	Quanzhou City	280	478.54	357.37	450508.54
漳州市	Zhangzhou City	241	859.59	704.88	242203.53
南平市	Nanping City	114	242.42	206.76	120204.84
龙岩市	Longyan City	289	499.15	402.63	304892.74
宁德市	Ningde City	164	254.92	223.66	315718.92
江西省	**Jiangxi**	**2417**	**7640.70**	**6320.71**	**2932199.72**
南昌市	Nanchang City	423	1359.02	1138.79	762302.38
景德镇市	Jingdezhen City	97	408.51	333.18	135364.07
萍乡市	Pingxiang City	75	280.85	243.45	122721.04
九江市	Jiujiang City	269	912.96	673.54	377915.57
新余市	Xinyu City	78	873.76	865.96	204579.89
鹰潭市	Yingtan City	56	150.04	133.40	44676.14
赣州市	Ganzhou City	296	730.99	579.74	374333.63
吉安市	Ji'an City	269	464.81	368.53	135476.20
宜春市	Yichun City	292	1359.41	1137.44	330556.37
抚州市	Fuzhou City	266	696.06	513.97	275576.64
上饶市	Shangrao City	296	404.29	332.72	168697.79
山东省	**Shandong**	**8096**	**31812.02**	**19883.85**	**15885816.02**
济南市	Jinan City	306	1435.58	1058.35	1637978.69
青岛市	Qingdao City	1221	4644.93	2577.04	3409491.16
淄博市	Zibo City	338	1733.05	659.54	790014.83
枣庄市	Zaozhuang City	230	664.98	457.18	588219.17
东营市	Dongying City	250	1272.85	1079.75	424536.71
烟台市	Yantai City	699	2293.92	1789.52	840660.58
潍坊市	Weifang City	1523	8278.97	3798.66	3341407.12
济宁市	Jining City	466	1314.34	876.22	848857.29
泰安市	Tai'an City	266	743.37	591.73	391671.16
威海市	Weihai City	459	1461.96	924.53	924715.77

——按省市分列（2009 年） 续表 4
by Province, Autonomous Region and Municipality (2009) Continued 4

协议出让 Granting through Agreement				招拍挂出让 Granting through Bidding, Auction, and Listing			
宗地数 Number of Land Plots	面积 Area	新增 Newly Increased	成交价款 Transaction Price Value	宗地数 Number of Land Plots	面积 Area	新增 Newly Increased	成交价款 Transaction Price Value
7	174.26	6.40	84388.02	105	407.52	17.73	2938335.28
15	54.28	20.03	6499.14	67	155.17	92.52	160568.70
80	21.43	10.03	2334.35	233	587.26	443.84	403813.48
11	27.60	14.00	6868.97	269	450.94	343.37	443639.57
12	19.66	7.21	3603.72	229	839.93	697.67	238599.80
1	0.26		94.50	113	242.16	206.76	120110.34
8	22.47	13.06	1862.34	281	476.68	389.58	303030.40
18	10.41	8.27	2165.28	146	244.51	215.39	313553.64
221	**354.73**	**96.03**	**37997.44**	**2196**	**7285.97**	**6224.68**	**2894202.27**
70	111.44	12.76	14156.66	353	1247.58	1126.02	748145.72
				97	408.51	333.18	135364.07
3	6.77	6.65	630.44	72	274.08	236.80	122090.60
61	115.12	29.84	10176.96	208	797.84	643.70	367738.62
4	24.08	16.28	4184.58	74	849.67	849.67	200395.31
3	0.23		50.70	53	149.81	133.40	44625.43
10	18.42	1.67	1090.38	286	712.57	578.07	373243.25
23	36.90	10.26	5190.74	246	427.91	358.27	130285.45
5	40.62	18.57	2330.10	287	1318.79	1118.87	328226.27
9	0.09		19.66	257	695.97	513.97	275556.98
33	1.04		167.22	263	403.24	332.72	168530.58
1418	**5484.93**	**856.87**	**1303981.62**	**6678**	**26327.08**	**19026.98**	**14581834.40**
52	111.61		57490.40	254	1323.97	1058.35	1580488.29
220	1002.08	274.17	293525.98	1001	3642.85	2302.88	3115965.18
92	1015.83	81.47	381848.34	246	717.22	578.07	408166.49
13	87.93	65.50	21413.47	217	577.05	391.68	566805.70
7	94.30	20.15	18510.06	243	1178.55	1059.60	406026.65
217	269.70	31.88	53647.97	482	2024.22	1757.64	787012.61
277	1986.81	53.07	253188.03	1246	6292.15	3745.59	3088219.09
65	130.64	32.98	63892.36	401	1183.70	843.24	784964.93
62	49.73	9.99	25840.47	204	693.64	581.74	365830.69
27	49.50	23.21	12062.92	432	1412.46	901.32	912652.85

国有建设用地出让情况
State-owned Land of Construction Use Granted

地 区	Region	出让 Granting			
		宗地数 Number of Land Plots	面积 Area	新增 Newly Increased	成交价款 Transaction Price Value
日照市	Rizhao City	247	796.29	671.84	393217.59
莱芜市	Laiwu City	175	251.02	223.20	85633.06
临沂市	Linyi City	712	1975.30	1446.16	971596.64
德州市	Dezhou City	413	1587.59	1178.58	428829.29
聊城市	Liaocheng City	293	1083.67	825.57	293089.49
滨州市	Binzhou City	258	1049.93	888.08	273563.44
菏泽市	Heze City	240	1224.28	837.88	242334.04
河南省	**Henan**	**3926**	**8408.82**	**4630.56**	**3705949.30**
郑州市	Zhengzhou City	385	1157.81	361.25	1210890.22
开封市	Kaifeng City	124	313.88	162.97	180394.86
洛阳市	Luoyang City	180	601.70	500.04	154808.69
平顶山市	Pingdingshan City	147	325.95	195.43	131313.07
安阳市	Anyang City	179	396.86	242.95	169125.16
鹤壁市	Hebi City	517	303.93	256.96	83586.70
新乡市	Xinxiang City	241	575.36	228.02	154630.72
焦作市	Jiaozuo City	173	609.73	409.73	147915.45
濮阳市	Puyang City	123	240.68	119.33	70156.30
许昌市	Xuchang City	167	493.11	372.01	297767.42
漯河市	Luohe City	114	253.36	152.18	85264.43
三门峡市	Sanmenxia City	120	240.24	152.16	105416.75
南阳市	Nanyang City	252	811.68	443.86	202209.92
商丘市	Shangqiu City	220	497.64	279.68	149112.21
信阳市	Xinyang City	364	391.42	187.45	206621.90
周口市	Zhoukou City	299	565.65	282.52	151144.15
驻马店市	Zhumadian City	321	629.81	284.01	205591.34
湖北省	**Hubei**	**8447**	**7007.06**	**4934.56**	**3546635.19**
武汉市	Wuhan City	468	1613.27	1036.08	1815136.22
黄石市	Huangshi City	355	401.31	301.86	95314.63
十堰市	Shiyan City	99	200.83	142.70	73366.08
宜昌市	Yichang City	297	891.46	627.04	292444.50
襄樊市	Xiangfan City	882	481.33	256.01	199660.91

——按省市分列（2009年） 续表5
by Province, Autonomous Region and Municipality (2009) Continued 5

协议出让 Granting through Agreement				招拍挂出让 Granting through Bidding, Auction, and Listing			
宗地数 Number of Land Plots	面积 Area	新增 Newly Increased	成交价款 Transaction Price Value	宗地数 Number of Land Plots	面积 Area	新增 Newly Increased	成交价款 Transaction Price Value
47	132.50	55.77	33677.53	200	663.78	616.08	359540.06
132	52.67	24.85	11308.06	43	198.35	198.35	74325.00
65	183.66	41.39	27854.29	647	1791.64	1404.77	943742.35
58	66.34	6.27	10296.97	355	1521.26	1172.31	418532.32
30	53.51	0.37	6368.21	263	1030.16	825.20	286721.28
32	138.14	131.89	24897.78	226	911.79	756.20	248665.67
22	59.99	3.91	8158.79	218	1164.29	833.97	234175.26
1396	**1328.89**	**331.22**	**294147.27**	**2530**	**7079.93**	**4299.34**	**3411802.03**
105	145.36	50.67	75467.15	280	1012.45	310.58	1135423.08
25	42.72		22665.04	99	271.16	162.97	157729.82
34	8.06	0.96	3561.84	146	593.64	499.08	151246.85
51	111.89	58.81	25632.10	96	214.07	136.62	105680.97
76	67.77	36.46	14914.48	103	329.09	206.49	154210.68
446	55.36	22.77	7542.10	71	248.57	234.18	76044.60
107	127.96	33.21	14369.59	134	447.40	194.81	140261.13
63	145.87	80.65	15612.65	110	463.87	329.08	132302.80
59	26.99	6.67	7115.73	64	213.69	112.66	63040.57
25	38.50	12.16	10747.18	142	454.61	359.85	287020.24
23	39.38	2.11	6157.44	91	213.98	150.07	79106.98
22	18.22	0.42	2627.04	98	222.03	151.74	102789.71
87	194.68		27737.02	165	616.99	443.86	174472.90
41	73.20		24711.72	179	424.44	279.68	124400.49
61	80.88	13.95	14652.27	303	310.54	173.50	191969.64
55	24.78	0.54	3594.11	244	540.87	281.98	147550.04
116	127.28	11.83	17039.80	205	502.53	272.19	188551.54
5750	**726.65**	**42.24**	**256780.99**	**2697**	**6280.41**	**4892.32**	**3289854.20**
78	234.43	14.33	144182.85	390	1378.83	1021.76	1670953.38
256	52.49		12614.76	99	348.82	301.86	82699.88
20	11.14		2375.01	79	189.69	142.70	70991.07
97	23.16	0.72	3352.90	200	868.30	626.32	289091.60
552	65.15		18174.32	330	416.18	256.01	181486.59

国有建设用地出让情况
State-owned Land of Construction Use Granted

地区	Region	出让 Granting			
		宗地数 Number of Land Plots	面积 Area	新增 Newly Increased	成交价款 Transaction Price Value
鄂州市	Ezhou City	136	263.76	203.28	68301.94
荆门市	Jingmen City	389	548.13	465.53	122270.67
孝感市	Xiaogan City	767	529.01	347.90	260727.84
荆州市	Jingzhou City	2838	441.69	270.87	132069.39
黄冈市	Huanggang City	386	385.74	303.88	98724.72
咸宁市	Xianning City	779	532.93	403.88	157644.64
随州市	Suizhou City	91	258.08	236.91	81122.89
恩施土家族苗族自治州	Enshi Tujia & Miao A.P.	758	128.16	88.28	48988.93
省直辖行政单位	Administrative Units Directly Under the Provincial Government	202	331.36	250.34	100861.83
湖南省	**Hunan**	**8154**	**4565.58**	**2338.21**	**2064365.53**
长沙市	Changsha City	315	798.69	628.41	459738.04
株洲市	Zhuzhou City	342	228.88	146.69	153560.37
湘潭市	Xiangtan City	271	405.77	246.72	191255.50
衡阳市	Hengyang City	242	193.97	129.66	67871.24
邵阳市	Shaoyang City	426	248.78	162.35	81868.09
岳阳市	Yueyang City	432	389.61	213.58	139878.90
常德市	Changde City	706	510.52	205.55	246230.87
张家界市	Zhangjiajie City	280	100.79	20.10	49690.59
益阳市	Yiyang City	1442	299.15	166.04	91173.16
郴州市	Chenzhou City	926	408.27	74.89	228764.78
永州市	Yongzhou City	715	232.89	78.60	70503.84
怀化市	Huaihua City	886	398.30	225.31	156192.71
娄底市	Loudi City	478	260.18	20.18	99884.26
湘西土家族苗族自治州	West Hunan Tujia & Miao A.P.	693	89.77	20.13	27753.18
广东省	**Guangdong**	**10544**	**9692.56**	**4645.46**	**13323684.83**
广州市	Guangzhou City	263	1735.75	963.78	5514884.19
韶关市	Shaoguan City	369	346.70	155.19	84040.65
深圳市	Shenzhen City	141	275.61	11.15	375321.33
珠海市	Zhuhai City	17	507.38		1681583.47
汕头市	Shantou City	42	93.20	25.92	53446.44
佛山市	Foshan City	3355	1095.86	117.20	2610575.30

——按省市分列（2009年） 续表6

by Province, Autonomous Region and Municipality (2009) Continued 6

协议出让 Granting through Agreement				招拍挂出让 Granting through Bidding, Auction, and Listing			
宗地数 Number of Land Plots	面积 Area	新增 Newly Increased	成交价款 Transaction Price Value	宗地数 Number of Land Plots	面积 Area	新增 Newly Increased	成交价款 Transaction Price Value
13	29.69		9051.49	123	234.07	203.28	59250.45
211	35.57	4.02	4021.65	178	512.57	461.51	118249.02
591	63.17	1.19	28618.88	176	465.84	346.71	232108.96
2466	63.07	3.76	11242.56	372	378.62	267.11	120826.83
208	42.29	1.86	8473.53	178	343.45	302.03	90251.19
573	51.83	3.95	6413.12	206	481.10	399.93	151231.52
10	12.50	6.08	2064.19	81	245.58	230.83	79058.70
625	27.04		5186.72	133	101.12	88.28	43802.21
50	15.12	6.34	1009.03	152	316.25	244.00	99852.80
5085	**571.07**	**59.94**	**196760.23**	**3069**	**3994.52**	**2278.27**	**1867605.30**
72	77.14	12.13	37757.08	243	721.55	616.29	421980.95
140	8.40	1.15	3599.96	202	220.48	145.54	149960.41
157	83.25	4.61	34378.23	114	322.52	242.11	156877.27
93	7.17	0.05	1835.16	149	186.80	129.61	66036.07
292	48.51	6.49	14096.02	134	200.27	155.86	67772.07
238	13.07	2.52	6952.50	194	376.54	211.07	132926.40
467	30.23	4.30	5628.76	239	480.29	201.25	240602.12
221	49.28	0.62	29511.91	59	51.51	19.48	20178.68
1136	38.72	3.04	4959.80	306	260.43	163.00	86213.36
464	35.08	0.55	8445.80	462	373.19	74.34	220318.98
534	22.23	0.12	12143.12	181	210.66	78.48	58360.72
575	67.20	24.23	16395.00	311	331.11	201.08	139797.72
238	72.83	0.14	17370.47	240	187.35	20.04	82513.79
458	17.96		3686.42	235	71.81	20.13	24066.76
8534	**2169.98**	**1183.17**	**364860.62**	**2010**	**7522.58**	**3462.29**	**12958824.21**
77	424.20	280.40	111885.88	186	1311.56	683.38	5402998.32
274	117.03	103.04	20919.31	95	229.67	52.15	63121.34
107	168.18	2.24	10875.21	34	107.43	8.91	364446.12
1	17.16		42892.70	16	490.22		1638690.77
7	4.04	2.43	1729.41	35	89.17	23.49	51717.03
3162	164.93		59942.21	193	930.92	117.20	2550633.09

国有建设用地出让情况
State-owned Land of Construction Use Granted

地区	Region	出让 Granting			
		宗地数 Number of Land Plots	面积 Area	新增 Newly Increased	成交价款 Transaction Price Value
江门市	Jiangmen City	324	422.26	211.26	410552.54
湛江市	Zhanjiang City	507	261.38	126.24	163809.01
茂名市	Maoming City	506	129.59	19.89	21391.95
肇庆市	Zhaoqing City	258	546.08	387.48	138955.42
惠州市	Huizhou City	1101	926.51	226.01	506083.50
梅州市	Meizhou City	1916	235.89	99.90	57995.45
汕尾市	Shanwei City	11	81.38	49.17	25067.10
河源市	Heyuan City	38	171.88	67.88	81848.91
阳江市	Yangjiang City	95	302.98	174.86	89927.81
清远市	Qingyuan City	568	451.39	179.14	167059.63
东莞市	Dongguan City	125	384.22	323.64	690238.99
中山市	Zhongshan City	555	1501.12	1375.92	499858.21
潮州市	Chaozhou City	45	30.28	8.00	24908.72
揭阳市	Jieyang City	50	78.32	23.33	73119.53
云浮市	Yunfu City	258	114.77	99.49	53016.67
广西	**Guangxi**	**9812**	**5667.99**	**2611.68**	**2182871.16**
南宁市	Nanning City	1205	924.04	646.47	548150.70
柳州市	Liuzhou City	3197	456.89	64.46	383643.37
桂林市	Guilin City	1194	978.12	282.78	233155.20
梧州市	Wuzhou City	236	242.50	154.00	128272.97
北海市	Beihai City	965	745.38	161.14	206987.83
防城港市	Fangchenggang City	174	405.20	221.35	120718.92
钦州市	Qinzhou City	179	434.67	260.96	97168.48
贵港市	Guigang City	421	231.68	79.93	61878.54
玉林市	Yulin City	209	340.84	213.64	159226.35
百色市	Baise City	699	189.17	73.93	79059.00
贺州市	Hezhou City	120	84.04	38.24	17339.76
河池市	Hechi City	320	155.17	111.86	38583.57
来宾市	Laibin City	701	149.48	117.98	46761.23

——按省市分列（2009年） 续表7

by Province, Autonomous Region and Municipality (2009) Continued 7

协议出让 Granting through Agreement				招拍挂出让 Granting through Bidding, Auction, and Listing			
宗地数 Number of Land Plots	面积 Area	新增 Newly Increased	成交价款 Transaction Price Value	宗地数 Number of Land Plots	面积 Area	新增 Newly Increased	成交价款 Transaction Price Value
106	50.50	0.18	8026.69	218	371.75	211.09	402525.85
395	50.52		10627.25	112	210.86	126.24	153181.76
483	95.10	0.07	11636.17	23	34.49	19.83	9755.79
159	16.58		9368.22	99	529.49	387.48	129587.20
871	51.67		12451.96	230	874.84	226.01	493631.54
1861	79.54	0.51	9063.30	55	156.35	99.39	48932.15
5	3.11		38.34	6	78.27	49.17	25028.76
				38	171.88	67.88	81848.91
8	15.41		2093.24	87	287.57	174.86	87834.57
413	38.36	11.36	2764.91	155	413.03	167.78	164294.72
5	6.00	6.00	2865.68	120	378.22	317.64	687373.31
306	814.35	768.95	37111.32	249	686.77	606.96	462746.88
43	23.42	8.00	6198.72	2	6.87		18710.00
15	17.09		3336.31	35	61.23	23.33	69783.22
236	12.79		1033.78	22	101.99	99.49	51982.89
7941	**1324.33**	**131.31**	**301289.24**	**1871**	**4343.66**	**2480.37**	**1881581.92**
945	130.93	35.18	108133.83	260	793.12	611.29	440016.87
3071	179.30		29121.45	126	277.58	64.46	354521.92
915	102.67		24808.04	279	875.45	282.78	208347.16
155	14.84		3883.93	81	227.66	154.00	124389.04
920	455.03		72697.34	45	290.35	161.14	134290.49
98	24.27		11920.40	76	380.94	221.35	108798.51
132	236.23	93.91	23771.24	47	198.44	167.05	73397.24
353	68.82		8499.85	68	162.86	79.93	53378.69
17	6.76		692.87	192	334.08	213.64	158533.48
323	58.94	0.08	9267.72	376	130.23	73.86	69791.28
93	23.29	0.76	4061.21	27	60.75	37.47	13278.55
227	15.39	1.38	2593.49	93	139.77	110.48	35990.07
619	4.81		1495.28	82	144.67	117.98	45265.95

国有建设用地出让情况
State-owned Land of Construction Use Granted

地 区	Region	出让 Granting			
		宗地数 Number of Land Plots	面积 Area	新增 Newly Increased	成交价款 Transaction Price Value
崇左市	Chongzuo City	192	330.81	184.94	61925.24
海南省	**Hainan**	**399**	**1630.97**	**604.70**	**1320306.54**
海口市	Haikou City	141	321.33	122.35	449116.46
三亚市	Sanya City	20	189.40	173.69	416796.50
省直辖县级行政单位	County-level Administrative Units Directly Under the Provincial Government	238	1120.25	308.67	454393.59
重庆市	**Chongqing**	**1074**	**3684.93**	**2247.54**	**3886650.28**
四川省	**Sichuan**	8770	9871.01	5628.90	7039471.08
成都市	Chengdu City	920	3361.60	2172.47	4343506.44
自贡市	Zigong City	202	266.84	126.95	76754.61
攀枝花市	Panzhihua City	321	333.79	139.65	113441.31
泸州市	Luzhou City	400	425.80	341.19	154155.64
德阳市	Deyang City	344	567.92	428.18	256464.22
绵阳市	Mianyang City	2481	846.84	273.15	282164.38
广元市	Guangyuan City	1772	303.10	47.30	105199.91
遂宁市	Suining City	232	431.02	165.47	261920.98
内江市	Neijiang City	86	192.16	114.94	53637.57
乐山市	Leshan City	249	588.15	335.34	258922.72
南充市	Nanchong City	196	476.89	255.50	405590.59
眉山市	Meishan City	105	586.32	538.39	173992.13
宜宾市	Yibin City	379	246.11	143.05	112170.73
广安市	Guang'an City	144	264.42	114.00	87218.45
达州市	Dazhou City	206	227.17	146.39	96375.52
雅安市	Ya'an City	114	142.35	115.46	36179.88
巴中市	Bazhong City	189	9.39	1.92	4833.92
资阳市	Ziyang City	151	429.32	66.17	122891.48
阿坝藏族羌族自治州	Aba Tibetan & Qiang A.P.	89	28.68	5.80	4001.16
甘孜藏族自治州	Ganzi Tibetan A.P.	53	22.27	13.33	16064.10
凉山彝族自治州	Liangshan Yi A.P.	137	120.88	84.23	73985.36
贵州省	**Guizhou**	**1828**	**1752.00**	**871.14**	**817697.64**
贵阳市	Guiyang City	145	622.95	332.21	325901.40
六盘水市	Liupanshui City	193	75.10	72.11	17990.28
遵义市	Zunyi City	219	277.59	102.57	129972.75
安顺市	Anshun City	133	89.21	30.13	61684.55
铜仁地区	Tongren Prefecture	134	119.78	86.66	79938.33
黔西南布依族苗族自治州	Southwest Guizhou Buyei & Miao A.P.	465	99.10	47.37	54686.77
毕节地区	Bijie Prefecture	35	87.02	75.26	32692.19
黔东南苗族侗族自治州	Southeast Guizhou Miao & Dong A.P.	280	213.06	25.22	39510.79
黔南布依族苗族自治州	South Guizhou Buyei & Miao A.P.	224	168.19	99.62	75320.58
云南省	**Yunnan**	**7027**	**5613.68**	**3896.23**	**2388980.65**
昆明市	Kunming City	2362	1563.45	915.95	910871.92

——按省市分列（2009年） 续表8

by Province, Autonomous Region and Municipality (2009) Continued 8

协议出让 Granting through Agreement				招拍挂出让 Granting through Bidding, Auction, and Listing			
宗地数 Number of Land Plots	面积 Area	新增 Newly Increased	成交价款 Transaction Price Value	宗地数 Number of Land Plots	面积 Area	新增 Newly Increased	成交价款 Transaction Price Value
73	3.04		342.58	119	327.77	184.94	61582.66
172	**242.29**	**42.23**	**62264.46**	**227**	**1388.69**	**562.47**	**1258042.08**
123	126.29	8.33	42652.70	18	195.04	114.01	406463.76
2	46.58	30.87	14159.59	18	142.82	142.82	402636.91
47	69.42	3.03	5452.18	191	1050.82	305.64	448941.41
237	**393.51**	**164.89**	**39287.17**	**837**	**3291.41**	**2082.64**	**3847363.10**
6147	2040.60	588.85	530890.51	2623	7830.41	5040.05	6508580.57
292	501.65	137.20	194909.32	628	2859.95	2035.27	4148597.12
138	70.78		4829.71	64	196.05	126.95	71924.90
247	62.52	7.73	14906.54	74	271.27	131.93	98534.77
221	73.00	28.36	6566.72	179	352.80	312.83	147588.91
200	312.20	217.30	48772.20	144	255.72	210.89	207692.03
2292	392.95	46.32	140184.60	189	453.89	226.83	141979.77
1652	178.37	31.48	31105.68	120	124.73	15.82	74094.22
85	85.52	1.99	9218.92	147	345.50	163.48	252702.06
54	28.18	0.44	5793.40	32	163.98	114.50	47844.16
96	22.15	0.75	7360.96	153	566.01	334.59	251561.75
17	69.98	6.93	29852.87	179	406.91	248.58	375737.72
1	7.99	4.92	766.94	104	578.33	533.47	173225.19
217	14.00	4.84	1086.39	162	232.11	138.21	111084.33
42	10.29		2032.07	102	254.13	114.00	85186.38
136	93.99	54.89	20445.13	70	133.18	91.50	75930.39
71	6.39		1626.45	43	135.96	115.46	34553.43
162	1.89	0.05	318.82	27	7.50	1.87	4515.10
13	60.21	20.78	790.70	136	369.11	45.39	122100.78
69	9.03		504.30	20	19.65	5.80	3496.85
39	3.11		420.78	14	19.17	13.33	15643.32
101	36.40	24.87	9397.99	36	84.48	59.36	64587.37
757	**478.10**	**183.71**	**61900.59**	**1071**	**1273.88**	**687.43**	**755797.05**
68	143.30	45.64	31870.80	77	479.64	286.57	294030.60
148	52.92	51.88	1468.30	45	22.17	20.23	16521.98
31	8.61	5.74	1700.21	188	268.96	96.83	128272.54
33	22.87	0.70	9370.08	100	66.34	29.43	52314.46
8	43.46	43.44	4559.82	126	76.32	43.22	75378.51
262	27.62	15.84	5448.76	203	71.49	31.53	49238.01
5	18.30	15.00	1841.34	30	68.72	60.26	30850.85
79	155.03	1.48	5119.93	201	58.03	23.74	34390.86
123	5.99	3.99	521.35	101	162.20	95.63	74799.23
4595	**1104.83**	**496.92**	**175447.34**	**2432**	**4508.85**	**3399.32**	**2213533.30**
2095	351.68	141.54	100797.25	267	1211.77	774.41	810074.67

国有建设用地出让情况
State-owned Land of Construction Use Granted

地 区	Region	出让 Granting			
		宗地数 Number of Land Plots	面积 Area	新增 Newly Increased	成交价款 Transaction Price Value
曲靖市	Qujing City	580	1156.67	1044.25	378427.39
玉溪市	Yuxi City	291	298.21	255.74	202506.32
保山市	Baoshan City	437	215.02	179.41	78802.79
昭通市	Zhaotong City	415	47.01	28.69	28009.14
丽江市	Lijiang City	31	70.88	67.89	21653.94
普洱市	Pu'er City	190	245.09	32.81	66057.06
临沧市	Lincang City	241	117.00	89.83	42371.50
楚雄彝族自治州	Chuxiong Yi A.P.	219	380.70	167.37	104784.76
红河哈尼族彝族自治州	Honghe Hani & Yi A.P.	854	406.69	287.93	170835.49
文山壮族苗族自治州	Wenshan Zhuang & Miao A.P.	184	350.09	342.09	139462.43
西双版纳傣族自治州	Xishuangbanna Dai A.P.	235	241.76	211.62	70232.33
大理白族自治州	Dali Bai A.P.	479	350.47	165.84	125131.32
德宏傣族景颇族自治州	Dehong Dai & Jingpo A.P.	243	135.33	97.62	39625.33
怒江傈僳族自治州	Nujiang Lisu A.P.	264	32.28	9.18	7371.15
迪庆藏族自治州	Diqing Tibetan A.P.	2	3.02		2837.77
西藏	**Tibet**	**228**	**109.39**	**55.80**	**11923.64**
拉萨市	Lhasa City	40	80.52	51.94	7599.76
昌都地区	Qamdo Prefecture	1	0.71		1098.40
山南地区	Lhokha Prefecture	5	1.62	0.20	980.88
日喀则地区	Xigaze Prefecture	8	3.66	3.66	121.33
那曲地区	Nagqu Prefecture	10	0.65		110.01
阿里地区	Ngari Prefecture	12	9.91		515.60
林芝地区	Nyingchi Prefecture	152	12.32		1497.66
陕西省	**Shaanxi**	**1238**	**2952.05**	**2137.27**	**1765902.91**
西安市	Xi'an City	240	637.87	358.18	1081621.85
铜川市	Tongchuan City	66	172.20	162.05	23459.93
宝鸡市	Baoji City	121	392.95	261.91	104780.45
咸阳市	Xianyang City	160	648.20	467.25	225462.94
渭南市	Weinan City	84	393.22	349.49	65155.07
延安市	Yan'an City	57	53.01	38.16	56541.23
汉中市	Hanzhong City	116	123.86	95.63	33587.02
榆林市	Yulin City	74	345.40	296.64	120742.82
安康市	Ankang City	236	74.25	28.82	24066.59
商洛市	Shangluo City	84	111.08	79.14	30485.00
甘肃省	**Gansu**	**1005**	**1715.42**	**947.89**	**616521.26**
兰州市	Lanzhou City	122	356.34	239.21	310879.55
嘉峪关市	Jiayuguan City	24	25.13		1908.61
金昌市	Jinchang City	44	40.26	19.96	5558.26
白银市	Baiyin City	110	202.13	26.30	20623.08
天水市	Tianshui City	45	84.62	49.92	33311.30
武威市	Wuwei City	115	96.04	25.39	28020.39

——按省市分列（2009年） 续表9

by Province, Autonomous Region and Municipality (2009) Continued 9

协议出让 Granting through Agreement				招拍挂出让 Granting through Bidding, Auction, and Listing			
宗地数 Number of Land Plots	面积 Area	新增 Newly Increased	成交价款 Transaction Price Value	宗地数 Number of Land Plots	面积 Area	新增 Newly Increased	成交价款 Transaction Price Value
316	372.32	307.80	26756.88	264	784.35	736.45	351670.51
57	13.55	0.29	2575.01	234	284.66	255.45	199931.31
144	12.85	0.40	3716.77	293	202.17	179.01	75086.03
332	5.39	0.52	602.53	83	41.62	28.17	27406.62
3	2.78		52.38	28	68.10	67.89	21601.56
133	181.88	0.30	20288.33	57	63.21	32.51	45768.74
152	7.52		696.40	89	109.48	89.83	41675.09
36	8.90		1299.96	183	371.79	167.37	103484.80
528	32.72	4.18	5556.86	326	373.97	283.75	165278.63
2	34.39	34.39	5158.31	182	315.70	307.70	134304.12
152	9.95	1.92	1628.07	83	231.81	209.70	68604.27
258	55.18	5.44	4635.93	221	295.30	160.40	120495.39
156	6.55	0.13	1026.53	87	128.78	97.49	38598.80
231	9.18		656.14	33	23.11	9.18	6715.01
				2	3.02		2837.77
201	**99.66**	**50.61**	**9709.63**	**27**	**9.73**	**5.19**	**2214.01**
37	79.19	50.61	6999.76	3	1.33	1.33	600.00
1	0.71		1098.40				
1	0.02		12.94	4	1.60	0.20	967.94
3	0.19		16.33	5	3.47	3.66	105.00
9	0.65		108.02	1	0.01		1.99
12	9.91		397.10				118.50
138	9.00		1077.08	14	3.32		420.58
531	**633.53**	**256.69**	**351706.76**	**707**	**2318.51**	**1880.58**	**1414196.15**
107	195.11	22.21	280455.13	133	442.77	335.97	801166.73
39	25.46	16.06	2026.67	27	146.75	145.99	21433.25
24	73.46	1.88	9533.72	97	319.49	260.03	95246.73
53	227.88	156.89	32897.78	107	420.32	310.36	192565.16
6	8.11	4.28	572.34	78	385.12	345.21	64582.73
19	6.90	1.65	3322.96	38	46.11	36.51	53218.27
46	57.80	47.50	6701.23	70	66.07	48.13	26885.78
5	3.60	3.52	191.39	69	341.80	293.12	120551.43
212	29.55	2.70	13454.22	24	44.70	26.12	10612.37
20	5.67		2551.31	64	105.41	79.14	27933.70
397	**372.16**	**78.35**	**28637.15**	**608**	**1343.27**	**869.54**	**587884.11**
34	29.67	8.67	8737.32	88	326.67	230.54	302142.23
				24	25.13		1908.61
30	7.89	1.50	325.31	14	32.38	18.46	5232.95
65	81.57	1.27	4488.13	45	120.55	25.03	16134.95
3	3.01	2.58	523.27	42	81.61	47.34	32788.02
49	26.07	0.14	4290.63	66	69.96	25.24	23729.76

国有建设用地出让情况
State-owned Land of Construction Use Granted

地 区	Region	出让 Granting			
		宗地数 Number of Land Plots	面积 Area	新增 Newly Increased	成交价款 Transaction Price Value
张掖市	Zhangye City	134	200.56	60.52	30835.26
平凉市	Pingliang City	42	118.64	101.20	36645.08
酒泉市	Jiuquan City	66	204.52	149.07	59365.82
庆阳市	Qingyang City	88	82.21	64.05	18930.63
定西市	Dingxi City	76	160.54	124.80	26442.14
陇南市	Longnan City	50	29.74	12.66	14739.11
临夏回族自治州	Linxia Hui A.P.	57	89.31	74.81	28768.10
甘南藏族自治州	Gannan Tibetan A.P.	32	25.38		493.93
青海省	**Qinghai**	**497**	**709.55**	**492.48**	**469448.09**
西宁市	Xining City	127	248.64	152.62	439127.05
海东地区	Haidong Prefecture	67	131.74	126.78	15886.17
海北藏族自治州	Haibei Tibetan A.P.	38	45.79		2131.19
黄南藏族自治州	Huangnan Tibetan A.P.	8	3.99	3.99	483.13
海南藏族自治州	Hainan Tibetan A.P.	83	7.29	2.26	805.79
果洛藏族自治州	Golog Tibetan A.P.	89	6.23		122.87
玉树藏族自治州	Yushu Tibetan A.P.				
海西蒙古族藏族自治州	Haixi Mongol & Tibetan A.P.	85	265.87	206.84	10891.89
宁夏	**Ningxia**	**416**	**1760.43**	**1135.53**	**648621.06**
银川市	Yinchuan City	154	1069.61	685.73	515818.11
石嘴山市	Shizuishan City	49	169.80	51.15	44712.57
吴忠市	Wuzhong City	99	192.48	145.90	50475.72
固原市	Guyuan City	33	39.08	10.69	9788.92
中卫市	Zhongwei City	81	289.45	242.06	27825.75
新疆	**Xinjiang**	**5298**	**3473.68**	**1112.33**	**587652.65**
乌鲁木齐市	Urumqi City	855	538.70	9.12	257567.24
克拉玛依市	Karamay City	91	90.35	11.62	11354.67
吐鲁番地区	Turpan Prefeture	99	42.74	29.77	7915.73
哈密地区	Hami Prefeture	132	181.46	0.25	14633.56
昌吉回族自治州	Changji Hui A.P.	206	813.35	534.07	71333.33
博尔塔拉蒙古族自治州	Bortala Mongol A.P.	44	25.91	2.43	2769.24
巴音郭楞蒙古族自治州	Bayingolin Mongol A.P.	154	133.68	38.53	22622.06
阿克苏地区	Akesu Prefeture	123	201.30	48.64	31663.18
克孜勒苏柯尔克孜自治州	Kizilsu Kirgiz A.P.	32	29.86	23.87	1369.92
喀什地区	Kashi Prefeture	2786	223.44	37.29	30181.67
和田地区	Hotan Prefeture	44	51.68	33.16	5920.14
伊犁哈萨克自治州	Ili Kazak A.P.	169	787.07	286.10	93514.57
塔城地区	Tacheng Prefeture	360	252.02		21431.59
阿勒泰地区	Altay Prefeture	187	25.90	1.00	2903.27
石河子市	Shihezi City	16	76.24	56.48	12472.49
新疆生产建设兵团	Xinjiang Production and Construction Corps				
图木舒克市	Tumxuk City				
五家渠市	Wujiaqu City				

——按省市分列（2009 年） 续表 10
by Province, Autonomous Region and Municipality (2009) Continued 10

协议出让 Granting through Agreement				招拍挂出让 Granting through Bidding, Auction, and Listing			
宗地数 Number of Land Plots	面积 Area	新增 Newly Increased	成交价款 Transaction Price Value	宗地数 Number of Land Plots	面积 Area	新增 Newly Increased	成交价款 Transaction Price Value
92	126.77	22.21	5749.67	42	73.79	38.31	25085.59
9	7.52		1003.93	33	111.12	101.20	35641.15
12	35.47	21.67	2071.11	54	169.05	127.40	57294.71
52	2.92		294.32	36	79.29	64.05	18636.31
8	25.53	20.32	214.39	68	135.01	104.48	26227.76
19	3.62		774.49	31	26.12	12.66	13964.62
				57	89.31	74.81	28768.10
24	22.11		164.57	8	3.27		329.36
321	**161.91**	**42.03**	**17574.17**	**176**	**547.64**	**450.45**	**451873.93**
77	37.83	0.41	12072.07	50	210.82	152.21	427054.98
24	35.21	32.87	2783.10	43	96.53	93.91	13103.07
25	42.29		1438.49	13	3.50		692.70
2	1.14	1.14	22.02	6	2.85	2.85	461.11
76	4.24		283.29	7	3.05	2.26	522.50
89	6.23		122.87				
28	34.98	7.61	852.32	57	230.89	199.22	10039.57
73	**97.08**	**0.05**	**17400.24**	**343**	**1663.34**	**1135.49**	**631220.82**
34	30.54	0.05	12445.08	120	1039.06	685.68	503373.02
11	32.41		1583.48	38	137.39	51.15	43129.09
9	2.92		188.99	90	189.56	145.90	50286.74
2	0.43		21.02	31	38.65	10.69	9767.91
17	30.77		3161.68	64	258.68	242.06	24664.07
4200	**900.54**	**200.77**	**123582.58**	**1098**	**2573.13**	**911.56**	**464070.07**
743	181.01		72219.32	112	357.69	9.12	185347.92
63	51.91	0.74	4972.67	28	30.44	10.88	6382.00
54	6.87		652.39	45	35.88	29.77	7263.34
85	8.11		307.01	47	173.35	0.25	14326.55
115	201.31		11919.85	91	612.04	534.07	59413.48
15	5.77	2.43	720.39	29	20.13		2048.85
29	11.20		959.76	125	122.48	38.53	21662.30
13	0.91	0.07	251.16	110	200.38	48.57	31412.02
18	4.04	0.26	90.91	14	25.82	23.61	1279.01
2595	20.25		964.74	191	203.19	37.29	29216.93
10	7.16		158.82	34	44.52	33.16	5761.32
89	317.24	196.27	26935.79	80	469.82	89.83	66578.77
318	67.13		1557.78	42	184.89		19873.81
44	5.50	1.00	350.51	143	20.39		2552.76
9	12.14		1521.49	7	64.10	56.48	10951.00

重点城市建设用地价格（2009年）
Prices of Land for Construction of Major Cities (2009)

城 市	Cities	地面地价水平（元/平方米） Price Level of Ground Land（yuan/m²）				地价同比增长率（%） Increase Over the Same Period of the Previous Year（%）			
		综合 Integrated Land Price	商业 Price of Land for Commercial Use	居住 Price of Land for Residential Use	工业 Price for Industrial Use	综合 Integrated Land Price	商业 Price of Land for Commercial Use	居住 Price of Land for Residential Use	工业 Price for Industrial Use
105个城市总体水平	**The Overall Land Price Level of 105 Cities**	**2653**	**4712**	**3824**	**597**	**5.0**	**5.5**	**7.9**	**1.6**
北京市	Beijing	7198	10316	10785	1198	2.6	–0.8	3.8	0.9
天津市	Tianjin	4263	7154	4369	713	6.9	4.2	9.3	2.6
石家庄市	Shijiazhuang City	1265	1746	1330	667	0.1	0.1	0.1	0.1
唐山市	Tangshan City	1203	1827	1460	455	7.0	4.4	8.6	2.7
秦皇岛市	Qinhuangdao City	1397	2071	1924	358	7.9	6.2	8.9	2.0
邯郸市	Handan City	1014	2061	1354	587	–0.4	–0.8	–0.4	
保定市	Baoding City	1060	2058	1605	490	1.2	4.5	1.1	
张家口市	Zhangjiakou City	872	1565	836	379	3.0	3.0	3.2	0.3
廊坊市	Langfang City	1760	3561	2662	376	1.8	5.0	2.0	–4.8
太原市	Taiyuan City	1172	1690	1192	569	2.1	0.6	4.0	2.7
大同市	Datong City	1770	3104	2828	535	6.2	2.5	9.7	7.7
呼和浩特市	Hohhot City	1077	1740	875	328	7.2	8.2	5.4	4.8
包头市	Baotou City	630	1190	809	301	3.3	4.4	2.8	0.7
沈阳市	Shenyang City	1876	2448	2145	583	2.6	2.6	2.1	1.8
大连市	Dalian City	1780	4147	2075	619	4.9	2.3	6.6	0.5
鞍山市	Anshan City	680	1080	810	432	1.6	2.9	2.5	–0.5
抚顺市	Fushun City	648	1218	1130	401	–2.4	–0.4	–2.0	–3.6
本溪市	Benxi City	737	1108	955	405	–1.7		–2.2	–2.2
丹东市	Dandong City	759	2568	1333	334	1.7	0.6	3.4	1.2
锦州市	Jinzhou City	608	1151	690	233	5.2	5.7	5.2	5.0
阜新市	Fuxin City	781	1609	994	329	6.8	7.7	7.8	2.5
辽阳市	Liaoyang City	743	1472	959	411	–5.2	–7.8	–6.3	–1.4
长春市	Changchun City	1687	3339	2058	393	7.5	8.3	8.2	
吉林市	Jilin City	788	1281	1153	346	1.4	2.2	1.2	0.9
哈尔滨市	Harbin City	3242	5899	2476	459	2.9	2.0	4.1	7.8
齐齐哈尔市	Qiqihar City	413	1251	501	259	–3.5	–2.1	0.8	–10.4
鸡西市	Jixi City	585	2144	709	219	12.5	13.3	25.7	–18.6
鹤岗市	Hegang City	471	969	395	245	19.3	19.3	22.3	–17.5

重点城市建设用地价格（2009年） 续表1

Prices of Land for Construction of Major Cities (2009) Continued 1

城 市	Cities	地面地价水平（元/平方米） Price Level of Ground Land（yuan/m²）				地价同比增长率（%） Increase Over the Same Period of the Previous Year（%）			
		综合 Integrated Land Price	商业 Price of Land for Commercial Use	居住 Price of Land for Residential Use	工业 Price for Industrial Use	综合 Integrated Land Price	商业 Price of Land for Commercial Use	居住 Price of Land for Residential Use	工业 Price for Industrial Use
大庆市	Daqing City	834	1289	971	236	2.4	2.5	2.5	0.4
伊春市	Yichun City	258	459	213	172	4.9	2.9	9.8	1.2
佳木斯市	Jiamusi City	458	1024	426	269	1.1	0.8	2.7	0.7
牡丹江市	Mudanjiang City	647	2364	635	337	2.1	–1.0	0.5	9.8
上海市	Shanghai	9522	26027	16685	1204	16.7	13.7	21.9	–1.1
南京市	Nanjing City	5949	14486	7951	1031	10.4	6.8	12.1	0.8
无锡市	Wuxi City	2989	8802	4521	661	6.3	5.2	7.5	1.1
徐州市	Xuzhou City	1892	3424	2910	259	7.9	5.0	9.3	1.2
常州市	Changzhou City	1188	4368	2773	334	1.1	1.0	1.5	
苏州市	Suzhou City	2547	4411	2617	612	8.2	7.8	11.0	–0.8
南通市	Nantong City	1649	3144	3045	559	5.8	3.0	8.4	1.5
扬州市	Yangzhou City	1102	2185	1642	332	5.7	5.4	6.6	0.8
杭州市	Hangzhou City	19556	22636	21526	483	9.5	8.6	9.7	0.0
宁波市	Ningbo City	4703	6828	7178	811	16.6	4.9	22.4	4.1
温州市	Wenzhou City	5792	11683	11772	1651	12.3	9.0	16.4	2.1
嘉兴市	Jiaxing City	1067	2515	1258	365	5.9	3.7	9.3	
湖州市	Huzhou City	1508	3342	1835	341	4.1	9.2	3.2	8.6
合肥市	Hefei City	2277	4873	3177	408	4.0	6.5	3.9	0.0
芜湖市	Wuhu City	1556	5042	2511	373	4.9	5.7	5.6	–0.3
蚌埠市	Bengbu City	802	1204	1125	286	9.4	9.7	10.7	2.1
淮南市	Huainan City	658	1586	1194	281	4.9	–0.1	10.8	0.0
淮北市	Huaibei City	613	1562	720	267	8.1	6.8	10.1	1.9
福州市	Fuzhou City	3810	6770	4026	536	5.9	3.0	7.2	
厦门市	Xiamen City	14836	23638	16210	794	2.4	1.2	3.2	–1.3
泉州市	Quanzhou City	2708	6080	4362	559	2.8	2.4	3.2	0.4
南昌市	Nanchang City	1935	2858	2139	421	1.3	1.2	1.3	0.5

重点城市建设用地价格（2009年） 续表2
Prices of Land for Construction of Major Cities (2009) Continued 2

城 市	Cities	地面地价水平（元/平方米） Price Level of Ground Land（yuan/m^2）				地价同比增长率（%） Increase Over the Same Period of the Previous Year（%）			
		综合 Integrated Land Price	商业 Price of Land for Commercial Use	居住 Price of Land for Residential Use	工业 Price for Industrial Use	综合 Integrated Land Price	商业 Price of Land for Commercial Use	居住 Price of Land for Residential Use	工业 Price for Industrial Use
九江市	Jiujiang City	1182	2286	2165	286	16.8	2.8	28.3	–5.3
济南市	Jinan City	1974	3805	3119	648	1.5	1.9	1.7	0.3
青岛市	Qingdao City	2588	7402	3818	764	2.5	1.0	4.2	
淄博市	Zibo City	795	1629	959	397	10.3	8.6	12.8	4.2
枣庄市	Zaozhuang City	760	1370	1026	319	3.3	4.9	3.7	
烟台市	Yantai City	2016	3936	3641	356	5.2	5.0	5.8	
潍坊市	Weifang City	1016	1581	1068	391	4.3	4.3	5.3	0.9
济宁市	Jining City	767	1378	1052	470	–0.1		0.1	–0.2
泰安市	Tai'an City	1161	1772	1613	303	3.8	4.4	5.4	–7.3
临沂市	Linyi City	706	1229	882	308	4.9	9.7	5.6	–2.2
郑州市	Zhengzhou City	2010	2567	2544	611	10.3	8.6	13.3	–1.6
开封市	Kaifeng City	936	1812	1122	363	7.8	4.3	8.5	6.1
洛阳市	Luoyang City	998	1989	1265	506	5.4	1.6	6.6	0.4
平顶山市	Pingdingshan City	900	2066	967	481	12.9	12.7	14.2	10.1
安阳市	Anyang City	767	1893	759	474	2.5	1.9	3.0	2.2
新乡市	Xinxiang City	1072	2000	1279	287	0.4	2.5	5.7	–20.2
焦作市	Jiaozuo City	603	1523	750	286	8.8	21.8	16.5	–12.8
武汉市	Wuhan City	2424	5008	2599	694	6.2	2.9	8.4	1.9
黄石市	Huangshi City	466	667	468	305	4.0	4.7	5.2	2.0
宜昌市	Yichang City	788	1274	744	348	1.3	1.6	1.7	–1.0
襄樊市	Xiangfan City	754	1334	764	515	8.0	9.1	7.6	7.3
荆州市	Jingzhou City	875	1836	1082	397	22.2	27.1	30.1	0.5
长沙市	Changsha City	1748	2694	1963	590	3.6	4.2	2.6	5.7
株洲市	Zhuzhou City	970	1961	1000	417	1.7	–0.5	3.1	2.5
湘潭市	Xiangtan City	934	1597	1046	432	4.9	6.2	2.8	7.7
衡阳市	Hengyang City	661	1342	664	429	3.3	3.4	3.1	3.6

重点城市建设用地价格（2009年） 续表3
Prices of Land for Construction of Major Cities (2009) Continued 3

城市	Cities	地面地价水平（元/平方米）Price Level of Ground Land（yuan/m²）				地价同比增长率（%）Increase Over the Same Period of the Previous Year（%）			
		综合 Integrated Land Price	商业 Price of Land for Commercial Use	居住 Price of Land for Residential Use	工业 Price for Industrial Use	综合 Integrated Land Price	商业 Price of Land for Commercial Use	居住 Price of Land for Residential Use	工业 Price for Industrial Use
岳阳市	Yueyang City	1098	2584	966	325	4.4	1.9	5.8	2.2
广州市	Guangzhou City	3957	6045	5369	493	10.4	8.0	12.2	4.9
深圳市	Shenzhen City	10589	17084	16591	1571	33.2	32.2	36.7	5.7
珠海市	Zhuhai City	3446	7758	5055	537	13.0	4.1	20.1	0.9
汕头市	Shantou City	1533	4397	2552	609	14.3	16.8	13.6	13.6
佛山市顺德	Shunde of Foshan City	2161	1694	2789	530	6.1	–2.5	10.4	2.3
湛江市	Zhanjiang City	835	3139	1222	374	9.0	11.6	11.5	1.4
东莞市	Dongguan City	2856	3845	3135	537	3.4	2.6	3.8	–5.3
中山市	Zhongshan City	1201	3453	1071	505	–0.4	2.3	–1.2	–3.6
南宁市	Nanning City	1952	4855	1511	416	5.3	4.2	8.5	3.2
柳州市	Liuzhou City	1011	2174	1219	414	6.3	5.3	8.6	1.2
北海市	Beihai City	1026	2562	1595	275	7.8	10.6	8.0	2.6
海口市	Haikou City	1319	1533	1548	424	14.2	11.8	15.0	18.8
重庆市	Chongqing	2154	6170	2508	562	4.6	0.8	6.7	–5.1
成都市	Chengdu City	5932	7582	6810	653	2.4	0.5	3.2	0.2
南充市	Nanchong City	1256	1826	1390	378	13.6	8.8	15.7	26.4
宜宾市	Yibin City	1383	1985	1705	212	10.7	10.3	11.4	
贵阳市	Guiyang City	2693	6973	4071	429	5.0	3.6	6.0	–0.2
昆明市	Kunming City	3163	7340	3461	551	23.3	22.5	24.7	8.7
拉萨市	Lhasa City	1153	1634	1298	789				
西安市	Xi'an City	2332	3595	2830	584	1.1	0.8	1.3	1.4
兰州市	Lanzhou City	1351	1877	1618	716				
西宁市	Xining City	652	935	651	407	5.3	2.3	5.9	2.0
银川市	Yinchuan City	956	1715	1348	253	4.0	6.6	6.7	–13.7
乌鲁木齐市	Urumqi City	1483	2775	2594	437	6.2	5.1	6.2	7.6

土地违法案件
Cases Handling of Land

单位：件、公顷

年份/案件类别	Year/Case Category	合计 Total		
		件数 Number of Cases	涉及土地面积 Land Area Involved	耕地 Cultivated Land
2001		130129	26465.08	10171.27
2002		115529	27737.23	12375.07
2003		125636	51711.81	26557.69
2004		83916	70130.37	37207.25
2005		79841	43041.13	23616.97
2006		90340	69558.88	34230.8
2007		92347	80873.14	36708.24
2008		60077	50430.20	19964.57
2009		41662	31850.47	14181.54
上年未结案件	**Cases Unsettled from Last Year**	**8760**	**10290.60**	**4069.25**
本年发现违法	**Violations of Law Discovered in the Current Year**	**72940**	**37972.55**	**17039.35**
历年隐漏案件	Cases Concealed and Not Discovered over the Past Years	11226	10381.32	4246.54
本年发生案件	Cases Occurring This Year	61714	27591.24	12792.81
本年立案	**Cases Filed This Year**	**41623**	**31085.52**	**13868.16**
历年隐漏案件	Cases Concealed and Not Discovered over the Past Years	9815	10122.09	4059.21
本年发生案件	Cases Occurring This Year	31808	20963.44	9808.95
买卖和非法转让	Illegal Purchase, Sale and Transfer	1086	301.14	95.32
破坏耕地	Damage of Cultivated Land	1605	556.90	513.59
未经批准占地	Encroachment of Land Without Approval	28182	18544.76	8837.33
非法批地	Unlawful Approval of Land Occupancy	195	446.39	286.22
低价出让土地	Granting of Land at a Lower Price			
其他	Others	740	1114.25	76.49
本年结案	**Cases Settled This Year**	**41662**	**31850.47**	**14181.54**
处理上年未结案件	Last Year's Unsettled Cases Handled	6129	5880.04	2645.05
处理隐漏案件	Concealed and Not Discovered Cases Handled	8567	9205.42	3736.03
处理本年发生案件	This Year's Cases Handled	26966	16765.02	7800.46
买卖和非法转让	Illegal Purchase, Sale and Transfer	1030	270.28	81.43
破坏耕地	Damage of Cultivated Land	1093	472.61	430.56
未经批准占地	Encroachment of Land Without Approval	23996	14626.36	6971.61
非法批地	Unlawful Approval of Land Occupancy	176	394.38	266.24
低价出让土地	Granting of Land at a Lower Price			
其他	Others	671	1001.38	50.61
本年未结案件	**Cases Unsettled This Year**	**8721**	**9525.65**	**3755.87**

查处情况
Law Violations

Unit: Case, hectare

省级机关 Provincial Level			市级机关 Municipal Level			县级机关 County Level		
件数 Number of Cases	涉及土地面积 Land Area Involved	耕地 Cultivated Land	件数 Number of Cases	涉及土地面积 Land Area Involved	耕地 Cultivated Land	件数 Number of Cases	涉及土地面积 Land Area Involved	耕地 Cultivated Land
81	543.58	461.06	249	1168.71	543.26	1428	2292.51	815.87
75	168.64	66.30	321	1010.53	530.78	1271	2156.93	856.96
69	121.25	96.34	219	1467.92	676.73	1939	4946.56	2222.27
20	20.77	3.88	107	1220.23	416.08	948	4333.93	2814.88
31	27.92	10.78	315	589.83	272.46	701	1763.18	948.69
21	42.69	15.44	110	1010.56	331.87	732	4833.01	1771.65
134	1447.82	996.92	167	1308.81	160.28	986	5055.73	2279.43
56	394.12	92.71	83	712.65	321.79	634	2221.02	797.75
37	334.88	86.20	57	216.86	116.87	498	2136.81	916.23
9	**81.67**	**52.46**	**12**	**176.97**	**121.69**	**170**	**1377.80**	**501.46**
84	**453.32**	**103.52**	**115**	**505.87**	**268.51**	**666**	**2370.18**	**1256.6**
21	78.12	52.50	43	169.27	53.61	219	678.78	292.73
63	375.20	51.02	72	336.60	214.90	447	1691.40	963.88
38	**412.80**	**59.47**	**61**	**319.370**	**204.38**	**470**	**2061.65**	**1034.6**
28	265.92	40.53	13	61.60	21.89	137	668.58	292.81
10	146.88	18.94	48	257.77	182.49	333	1393.07	741.79
1	0.15					14	12.91	10.82
						2	0.32	0.32
8	146.61	18.94	26	196.32	143.63	296	1313.44	690.36
			15	59.39	38.33	17	65.08	40.29
1	0.11		7	2.06	0.53	4	1.32	
37	**334.88**	**86.20**	**57**	**216.86**	**116.87**	**498**	**2136.81**	**916.23**
5	57.28	40.26	4	41.01	35.57	140	627.74	187.41
25	253.03	27.64	13	64.00	22.32	92	617.84	286.47
7	24.57	18.30	40	111.85	58.98	266	891.24	442.35
1	0.15					13	0.24	
						2	0.32	0.32
5	24.30	18.30	19	50.93	20.65	235	834.28	409.05
			15	59.39	38.33	13	55.10	32.98
1	0.11		6	1.53		3	1.30	
10	**159.59**	**25.73**	**16**	**279.48**	**209.20**	**142**	**1302.64**	**619.83**

土地违法案件
Cases Handling of Land

单位：件、公顷

年份/案件类别	Year/Case Category	乡级机关 Township Level		
		件数 Number of Cases	涉及土地面积 Land Area Involved	耕地 Cultivated Land
2001		1971	1629.15	746.72
2002		1576	1103.28	597.11
2003		2234	2760.98	1658.23
2004		1206	2603.40	1848.69
2005		823	1912.20	893.99
2006		1082	4013.10	1506.29
2007		1433	5171.74	1912.80
2008		747	2131.50	1123.25
2009		770	1718.62	1059.58
上年未结案件	**Cases Unsettled from Last Year**	**160**	**499.33**	**294.32**
本年发现违法	**Violations of Law Discovered in the Current Year**	**910**	**1747.95**	**1094.05**
历年隐漏案件	Cases Concealed and Not Discovered over the Past Years	139	412.83	221.52
本年发生案件	Cases Occurring This Year	771	1335.13	872.52
本年立案	**Cases Filed This Year**	**739**	**1571.06**	**1007.22**
历年隐漏案件	Cases Concealed and Not Discovered over the Past Years	145	426.08	233.31
本年发生案件	Cases Occurring This Year	594	1144.98	773.92
买卖和非法转让	Illegal Purchase, Sale and Transfer	25	19.40	10.33
破坏耕地	Damage of Cultivated Land	20	32.39	24.35
未经批准占地	Encroachment of Land Without Approval	382	770.15	531.48
非法批地	Unlawful Approval of Land Occupancy	163	321.92	207.60
低价出让土地	Granting of Land at a Lower Price			
其他	Others	4	1.11	0.16
本年结案	**Cases Settled This Year**	**770**	**1718.62**	**1059.58**
处理上年未结案件	Last Year's Unsettled Cases Handled	94	326.00	172.35
处理隐漏案件	Concealed and Not Discovered Cases Handled	142	424.21	232.44
处理本年发生案件	This Year's Cases Handled	534	968.40	654.80
买卖和非法转让	Illegal Purchase, Sale and Transfer	23	17.17	8.80
破坏耕地	Damage of Cultivated Land	20	32.39	24.35
未经批准占地	Encroachment of Land Without Approval	339	637.84	426.56
非法批地	Unlawful Approval of Land Occupancy	148	279.89	194.93
低价出让土地	Granting of Land at a Lower Price			
其他	Others	4	1.11	0.16
本年未结案件	**Cases Unsettled This Year**	**129**	**351.76**	**241.96**

查处情况　续表

Law Violations　Continued

Unit: Case, hectare

村（组）集体 Village and Collective Level			企事业单位 Enterprises and Institutions			个人 Individuals		
件数 Number of Cases	涉及土地面积 Land Area Involved	耕地 Cultivated Land	件数 Number of Cases	涉及土地面积 Land Area Involved	耕地 Cultivated Land	件数 Number of Cases	涉及土地面积 Land Area Involved	耕地 Cultivated Land
7342	4753.94	2066.41	12492	9629.75	3201.46	106566	6447.44	2336.49
7781	4306.78	1968.36	15272	13125.07	5705.71	89233	5866.00	2649.85
9194	6540.07	3103.16	22149	25757.33	13995.35	89832	10117.70	4805.61
6651	7505.86	3431.02	18998	45537.62	23537.48	55987	8908.56	5155.22
4651	4090.55	1967.07	18419	25728.88	14780.74	54901	8928.57	4743.24
6488	7396.11	3494.53	21969	33965.00	18398.14	59938	18298.42	8712.88
6633	7948.94	4234.91	24996	41542.50	18933.21	57998	18397.60	8190.69
5291	5269.28	2519.09	15094	31848.15	11784.76	38172	7853.49	3325.23
3333	3062.15	1474.29	10464	18870.98	8044.13	26503	5510.18	2484.24
1153	**1407.87**	**681.68**	**1907**	**5317.37**	**1725.77**	**5349**	**1429.59**	**691.88**
3720	**2890.91**	**1353.08**	**11976**	**22285.91**	**9469.71**	**55469**	**7718.41**	**3493.88**
1180	1088.68	460.39	3628	6773.10	2592.98	5996	1180.54	572.80
2540	1802.23	892.69	8348	15512.81	6876.73	49473	6537.87	2921.08
2825	**2443.37**	**1145.12**	**10327**	**18908.54**	**7962.08**	**27163**	**5368.75**	**2455.29**
1210	1099.47	466.19	3549	6583.29	2504.40	4733	1017.15	500.09
1615	1343.89	678.94	6778	12325.25	5457.68	22430	4351.60	1955.20
89	82.85	37.63	100	127.18	23.76	857	58.65	12.78
71	53.73	46.29	152	249.39	233.83	1360	221.07	208.80
1433	1157.49	578.46	6281	11494.84	5167.34	19756	3465.90	1707.12
22	49.82	16.56	245	453.84	32.75	457	605.98	26.49
3333	**3062.15**	**1474.29**	**10464**	**18870.98**	**8044.13**	**26503**	**5510.18**	**2484.24**
940	1042.76	517.45	1461	2661.01	1152.08	3485	1124.23	539.93
1088	972.32	419.92	3157	5974.03	2295.54	4050	899.99	451.69
1305	1047.07	536.92	5846	10235.94	4596.50	18968	3485.95	1492.62
82	77.05	36.93	92	121.22	24.16	819	54.46	11.55
54	28.44	23.94	126	234.17	219.09	891	177.30	162.86
1148	893.80	461.52	5401	9442.81	4322.28	16849	2742.40	1313.26
21	47.79	14.53	227	437.75	30.97	409	511.79	4.95
645	**789.09**	**352.51**	**1770**	**5354.93**	**1643.72**	**6009**	**1288.16**	**662.93**

土地违法案件查处
Cases Handling of Land

单位：件、公顷

年份/案件类别	Year/Case Category	合计 Total		
		件数 Number of Cases	涉及土地面积 Land Area Involved	耕地 Cultivated Land
2001		130129	26465.08	10171.27
2002		115529	27737.23	12375.07
2003		125636	51711.81	26557.69
2004		83916	70130.37	37207.25
2005		79841	43041.13	23616.97
2006		90340	69558.88	34230.80
2007		92347	80873.14	36708.24
2008		60077	50430.20	19964.57
2009		41662	31850.47	14181.54
上年未结案件	**Cases Unsettled from Last Year**	**8760**	**10290.60**	**4069.25**
本年发现违法	**Violations of Law Discovered in the Current Year**	**72940**	**37972.55**	**17039.35**
历年隐漏案件	Cases Concealed and Not Discovered over the Past Years	11226	10381.32	4246.54
本年发生案件	Cases Occurring This Year	61714	27591.24	12792.81
本年立案	**Cases Filed This Year**	**41623**	**31085.52**	**13868.16**
历年隐漏案件	Cases Concealed and Not Discovered over the Past Years	9815	10122.09	4059.21
本年发生案件	Cases Occurring This Year	31808	20963.44	9808.95
买卖和非法转让	Illegal Purchase, Sale and Transfer	1086	301.14	95.32
破坏耕地	Damage of Cultivated Land	1605	556.90	513.59
未经批准占地	Encroachment of Land Without Approval	28182	18544.76	8837.33
非法批地	Unlawful Approval of Land Occupancy	195	446.39	286.22
低价出让土地	Granting of Land at a Lower Price			
其他	Others	740	1114.25	76.49
本年结案	**Cases Settled This Year**	**41662**	**31850.47**	**14181.54**
处理上年未结案件	Last Year's Unsettled Cases Handled	6129	5880.04	2645.05
处理隐漏案件	Concealed and Not Discovered Cases Handled	8567	9205.42	3736.03
处理本年发生案件	This Year's Cases Handled	26966	16765.02	7800.46
买卖和非法转让	Illegal Purchase, Sale and Transfer	1030	270.28	81.43
破坏耕地	Damage of Cultivated Land	1093	472.61	430.56
未经批准占地	Encroachment of Land Without Approval	23996	14626.36	6971.61
非法批地	Unlawful Approval of Land Occupancy	176	394.38	266.24
低价出让土地	Granting of Land at a Lower Price			
其他	Others	671	1001.38	50.61
本年未结案件	**Cases Unsettled This Year**	**8721**	**9525.65**	**3755.87**

情况——按地区分列

Law Violations by Region

Unit: Case, hectare

北京 Beijing			天津 Tianjin			河北 Hebei		
件数 Number of Cases	涉及土地面积 Land Area Involved	耕地 Cultivated Land	件数 Number of Cases	涉及土地面积 Land Area Involved	耕地 Cultivated Land	件数 Number of Cases	涉及土地面积 Land Area Involved	耕地 Cultivated Land
162	522.84	401.30	77	207.46	79.26	7029	1862.35	880.22
98	152.61	74.64	170	39.51	21.15	6898	1347.03	403.90
192	497.49	77.94	142	402.47	279.15	5710	1548.09	670.34
133	414.32	215.06	229	781.45	624.89	5077	2392.68	1538.88
143	277.76	217.11	168	274.58	153.26	4601	1299.84	756.93
160	346.56	103.50	148	224.74	118.48	4961	2243.75	1383.61
270	572.42	212.78	1019	1738.69	850.19	6053	3818.89	2690.51
444	851.85	98.92	1031	1677.26	772.08	2070	1545.59	967.37
1240	1521.89	422.75	161	235.99	57.72	2064	1172.15	865.97
1162	**2092.57**	**637.55**	**25**	**76.80**	**1.04**	**488**	**282.81**	**206.12**
808	**1089.44**	**384.35**	**260**	**226.07**	**91.27**	**2942**	**1686.49**	**1242.13**
370	417.44	83.30	70	60.84	19.75	368	192.60	129.31
438	672.00	301.05	190	165.23	71.52	2574	1493.89	1112.82
615	**676.04**	**161.69**	**149**	**164.69**	**60.15**	**2470**	**1451.91**	**1065.35**
363	345.53	69.93	70	60.84	19.75	210	170.33	106.62
252	330.51	91.76	79	103.85	40.40	2260	1281.59	958.73
						15	4.04	1.91
			1	6.67	6.67	183	156.13	149.98
248	318.14	91.76	78	97.18	33.73	2052	1109.92	806.51
4	12.37					10	11.49	0.33
1240	**1521.89**	**422.75**	**161**	**235.99**	**57.72**	**2064**	**1172.15**	**865.97**
817	1088.48	333.02	25	76.80	1.04	360	238.01	173.06
341	323.55	66.24	70	60.84	19.75	154	106.84	76.40
82	109.86	23.49	66	98.35	36.93	1550	827.30	616.51
						13	3.15	1.91
			1	6.67	6.67	134	147.27	139.27
78	97.49	23.49	65	91.68	30.26	1398	667.81	475.29
4	12.37					5	9.07	0.04
537	**1246.72**	**376.49**	**13**	**5.50**	**3.47**	**894**	**562.57**	**405.50**

土地违法案件查处
Cases Handling of Land

单位：件、公顷

年份/案件类别	Year/Case Category	山西 Shanxi		
		件数 Number of Cases	涉及土地面积 Land Area Involved	耕地 Cultivated Land
2001		3092	1029.27	337.47
2002		3802	953.68	326.86
2003		3935	1430.60	683.56
2004		2802	2340.26	1295.43
2005		3276	2135.20	1137.92
2006		2734	2189.22	1187.04
2007		3684	3904.50	2318.94
2008		1560	1515.94	816.12
2009		1360	939.72	406.83
上年未结案件	**Cases Unsettled from Last Year**	**260**	**357.19**	**205.65**
本年发现违法	**Violations of Law Discovered in the Current Year**	**1708**	**937.88**	**349.21**
历年隐漏案件	Cases Concealed and Not Discovered over the Past Years	432	360.91	136.90
本年发生案件	Cases Occurring This Year	1276	576.98	212.30
本年立案	**Cases Filed This Year**	**1360**	**843.19**	**310.98**
历年隐漏案件	Cases Concealed and Not Discovered over the Past Years	315	292.15	109.18
本年发生案件	Cases Occurring This Year	1045	551.04	201.81
买卖和非法转让	Illegal Purchase, Sale and Transfer	18	2.07	0.58
破坏耕地	Damage of Cultivated Land	18	7.51	6.58
未经批准占地	Encroachment of Land Without Approval	974	526.56	194.58
非法批地	Unlawful Approval of Land Occupancy			
低价出让土地	Granting of Land at a Lower Price			
其他	Others	35	14.91	0.07
本年结案	**Cases Settled This Year**	**1360**	**939.72**	**406.83**
处理上年未结案件	Last Year's Unsettled Cases Handled	254	352.55	201.46
处理隐漏案件	Concealed and Not Discovered Cases Handled	252	241.06	104.11
处理本年发生案件	This Year's Cases Handled	854	346.11	101.26
买卖和非法转让	Illegal Purchase, Sale and Transfer	14	1.21	
破坏耕地	Damage of Cultivated Land	16	6.12	6.12
未经批准占地	Encroachment of Land Without Approval	796	324.86	95.07
非法批地	Unlawful Approval of Land Occupancy			
低价出让土地	Granting of Land at a Lower Price			
其他	Others	28	13.92	0.07
本年未结案件	**Cases Unsettled This Year**	**260**	**260.66**	**109.80**

情况——按地区分列　续表 1

Law Violations by Region　Continued 1

Unit: Case, hectare

内蒙古 Inner Mongolia			辽宁 Liaoning			吉林 Jilin		
件数 Number of Cases	涉及土地面积		件数 Number of Cases	涉及土地面积		件数 Number of Cases	涉及土地面积	
	Land Area Involved	耕地 Cultivated Land		Land Area Involved	耕地 Cultivated Land		Land Area Involved	耕地 Cultivated Land
2042	2533.32	425.74	2327	1368.85	500.43	1077	459.09	93.52
1086	760.65	217.67	1856	1438.65	559.79	1057	616.35	338.80
879	642.93	118.20	2169	1372.95	751.32	1073	553.11	197.68
1229	3066.44	352.36	1670	3058.67	1363.16	872	468.75	177.87
970	1255.26	240.70	1833	749.39	441.64	847	462.66	154.63
1031	2186.29	300.19	1654	1647.24	731.52	988	626.78	194.48
712	1038.15	144.12	2059	3001.32	1413.75	1137	744.07	129.25
639	6995.92	1732.00	876	826.01	307.85	1136	971.13	348.04
784	1856.00	207.27	786	1476.82	443.06	1021	715.05	245.23
204	**1089.81**	**355.26**	**373**	**515.03**	**223.31**	**74**	**90.94**	**71.21**
734	**1598.78**	**167.94**	**1025**	**2077.99**	**769.29**	**1166**	**752.70**	**191.44**
99	590.21	128.43	314	490.89	154.40	238	144.90	21.08
635	1008.58	39.51	711	1587.10	614.89	928	607.80	170.36
602	**1468.48**	**143.45**	**828**	**1439.18**	**415.07**	**1048**	**717.94**	**187.79**
99	590.21	128.43	270	467.70	142.48	238	144.37	20.55
503	878.27	15.02	558	971.48	272.59	810	573.57	167.24
6	3.19	0.97	6	4.56	0.90			
2	0.75		35	44.93	42.73	17	6.00	6.00
495	874.33	14.05	514	888.72	209.76	784	557.50	160.85
			3	33.27	19.20	9	10.07	0.39
784	**1856.00**	**207.27**	**786**	**1476.82**	**443.06**	**1021**	**715.05**	**245.23**
190	419.87	65.06	257	328.64	132.21	74	90.94	71.21
99	590.21	128.43	184	405.90	119.39	199	107.89	15.57
495	845.92	13.79	315	742.28	191.46	748	516.22	158.45
6	3.19	0.97	6	4.56	1.30			
2	0.75		22	42.81	40.95	14	5.29	5.29
487	841.98	12.82	315	694.74	149.22	725	500.86	152.77
			2	0.17		9	10.07	0.39
22	**702.29**	**291.43**	**415**	**477.38**	**195.32**	**101**	**93.82**	**13.77**

土地违法案件查处
Cases Handling of Land

单位：件、公顷

年份/案件类别	Year/Case Category	黑龙江 Heilongjiang		
		件数 Number of Cases	涉及土地面积 Land Area Involved	耕地 Cultivated Land
2001		1158	506.10	86.96
2002		1982	583.65	105.98
2003		2445	1055.69	56.45
2004		984	539.78	119.73
2005		781	688.63	303.71
2006		1110	1206.42	420.19
2007		1425	2430.22	631.90
2008		1171	1611.41	338.59
2009		680	857.64	265.61
上年未结案件	**Cases Unsettled from Last Year**	**54**	**53.10**	**12.95**
本年发现违法	**Violations of Law Discovered in the Current Year**	**699**	**891.40**	**280.10**
历年隐漏案件	Cases Concealed and Not Discovered over the Past Years	196	337.30	72.79
本年发生案件	Cases Occurring This Year	503	554.10	207.31
本年立案	**Cases Filed This Year**	**652**	**878.59**	**272.48**
历年隐漏案件	Cases Concealed and Not Discovered over the Past Years	187	215.70	35.67
本年发生案件	Cases Occurring This Year	465	662.89	236.81
买卖和非法转让	Illegal Purchase, Sale and Transfer	6	0.95	0.78
破坏耕地	Damage of Cultivated Land	10	4.99	3.85
未经批准占地	Encroachment of Land Without Approval	434	638.13	232.18
非法批地	Unlawful Approval of Land Occupancy			
低价出让土地	Granting of Land at a Lower Price			
其他	Others	15	18.83	
本年结案	**Cases Settled This Year**	**680**	**857.64**	**265.61**
处理上年未结案件	Last Year's Unsettled Cases Handled	54	53.10	12.95
处理隐漏案件	Concealed and Not Discovered Cases Handled	182	211.41	33.30
处理本年发生案件	This Year's Cases Handled	444	593.13	219.36
买卖和非法转让	Illegal Purchase, Sale and Transfer	6	0.95	0.78
破坏耕地	Damage of Cultivated Land	10	4.99	3.85
未经批准占地	Encroachment of Land Without Approval	413	568.37	214.73
非法批地	Unlawful Approval of Land Occupancy			
低价出让土地	Granting of Land at a Lower Price			
其他	Others	15	18.83	
本年未结案件	**Cases Unsettled This Year**	**26**	**74.05**	**19.82**

情况——按地区分列　续表 2

Law Violations by Region　Continued 2

Unit: Case, hectare

上海 Shanghai			江苏 Jiangsu			浙江 Zhejiang		
件数 Number of Cases	涉及土地面积 Land Area Involved	耕地 Cultivated Land	件数 Number of Cases	涉及土地面积 Land Area Involved	耕地 Cultivated Land	件数 Number of Cases	涉及土地面积 Land Area Involved	耕地 Cultivated Land
384	324.16	141.09	3500	793.96	401.49	8744	815.22	451.34
1014	942.78	816.16	2107	1591.64	890.95	6113	1531.74	972.66
660	668.78	419.26	3000	2835.39	1205.85	10985	4116.27	2878.98
381	635.51	319.59	3100	7676.40	4017.00	10623	3554.59	2312.36
634	1004.71	630.76	3017	4717.96	3105.95	14026	8796.69	6085.56
840	1286.43	699.34	4332	4784.34	2862.27	13635	5719.28	3430.28
596	839.31	278.43	4536	6939.10	4515.24	15122	3914.25	2283.34
453	594.17	135.28	3100	4931.86	2909.67	14105	4213.95	2215.46
402	394.45	251.81	2221	4893.53	3014.41	3547	898.45	430.38
			211	**430.51**	**307.52**	**432**	**110.86**	**77.14**
202	**146.27**	**63.51**	**2861**	**5693.97**	**3647.36**	**4603**	**975.38**	**426.27**
15	6.83	5.86	713	1865.50	799.52	1297	354.14	163.96
187	139.44	57.65	2148	3828.47	2847.83	3306	621.24	262.31
402	**394.45**	**251.81**	**2219**	**5015.47**	**3173.79**	**3342**	**862.72**	**375.84**
388	385.99	248.79	677	1834.23	774.81	1203	319.83	142.35
14	8.46	3.02	1542	3181.24	2398.98	2139	542.89	233.49
			9	12.94	7.89	36	5.54	4.64
			2	3.01	3.01	199	39.22	32.99
14	8.46	3.02	1510	3134.32	2381.05	1893	492.96	195.87
						1	0.05	
			21	30.97	7.03	10	5.12	
402	**394.45**	**251.81**	**2221**	**4893.53**	**3014.41**	**3547**	**898.45**	**430.38**
			120	248.85	140.14	416	101.97	73.05
388	385.99	248.79	673	1828.98	773.79	1139	303.74	137.43
14	8.46	3.02	1428	2815.70	2100.48	1992	492.74	219.90
			8	8.62	7.89	35	5.38	4.64
			2	3.01	3.01	187	32.99	27.41
14	8.46	3.02	1397	2773.10	2082.55	1759	449.21	187.85
						1	0.05	
			21	30.97	7.03	10	5.12	
			209	**552.45**	**466.90**	**227**	**75.13**	**22.61**

土地违法案件查处
Cases Handling of Land

单位：件、公顷

年份/案件类别	Year/Case Category	安徽 Anhui		
		件数 Number of Cases	涉及土地面积 Land Area Involved	耕地 Cultivated Land
2001		2197	538.24	270.53
2002		2223	301.72	132.20
2003		2352	437.35	238.47
2004		1617	445.02	236.75
2005		2399	867.96	586.88
2006		2447	1474.29	707.65
2007		2264	2313.09	939.50
2008		1292	1706.77	1158.95
2009		2421	3826.29	2602.46
上年未结案件	**Cases Unsettled from Last Year**	**689**	**274.85**	**191.80**
本年发现违法	**Violations of Law Discovered in the Current Year**	**5517**	**5464.82**	**3746.65**
历年隐漏案件	Cases Concealed and Not Discovered over the Past Years	858	992.55	578.08
本年发生案件	Cases Occurring This Year	4659	4472.27	3168.57
本年立案	**Cases Filed This Year**	**3424**	**4555.13**	**3063.51**
历年隐漏案件	Cases Concealed and Not Discovered over the Past Years	651	851.73	486.65
本年发生案件	Cases Occurring This Year	2773	3703.40	2576.87
买卖和非法转让	Illegal Purchase, Sale and Transfer	40	25.12	17.82
破坏耕地	Damage of Cultivated Land	445	124.50	105.50
未经批准占地	Encroachment of Land Without Approval	2084	3104.42	2170.26
非法批地	Unlawful Approval of Land Occupancy	190	438.58	279.71
低价出让土地	Granting of Land at a Lower Price			
其他	Others	14	10.77	3.58
本年结案	**Cases Settled This Year**	**2421**	**3826.29**	**2602.46**
处理上年未结案件	Last Year's Unsettled Cases Handled	187	153.18	119.32
处理隐漏案件	Concealed and Not Discovered Cases Handled	341	764.02	450.75
处理本年发生案件	This Year's Cases Handled	1893	2909.09	2032.39
买卖和非法转让	Illegal Purchase, Sale and Transfer	36	24.09	17.82
破坏耕地	Damage of Cultivated Land	121	102.01	83.15
未经批准占地	Encroachment of Land Without Approval	1554	2388.95	1670.72
非法批地	Unlawful Approval of Land Occupancy	171	386.00	259.16
低价出让土地	Granting of Land at a Lower Price			
其他	Others	11	8.04	1.55
本年未结案件	**Cases Unsettled This Year**	**1692**	**1003.69**	**652.85**

情况——按地区分列　续表 3

Law Violations by Region　Continued 3

Unit: Case, hectare

福建 Fujian			江西 Jiangxi			山东 Shandong		
件数 Number of Cases	涉及土地面积		件数 Number of Cases	涉及土地面积		件数 Number of Cases	涉及土地面积	
	Land Area Involved	耕地 Cultivated Land		Land Area Involved	耕地 Cultivated Land		Land Area Involved	耕地 Cultivated Land
3818	277.30	167.72	9776	583.67	140.62	9216	3408.58	2136.75
3518	337.15	151.23	6202	224.76	78.53	14593	6945.74	3605.91
3871	601.80	295.19	2368	609.51	260.73	22711	16004.31	10502.83
3984	381.78	124.65	2156	176.71	90.99	8528	14522.67	10735.95
3689	312.69	105.19	2853	246.10	56.44	4330	3706.36	2794.18
4102	857.57	129.59	2773	474.45	155.53	6860	8771.65	6574.58
4136	621.04	304.22	1119	1176.24	253.83	6719	8728.04	5572.67
3764	356.82	108.45	594	1050.72	428.77	2932	3444.37	1782.37
2809	319.59	99.23	890	1145.39	301.74	2693	2012.51	1231.72
192	**55.65**	**18.42**	**70**	**136.07**	**31.64**	**1018**	**1093.23**	**756.39**
3283	**414.07**	**125.73**	**1770**	**1382.03**	**378.35**	**3070**	**1422.63**	**777.98**
240	72.44	28.05	322	499.69	131.63	1002	597.40	303.52
3043	341.63	97.68	1448	882.33	246.72	2068	825.23	474.46
2975	**370.21**	**106.54**	**995**	**1308.87**	**340.99**	**2117**	**1133.80**	**644.34**
180	53.60	22.01	247	395.23	101.26	983	593.22	293.02
2795	316.61	84.53	748	913.65	239.72	1134	540.58	351.32
471	4.56	0.49	31	36.67	7.51	11	10.18	8.97
54	15.43	14.97	17	12.21	12.21	67	14.94	14.50
2234	276.83	68.70	657	833.02	219.84	1047	513.59	327.84
			1	0.19				
36	19.79	0.36	42	31.55	0.16	9	1.87	
2809	**319.59**	**99.23**	**890**	**1145.39**	**301.74**	**2693**	**2012.51**	**1231.72**
123	45.74	13.02	54	67.95	18.14	962	1051.63	723.75
169	48.78	18.97	211	342.03	84.08	887	558.04	269.15
2517	225.06	67.24	625	735.42	199.53	844	402.84	238.81
468	4.24	0.49	27	30.45	5.97	10	9.88	8.97
37	10.57	10.15	15	11.86	11.86	44	7.35	6.91
1976	190.46	56.24	542	662.84	181.53	783	384.03	222.93
			1	0.19				
36	19.79	0.36	40	30.08	0.16	7	1.58	
358	**106.27**	**25.73**	**175**	**299.55**	**70.88**	**442**	**214.53**	**169.01**

土地违法案件查处
Cases Handling of Land

单位：件、公顷

年份/案件类别	Year/Case Category	河南 Henan		
		件数 Number of Cases	涉及土地面积 Land Area Involved	耕地 Cultivated Land
2001		6869	2149.07	1028.98
2002		8129	1778.09	1075.25
2003		6463	2080.48	993.40
2004		5310	3061.06	2261.43
2005		5354	3578.18	2680.84
2006		10525	11951.56	8845.38
2007		8563	6041.70	4249.44
2008		3398	2140.41	1499.65
2009		2743	1126.02	681.63
上年未结案件	**Cases Unsettled from Last Year**	**427**	**229.07**	**73.54**
本年发现违法	**Violations of Law Discovered in the Current Year**	**3056**	**1139.20**	**779.47**
历年隐漏案件	Cases Concealed and Not Discovered over the Past Years	506	285.59	200.61
本年发生案件	Cases Occurring This Year	2550	853.61	578.86
本年立案	**Cases Filed This Year**	**2420**	**1001.31**	**668.34**
历年隐漏案件	Cases Concealed and Not Discovered over the Past Years	495	284.22	199.92
本年发生案件	Cases Occurring This Year	1925	717.09	468.42
买卖和非法转让	Illegal Purchase, Sale and Transfer	41	41.63	19.85
破坏耕地	Damage of Cultivated Land	68	8.52	8.46
未经批准占地	Encroachment of Land Without Approval	1780	644.51	425.22
非法批地	Unlawful Approval of Land Occupancy			
低价出让土地	Granting of Land at a Lower Price			
其他	Others	36	22.42	14.89
本年结案	**Cases Settled This Year**	**2743**	**1126.02**	**681.63**
处理上年未结案件	Last Year's Unsettled Cases Handled	390	186.31	51.31
处理隐漏案件	Concealed and Not Discovered Cases Handled	479	263.22	186.03
处理本年发生案件	This Year's Cases Handled	1874	676.50	444.29
买卖和非法转让	Illegal Purchase, Sale and Transfer	39	28.30	9.02
破坏耕地	Damage of Cultivated Land	68	8.52	8.46
未经批准占地	Encroachment of Land Without Approval	1739	621.27	415.04
非法批地	Unlawful Approval of Land Occupancy			
低价出让土地	Granting of Land at a Lower Price			
其他	Others	28	18.42	11.77
本年未结案件	**Cases Unsettled This Year**	**104**	**104.35**	**60.25**

情况——按地区分列　续表 4

Law Violations by Region　Continued 4

Unit: Case, hectare

湖北 Hubei			湖南 Hunan			广东 Guangdong		
件数 Number of Cases	涉及土地面积		件数 Number of Cases	涉及土地面积		件数 Number of Cases	涉及土地面积	
	Land Area Involved	耕地 Cultivated Land		Land Area Involved	耕地 Cultivated Land		Land Area Involved	耕地 Cultivated Land
4176	1037.60	301.85	6805	815.70	319.94	6121	1043.66	183.80
3503	1171.71	325.35	6582	839.32	172.81	3695	989.56	177.84
7139	4389.16	1905.09	5293	863.68	201.69	6628	1892.04	749.36
2686	832.90	240.36	3863	1001.60	276.92	4187	2741.47	786.73
3464	2007.12	908.06	4003	802.61	197.78	2651	1348.08	420.63
2646	1738.99	881.02	3580	1129.89	267.11	3082	6508.43	1421.06
3024	4458.25	2345.71	3826	2428.72	477.84	3642	5615.68	1105.65
1084	1426.60	511.93	3115	1150.45	303.61	4667	2990.96	657.46
541	827.19	279.91	3068	831.16	159.30	1605	1533.85	228.45
98	**165.78**	**44.61**	**181**	**111.24**	**42.37**	**582**	**731.14**	**191.72**
2472	**1788.56**	**410.23**	**9269**	**1139.76**	**206.47**	**5194**	**2403.90**	**376.31**
220	531.10	208.20	370	97.46	20.66	491	335.76	33.83
2252	1257.46	202.03	8899	1042.29	185.81	4703	2068.14	342.48
543	**903.10**	**343.79**	**3338**	**836.74**	**165.03**	**1783**	**1772.18**	**232.15**
129	517.48	199.36	87	73.68	13.04	433	536.27	33.73
414	385.62	144.43	3251	763.06	151.98	1350	1235.91	198.42
38	20.98	4.57	102	21.21	2.18	20	67.08	8.96
13	5.76	4.91	193	32.38	31.47	54	8.23	8.14
341	324.72	117.76	2876	562.69	117.92	1264	1154.89	181.32
1	6.44	6.44	1	0.06	0.06			
21	27.72	10.75	79	146.71	0.35	12	5.71	
541	**827.19**	**279.91**	**3068**	**831.16**	**159.30**	**1605**	**1533.85**	**228.45**
62	114.50	36.24	102	81.97	26.75	404	543.28	139.19
101	383.99	145.00	82	71.61	12.95	355	459.77	26.21
378	328.70	98.68	2884	677.57	119.59	846	530.80	63.05
37	20.28	4.57	99	20.87	2.15	19	66.38	8.26
13	5.76	4.91	180	26.20	25.43	19	7.81	6.04
306	268.21	72.00	2534	489.93	91.02	801	453.56	48.75
1	6.44	6.44	1	0.64	0.64			
21	28.01	10.75	70	139.93	0.35	7	3.05	
100	**241.69**	**108.48**	**451**	**116.81**	**48.10**	**760**	**969.46**	**195.42**

土地违法案件查处
Cases Handling of Land

单位：件、公顷

年份/案件类别	Year/Case Category	广西 Guangxi		
		件数 Number of Cases	涉及土地面积 Land Area Involved	耕地 Cultivated Land
2001		14979	304.47	45.29
2002		11610	2079.31	463.02
2003		8704	995.92	213.25
2004		5827	547.80	173.77
2005		4824	853.30	190.24
2006		3847	448.30	143.60
2007		4178	870.59	227.29
2008		2371	591.57	176.02
2009		1757	435.95	101.80
上年未结案件	**Cases Unsettled from Last Year**	**524**	**588.84**	**96.65**
本年发现违法	**Violations of Law Discovered in the Current Year**	**2968**	**506.38**	**122.02**
历年隐漏案件	Cases Concealed and Not Discovered over the Past Years	754	294.56	80.91
本年发生案件	Cases Occurring This Year	2214	211.81	41.11
本年立案	**Cases Filed This Year**	**1754**	**395.01**	**94.66**
历年隐漏案件	Cases Concealed and Not Discovered over the Past Years	663	273.16	73.46
本年发生案件	Cases Occurring This Year	1091	121.85	21.19
买卖和非法转让	Illegal Purchase, Sale and Transfer	19	1.66	1.19
破坏耕地	Damage of Cultivated Land	33	1.24	1.15
未经批准占地	Encroachment of Land Without Approval	1030	118.84	18.79
非法批地	Unlawful Approval of Land Occupancy			
低价出让土地	Granting of Land at a Lower Price			
其他	Others	9	0.12	0.06
本年结案	**Cases Settled This Year**	**1757**	**435.95**	**101.80**
处理上年未结案件	Last Year's Unsettled Cases Handled	192	182.95	46.59
处理隐漏案件	Concealed and Not Discovered Cases Handled	549	150.61	39.83
处理本年发生案件	This Year's Cases Handled	1016	102.39	15.38
买卖和非法转让	Illegal Purchase, Sale and Transfer	13	1.33	1.19
破坏耕地	Damage of Cultivated Land	33	1.24	1.15
未经批准占地	Encroachment of Land Without Approval	963	99.76	12.98
非法批地	Unlawful Approval of Land Occupancy			
低价出让土地	Granting of Land at a Lower Price			
其他	Others	7	0.05	0.05
本年未结案件	**Cases Unsettled This Year**	**521**	**547.90**	**89.51**

情况——按地区分列 续表 5
Law Violations by Region Continued 5

Unit: Case, hectare

海南 Hainan			重庆 Chongqing			四川 Sichuan		
件数 Number of Cases	涉及土地面积		件数 Number of Cases	涉及土地面积		件数 Number of Cases	涉及土地面积	
	Land Area Involved	耕地 Cultivated Land		Land Area Involved	耕地 Cultivated Land		Land Area Involved	耕地 Cultivated Land
215	2310.63	145.79	4833	195.17	79.47	4773	520.14	336.45
516	58.58	10.62	2752	198.52	104.70	5061	407.78	250.01
265	721.81	5.80	2507	254.51	157.62	6900	2703.25	1671.52
414	305.05	8.19	2059	622.54	319.30	2727	1155.90	578.25
463	160.28	6.58	2008	186.97	80.63	2753	1405.68	749.37
361	94.95	3.07	2355	180.27	78.11	4263	3862.21	1412.16
155	142.12	10.64	2599	1240.36	784.62	3129	2064.98	964.68
95	112.83	63.90	1817	877.29	450.47	1055	251.08	48.03
81	183.60	12.32	1358	811.64	486.98	601	238.70	61.82
41	**92.93**	**11.05**	**15**	**2.88**	**1.43**	**22**	**3.21**	**0.30**
87	**161.35**	**1.91**	**1580**	**903.02**	**499.90**	**2886**	**613.14**	**271.91**
3	0.19		602	746.22	443.56	200	138.39	47.43
84	161.16	1.91	978	156.81	56.35	2686	474.75	224.49
87	**161.35**	**1.91**	**1390**	**883.71**	**491.93**	**734**	**332.21**	**97.12**
3	0.19		596	745.92	443.16	114	96.81	28.73
84	161.16	1.91	794	137.80	48.77	620	235.40	68.39
			8	4.87	0.29	14	1.73	0.45
2	1.13	1.13	11	1.66	1.66	18	33.87	31.27
79	88.16	0.79	764	129.59	46.82	528	185.37	32.57
						1	1.06	
3	71.88		11	1.68		59	13.38	4.10
81	**183.60**	**12.32**	**1358**	**811.64**	**486.98**	**601**	**238.70**	**61.82**
26	51.63	11.05	5	1.37	0.60	9	2.38	0.12
1	0.14		579	741.92	440.48	87	47.76	20.96
54	131.83	1.28	774	68.35	45.90	505	188.36	40.75
			8	4.87	0.29	14	1.73	0.45
1	0.86	0.86	7	0.82	0.82	10	18.12	18.04
51	64.99	0.42	748	60.98	44.79	424	154.44	18.16
						1	1.06	
2	65.98		11	1.68		56	13.21	4.10
47	**70.68**	**0.63**	**47**	**74.96**	**6.38**	**155**	**96.71**	**35.59**

土地违法案件查处
Cases Handling of Land

单位：件、公顷

年份/案件类别	Year/Case Category	贵州 Guizhou		
		件数 Number of Cases	涉及土地面积 Land Area Involved	耕地 Cultivated Land
2001		11637	333.05	168.72
2002		8824	382.62	177.60
2003		4980	954.76	518.26
2004		5682	15052.00	7747.28
2005		4154	1334.41	688.86
2006		5701	1297.71	752.59
2007		6201	5396.45	1328.85
2008		3575	2104.73	701.82
2009		3488	334.04	209.66
上年未结案件	**Cases Unsettled from Last Year**	**1414**	**124.31**	**63.40**
本年发现违法	**Violations of Law Discovered in the Current Year**	**10000**	**746.50**	**448.07**
历年隐漏案件	Cases Concealed and Not Discovered over the Past Years	1243	201.62	157.28
本年发生案件	Cases Occurring This Year	8757	544.87	290.79
本年立案	**Cases Filed This Year**	**3115**	**358.82**	**222.10**
历年隐漏案件	Cases Concealed and Not Discovered over the Past Years	949	204.15	155.50
本年发生案件	Cases Occurring This Year	2166	154.66	66.60
买卖和非法转让	Illegal Purchase, Sale and Transfer	45	2.59	1.18
破坏耕地	Damage of Cultivated Land	100	1.50	1.21
未经批准占地	Encroachment of Land Without Approval	2019	146.60	64.19
非法批地	Unlawful Approval of Land Occupancy			
低价出让土地	Granting of Land at a Lower Price			
其他	Others	2	3.97	0.01
本年结案	**Cases Settled This Year**	**3488**	**334.04**	**209.66**
处理上年未结案件	Last Year's Unsettled Cases Handled	849	39.53	31.95
处理隐漏案件	Concealed and Not Discovered Cases Handled	790	176.59	130.62
处理本年发生案件	This Year's Cases Handled	1849	117.92	47.08
买卖和非法转让	Illegal Purchase, Sale and Transfer	35	1.88	0.56
破坏耕地	Damage of Cultivated Land	99	1.49	1.20
未经批准占地	Encroachment of Land Without Approval	1713	110.58	45.31
非法批地	Unlawful Approval of Land Occupancy			
低价出让土地	Granting of Land at a Lower Price			
其他	Others	2	3.97	0.01
本年未结案件	**Cases Unsettled This Year**	**1041**	**149.09**	**75.85**

情况——按地区分列　续表 6
Law Violations by Region　Continued 6

Unit: Case, hectare

云南 Yunnan			西藏 Tibet			陕西 Shaanxi		
件数 Number of Cases	涉及土地面积		件数 Number of Cases	涉及土地面积		件数 Number of Cases	涉及土地面积	
	Land Area Involved	耕地 Cultivated Land		Land Area Involved	耕地 Cultivated Land		Land Area Involved	耕地 Cultivated Land
2120	150.07	72.37	25	2.22	2.22	8920	1078.03	739.02
1901	186.32	98.81	333	14.91	5.60	7203	1205.72	603.31
4684	418.54	191.15	72	28.00	1.67	5834	2329.89	881.03
2765	2029.80	153.75	17	214.60	209.26	3566	1268.50	706.57
2016	477.43	229.47				3289	1001.14	504.07
1557	513.65	186.76				3012	1454.34	779.51
985	1410.27	694.47	12	100.64		2616	2150.40	1430.04
398	1366.17	364.05				1673	1233.64	785.56
219	454.58	173.92	27	0.52	0.02	1021	816.03	355.47
25	**1316.44**	**272.87**				**89**	**165.66**	**112.97**
288	**407.04**	**119.05**	**32**	**0.80**	**0.30**	**1000**	**768.72**	**357.17**
45	137.78	37.69				112	223.81	55.55
243	269.26	81.36	32	0.80	0.30	888	544.91	301.62
216	**388.79**	**114.32**	**29**	**0.52**	**0.02**	**957**	**674.64**	**263.65**
44	137.51	37.42				99	215.09	48.40
172	251.28	76.90	29	0.52	0.02	858	459.55	215.25
2	0.49	0.47				26	9.98	2.86
2	1.68	1.66				17	3.31	3.31
161	229.55	74.57	29	0.52	0.02	801	440.43	206.98
7	19.56	0.20				14	5.83	2.11
219	**454.58**	**173.92**	**27**	**0.52**	**0.02**	**1021**	**816.03**	**355.47**
17	77.26	61.43				79	156.21	104.86
42	137.32	37.23				99	214.35	48.40
160	240.00	75.26	27	0.52	0.02	843	445.47	202.21
2	0.49	0.47				26	9.98	2.86
1	0.90	0.88				17	3.31	3.31
150	219.06	73.71	27	0.52	0.02	788	427.58	195.17
7	19.56	0.20				12	4.60	0.88
22	**1250.65**	**213.27**	**2**	**0.01**		**25**	**24.28**	**21.15**

土地违法案件查处
Cases Handling of Land

单位：件、公顷

年份/案件类别	Year/Case Category	甘肃 Gansu 件数 Number of Cases	涉及土地面积 Land Area Involved	耕地 Cultivated Land
2001		1600	101.22	54.75
2002		1207	198.00	105.00
2003		2063	583.47	227.89
2004		569	292.38	120.21
2005		612	134.55	50.84
2006		588	345.87	211.44
2007		974	951.78	389.20
2008		252	64.37	15.18
2009		362	148.95	84.62
上年未结案件	**Cases Unsettled from Last Year**	**11**	**0.63**	**0.63**
本年发现违法	**Violations of Law Discovered in the Current Year**	**709**	**177.79**	**106.48**
历年隐漏案件	Cases Concealed and Not Discovered over the Past Years	15	26.06	18.55
本年发生案件	Cases Occurring This Year	694	151.73	87.93
本年立案	**Cases Filed This Year**	**354**	**151.73**	**86.92**
历年隐漏案件	Cases Concealed and Not Discovered over the Past Years	15	26.06	18.55
本年发生案件	Cases Occurring This Year	339	125.67	68.37
买卖和非法转让	Illegal Purchase, Sale and Transfer	3	3.85	0.25
破坏耕地	Damage of Cultivated Land	7	0.32	0.24
未经批准占地	Encroachment of Land Without Approval	299	102.59	58.74
非法批地	Unlawful Approval of Land Occupancy			
低价出让土地	Granting of Land at a Lower Price			
其他	Others	30	18.91	9.14
本年结案	**Cases Settled This Year**	**362**	**148.95**	**84.62**
处理上年未结案件	Last Year's Unsettled Cases Handled	11	0.63	0.63
处理隐漏案件	Concealed and Not Discovered Cases Handled	15	26.06	18.55
处理本年发生案件	This Year's Cases Handled	336	122.26	65.44
买卖和非法转让	Illegal Purchase, Sale and Transfer	3	3.85	0.25
破坏耕地	Damage of Cultivated Land	7	0.32	0.24
未经批准占地	Encroachment of Land Without Approval	297	99.66	55.81
非法批地	Unlawful Approval of Land Occupancy			
低价出让土地	Granting of Land at a Lower Price			
其他	Others	29	18.43	9.14
本年未结案件	**Cases Unsettled This Year**	**3**	**3.41**	**2.93**

情况——按地区分列　续表 7

Law Violations by Region　Continued 7

Unit: Case, hectare

青海 Qinghai			宁夏 Ningxia			新疆 Xinjiang		
件数 Number of Cases	涉及土地面积		件数 Number of Cases	涉及土地面积		件数 Number of Cases	涉及土地面积	
	Land Area Involved	耕地 Cultivated Land		Land Area Involved	耕地 Cultivated Land		Land Area Involved	耕地 Cultivated Land
760	154.01	65.80	501	89.30	20.06	1196	950.33	92.32
242	120.79	17.32	364	91.25	37.20	888	246.99	54.18
232	98.49	42.20	327	242.69	69.31	1053	378.38	92.50
44	19.82	8.81	359	129.94	22.27	456	399.97	69.46
30	16.96	0.61	281	1441.14	100.50	372	1497.51	37.61
94	229.79	18.45	281	470.36	65.37	673	5293.56	166.90
121	38.14	25.58	235	468.55	43.21	1236	5715.18	92.36
103	43.23	30.24	229	1537.40	178.97	1078	2245.71	57.76
159	146.75	110.05	258	540.42	338.19	1295	1155.61	51.21
25	**36.38**	**13.75**	**50**	**50.93**	**41.85**	**4**	**11.76**	**6.12**
247	**176.93**	**125.86**	**873**	**782.27**	**482.44**	**1631**	**1497.27**	**90.19**
			85	182.93	147.55	46	196.19	38.13
247	176.93	125.86	788	599.34	334.89	1585	1301.08	52.06
142	**161.40**	**114.59**	**232**	**530.64**	**316.02**	**1331**	**1252.72**	**81.84**
			61	94.72	68.31	46	196.19	38.13
142	161.40	114.59	171	435.92	247.71	1285	1056.53	43.71
			3	0.35	0.35	116	14.90	0.27
6	8.12	7.12	12	6.66	6.66	19	6.21	6.21
136	153.28	107.47	152	421.16	240.70	905	467.80	33.47
			4	7.75		245	567.62	3.76
159	**146.75**	**110.05**	**258**	**540.42**	**338.19**	**1295**	**1155.61**	**51.21**
25	36.38	13.75	50	50.93	41.85	15	37.01	1.33
			58	92.96	68.31	41	159.84	15.31
134	110.37	96.30	150	396.53	228.03	1239	958.75	34.57
			3	0.35	0.35	103	14.24	0.27
6	8.12	7.12	9	1.34	1.34	18	6.12	6.12
128	102.25	89.18	138	394.84	226.34	887	413.89	24.42
						231	524.50	3.76
8	**51.02**	**18.28**	**24**	**41.15**	**19.68**	**40**	**108.87**	**36.75**

土地违法案件查处结果

Handling Results of Cases of Land Law Violations

年份/地区 Year/Region		拆除构建物（百平方米）Area of Structures Demolished (100 square meters)	没收构建物（百平方米）Area of Structures Confiscated (100 square meters)	收回土地（公顷）Area of Land Withdrawn (hectare)	耕地 Cultivated Land	罚没款（万元）Amount of Fines (10^4 yuan)
2001		134994.17	868068.27	3133.67	986.07	65036.41
2002		278429.07	83810.98	3396.05	1905.28	95354.47
2003		264353.28	251280.55	5882.76	2671.35	120455.52
2004		234725.89	133990.67	6345.75	2403.70	191190.83
2005		328910.90	547046.09	6992.87	2746.41	217573.97
2006		549332.61	570381.01	11595.70	3091.17	345021.44
2007		1576182.90	1247543.29	8607.57	3760.44	336803.27
2008		265037.51	240864.67	6192.25	2821.52	216524.80
2009		141085.70	192444.82	3754.01	1703.32	154136.81
北　京	Beijing	4303.15	7741.19	85.92	21.82	3836.08
天　津	Tianjin	2450.09		0.31	0.31	
河　北	Hebei	4769.27	69.16	62.74	48.39	6183.58
山　西	Shanxi	2697.79	6233.09	60.02	22.06	3682.36
内蒙古	Inner Mongolia	1208.49	481.29	4.80	1.42	7661.25
辽　宁	Liaoning	1592.63	980.42	55.50	40.77	5417.93
吉　林	Jilin	63.08	228.91	12.81	1.31	1988.42
黑龙江	Heilongjiang	625.36	148.43	12.61	2.82	3564.78
上　海	Shanghai	2720.63	4318.30			3978.60
江　苏	Jiangsu	22646.46	60866.91	675.17	404.69	16358.49
浙　江	Zhejiang	44333.79	34399.91	213.69	100.18	17211.21
安　徽	Anhui	14425.57	49400.12	878.47	686.29	19830.34
福　建	Fujian	2995.10	2817.29	109.32	11.56	2750.15
江　西	Jiangxi	2526.53	4513.31	27.58	1.90	5693.19
山　东	Shandong	4470.27	7652.86	210.07	161.34	11182.66
河　南	Henan	2812.41	1723.70	12.90	6.82	4114.72
湖　北	Hubei	1080.19	667.00	43.17	2.48	3745.06
湖　南	Hunan	7205.61	530.98	71.34	8.14	5312.14
广　东	Guangdong	1969.33	129.28	6.26	1.49	4513.36
广　西	Guangxi	746.95	2530.26	4.03	3.75	3881.51
海　南	Hainan	1695.55	554.62	130.57	12.31	1929.27
重　庆	Chongqing	1488.75	4398.79	20.51	14.57	7573.32
四　川	Sichuan	2298.04	624.12	35.84	18.16	1193.72
贵　州	Guizhou	2876.12	770.01	13.66	11.12	2193.75
云　南	Yunnan	938.48	0.31	34.29	32.57	3039.23
西　藏	Tibet	15.20		0.49		
陕　西	Shaanxi	3573.47	382.24	60.09	33.39	2139.06
甘　肃	Gansu	211.23	22.86	29.92	15.45	306.61
青　海	Qinghai	321.51	2.00	0.66	0.28	572.90
宁　夏	Ningxia	519.59	235.81	70.91	31.96	1503.64
新　疆	Xinjiang	1505.05	21.66	810.37	5.98	2779.48

主要统计指标解释

批准建设用地面积 是指省级以上政府（包括省级人民政府授权设区的市、自治州人民政府）依法批准的建设用地面积。

国务院批准建设用地 是指依法经国土资源部审查，报国务院批准的建设用地面积。

省级政府批准建设用地 是指依法经省、自治区、直辖市人民政府国土资源行政主管部门审查，经同级人民政府批准的建设用地面积，省级人民政府授权设区的市、自治州人民政府批准的用地面积亦统计在内。

新增建设用地 包括农用地转用和未利用地面积。

农用地 是指批准用地面积中的农用地面积。

耕地 是指批准用地面积中的耕地面积。

未利用地 是指批准用地面积中的未利用地面积。

城镇村建设用地 是指在土地利用总体规划确定的城市、村庄和集镇建设用地规模范围以内，为实施该规划，经国务院和省级人民政府（包括省级人民政府授权设区的市级人民政府）依法批准的建设用地。城镇村建设用地分类采用《土地利用现状分类》（GB/T 21010—2007）。

商服用地 是指主要用于商业、服务业的土地。

工矿仓储用地 是指主要用于工业生产、物资存放场所的土地。

住宅用地 是指主要用于人们生活居住的房基地及其附属设施的土地。

公共管理与公共服务用地 是指用于机关团体、新闻出版、科教文卫、风景名胜、公共设施等的土地。

交通运输用地（城镇村建设用地） 是指用于运输通行的地面线路、场站等用地。包括民用机场、港口、码头、地面运输管道和各种道路用地。

单独选址建设项目用地 是指在土地利用总体规划确定的城市和村庄、集镇建设用地规模范围以外，经国务院、省级人民政府批准的道路、管线工程和大型基础设施建设项目占用的土地。单独选址建设项目用地分类根据《国民经济行业分类》（GB/T 4754—2002）确定。

交通运输用地（单独选址建设项目用地） 是指按照确定的行业分类目录中确定的交通运输项目的用地。

水利设施用地 是指按照确定的行业分类目录中确定的水利设施项目的用地。

能源用地 是指按照确定的行业分类目录中确定的能源项目的用地。

土地征收 是指国家基于公共利益的需要，将农民集体所有的土地收归国有，并对被征收人给予合理补偿的行为。

征收面积 经国务院和省级政府土地行政主管部门审查，报同级人民政府批准征收的土地面积。

建设用地供应总量 是指报告期市、县人民政府根据年度土地供应计划依法以出让、划拨、租赁等方式将国有建设用地使用权提供给单位或个人使用的国有建设用地总量。

划拨 是指县级以上人民政府依法批准，在土地使用者缴纳补偿、安置费用后将该幅土地交付其使用，或者将国有建设用地使用权无偿交付给土地使用者使用的行为。

协议出让 是指国家以协议方式将国有建设用地使用权在一定年限内出让给土地使用者，由土地使用者向国家支付国有建设用地使用权出让金的行为。

招标出让 是指市、县人民政府国土资源管理部门发布招标公告或者发出投标邀请书，邀请特定或不特定的法人、自然人和其他组织参加国有建设用地使用权投标，根据投标结果确定土地使用者的行为。

拍卖出让 是指市、县人民政府国土资源管理部门发布拍卖公告，由竞买人在指定时间、地点进行公开竞价，根据出价结果确定土地使用者的行为。

挂牌出让 是指市、县人民政府国土资源管理部门发布挂牌公告，按公告规定期限将拟出让宗地的交易条件在指定的土地交易场所挂牌公布，接受竞买人的报价申请并更新挂牌价格，根据挂牌期限截止时的出价结果（或现场竞价结果）确定土地使用者的行为。

租赁 是指国家依法将国有建设用地出租给土地使用者使用，由土地使用者与县级以上人民政府国土资源管理部门签订一定年限的土地租赁合同，并支付租金的行为。

其他供地方式 是指除划拨、出让、租赁以外的其他供地方式，如作价出资入股、授权经营等。

宗数 是指报告期内供应的国有建设用地的宗数。

面积 是指报告期内市、县人民政府供应给单位或个人使用的国有建设用地总面积。

新增 即新增建设用地，是指农用地和未利用地经依法批准转用和土地征用后在报告期内供应给单位或个人使用的建设用地面积。

成交价款 是指市、县人民政府以协议、招标、拍卖、挂牌等方式出让国有建设用地的实际交易价总额。

租金 是指承租方为取得国有建设用地使用权而向国家支付的价款。以报告期实际收入数为准。

用地类型 见《土地利用现状分类》（GB/T 21010—2007）中的建设用地类型。其中：住宅用地又划分为：① 高档住宅用地；② 普通商品住房用地（其中：中低价位、中小套型普通商品房用地类型单列）；③ 经济适用住房用地；④ 廉租住房用地。

高档住宅用地 是指报告期内出让用于高档住宅建设的建设用地，包括住宅小区建筑容积率低于 1.0、单套住房建筑面积超过 144 平方米的住宅用地以及别墅、高档公寓用地。

普通商品住房用地 是指报告期内出让用于普通商品住房建设的建设用地。

中低价位、中小套型普通商品住房用地 是指报告期内出让用于中低价位、中小套型普通商品住房建设的建设用地，特指限房价普通商品住房用地和单套住房建筑面积在 90 平方米（含）以下的普通商品住房用地。

经济适用住房用地 是指报告期内供应用于经济适用住房建设的建设用地，包括集资建房用地。

廉租住房用地 是指报告期内供应用于廉租住房建设的建设用地。

地价 是指根据城市地价监测技术规范，以城市监测点地价为基础，综合土地市场交易价格测算的反映城市整体状况的土地价格水平。

综合地价 是指同一城市或地区的不同用途土地的平均价格水平。

商业用地地价 是指同一城市或地区的商业用途土地的平均价格水平。

住宅用地地价 是指同一城市或地区的住宅用途土地的平均价格水平。

工业用地地价 是指同一城市或地区的工业用途土地的平均价格水平。

105 个重点城市 包括：北京、天津、（河北）石家庄、唐山、秦皇岛、邯郸、保定、张家口、廊坊、（山西）太原、大同、（内蒙古）呼和浩特、包头、（辽宁）沈阳、大连、鞍山、抚顺、本溪、丹东、锦州、阜新、辽阳、（吉林）长春、吉林、（黑龙江）哈尔滨、齐齐哈尔、鸡西、鹤岗、大庆、伊春、佳木斯、牡丹江、上海、（江苏）南京、无锡、徐州、常州、苏州、南通、扬州、（浙江）杭州、宁波、温州、嘉兴、湖州、（安徽）合肥、芜湖、蚌埠、淮南、淮北、（福建）福州、厦门、泉州、（江西）南昌、九江、（山东）济南、青岛、淄博、枣庄、烟台、潍坊、济宁、泰安、临沂、（河南）郑州、开封、洛阳、平顶山、安阳、新乡、焦作、（湖北）武汉、黄石、宜昌、襄樊、荆州、（湖南）长沙、株洲、湘潭、衡阳、岳阳、（广东）广州、深圳、珠海、汕头、佛山市顺德、湛江、东莞、中山、（广西）南宁、柳州、北海、（海南）海口、重庆、（四川）成都、南充、宜宾、（贵州）贵阳、（云南）昆明、（西藏）拉萨、（陕西）西安、（甘肃）兰州、（青海）西宁、（宁夏）银川、（新疆）乌鲁木齐。

土地违法案件 是指违反土地管理法律法规，应当追究法律责任的案件。

省级、市级、县级、乡级 是指发生违反土地管理法律法规规定的各级党政军机关、人民团体。中央党政军机关、人民团体在外地的派出机构违反土地管理法律法规有关规定的案件，按机关级别归类到相应级别机关内。各级党政军机关、人民团体所属企事业单位违反土地管理法律法规的，应统计在“企事业单位”栏内。

涉及土地面积 是指各级机关、村（组）集体、企事业单位和个人等发生违反土地管理法律、法规行为，所牵涉的土地面积。

上年未结案件 是指上年未结案需要转到本年继续处理的案件。

本年发现违法 是指报告期内发现的土地违法行为。

历年隐漏 是指报告期以前发生而在报告期内发现的土地违法行为。

本年立案 是指报告期内，经批准由土地行政主管部门立案查处的全部土地违法案件。

历年隐漏案件立案 是指报告期内对历年隐漏的土地违法行为，经批准由土地行政主管部门立案查处的全部土地违法案件。

本年发生案件立案 指报告期内发生的土地违法行为，经批准由土地行政主管部门立案查处的全部土地违法案件。

买卖或非法转让 买卖土地是指以牟利为目的，违反土地管理法律法规，无限期地将土地所有权和使用权转移给他人的行为；非法转让土地是指违反土地管理法律法规，将土地使用权有限期转移给他人的行为。

破坏耕地 是指单位或个人未经批准擅自占用耕地建窑、建坟，未经批准擅自在耕地上建房、挖砂、采石、采矿、取土等，使土地种植条件遭到破坏的违法行为。

未经批准占地 指单位或个人未经批准擅自占用土地、采取欺骗手段骗取批准占用土地以及超过批准的数量多占土地的违法行为。

非法批地 是指没有批准权的单位或个人批准用地、虽有批准权但超越了批准权限批准用地、违反土地利用总体规划批准用地和违反法律规定的程序批准用地的违法行为。

低价出让土地 是指违反土地管理法律法规，滥用职权，以低于国家规定的价格出让国有土地使用权，造成国有土地资产流失的违法行为。

其他（本年发生案件立案） 是指除买卖或非法转让、破坏耕地、未经批准占地、非法批地、低价出让土地以外的土地违法案件。

本年结案 是指报告期内经过土地行政主管部门处理已结案的土地违法案件。

处理上年未结案件 是指报告期内对上年未结案件经过土地行政主管部门处理并已结案的土地违法案件。

处理隐漏案件 是指报告期内对隐漏案件经过土地行政主管部门处理并已结案的土地违法案件。

处理本年发生案件 是指报告期内发生并经过土地行政主管部门处理，已结案的土地违法案件。

其他（处理本年发生案件） 是指除买卖和非法转让、破坏耕地、非法占地、非法批地、低价出让土地以外本年已结案的土地违法案件。

年末未结案件 是指当年不能结案需要转到下一年度继续处理的案件。

拆除构建物 是指对非法占地者所建的建筑物、构筑物依法拆除的面积。

没收构建物 是指对非法占地者所建的建筑物、构筑物依法没收的面积。

收回土地 是指在报告期内土地行政主管部门依法收回并已结案的土地面积。

罚没款 是指土地行政主管部门依法对报告期内已结案的案件进行经济处罚的实收金额。

Explanatory Notes on Main Statistical Indicators

Total area of construction-used land approved — refers to the area of construction-used land approved according to law by governments at the provincial level (including governments of cities and autonomous prefectures authorized by provincial-level people's government).

Land approved by the State Council — refers to the area of construction-used land examined by the MLR according to law and submitted to the State Council for approval.

Land approved by provincial governments — refers to the area of construction-used land examined by land and resources administration departments of the people's governments of provinces, autonomous regions, and municipalities directly under the Central government and approved by the people's governments of the corresponding levels. It also includes the areas approved by people's government of cities and autonomous prefectures authorized by provincial-level governments.

Construction-used land newly added — refers to the area of land into which farmland is changed and unused land.

Agriculture Land — refers to the area of farmland in the area of land approved.

Cultivated land — refers to the area of cultivated land in the area of land approved.

Unused land — refers to the area of unused land in the area of land approved.

Land for construction in city, town, and village—refers to the construction-used land approved according to law by the State Council and provincial-level governments (including city-level governments authorized by provincial-level governments to establish districts) within the scope of land-used scales for city, village, and town (township) construction determined by the national overall planning of land utilization. The Current Land Use Status Classification (GB/T 21010-2007) is adopted for the construction-used land classification of cities, towns, and villages.

Land for commercial services — refers to the land mainly used for commerce and service trades.

Land for industry, mining and warehousing — refers to the land mainly used for industrial production and warehousing.

Land for residential uses — refers to the land used for house sites and their affiliated facilities for people's daily life and dwelling.

Land for public management and public services — refers to the land used for government agencies and public organizations, press and publication, science, education, culture and health, scenic spots and historical sites and public facilities.

Land for transport(Land for construction in city, town, and village) — refers to land used for ground lines and stations of transportation and passage. It includes land used for civil airports, harbors, wharfs, ground transport pipelines, and all kinds of roads.

Land for construction at separate sites — refers to land used for the construction projects of roads, pipelines, and large-scale infrastructures approved by the State Council and provincial-level governments outside the scope of land used for city, town, and village construction stipulated in the national overall planning of land utilization. The land-use classification of separate construction project sites is defined according to the "Classification of National Economic Industries" (GB/T 4754-2002).

Land for transport(Land for construction at separate sites) — refers to land used for transport stipulated in the "Catalog of the Classification of Industries".

Land for water conservancy facilities — refers to land used for water conservancy facilities stipulated in the “Catalog of the Classification of Industries”.

Land for energy projects — refers to land for energy projects stipulated in the “Catalog of the Classification of Industries”.

Land requisition — refers to the act of taking back to the state the land owned by farmer collectives based on the needs of public interests and paying reasonable land compensation to the requisitioned land.

Area requisitioned — refers to the area of requisitioned land examined by the State Council and land administration departments of provincial-level governments and approved by the people’s governments of the same level.

Total amount of construction-used land supplied — refers to the total amount of state-owned construction-used land whose use right is provided by the people’s government of a city or county to a unit or an individual during the reporting period in the way of grant, allocation, or lease according to the annual land supply plan. It also includes state-owned remaining construction-used land used for commercial services, residential areas, and industrial production, mining, and warehousing whose usage and land-use development intensity are changed after its approval.

Allocation — refers to the act through which the people’s government at and above the county level assigns a plot of land to the land user after he pays land compensation and resettlement subsidies or assigns state-owned land-use right to the land user without compensation. This act is approved by the people’s government at and above the county level according to law.

Granting through agreement — refers to the act through which the state assigns the land user the right to the use of state-owned construction-used land for a certain period of time in the way of agreement, and the land user shall pay the state the grant fees for the state-owned construction-used land-use right.

Granting through bidding — refers to the act through which the land administration department of the people’s government at the city or county level issues a notice of invitation for bid to invite specially or not specially designated legal persons, natural persons and other organizations to participate in the bidding of the state land-use right, and the land user is determined according to the result of the bidding.

Granting through auction — refers to the act through which the land administration department of the people’s government at the city or county level issues a notice of invitation for auction, and the bidders participate in open competition at the prescribed time and locality and the land user is determined according to the result of the price offer.

Granting through listing — refers to the act through which the land administration department of the people’s government at the city or county level issues a notice of listing, draws up the transaction terms of granting land plots in the time limit prescribed by the notice, lists them in public in a land transaction house, receives the offer applications of the bidders, and renews the listed prices accordingly, and the land user is determined according to the price offer (or the result of on-the-spot price competition) at the closing time of the listing time limit.

Lease — refers to the act through which the state leases state-owned construction-used land to a land user, and the land user enters into a land leasing contract with the land administration department of the people’s government at and above the county level for a fixed number of years and pays rent.

Other land supply ways — refer to the ways other than allocation, grant, and lease, e.g. investment as a shareholder with state-owned land rights and authorized operations of land.

Number of plots of land — refers to the number of plots of state-owned construction-used land supplied during the reporting period.

Area — refers to the total area of state-owned land for construction supplied to a unit or an individual by the people’s government of a city or county during the reporting period.

Newly increased — refers to newly added construction-used land, i.e. the area of farmland and unused land transferred and requisitioned after approval according to law and supplied to a unit or an individual during the reporting period.

Transaction price value — refers to the total amount of actual transaction price of state-owned construction-used land granted by the people's government of a city or county in the ways of agreement, bidding, auction, and listing.

Rent — refers to the amount payable by a lessee to the state for a rental period in order to acquire the granted state-owned, construction-used, land-use right. The rent shall be based on the actual income obtained during the reporting period.

Land-use types — See the construction-used land types in the "Current Land Use Status Classification" (GB/T 21010-2007). Among these types, the land for residential uses is subdivided into ① land for high-grade residence, ② land for ordinary commercial houses (of which land for medium-and low-price, medium-and small-sized ordinary commercial houses is listed separately, ③ land for economically affordable house, ④ cheap rent house.

Land for high-grade residence — refers to the construction-used land used for high-grade residence construction assigned during the reporting period, including the land for residence with a floor area rate (FAR)<1.0 and the building area of a residence house>144 m^2, as well as villas and high-grade apartments.

Land for ordinary commercial houses — refers to the construction-used land used for ordinary commercial house construction assigned during the reporting period.

Land for medium-and low-price, medium-and small-sized ordinary commercial houses — refers to the construction-used land used for medium-and low-price, medium-and small-sized ordinary commercial house construction assigned during the reporting period. It specially refers to the land for price-limited ordinary commercial houses and ordinary commercial houses with their building area <90 m^2 (including 90 m^2).

Land for economically affordable house — refers to the construction-used land used for economically affordable house construction. It includes the land used for building houses by personal fund raising.

Cheap rent house — refers to the construction-used land used for cheap rent house construction.

Land price — refers to the price level of land which is estimated according to the urban land price monitoring technical code and on the basis of the land prices at urban monitoring stations combined with the price of the land market transactions. It can reflect the overall status of a city.

Integrated land price — refers to the average price level of lands for different uses in the same city or area.

Price of land for commercial use — refers to the average price level of land for commercial use in the same city or area.

Price of land for residential use — refers to the average price level of land for residential use in the same city or area.

Price of land for industrial use — refers to the average price level of land for industrial use in the same city or area.

105 major cities include: Beijing Municipality, Tianjin Municipality; Shijiazhuang, Tangshan, Qinhuangdao, Handan, Baoding, Zhangjiakou, and Langfang (Hebei); Taiyuan and Datong (Shanxi); Hohhot and Baotou (Inner Mongolia); Shenyang, Dalian, Anshan, Fushun, Benxi, Dandong, Jingzhou, Fuxin, and Liaoyang (Liaoning); Changchun and Jilin (Jilin), Harbin, Qiqihar, Jixi, Hegang, Daqing, Yichun, Jiamusi, and Mudanjiang (Heilongjiang); Shanghai Municipality; Nanjing, Wuxi, Xuzhou,

Changzhou, Suzhou, Nantong, and Yangzhou (Jiangsu); Hangzhou, Ningbo, Wenzhou, Jiaxing, and Huzhou (Zhejiang); Hefei, Wuhu, Bengbu, Huainan, and Huaibei (Anhui); Fuzhou, Xiamen, and Quanzhou (Fujian); Nanchang and Jiujiang (Jiangxi); Jinan, Qingdao, Zibo, Zaozhuang, Yantai, Weifang, Jining, Tai'an, and Linyi (Shandong); Zhengzhou, Kaifeng, Luoyang, Pingdingshan, Anyang, Xinxiang, and Jiaozuo (Henan); Wuhan, Huangshi, Yichang, Xiangfan, and Jinzhou (Hubei); Changsha, Zhuzhou, Xiangtan, Hengyang, and Yueyang (Hunan); Guangzhou, Shenzhen, Shantou, Shantou, Foshan City, Shunde, and Zhanjiang (Guangdong); Nanning, Liuzhou, and Beihai (Guangxi); Haikou (Hainan); Chongqing Municipality; Chengdu, Nanchong, and Yibin (Sichuan); Guiyang (Guizhou); Kunming (Yunnan); Lhasa (Tibet); Xi'an (Shaanxi); Lanzhou (Gansu); Xining (Qinghai); Yinchuan (Ningxia); Urumqi (Xinjiang).

Case of violations of land law — refers to cases of violations of laws and regulations of land administration for which legal liabilities should be investigated.

Provincial, city, county, and township (town) levels — refer to party, government, and army administration agencies and mass organizations at various levels that commit acts in violations of laws and regulations of land administration. The cases concerning illegal acts of land committed by agencies sent to other parts of the country by the central party, government, and army administration agencies and mass organizations are classified according to the levels of these agencies as those at corresponding levels. Enterprises and institutions affiliated to agencies and mass organizations at various levels that violate land administration laws and regulations should be included in the column of "enterprises and institutions".

Land area involved — refers to the land area involved by the acts in violation of land administration laws and regulations committed by agencies at various levels, collectives of villages (teams), enterprises and institutions, and individuals.

Cases unsettled last year — refer to cases that were not able to be settled last year and need to be transferred to the current year and continue to be handled.

Violations of law discovered in the current year — refers to the acts in violation of land laws and regulations discovered during the reporting period.

Cases concealed and not discovered over the years — refer to the acts in violation of land laws and regulations that were committed before the reporting period but discovered during the reporting period.

Cases filed this year — refer to all the cases in violation of land laws and regulations filed for investigation and handling during the reporting period by competent land administration departments after approval.

Placing on file the cases concealed and not discovered over the years — refers to all the cases in violation of land laws and regulations concealed and not discovered over the years filed for investigation and handling during the reporting period by competent land administration departments after approval.

Cases occurring this year filed — refer to all the cases committed in violation of land laws and regulations during the reporting period that are filed, investigated and handled by competent land administration departments after approval.

Purchase and sale and illegal transfer — Purchase and sale of land refer to the act through which the land ownership and land-use right are transferred to another person without a definite period of time for the purpose of seeking profits, which is in violation of land administration laws and regulations; illegal transfer of land refers to the act through which the land-use right is transferred to another person within a definite period of time, which is in violation of land administration laws and regulations.

Damage of cultivated land — refers to the illegal act through which units or individuals occupy cultivated land to build kilns and graves without approval and build houses, dig sand, quarry stone, mine minerals, and fetch earth thereupon without approval, thus destructing planting conditions of the land.

Occupation of land without approval — refers to the illegal act through which units or individuals occupy and use land without approval, obtain approval by deceitful means, and occupy and use land exceeding the approved amount.

Unlawful approval of land occupancy — refers to the illegal act through which units or individuals without authority to approve use of land approve occupation of land or they approve occupation of land by overstepping their authority of approval or in violation of the national overall planning of land utilization and procedures for land approval prescribed by law although they have approval authority.

Assigning of land at a lower price — refers to the illegal act through which state-owned land-use rights are granted at a lower price than that prescribed by the State in violation of land administration laws and regulations by abusing their authority, thus resulting in a drain on state-owned land and assets.

Others (filing cases occurring this year) — refer to all the cases in violation of land laws and regulations except for those concerning land purchase and sale or illegal transfer, damage of cultivated land, occupation of land without approval, unlawful approval of land occupation, and assigning of land at a lower prices.

Cases settled this year — refer to cases in violation of land laws and regulations handled and settled by competent land administration departments during the reporting period.

Last year's unsettled cases handled — refer to last year's unsettled cases in violation of land laws and regulations handled and settled by competent land administration departments during the reporting period.

Concealed and not discovered cases handled — refer to the concealed and not discovered cases in violation of land laws and regulations handled and settled by competent land administration departments during the reporting period.

This year's cases handled — refer to cases in violation of land laws and regulations committed and handled and settled by competent land administration departments during the reporting period.

Others (this year's cases handled) — refers to the cases in violation of land laws and regulations except for land purchase and sale or unlawful transfer of land, damage of land, occupation of land without approval, unlawful approval of land occupation, and assigning of land at a lower price.

Cases unsettled at the year end — refer to cases that are not able to be settled in the current year and need to be transferred to the next year and continue to be handled.

Structures demolished — refers to the area of land on which buildings or structures erected by illegal occupants of land are demolished according to law.

Structures confiscated — refer to the area of land on which buildings or structures erected by illegal occupants of land are confiscated according to law.

Land withdrawn — refers to the area of land withdrawn by the competent land administration departments according to law during the reporting period. The relevant case has been settled.

Amount of fines — refers to the paid-in amount of fines imposed by the competent land administration departments according to law for economic punishment of the case settled during the reporting period.

矿产资源管理

Mineral Resources Administration

矿产资源勘查许可证发证及探矿权

Exploration Licenses Issued and Exploration

地区	Region	勘查许可证发证 Exploration Licenses Issued						
		许可证数（个）Number of Licenses			登记面积（公顷）Registered Area（hecture）			探矿权使用费（万元）Exploration Right Royalty (10^4 yuan)
		有效 Valid	新立 Newly Issued	注销 Cancelled	有效 Valid	新立 Newly Issued	注销 Cancelled	
总　计	**Total**	**37621**	**4568**	**289**	**5032741.12**	**175934.46**	**38448.95**	**136454.80**
国土资源部	MLR	2948	188	13	4371960.30	70158.46	27972.02	121123.09
北　京	Beijing	44	18		85.03	50.04		0.98
天　津	Tianjin	20	11	6	614.47	10.66	125.27	14.74
河　北	Hebei	602	5		3385.83	28.90		118.43
山　西	Shanxi	211	26		2390.12	494.04		70.53
内蒙古	Inner Mongolia	3771	357	39	105798.47	12672.88	7449.37	2228.49
辽　宁	Liaoning	906	81		10399.06	1968.58		287.35
吉　林	Jilin	898	98		15062.73	1716.06		389.96
黑龙江	Heilongjiang	675	95	2	28907.54	3048.02	12.55	707.54
上　海	Shanghai	4	1	3	138.47	3.99	21.14	3.70
江　苏	Jiangsu	199	20	19	1049.04	58.33	104.55	25.73
浙　江	Zhejiang	435	65	9	4066.89	446.15	64.80	72.59
安　徽	Anhui	1462	86	27	17455.49	1554.49	262.63	353.78
福　建	Fujian	497	52	19	5081.55	445.43	285.97	148.19
江　西	Jiangxi	1832	182	7	20187.97	2138.73	48.47	389.26
山　东	Shandong	1548	90	38	15986.92	1576.43	428.54	552.36
河　南	Henan	969	128	22	7892.94	795.79	220.09	242.38
湖　北	Hubei	438	37	7	3557.70	384.92	39.32	96.80
湖　南	Hunan	552	78	10	5478.21	906.91	53.31	163.06
广　东	Guangdong	406	18		4272.56	375.99		106.10
广　西	Guangxi	2443	553	9	50252.97	13725.10	130.11	1216.51
海　南	Hainan	504	60		9884.31	1440.58		122.11
重　庆	Chongqing	166	31		2046.09	396.27		46.14
四　川	Sichuan	1863	542	20	37210.20	15937.26	382.39	669.11
贵　州	Guizhou	1590	69	9	22571.86	1182.27	70.15	494.14
云　南	Yunnan	2720	241	20	65199.76	9533.89	639.99	1944.07
西　藏	Tibet	783	38		30164.19	2047.46		966.30
陕　西	Shaanxi	812	27		13085.63	418.17		397.44
甘　肃	Gansu	941	13	2	18269.91	289.34	10.60	710.79
青　海	Qinghai	521	92	1	15092.85	1917.62	11.98	441.75
宁　夏	Ningxia	57	3	1	1047.01	53.60	28.41	30.58
新　疆	Xinjiang	6804	1263	6	144145.05	30158.10	87.29	2320.80

出让、转让情况——按地区分列（2009年）
Rights Granted and Transferred by Region (2009)

探矿权出让 Exploration Rights Granted							探矿权转让 Exploration Rights Transferred	
合计 Total		申请在先 First Application	协议出让 Granting through Agreement		招拍挂出让 Granting through Bidding, Auction, and Listing		个数 Number	价款金额（万元）Price Value (10^4 yuan)
个数 Number	价款金额（万元）Price Value (10^4 yuan)	个数 Number	个数 Number	价款金额（万元）Price Value (10^4 yuan)	个数 Number	价款金额（万元）Price Value (10^4 yuan)		
5646	**238572.16**	**4654**	**295**	**38562.19**	**697**	**200009.98**	**1028**	**2194412.02**
1266	4.00	1262	3	3.00	1	1.00	25	47651.00
18		18						
11	627.79		10	600.91	1	26.88		
5	273.00		1	1.00	4	272.00	61	1159.30
26	90.00	24			2	90.00	1	
357	24471.24	100	58	274.74	199	24196.50	92	5033.89
81	5069.75	8	62	477.75	11	4592.00	83	2513.40
98	3396.92	49	20	1228.92	29	2168.00	36	338.12
95	580.64	87	3	464.89	5	115.75	8	6237.99
1	1.00				1	1.00		
20	3669.13	19	1	3669.13			4	
65	2223.80	55			10	2223.80	8	33.00
86	9154.90	67	1	5000.00	18	4154.90	51	139.00
52	12324.08	23	1	4804.58	28	7519.50	13	
182	7561.12	172	1	5085.12	9	2476.00	33	
90	1011.78	85	1	718.58	4	293.20	63	505.00
128	3939.00	121			7	3939.00	34	471.08
37	21479.23	29	4	2595.03	4	18884.20	1	
78	7649.93	40	2	963.80	36	6686.13	1	374.87
18	3543.00	16	1	2613.00	1	930.00	37	2796.00
553	5011.55	541	9	4473.25	3	538.30	69	
60		60					1	
31	136.75	30			1	136.75	3	
542	32613.82	483	15		44	32613.82	31	552.00
69	2304.03	61			8	2304.03	9	568.00
241	50936.16	5	76	3670.50	160	47265.66	111	2001031.66
38		38					23	4100.00
27	25941.31	3	2	883.00	22	25058.31	16	90610.00
13	2703.96	3	7	174.36	3	2529.60	15	
92	9117.62	57	4	414.62	31	8703.00	21	26322.86
3	5.50	2			1	5.50	6	3718.59
1263	2731.15	1196	13	446.01	54	2285.15	172	256.26

矿产资源勘查许可证发证及探矿权

Exploration Licenses Issued and Exploration

矿 种	Mineral	勘查许可证发证 Exploration Licenses Issued						
		许可证数（个） Number of Licenses			登记面积（公顷） Registered Area（hecture）			探矿权使用费（万元） Exploration Right Royalty (10^4 yuan)
		有效 Valid	新立 Newly Issued	注销 Cancelled	有效 Valid	新立 Newly Issued	注销 Cancelled	
总 计	**Total**	**37621**	**4568**	**289**	**5032741.12**	**175934.46**	**38448.95**	**136454.80**
煤炭	Coal	2508	70	20	141110.57	4602.27	319.52	4115.91
油页岩	Oil Shale	34	5	16	2024.16	190.71	7129.12	45.65
石油天然气	Oil & Natural Gas	993	17	10	4173827.34	63125.00	27421.43	117552.25
煤层气	Coal-bed Methane	103	1	3	62785.85	44.00	550.59	
石煤	Stone Coal	7	3		116.48	29.04		1.98
油砂	Oil Sand	4	3		130.15	100.26		1.30
天然沥青	Native Bitumen	4			17.51			0.39
地热	Geotherm	442	106	26	7495.52	1968.22	435.00	178.67
铁矿	Iron	3819	248	32	50013.83	6339.45	366.62	1230.98
锰矿	Manganese	865	169	7	13609.70	3398.83	115.08	326.09
铬铁矿	Chromite	73	8		1733.48	212.70		44.76
钛矿	Titanium	90	27		1941.61	728.08		39.35
钒矿	Vanadium	190	18	4	2680.90	216.57	61.38	57.10
金红石	Titanium	30	3		401.54	84.30		10.60
铜矿	Copper	7314	1315	20	155768.34	33452.77	301.19	3013.23
铅矿	Lead	4551	526	19	87543.25	14452.50	366.23	1820.06
锌矿	Zinc	693	62	5	10495.43	1566.85	48.26	244.17
铝土矿	Bauxite	341	46	6	9794.89	1796.62	22.23	228.69
镁矿	Magnesium	2	1		31.72	31.07		0.34
镍矿	Nickel	217	19	2	5418.46	592.02	43.54	144.01
钴矿	Cobalt	28	4		449.21	70.63		11.65
钨矿	Tungsten	131	5		1700.17	21.29		54.64
锡矿	Tin	208	16		3279.60	369.38		84.71
铋矿	Bismuth	10	1		296.50	9.33		3.75
钼矿	Molybdenum	761	62	4	13307.16	1348.37	56.55	249.12
汞矿	Mercury	13	1		293.63	1.62		5.46
锑矿	Antimony	195	8		2251.52	119.23		57.36
多金属	Polymetallic Ore	2261	396	11	57702.96	10322.64	137.11	1078.89

出让、转让情况——按矿种分列（2009 年）

Rights Granted and Transferred by Mineral (2009)

探矿权出让 Exploration Rights Granted							探矿权转让 Exploration Rights Transferred	
合计 Total		申请在先 First Application	协议出让 Granting through Agreement		招拍挂出让 Granting through Bidding, Auction, and Listing		个数 Number	价款金额（万元）Price Value (10^4 yuan)
个数 Number	价款金额（万元）Price Value (10^4 yuan)	个数 Number	个数 Number	价款金额（万元）Price Value (10^4 yuan)	个数 Number	价款金额（万元）Price Value (10^4 yuan)		
5646	**238572.16**	**4654**	**295**	**38562.19**	**697**	**200009.98**	**1028**	**2194412.02**
70	22284.01	49	18	5001.01	3	17283.00	62	77256.79
5	1421.00	2	1	1.00	2	1420.00		
993		993						
103		103						
3	860.00	2	1	860.00				
3	115.42				3	115.42		
106	1971.91	82	10	600.91	14	1371.00	10	
248	34981.80	100	46	3444.35	102	31537.44	189	4002.66
169	3829.40	156	7	849.71	6	2979.69	27	40.00
8	63.00	5			3	63.00	5	510.00
27		27					3	
18		18					4	
3		2	1					
1315	48554.44	1127	41	3415.12	147	45139.32	162	2004061.86
526	11560.45	414	38	344.92	74	11215.53	115	5389.44
62	2032.00	48	5	109.00	9	1923.00	12	
46	174.48	38	8	174.48			10	179.39
1		1						
19	4795.47	10	2	283.47	7	4512.00	10	
4		4						
5		5					2	16.00
16	161.00	12			4	161.00	3	
1		1						
62	6394.58	54	4	4804.58	4	1590.00	17	2434.50
1		1					1	
8		8					4	210.00
396	7163.06	323	13	291.00	60	6872.06	46	1061.00

矿产资源勘查许可证发证及探矿权
Exploration Licenses Issued and Exploration

矿种	Mineral	勘查许可证发证 Exploration Licenses Issued						
		许可证数（个） Number of Licenses			登记面积（公顷） Registered Area（hecture）			探矿权使用费（万元） Exploration Right Royalty (10^4 yuan)
		有效 Valid	新立 Newly Issued	注销 Cancelled	有效 Valid	新立 Newly Issued	注销 Cancelled	
铂矿	Platinum	46	5		1046.96	62.05		36.48
钯矿	Palladium	1			4.73			0.24
砂金	Gold	27	4		507.56	84.27		13.50
金矿	Gold	7870	865	57	148211.01	21084.58	797.52	4044.20
银矿	Silver	658	95	1	14109.91	3327.03	9.66	324.40
铌钽矿	Columbotantalite	125	18		3115.85	480.07		78.77
铌矿	Niobium	12	1		224.81	12.53		7.94
钽矿	Tantalum	12			133.24			3.91
铍矿	Beryllium	43	19		672.92	271.96		9.07
锂矿	Lithium	30	4		1105.33	159.35		35.75
锆矿	Zirconium	9	1		148.22	29.68		1.70
锶矿（天青石）	Strontium	9			140.88			2.98
铷矿	Rubidium	2			25.04			0.90
铯矿	Cesium	2	1		30.60	14.14		0.31
重稀土矿	Heavy Rare Earths	2	1		54.16	47.15		0.82
钇矿	Yttrium	1		1	93.19		59.50	4.66
轻稀土矿	Light Rare Earths	10			150.38			4.93
锗矿	Germanium	6	1		68.53	6.12		1.97
铊矿	Thallium	1			6.56			0.33
铼矿	Rhenium	4			12.76			0.64
硒矿	Selenium	1			6.18			0.31
蓝晶石	Kyanite	7			120.66			4.76
矽线石	Sillimanite	4			26.83			0.84
红柱石	Andalusite	9			221.46			7.61
菱镁矿	Magnesite	6	1		158.08	4.06		2.66
萤石（普通）	Common Fluorite	376	55	2	3149.15	481.37	6.05	56.32
熔剂用石灰岩	Limestone for Flux	17	4	2	134.01	67.00	1.62	3.43
冶金用白云岩	Metallurgical Dolomite	19	5		91.33	19.42		3.55
冶金用石英岩	Metallurgical Quartzite	15			110.71			2.16

出让、转让情况——按矿种分列（2009 年） 续表 1

Rights Granted and Transferred by Mineral (2009) Continued 1

探矿权出让 Exploration Rights Granted							探矿权转让 Exploration Rights Transferred	
合计 Total		申请在先 First Application	协议出让 Granting through Agreement		招拍挂出让 Granting through Bidding, Auction, and Listing			
个数 Number	价款金额（万元） Price Value (10^4 yuan)	个数 Number	个数 Number	价款金额（万元） Price Value (10^4 yuan)	个数 Number	价款金额（万元） Price Value (10^4 yuan)	个数 Number	价款金额（万元） Price Value (10^4 yuan)
5		1	4					
4		4					1	
865	11212.39	775	34	1854.19	56	9358.20	242	97156.22
95	3024.67	63	9	11.34	23	3013.33	27	375.86
18	1890.00	17			1	1890.00	4	
1		1						
19		19						
4		4					1	
1	29.68		1	29.68				
1		1						
1	1.00				1	1.00		
1		1						
							1	
1			1					
55	4257.85	36	3	15.85	16	4242.00	8	3.00
4	12.00		2		2	12.00		
5	1.38	4	1	1.38			2	

矿产资源勘查许可证发证及探矿权

Exploration Licenses Issued and Exploration

矿 种	Mineral	勘查许可证发证 Exploration Licenses Issued						
		许可证数（个） Number of Licenses			登记面积（公顷） Registered Area（hecture）			探矿权使用费（万元） Exploration Right Royalty (10^4 yuan)
		有效 Valid	新立 Newly Issued	注销 Cancelled	有效 Valid	新立 Newly Issued	注销 Cancelled	
冶金用砂岩	Metallurgical Sandstone	1			2.56			0.13
冶金用脉石英	Metallurgical Vein Quartz	6			51.88			0.96
耐火粘土	Fireclay	13	1		130.30	2.93		3.40
其他粘土	Other Clay	5			153.57			6.12
耐火用橄榄岩	Refractory Peridotite	3			11.66			0.58
熔剂用蛇纹岩	Serpentinite for Flux	3			12.28			0.45
自然硫	Native Sulfur	3	1		21.10	2.79		0.92
硫铁矿	Pyrite	275	71		3572.80	1002.45		63.69
钠硝石	Natratine	264			13185.39			165.60
明矾石	Alunite	3			21.93			0.27
芒硝（含钙芒硝）	Mirabilite (Including Glauberite)	44		2	2194.49		4.84	45.07
重晶石	Barite	64	11		1026.37	233.93		23.68
毒重石	Witherite	1			4.43			0.13
天然碱（Na_2CO_3）	Trona	1			5.78			0.06
电石用灰岩	Tourmaline Limestone	13	1		66.57	1.88		2.09
制碱用灰岩	Limestone for Soda Ash	2			20.59			0.62
化肥用白云岩	Dolostone for Chemical Industry	1	1		7.35	7.35		0.07
含钾岩石	K-bearing Sandy Shale	38	2		2027.30	63.81		25.71
化肥用橄榄岩	Peridotite for Fertilizer	2			10.60			0.49
化肥用蛇纹岩	Serpentinite for Fertilizer	2			83.78			0.84
泥炭	Peat	11	1		440.90	65.18		6.52
矿盐	Salt	3	1		29.29	8.50		1.07
岩盐	Halite	57	5	1	1948.78	157.44	0.91	28.40
湖盐	Lake Salt	10	1		439.22	24.97		9.22
镁盐	Magnesium Salt	3			16.96			0.55
天然卤水	Natural Brine	5			410.44			13.28
钾盐	Potash	61	4		5285.41	249.95		217.11

出让、转让情况——按矿种分列（2009年） 续表 2

Rights Granted and Transferred by Mineral (2009) Continued 2

探矿权出让 Exploration Rights Granted							探矿权转让 Exploration Rights Transferred	
合计 Total		申请在先 First Application	协议出让 Granting through Agreement		招拍挂出让 Granting through Bidding, Auction, and Listing		个数 Number	价款金额（万元） Price Value (10^4 yuan)
个数 Number	价款金额（万元） Price Value (10^4 yuan)	个数 Number	个数 Number	价款金额（万元） Price Value (10^4 yuan)	个数 Number	价款金额（万元） Price Value (10^4 yuan)		
							1	
1	60.00				1	60.00		
1		1						
71	2173.82	60	2	81.32	9	2092.50	4	4.00
11	36.00	9	1	18.00	1	18.00		
1	5.50				1	5.50		
1	150.58				1	150.58		
2	13.00		2	13.00				
1			1					
1	654.00				1	654.00	1	100.00
5	569.00				5	569.00	2	28.00
1	90.00		1	90.00			1	
4	20.00	3			1	20.00		

矿产资源勘查许可证发证及探矿权
Exploration Licenses Issued and Exploration

矿种	Mineral	勘查许可证发证 Exploration Licenses Issued						
		许可证数（个） Number of Licenses			登记面积（公顷） Registered Area（hecture）			探矿权使用费（万元） Exploration Right Royalty (10^4 yuan)
		有效 Valid	新立 Newly Issued	注销 Cancelled	有效 Valid	新立 Newly Issued	注销 Cancelled	
砷	Arsenic	2			5.89			0.16
磷矿	Phosphate Rock	196	25	1	3059.83	443.19	5.90	86.23
金刚石	Diamond	31	2		1477.64	62.06		37.98
石墨	Graphite	56	1	1	882.33	11.80	1.80	18.28
水晶	Crysta	1			8.40			0.34
压电水晶	Piezoelectric Crystal	1			3.08			0.15
刚玉	Corundum	1			45.91			1.84
硅灰石	Wollastonite	31	4		318.43	47.05		8.09
滑石	Talc	27			199.62			6.03
石棉（温石棉）	Asbestos	4	3		44.66	41.29		0.45
云母	Mica	18	1		118.32	11.70		4.20
长石	Feldspar	50	4	1	289.47	9.26	3.89	8.77
电气石	Tourmaline	7	1		82.78	2.94		3.96
石榴子石	Garnet	8	2		59.89	27.16		0.82
叶蜡石	Pyrophyllite	13	3	2	56.40	6.61	4.45	1.48
透辉石	Diopside	3			47.75			0.89
蛭石	Vermiculite	4			4.92			0.10
沸石	Zeolite	9			163.72			6.98
石膏	Gypsum	87	6		1056.17	70.89		31.99
方解石	Calcite	33	8	1	241.36	71.61	0.75	5.59
光学萤石	Optical Fluorite	3	1		14.19	9.31		0.29
宝石	Gem	3	1		69.14	18.95		0.69
玉石	Jade	18	2		221.38	24.68		5.02
玛瑙	Agate	1			10.83			0.11
石灰岩	Limestone	71	18	4	623.06	70.99	10.53	14.66
玻璃用石灰岩	Limestone for Glass	2			3.91			0.13
水泥用石灰岩	Limestone for Cement	200	65	12	1205.42	421.45	42.53	29.80

出让、转让情况——按矿种分列（2009年） 续表3

Rights Granted and Transferred by Mineral (2009) Continued 3

探矿权出让 Exploration Rights Granted							探矿权转让 Exploration Rights Transferred	
合计 Total		申请在先 First Application	协议出让 Granting through Agreement		招拍挂出让 Granting through Bidding, Auction, and Listing			
个数 Number	价款金额（万元） Price Value (10^4 yuan)	个数 Number	个数 Number	价款金额（万元） Price Value (10^4 yuan)	个数 Number	价款金额（万元） Price Value (10^4 yuan)	个数 Number	价款金额（万元） Price Value (10^4 yuan)
25	20474.87	5	6	69.30	14	20405.57	5	
2		1	1					
1		1					1	26.00
4	27.00		1		3	27.00	3	25.00
3		3						
1	12.00				1	12.00	2	597.74
4	146.60				4	146.60	4	400.00
1	40.00				1	40.00		
2		2						
3	69.00	1			2	69.00		
							1	
6	70.00	5			1	70.00	5	258.20
8		8					2	8.30
1	480.00				1	480.00		
1		1						
2	7.00	1			1	7.00		
18	5148.40	3			15	5148.40	1	
							1	
65	36885.48	13	14	15732.36	38	21153.12	5	4.20

矿产资源勘查许可证发证及探矿权
Exploration Licenses Issued and Exploration

矿种	Mineral	勘查许可证发证 Exploration Licenses Issued						
		许可证数（个）Number of Licenses			登记面积（公顷）Registered Area（hecture）			探矿权使用费（万元）Exploration Right Royalty (10^4 yuan)
		有效 Valid	新立 Newly Issued	注销 Cancelled	有效 Valid	新立 Newly Issued	注销 Cancelled	
含钾岩石	K-bearing Rock	14	1		250.56	3.26		5.60
泥灰岩	Marlstone	1			22.05			0.44
白云岩	Dolostone	36	7		393.13	99.83		7.03
石英岩	Quartzite	22	2	1	267.92	15.10	2.58	7.37
冶金用石英岩	Metallurgical Quartzite	4			16.36			0.58
玻璃用石英岩	Quartzite for Glass	19	5		156.16	14.69		4.89
砂岩	Sandstone	8	1		26.93	2.10		0.95
玻璃用砂岩	Sandstone for Glass	5	4		24.10	22.69		0.28
水泥配料用砂岩	Sandstone for Cement	8	1		35.21	1.99		1.27
砖瓦用砂岩	Sandstone for Bricks and Tiles	1			2.88			0.12
陶瓷用砂岩	Sandstone for Ceramics	3			3.90			0.17
天然石英砂	Natural Silicioussand	8	1		64.75	1.75		2.92
玻璃用砂	Sand for Glass	1	1		41.68	41.68		0.42
水泥配料用砂	Sand for Cement	1			1.09			0.05
砖瓦用砂	Sand for Bricks and Tiles	1			109.76			3.29
脉石英	Vein Quartz	13	7		132.37	121.08		1.48
玻璃用脉石英	Vein Quartz for Glass	3			29.66			0.94
粉石英	Powdery Quartz	1			12.80			0.51
硅藻土	Diatomaceous Earth	13			132.16			4.14
页岩	Sandstone	2			3.40			0.17
陶粒页岩	Earthenware Shale	10			56.56			2.51
砖瓦用页岩	Shale for Bricks and Tiles	5		1	15.17		8.33	0.55
水泥配料用页岩	Shale for Cement	1	1		1.57	1.57		0.02
高岭土	Kaolin	76	5	2	883.31	28.52	13.19	29.42
陶瓷土	Ceramic Clay	24	6	2	115.24	38.28	7.33	2.57
凹凸棒石粘土	Attapulgite Clay	10		2	57.22		8.05	2.42
海泡石粘土	Sepiolite Clay	3			29.76			1.40
伊利石粘土	Illite Clay	2			13.67			0.59
膨润土	Bentonite	41	9		553.24	254.32		12.24

出让、转让情况——按矿种分列（2009年） 续表4
Rights Granted and Transferred by Mineral (2009) Continued 4

探矿权出让 Exploration Rights Granted							探矿权转让 Exploration Rights Transferred	
合计 Total		申请在先 First Application	协议出让 Granting through Agreement		招拍挂出让 Granting through Bidding, Auction, and Listing		个数 Number	价款金额（万元）Price Value (10^4 yuan)
个数 Number	价款金额（万元）Price Value (10^4 yuan)	个数 Number	个数 Number	价款金额（万元）Price Value (10^4 yuan)	个数 Number	价款金额（万元）Price Value (10^4 yuan)		
1	14.00				1	14.00		
7	6.00	6			1	6.00	2	
2	22.00				2	22.00	2	
5	1180.00	1			4	1180.00		
1		1						
4		3			1			
1	147.50				1	147.50		
1		1					1	
1		1						
7	455.10		2	280.80	5	174.30		
1	11.00				1	11.00		
5	95.70		1		4	95.70	3	186.48
6	385.00	2	2		2	385.00		
9	145.03	1	4	65.03	4	80.00		

矿产资源勘查许可证发证及探矿权
Exploration Licenses Issued and Exploration

矿种	Mineral	勘查许可证发证 Exploration Licenses Issued						
		许可证数（个） Number of Licenses			登记面积（公顷） Registered Area（hecture）			探矿权使用费（万元） Exploration Right Royalty (10^4 yuan)
		有效 Valid	新立 Newly Issued	注销 Cancelled	有效 Valid	新立 Newly Issued	注销 Cancelled	
陶粒用粘土	Ceramic Clay	4	2		26.08	4.09		0.74
橄榄岩	Peridotite	1			1.28			0.06
蛇纹岩	Serpentinite	5	1		19.82	3.64		0.35
饰面用蛇纹岩	Facing Serpentinite	1			6.89			0.34
玄武岩	Basalt	3	1		63.56	50.46		1.07
辉绿岩	Diabase	5	1		14.49	0.29		0.23
建筑用辉绿岩	Building Diabase	1	1		3.10	3.10		0.03
饰面用辉绿岩	Facing Diabase	3			11.61			0.12
闪长岩	Diorite	1	1		7.79	7.79		0.08
花岗岩	Granite	12	4		76.61	15.51		0.93
建筑用花岗石	Building Granite	5	1		21.49	0.65		0.30
饰面用花岗岩	Facing Granite	31	3		245.85	21.66		3.54
珍珠岩	Perlite	6	1		251.99	23.76		2.52
黑曜岩	Obsidian	1			2.82			0.11
霞石正长岩	Nepheline Syenite	2			11.11			0.27
凝灰岩	Tuff	1			4.27			0.21
火山渣	Scoria	1			5.74			0.11
大理岩	Marble	16			70.73			2.22
饰面用石料（大理石）	Facing Marble	16			99.59			2.39
建筑用大理石	Building Marble	3	1	1	23.63	21.70	1.76	0.31
水泥用大理石	Marble for Cement	14	2		131.20	8.09		2.59
饰面用板岩	Facing Slate	1			2.12			0.02
角闪岩	Amphibolite	1	1		28.62	28.62		0.29
硼矿	Boron	46	3		647.94	45.23		23.31
矿泉水	Mineral Water	62	15	5	110.48	21.46	25.58	2.19
地下水	Groundwater	51	11	2	4813.36	511.88	58.33	144.84
二氧化碳气	Carbon Dioxide Gas	7	1		987.58	3.02		22.87

出让、转让情况——按矿种分列（2009年） 续表5
Rights Granted and Transferred by Mineral (2009) Continued 5

探矿权出让 Exploration Rights Granted							探矿权转让 Exploration Rights Transferred	
合计 Total		申请在先 First Application	协议出让 Granting through Agreement		招拍挂出让 Granting through Bidding, Auction, and Listing		个数 Number	价款金额（万元）Price Value (10^4 yuan)
个数 Number	价款金额（万元）Price Value (10^4 yuan)	个数 Number	个数 Number	价款金额（万元）Price Value (10^4 yuan)	个数 Number	价款金额（万元）Price Value (10^4 yuan)		
2	4.90				2	4.90		
1		1						
1			1					
1	80.00				1	80.00		
1	18.00				1	18.00		
1	20.00				1	20.00		
4	131.00	1			3	131.00		
1	2.00				1	2.00		
3	36.00				3	36.00	2	
1	6.60				1	6.60		
							1	
1	105.60		1	105.60				
2	793.00	1			1	793.00		
1	31.00				1	31.00		
3			3				8	68.00
15	91.45	2	1	14.77	12	76.68	1	9.38
11	868.03	4	1		6	868.03	1	
1		1						

矿产资源勘查许可证发证及探矿权
Exploration Licenses Issued and Exploration

经济类型	Economic Type	勘查许可证发证 Exploration Licenses Issued						
		许可证数（个） Number of Licenses			登记面积（公顷） Registered Area (hecture)			探矿权使用费（万元） Exploration Right Royalty (10^4 yuan)
		有效 Valid	新立 Newly Issued	注销 Cancelled	有效 Valid	新立 Newly Issued	注销 Cancelled	
总　计	**Total**	**37621**	**4568**	**289**	**5032741.12**	**175934.46**	**38448.95**	**136454.80**
国有企业	State-owned Enterprises	11071	1110	91	308371.00	33028.44	1643.63	8188.76
集体企业	Collective-owned Enterprises	307	20	2	3894.64	282.62	5.27	107.66
股份合作企业	Cooperative Stock Enterprises	505	36	3	9219.87	550.82	15.85	258.84
联营企业	Joint Ownership Enterprises	146	24	2	2393.07	388.92	63.32	47.78
有限责任公司	Limited Liability Corporations	18092	2730	99	370491.17	64853.82	1063.28	7973.31
股份有限公司	Share Holding Company Limited	2623	193	28	4270348.68	67598.57	28094.14	118394.38
私营企业	Private Enterprises	4060	394	34	49997.82	7743.77	189.85	1001.15
其他企业	Other Enterprises	437	36	19	6425.70	801.34	7149.81	115.94
合资经营企业（港、澳、台资）	Enterprises of Joint Investment (with Investors from Hong Kong, Macao or Taiwan)	22		1	507.15		11.98	19.92
合作经营企业（港、澳、台资）	Cooperative Enterprises (with Investors from Hong Kong, Macao or Taiwan)	20			438.66			16.82
港、澳、台商独资经营企业	Enterprises with Funds Solely from Hong Kong, Macao or Taiwan	38	13	1	1349.66	324.57	4.26	18.15
港、澳、台商投资股份有限公司	Share holding Company Limited with Funds from Hong Kong, Macao or Taiwan	6	3		210.05	195.44		2.50
中外合资经营企业	Chinese and Foreign Equity Joint Ventures	47	1	3	1038.22	1.32	26.25	29.70
中外合作经营企业	Chinese and Foreign Cooperative Joint Ventures	172	3	2	5326.83	40.32	17.16	188.26
外资企业	Foreign Funded Enterprises	74	5	4	2723.68	124.51	164.15	91.42
外商投资股份有限公司	Foreign-Funded Share Holding Company Limited	1			4.92			0.25

出让、转让情况——按经济类型分列（2009年）
Rights Granted and Transferred by Economic Type (2009)

探矿权出让 Exploration Rights Granted							探矿权转让 Exploration Rights Transferred	
合计 Total		申请在先 First Application	协议出让 Granting through Agreement		招拍挂出让 Granting through Bidding, Auction, and Listing		个数 Number	价款金额（万元） Price Value (10^4 yuan)
个数 Number	价款金额（万元） Price Value (10^4 yuan)	个数 Number	个数 Number	价款金额（万元） Price Value (10^4 yuan)	个数 Number	价款金额（万元） Price Value (10^4 yuan)		
5646	**238572.16**	**4654**	**295**	**38562.19**	**697**	**200009.98**	**1028**	**2194412.02**
1110	13377.73	948	105	5000.48	57	8377.26	55	7720.58
20	5311.20	16	2	5005.20	2	306.00	3	
36	3238.50	19	1		16	3238.50	12	2804.87
24	5417.58	19	2	4804.58	3	613.00		
2730	171668.47	2095	143	14475.33	492	157193.14	791	2178450.67
1271	8030.45	1228	19	762.09	24	7268.36	39	1040.88
394	25507.48	285	12	3974.47	97	21533.01	118	3894.34
36	169.00	31	2	10.00	3	159.00	6	56.00
							1	
13	3027.77	8	4	2065.87	1	961.90	2	186.48
3		3						
1		1					1	258.20
3			3					
5	2823.97	1	2	2464.16	2	359.81		

矿产资源采矿许可证发证及采矿权
Mining Licenses Issued and Mining Rights

地区	Region	采矿许可证发证 Mining Licenses Issued						
		许可证数 Number of Licenses			登记面积（公顷） Registered Area（hecture）			采矿权使用费（万元） Mining Right Royalty (10^4 yuan)
		有效 Valid	新立 Newly Issued	注销 Cancelled	有效 Valid	新立 Newly Issued	注销 Cancelled	
总　计	**Total**	**110673**	**8672**	**5198**	**210556.79**	**8451.54**	**1172.95**	**23352.02**
国土资源部	MLR	1296	37	11	136686.86	3956.66	140.69	11659.47
北　京	Beijing	279	6	12	220.99	7.62	2.81	30.60
天　津	Tianjin	389	5	28	16.24		1.69	19.70
河　北	Hebei	4616	153	241	2303.64	142.31	48.41	391.40
山　西	Shanxi	5420	694	773	9174.54	147.14	313.09	1124.45
内蒙古	Inner Mongolia	4799	342	152	5008.93	172.22	81.32	667.15
辽　宁	Liaoning	3964	181	313	1552.21	173.21	59.22	304.00
吉　林	Jilin	2221	306	33	648.09	58.72	11.09	159.95
黑龙江	Heilongjiang	3435	144	2	2525.86	25.28	0.03	389.85
上　海	Shanghai	83		17	17.51		4.37	5.20
江　苏	Jiangsu	1950	115	421	877.74	14.19	48.76	173.40
浙　江	Zhejiang	1706	196	654	202.85	20.03	105.08	90.75
安　徽	Anhui	4024	113	262	1085.36	24.78	12.36	280.50
福　建	Fujian	2673	77	71	1666.22	66.31	4.59	266.70
江　西	Jiangxi	6302	338	72	2779.38	109.76	8.00	535.15
山　东	Shandong	4787	582	181	3331.02	58.42	33.77	532.70
河　南	Henan	4237	248	231	4735.43	687.86	17.59	629.50
湖　北	Hubei	3679	187	143	1696.73	76.45	11.08	312.85
湖　南	Hunan	6807	714	237	2358.58	72.13	21.65	516.05
广　东	Guangdong	2221	174	53	465.20	51.19	2.15	135.80
广　西	Guangxi	4751	597	79	1687.73	149.84	18.69	368.35
海　南	Hainan	388	183	41	230.43	30.84	0.88	39.25
重　庆	Chongqing	3590	326	66	1856.13	78.57	4.42	326.95
四　川	Sichuan	8032	891	303	4327.24	402.78	88.36	759.45
贵　州	Guizhou	8848	553	357	6102.10	403.23	69.54	963.45
云　南	Yunnan	8085	469	264	4704.53	242.74	31.86	776.60
西　藏	Tibet	76	2		710.69	5.73		72.75
陕　西	Shaanxi	4783	280	29	3359.12	499.29	2.39	522.60
甘　肃	Gansu	2813	237	117	1453.29	190.82	24.86	259.75
青　海	Qinghai	802	71	13	5599.46	318.17	0.38	591.40
宁　夏	Ningxia	570	139	16	260.59	39.81	2.94	50.85
新　疆	Xinjiang	3047	312	6	2912.04	225.40	0.85	395.35

出让、转让情况——按地区分列（2009 年）
Granted and Transferred by Region (2009)

采矿权出让 Mining Rights Granted								采矿权转让 Mining Rights Transferred	
合计 Total		探矿权转采矿权 Change of Exploration Right to Mining Right	协议出让 Granting through Agreement		招拍挂出让 Granting through Bidding, Auction, and Listing			个数 Number	价款金额（万元） Price Value (10^4 yuan)
个数 Number	价款金额（万元） Price Value (10^4 yuan)	个数 Number	个数 Number	价款金额（万元） Price Value (10^4 yuan)	个数 Number	价款金额（万元） Price Value (10^4 yuan)			
8671	**774056.00**	**650**	**1213**	**414276.00**	**6808**	**359787.00**		**3049**	**7620558.00**
36	28836.00	29	6	28836.00	1			80	82401.00
6	22.00	5	1	22.00				10	11.00
5	240.00	2	3	240.00				3	
153	60820.00	49	28	52455.00	76	8365.00		167	773213.00
694	69989.00	9	43	50023.00	642	19966.00		687	6501028.00
342	19319.00	58	66	13549.00	218	5770.00		176	121324.00
181	16061.00	48	78	14311.00	55	1750.00		135	134.00
306	9653.00	19	103	4455.00	184	5198.00		45	3898.00
144	2762.00	4	43	2237.00	97	526.00		169	152.00
115	29832.00	11	18	22170.00	86	7662.00		17	5.00
196	100666.00	7	35	8473.00	154	92193.00		28	5581.00
113	9747.00	16	11	2067.00	86	7680.00		81	13850.00
77	7587.00	16	31	4975.00	30	2611.00		83	4999.00
338	7898.00	17	6	3292.00	315	4606.00		77	47.00
582	22077.00	25	33	4707.00	524	17370.00		121	70.00
248	3906.00	52	37	453.00	159	3453.00		141	47829.00
187	8649.00	14	20	417.00	153	8232.00		77	950.00
714	70651.00	4	54	8384.00	656	62267.00		82	25824.00
174	19340.00	11	43	631.00	120	18709.00		37	4.00
597	5335.00	10	48	352.00	539	4983.00		82	120.00
183	1901.00	5	6	86.00	172	1815.00		5	
326	20094.00		6	6.00	320	20088.00		11	4.00
891	41556.00	19	68	11995.00	804	29561.00		265	89.00
553	40632.00	53	152	28866.00	348	11766.00		48	558.00
469	23571.00	60	26	7111.00	383	16460.00		177	393.00
2		2						7	1.00
280	1766.00	44	99	250.00	137	1516.00		11	10471.00
237	7215.00	11	25	4178.00	201	3038.00		97	20.00
71	2777.00	5	13	718.00	53	2059.00		25	8.00
139	20956.00	5	3	20255.00	131	701.00		17	2.00
312	120200.00	40	108	118758.00	164	1441.00		88	27577.00

矿产资源采矿许可证发证及采矿权
Mining Licenses Issued and Mining Rights

矿 种	Mineral	采矿许可证发证 Mining Licenses Issued								
		许可证数 Number of Licenses			登记面积（公顷）Registered Area（hecture）			生产规模① Production Scale		采矿权使用费（万元）Mining Right Royalty (10^4 yuan)
		有效 Valid	新立 Newly Issued	注销 Cancelled	有效 Valid	新立 Newly Issued	注销 Cancelled	有效 Valid	新立 Newly Issued	
总 计	**Total**	**110673**	**8672**	**5198**	**210556.79**	**8451.54**	**1172.95**			**23352.02**
煤炭	Coal	14345	304	386	52826.08	1583.18	277.83	362124.80	10146.00	5648.25
油页岩	Oil Shale	16	3		39.95	11.87		516.80	188.00	4.45
石油天然气	Oil&Natural Gas	637	15	1	113419.33	3334.00	119.90			9375.72
煤层气	Coal-bed Methane	8	4		592.45	141.00				
石煤	Stone Coal	224	4	5	194.57	2.56	0.37	1102.44	140.50	26.70
油砂	Oil Sand	1			1.94			14.40		0.20
天然沥青	Native Bitumen	5			12.73			6.40		1.45
地热	Geotherm	862	37	14	593.05	39.70	0.18	34439.10	993.11	91.25
铁矿	Iron	3772	264	339	4152.77	453.65	116.13	71798.13	6866.70	524.10
锰矿	Manganese	510	28	20	609.77	32.80	1.69	1835.20	133.75	75.15
铬铁矿	Chromite	27	1		23.09	0.04		39.70	0.80	3.10
钛矿	Titanium	108	13	1	68.11	13.10	0.99	1462.48	279.12	10.20
钒矿	Vanadium	89	16		198.63	53.44		1179.89	335.21	21.90
金红石	Titanium	4			9.54			24.09		1.00
铜矿	Copper	794	45	13	992.59	132.29	16.06	15039.53	1090.95	119.75
铅矿	Lead	981	52	20	1344.28	179.31	4.74	4487.65	272.40	162.00
锌矿	Zinc	479	17	1	579.24	28.84	0.09	2112.89	109.80	70.85
铝土矿	Bauxite	254	29	7	702.77	69.71	1.05	3602.40	298.00	77.25
镁矿	Magnesium	3	1		1.33	0.75		39.20	17.20	0.20
镍矿	Nickel	51	3		64.99	2.72		555.24	66.00	8.00
钴矿	Cobalt	4	1		6.39	0.70		177.00	165.00	0.75
钨矿	Tungsten	144	5		393.59	8.47		1744.55	181.90	42.35
锡矿	Tin	149	1		277.31	13.77		1197.83	10.00	31.60
铋矿	Bismuth	4			0.92			11.50		0.20
钼矿	Molybdenum	167	11	5	309.41	40.53	0.95	7185.55	178.00	35.45
汞矿	Mercury	34	2	2	44.41	3.14	1.06	64.11	2.69	5.30
锑矿	Antimony	73			127.25			237.10		14.75
多金属	Polymetallic Ore	33	4		74.15	18.33		710.90	66.00	8.20
铂矿	Platinum	6	2		6.59	3.89		95.00	70.00	0.85
砂金	Gold	25	2	6	94.23	11.01	15.65	622.05	15.54	10.00

出让、转让情况——按矿种分列（2009年）
Granted and Transferred by Mineral (2009)

采矿权出让 Mining Rights Granted							采矿权转让 Mining Rights Transferred	
合计 Total		探矿权转采矿权 Change of Exploration Right to Mining Right	协议出让 Granting through Agreement		招拍挂出让 Granting through Bidding, Auction, and Listing		个数 Number	价款金额（万元） Price Value (10^4 yuan)
个数 Number	价款金额（万元） Price Value (10^4 yuan)	个数 Number	个数 Number	价款金额（万元） Price Value (10^4 yuan)	个数 Number	价款金额（万元） Price Value (10^4 yuan)		
8671	**774056.00**	**650**	**1213**	**414276.00**	**6808**	**359787.00**	**3049**	**7620558.00**
304	265575.00	35	235	242080.00	34	23495.00	1270	6748050.00
3		3					1	922.00
14		14						
4		4						
4	98.00	1	1	29.00	2	69.00		
37	609.00	18	14	428.00	5	181.00	13	7.00
264	145498.00	177	58	73252.00	29	72247.00	220	381826.00
28	2611.00	20	5	1421.00	3	1190.00	21	1553.00
1	26.00		1	26.00			2	
13	706.00	2			11	706.00		
16	1984.00	6	5	751.00	5	1233.00	3	963.00
45	802.00	39	5	598.00	1	204.00	74	18109.00
52	4288.00	38	12	423.00	2	3865.00	69	21650.00
17	456.00	11	5	106.00	1	350.00	19	3583.00
29	142.00	23	6	142.00			9	716.00
1	171.00		1	171.00				
3		3					3	16.00
1		1					1	1.00
5	16352.00		4	16352.00	1		18	25.00
1		1					15	735.00
11	517.00	9	2	517.00			7	1529.00
2	145.00				2	145.00	1	107.00
							5	2634.00
4		3	1				2	1.00
2	2400.00	1	1	2400.00				
2	72.00		1	43.00	1	29.00		

矿产资源采矿许可证发证及采矿权
Mining Licenses Issued and Mining Rights

矿种	Mineral	采矿许可证发证 Mining Licenses Issued								
		许可证数 Number of Licenses			登记面积（公顷）Registered Area（hecture）			生产规模[①] Production Scale		采矿权使用费（万元）Mining Right Royalty (10^4 yuan)
		有效 Valid	新立 Newly Issued	注销 Cancelled	有效 Valid	新立 Newly Issued	注销 Cancelled	有效 Valid	新立 Newly Issued	
金矿	Gold	1482	79	49	2557.33	376.96	43.66	10384.87	302.86	294.35
银矿	Silver	95	8	1	128.52	18.09	1.17	759.72	104.50	15.50
铌钽矿	Columbotantalite	14			20.54			184.10		2.55
钽矿	Tantalum	3			14.72			77.00		1.55
铍矿	Beryllium	3			3.94			29.25		0.45
锂矿	Lithium	12	1		298.36	0.67		66.76	2.00	30.10
锆矿	Zirconium	27			89.01			11010.70		9.45
锶矿（天青石）	Strontium	16			30.85			65.50		3.65
重稀土矿	Heavy Rare Earths	21			30.87			211.70		3.45
轻稀土矿	Light Rare Earths	98			68.43			689.12		9.75
锗矿	Germanium	3	1		7.49	6.17		129.00	120.00	0.85
碲矿	Tellurium	3			2.05			2.40		0.30
蓝晶石	Kyanite	7	1		3.99	1.18		28.00	5.00	0.60
矽线石	Sillimanite	3			1.18			17.00		0.20
红柱石	Andalusite	9			9.47			262.00		1.15
菱镁矿	Magnesite	116	18	21	28.24	7.60	1.67	1391.45	351.20	7.15
萤石（普通）	Common Fluorite	1416	65	17	939.03	57.89	6.98	3769.79	84.25	136.30
熔剂用石灰岩	Limestone for Flux	165	11	4	50.66	2.53	0.28	5245.11	350.00	11.25
冶金用白云岩	Metallurgical Dolomite	156	9	5	33.30	2.82	1.02	2040.10	106.16	9.30
冶金用石英岩	Metallurgical Quartzite	230	18	60	88.62	19.24	29.06	728.80	73.00	17.05
冶金用砂岩	Metallurgical Sandstone	32	1	1	16.67	0.10	0.07	75.40	2.00	2.70
铸型用砂岩	Foundry Sandstone	21	3		1.74	0.04		92.80	2.45	1.05
铸型用砂	Foundry Sand	64	4		17.12	0.13		319.55	22.50	4.00
冶金用脉石英	Metallurgical Vein Quartz	151	4	4	138.78	3.06	0.21	321.92	10.00	18.45
耐火粘土	Fireclay	303	19	5	133.12	11.06	0.54	722.85	60.20	23.25
铁钒土	Bauxite	37		4	8.88		0.31	43.28		2.45
其他粘土	Other Clay	106	11	1	234.42	0.63	0.01	226.90	21.00	28.15
耐火用橄榄岩	Refractory Peridotite	2			2.39			16.00		0.30
熔剂用蛇纹岩	Serpentinite for Flux	3	1	1	0.53	0.03	0.03	80.00	10.00	0.15
自然硫	Native Sulfur	1			10.06			3.80		1.05
硫铁矿	Pyrite	308	9	12	249.04	7.20	8.60	2868.04	198.00	33.70

出让、转让情况——按矿种分列（2009 年） 续表 1

Granted and Transferred by Mineral (2009) Continued 1

采矿权出让 Mining Rights Granted							采矿权转让 Mining Rights Transferred	
合计 Total		探矿权转采矿权 Change of Exploration Right to Mining Right	协议出让 Granting through Agreement		招拍挂出让 Granting through Bidding, Auction, and Listing		个数 Number	价款金额（万元） Price Value (10⁴ yuan)
个数 Number	价款金额（万元） Price Value (10⁴ yuan)	个数 Number	个数 Number	价款金额（万元） Price Value (10⁴ yuan)	个数 Number	价款金额（万元） Price Value (10⁴ yuan)		
79	3573.00	54	23	3372.00	2	202.00	155	161826.00
8	104.00	6	1	53.00	1	51.00	14	11539.00
							1	
1		1					3	1.00
							1	1.00
1		1						
1		1					1	
							1	810.00
18	2392.00	4	14	2392.00			10	11.00
65	1900.00	9	7	48.00	49	1852.00	43	50.00
11	505.00	1			10	505.00	2	4.00
9	416.00	3	1	26.00	5	390.00	3	3.00
18	223.00	7			11	223.00	15	9917.00
1	27.00				1	27.00	2	3.00
3	23.00		1	3.00	2	20.00		
4	28.00				4	28.00	3	8.00
4	67.00		1	4.00	3	63.00	3	
19	405.00	2			17	405.00	5	3.00
11	58.00				11	58.00		
1	12.00		1	12.00			1	
9	4715.00	3	3	4489.00	3	226.00	13	2599.00

矿产资源采矿许可证发证及采矿权

Mining Licenses Issued and Mining Rights

矿种	Mineral	采矿许可证发证 Mining Licenses Issued								
		许可证数 Number of Licenses			登记面积（公顷）Registered Area（hecture）			生产规模[①] Production Scale		采矿权使用费（万元）Mining Right Royalty (10^4 yuan)
		有效 Valid	新立 Newly Issued	注销 Cancelled	有效 Valid	新立 Newly Issued	注销 Cancelled	有效 Valid	新立 Newly Issued	
钠硝石	Natratine	3			37.01			2.22		3.75
明矾石	Alunite	7			2.45			34.50		0.50
芒硝（含钙芒硝）	Mirabilite (Including Glauberite)	74	1	2	496.68	1.54	13.71	3442.20	110.00	51.55
重晶石	Barite	491	43	49	513.18	51.33	21.10	956.96	98.30	65.35
毒重石	Witherite	29	3		23.10	10.07		79.30	10.00	3.20
天然碱（Na_2CO_3）	Trona	19			114.43			358.90		11.95
电石用灰岩	Tourmaline Limestone	49	8	12	18.38	2.31	0.92	925.36	393.10	3.60
制碱用灰岩	Limestone for Soda Ash	30			3.95			469.41		1.70
化肥用石灰岩	Limestone for Fertilizer	15	2		1.63	0.41		107.20	7.00	0.80
化肥用白云岩	Dolostone for Chemical Industry	12			1.09			73.38		0.60
化肥用石英岩	Quartzite for Fertilizer	14		1	4.69		0.06	86.00		0.95
化肥用砂岩	Sandstone for Fertilizer	16			1.27			115.50		0.80
含钾岩石	K-bearing Sandy Shale	12	1		6.02	0.20		75.60	1.00	1.00
含钾砂页岩	K-bearing Rock	1	1	3	0.03	0.03	0.09	3.00	3.00	0.05
化肥用蛇纹岩	Serpentinite for Fertilizer	3			0.37			9.50		0.15
泥炭	Peat	63	2	2	45.71	0.59	1.31	156.90	1.00	6.30
盐矿	Salt	12		1	90.56		6.00	204.00		9.35
岩盐	Halite	88	5		186.64	15.10		4141.91	410.00	20.85
湖盐	Lake Salt	34	1		556.61	10.22		1407.60	1.60	56.40
镁盐	Magnesium Salt	6			58.07			144.00		5.95
天然卤水	Natural Brine	61	3	16	601.76	24.22	29.90	3988.88	240.00	61.90
钾盐	Potash	16			9098.76			453.70		910.25
溴矿	Bromine	59	8		57.23	4.26		14.36	1.50	7.85
砷矿	Arsenic	8			6.48			5.36		0.85
磷矿	Phosphate Rock	342	27	17	622.34	77.78	5.94	8655.22	1229.00	71.00
金刚石	Diamond	4			1.21					0.25
石墨	Graphite	154	5	1	97.96	9.95	0.82	745.98	8.30	14.10
水晶	Crysta	7			0.66			100.64		0.35
硅灰石	Wollastonite	220	21	6	56.06	8.26	0.18	583.94	48.60	13.85
滑石	Talc	157	12	23	67.27	13.41	2.98	382.94	33.50	11.60

出让、转让情况——按矿种分列（2009 年） 续表 2

Granted and Transferred by Mineral (2009) Continued 2

采矿权出让 Mining Rights Granted							采矿权转让 Mining Rights Transferred	
合计 Total		探矿权转采矿权 Change of Exploration Right to Mining Right	协议出让 Granting through Agreement		招拍挂出让 Granting through Bidding, Auction, and Listing		个数 Number	价款金额（万元） Price Value (10^4 yuan)
个数 Number	价款金额（万元） Price Value (10^4 yuan)	个数 Number	个数 Number	价款金额（万元） Price Value (10^4 yuan)	个数 Number	价款金额（万元） Price Value (10^4 yuan)		
							2	2.00
1		1					3	1.00
43	424.00	6	6	38.00	31	386.00	5	2.00
3	56.00	1			2	56.00		
							1	1.00
8	2909.00				8	2909.00	2	
							1	
2	18.00				2	18.00		
1	2.00				1	2.00		
1	10.00				1	10.00		
							1	2.00
2	2.00				2	2.00		
5	9260.00	2			3	9260.00	10	914.00
1	158.00		1	158.00			4	811.00
3	20.00		2	20.00	1		1	
							1	
8	20.00		8	20.00				
27	12069.00	10	14	10322.00	3	1747.00	21	828.00
							1	810.00
5	10.00	2			3	10.00	3	3.00
21	175.00	1	10	61.00	10	114.00	8	32.00
12	313.00	3	5	176.00	4	138.00	3	3.00

矿产资源采矿许可证发证及采矿权
Mining Licenses Issued and Mining Rights

矿 种	Mineral	采矿许可证发证 Mining Licenses Issued								
		许可证数 Number of Licenses			登记面积（公顷）Registered Area（hecture）			生产规模 Production Scale		采矿权使用费（万元）Mining Right Royalty (10^4 yuan)
		有效 Valid	新立 Newly Issued	注销 Cancelled	有效 Valid	新立 Newly Issued	注销 Cancelled	有效 Valid	新立 Newly Issued	
石棉（温石棉）	Asbestos	34			14.32			181.36		2.70
云母	Mica	28	2	1	18.50	0.57	0.17	42.92	3.01	2.50
长石	Feldspar	398	27	26	147.66	6.97	2.87	962.93	125.50	28.15
电气石	Tourmaline	4			9.00			2.99		1.00
石榴子石	Garnet	26	2		8.11	0.72		58.85	10.50	1.65
叶蜡石	Pyrophyllite	84	6	8	31.51	0.87	1.29	1319.19	1006.17	5.80
透辉石	Diopside	33	1		4.18	0.02		136.52	6.00	1.80
蛭石	Vermiculite	23	2	1	8.14	0.51	0.04	53.57	6.00	1.60
沸石	Zeolite	77	3	5	14.71	0.03	1.35	208.90	8.00	4.45
透闪石	Tremolite	9		3	1.71		0.61	16.42		0.45
石膏	Gypsum	662	41	23	552.92	26.46	33.42	6062.08	184.31	74.70
方解石	Calcite	788	107	16	191.38	17.11	1.72	2602.29	320.75	49.50
光学萤石	Optical Fluorite	2			1.61			1.10		0.20
宝石	Gem	9		1	8.66		0.30	17.59		1.15
玉石	Jade	64	6		52.69	3.37		1083.94	66.22	7.25
玛瑙	Agate	4			8.05			0.51		0.90
石灰岩	Limestone	6953	557	200	900.00	65.49	10.62	55772.50	4381.55	399.70
玻璃用石灰岩	Limestone for Glass	4		1	0.05		0.08	25.50		0.20
水泥用石灰岩	Limestone for Cement	2539	175	101	851.95	78.80	15.00	93987.78	11913.07	178.90
建筑石料用灰岩	Limestone for Building Stone	13624	1240	823	1076.85	86.76	25.49	96265.56	11635.10	731.45
饰面用灰岩	Facing Limestone	39	4	2	12.30	0.23	0.38	128.82	14.60	2.65
制灰用石灰岩	Limestone for Mortar	560	20	24	62.22	2.22	0.82	4915.62	243.80	30.55
含钾岩石	K-bearing Rock	11		1	3.09		0.17	33.35		0.75
泥灰岩	Marlstone	33	6		7.43	0.44		140.02	17.20	2.10
白垩	Chalk	4			2.08			29.00		0.30
白云岩	Dolostone	658	38	38	126.15	13.75	1.74	4520.18	691.30	39.90
玻璃用白云岩	Dolostone for Glass	21	1		11.27	0.01		121.90	1.00	2.05
建筑用白云岩	Dolostone for Building	987	83	73	102.16	5.77	3.70	8356.44	725.86	53.75
石英岩	Quartzite	805	56	58	244.42	19.92	7.69	5591.78	230.75	53.40
冶金用石英岩	Metallurgical Quartzite	81	4	13	22.59	0.73	2.48	204.30	15.00	5.30

出让、转让情况——按矿种分列（2009年） 续表3
Granted and Transferred by Mineral (2009) Continued 3

采矿权出让 Mining Rights Granted							采矿权转让 Mining Rights Transferred	
合计 Total		探矿权转采矿权 Change of Exploration Right to Mining Right	协议出让 Granting through Agreement		招拍挂出让 Granting through Bidding, Auction, and Listing		个数 Number	价款金额（万元）Price Value (10^4 yuan)
个数 Number	价款金额（万元）Price Value (10^4 yuan)	个数 Number	个数 Number	价款金额（万元）Price Value (10^4 yuan)	个数 Number	价款金额（万元）Price Value (10^4 yuan)		
2	55.00		1	21.00	1	34.00		
27	1181.00	2	1	93.00	24	1089.00	8	6.00
2	11.00	1			1	11.00	2	1.00
6	52.00	1	1	1.00	4	51.00	2	3.00
1	6.00				1	6.00	2	3.00
2	15.00				2	15.00	1	810.00
3	14.00		2	11.00	1	3.00	5	5.00
							2	1.00
41	916.00	3	9	193.00	29	723.00	20	21452.00
107	14019.00		3	369.00	104	13651.00	21	2693.00
							1	9910.00
6	62.00	2	4	62.00			2	810.00
557	12224.00	2	16	67.00	539	12157.00	103	11800.00
175	64570.00	19	62	29429.00	94	35141.00	98	25041.00
1240	40102.00	3	37	113.00	1200	39989.00	112	55222.00
4	22.00				4	22.00	1	2.00
20	1332.00	4	3	17.00	13	1315.00	15	20852.00
6	44.00	1			5	44.00	2	2.00
							1	
38	4231.00		7	910.00	31	3320.00	7	4.00
1	1.00		1	1.00				
83	2318.00	4	15	115.00	64	2204.00	8	29736.00
56	784.00	3	13	221.00	40	563.00	11	9916.00
4	197.00		1	147.00	3	49.00	4	1.00

矿产资源采矿许可证发证及采矿权
Mining Licenses Issued and Mining Rights

矿种	Mineral	采矿许可证发证 Mining Licenses Issued								
		许可证数 Number of Licenses			登记面积（公顷） Registered Area（hecture）			生产规模 Production Scale		采矿权使用费（万元） Mining Right Royalty (10^4 yuan)
		有效 Valid	新立 Newly Issued	注销 Cancelled	有效 Valid	新立 Newly Issued	注销 Cancelled	有效 Valid	新立 Newly Issued	
玻璃用石英岩	Quartzite for Glass	178	6	2	62.94	2.00	0.63	1093.19	41.00	12.80
砂岩	Sandstone	1589	175	123	454.83	9.07	8.42	10289.38	1964.96	117.65
玻璃用砂岩	Sandstone for Glass	86	5	2	12.43	1.13	0.11	720.72	41.50	4.70
水泥配料用砂岩	Sandstone for Cement	200	22	8	61.88	17.61	1.99	1964.90	205.75	14.10
砖瓦用砂岩	Sandstone for Bricks and Tiles	260	50	11	65.78	55.01	53.47	1114.97	416.73	18.55
陶瓷用砂岩	Sandstone for Ceramics	76	3	2	21.43	0.70	0.97	252.25	6.00	5.05
建筑用砂岩	Sandstone for building	6			0.22			435.50		0.30
天然石英砂	Natural Silicioussand	171	10	4	97.28	1.05	0.25	2011.04	52.44	16.25
玻璃用砂	Sand for Glass	34	5		19.23	6.51		922.57	449.14	3.20
海砂	Sea Sand	14		1	2.46		0.10	18161.01		0.80
建筑用砂	Building Sand	4644	818	293	1174.64	187.52	52.42	33680.26	6428.09	316.05
水泥配料用砂	Sand for Cement	36	2		3.22	0.01		296.68	3.20	1.95
水泥标准砂	Standard Sand for Cement	6			2.02			20.00		0.45
砖瓦用砂	Sand for Bricks and Tiles	46	5	4	11.24	7.58	2.55	130.31	12.77	3.00
脉石英	Vein Quartz	247	22	6	97.63	8.20	0.78	421.40	50.75	18.05
玻璃用脉石英	Vein Quartz for Glass	89	7	4	30.57	2.63	0.19	215.28	24.30	5.85
粉石英	Powdery Quartz	22	5		7.27	0.56		85.70	15.50	1.50
硅藻土	Diatomaceous Earth	23			14.16			130.60		2.15
页岩	Sandstone	1975	183	64	198.68	43.98	6.67	14846.03	1068.38	112.50
陶粒页岩	Earthenware Shale	40	1	2	6.24	0.56	0.02	371.05	10.00	2.30
砖瓦用页岩	Shale for Bricks and Tiles	5815	966	118	521.70	221.17	2.70	29558.46	4390.04	326.05
水泥配料用页岩	Shale for Cement	108	9	5	18.48	1.02	0.46	807.17	74.00	6.45
高岭土	Kaolin	518	46	49	298.29	35.58	8.68	5604.67	223.11	47.20
陶瓷土	Ceramic Clay	577	51	10	181.31	33.04	0.53	2550.78	245.53	39.75
凹凸棒石粘土	Attapulgite Clay	26	4	1	22.33	2.93	0.74	240.89	16.60	3.05
海泡石粘土	Sepiolite Clay	7	1	1	6.93	1.98	1.05	11.55	1.50	0.85
伊利石粘土	Illite Clay	53		1	54.81		0.01	135.85		7.10
累托石粘土	Rectorite Clay	1			0.63			9.00		0.10
膨润土	Bentonite	266	46	55	142.42	17.59	10.02	1311.64	221.44	23.50

出让、转让情况——按矿种分列（2009年） 续表4
Granted and Transferred by Mineral (2009) Continued 4

采矿权出让 Mining Rights Granted							采矿权转让 Mining Rights Transferred	
合计 Total		探矿权转采矿权 Change of Exploration Right to Mining Right	协议出让 Granting through Agreement		招拍挂出让 Granting through Bidding, Auction, and Listing		个数 Number	价款金额（万元） Price Value (10^4 yuan)
个数 Number	价款金额（万元） Price Value (10^4 yuan)	个数 Number	个数 Number	价款金额（万元） Price Value (10^4 yuan)	个数 Number	价款金额（万元） Price Value (10^4 yuan)		
6	330.00				6	330.00	7	4.00
175	15450.00		3	2.00	172	15448.00	16	10.00
5	249.00				5	249.00	3	3.00
22	398.00	1			21	398.00	3	1.00
50	394.00				50	394.00		
3	8.00				3	8.00	5	1.00
10	56.00				10	56.00	4	4.00
5	197.00	2	1	10.00	2	187.00	1	2.00
							1	810.00
818	6919.00	9	246	510.00	563	6409.00	30	2835.00
2	1.00				2	1.00	1	1.00
5	10.00	1	1	3.00	3	7.00		
22	418.00	3	3	33.00	16	385.00	6	9912.00
7	102.00	1			6	102.00	1	
5	29.00				5	29.00		
183	1941.00		3	16.00	180	1925.00	31	7.00
1	5.00				1	5.00	1	6.00
966	6973.00	2	12	31.00	952	6942.00	104	26.00
9	141.00				9	141.00	3	
46	1786.00	3	3	39.00	40	1748.00	3	2.00
51	1744.00	4	2	12.00	45	1733.00	8	1.00
4	81.00	1			3	81.00	1	
1	18.00				1	18.00		
46	619.00	1	21	130.00	24	490.00	11	1630.00

矿产资源采矿许可证发证及采矿权
Mining Licenses Issued and Mining Rights

矿 种	Mineral	采矿许可证发证 Mining Licenses Issued								
		许可证数 Number of Licenses			登记面积（公顷） Registered Area（hecture）			生产规模 Production Scale		采矿权使用费（万元） Mining Right Royalty (10^4 yuan)
		有效 Valid	新立 Newly Issued	注销 Cancelled	有效 Valid	新立 Newly Issued	注销 Cancelled	有效 Valid	新立 Newly Issued	
砖瓦用粘土	Clay for Bricks and Tiles	19747	995	932	2953.36	52.81	122.52	106531.41	7388.23	1195.05
陶粒用粘土	Ceramic Clay	72	7		198.62	1.60		253.32	27.81	22.50
水泥用粘土	Clay for Cement	163	10	15	46.44	6.48	1.89	1979.51	49.60	10.65
水泥配料用红土	Laterite for Cement	32	12	1	4.15	0.43	0.02	141.30	37.43	1.80
水泥配料用黄土	Loess Clay for Cement	8	1		1.38	0.01		147.96	1.98	0.45
水泥配料用泥岩	Mudstone for Cement	32	4	1	4.68	0.27		539.23	50.68	1.70
保温材料用粘土	Clay for Thermal Insulating Material	19	2	1	3.48	0.96	0.16	93.24	18.00	1.10
橄榄岩	Peridotite	8			20.51			49.98		2.30
建筑用橄榄岩	Building Peridotite	6	1	1	1.05	0.02	0.14	25.50	8.00	0.35
蛇纹岩	Serpentinite	43	2		21.37	1.16		308.36	1.50	3.55
饰面用蛇纹岩	Facing Serpentinite	14	5		3.21	1.20		13.79	3.00	0.85
玄武岩	Basalt	770	141	41	116.10	26.49	2.58	7572.67	1645.30	44.30
铸石用玄武岩	Basalt for Casting	12	4		1.53	0.38		167.40	53.10	0.60
岩棉用玄武岩	Basalt for Rock Wool	3	1		0.38	0.02		27.00	7.00	0.15
辉绿岩	Diabase	180	5	42	40.20	0.57	3.37	4720.89	26.14	10.95
水泥用辉绿岩	Diabase for Cement	2			0.46			5.80		0.10
铸石用辉绿岩	Diabase for Casting	2			0.05			8.00		0.10
建筑用辉绿岩	Building Diabase	175	21	18	27.60	5.40	4.05	1428.75	262.30	9.70
饰面用辉绿岩	Facing Diabase	103	10	13	18.87	0.69	1.36	750.98	5.22	5.95
安山岩	Andesite	151	8	2	7.52	0.37	0.20	1750.92	87.10	7.65
饰面用安山岩	Facing Andesite	5	1		0.43	0.05		22.10		0.25
建筑用安山岩	Building Andesite	509	42	17	136.38	0.71	1.05	7993.38	477.20	37.10
闪长岩	Diorite	98	4		17.77	0.40		865.12	23.40	6.00
建筑用闪长岩	Building Diorite	243	40	5	12.41	2.03	0.37	2717.12	567.89	12.60
花岗岩	Granite	1035	59	37	280.30	5.94	4.72	7335.71	855.81	70.90
建筑用花岗石	Facing Granite	3483	379	176	492.72	305.13	5.36	56578.31	8384.40	206.80
饰面用花岗岩	Building Granite	1579	316	65	214.35	24.74	6.64	9034.85	2581.46	87.70
麦饭石	Medical Stone	9	2		1.84	0.75		13.40	2.50	0.55
珍珠岩	Perlite	57	2	2	14.34	0.09	0.05	281.20	4.50	3.65

出让、转让情况——按矿种分列（2009 年） 续表 5

Granted and Transferred by Mineral (2009) Continued 5

采矿权出让 Mining Rights Granted							采矿权转让 Mining Rights Transferred	
合计 Total		探矿权转采矿权 Change of Exploration Right to Mining Right	协议出让 Granting through Agreement		招拍挂出让 Granting through Bidding, Auction, and Listing		个数 Number	价款金额（万元）Price Value (10^4 yuan)
个数 Number	价款金额（万元）Price Value (10^4 yuan)	个数 Number	个数 Number	价款金额（万元）Price Value (10^4 yuan)	个数 Number	价款金额（万元）Price Value (10^4 yuan)		
995	5928.00		35	175.00	960	5753.00	64	25.00
7	181.00				7	181.00		
10	128.00	2			8	128.00	2	1.00
12	112.00				12	112.00	1	
1	3.00		1	3.00				
4	105.00		1	9.00	3	96.00		
2	20.00				2	20.00		
1	13.00		1	13.00				
2	17.00		1	6.00	1	11.00		
5	58.00		1	15.00	4	43.00		
141	3782.00		16	170.00	125	3612.00	21	9939.00
4	46.00		3	41.00	1	5.00	1	
1	12.00				1	12.00		
5	75.00		1	47.00	4	29.00	5	11.00
21	448.00		4	15.00	17	433.00	3	
10	650.00		1	2.00	9	648.00	3	
8	53.00		3	38.00	5	15.00		
1	1.00				1	1.00		
42	516.00		3	12.00	39	503.00	9	5.00
4	62.00				4	62.00	2	9.00
40	1040.00		8	51.00	32	989.00	3	1.00
59	1426.00		15	519.00	44	907.00	11	4.00
379	17992.00	4	56	744.00	319	17248.00	38	29758.00
316	3668.00	3	24	1214.00	289	2454.00	12	821.00
2	7.00	1			1	7.00		
2	12.00		1	6.00	1	6.00	3	1015.00

矿产资源采矿许可证发证及采矿权
Mining Licenses Issued and Mining Rights

矿种	Mineral	采矿许可证发证 Mining Licenses Issued								
		许可证数 Number of Licenses			登记面积（公顷）Registered Area（hecture）			生产规模 Production Scale		采矿权使用费（万元）Mining Right Royalty (10^4 yuan)
		有效 Valid	新立 Newly Issued	注销 Cancelled	有效 Valid	新立 Newly Issued	注销 Cancelled	有效 Valid	新立 Newly Issued	
黑曜岩	Obsidian	3			0.62			7.50		0.15
浮石	Float Stone	20	2		4.63	0.05		54.72	2.40	1.20
粗面岩	Trachyte	14	1		0.31	0.01		186.00	5.43	0.70
铸石用粗面岩	Trachyte for cast stone	1			0.11			19.00		0.05
霞石正长岩	Nepheline Syenite	8			5.84			251.00		0.90
凝灰岩	Tuff	111	11	12	24.81	1.10	0.57	1870.94	194.39	6.95
水泥用凝灰岩	Tuff for Cement	19		2	11.47		0.02	159.99		1.80
建筑用石料（凝灰岩）	Tuff	2313	297	350	358.90	26.63	10.40	47609.77	10577.44	137.40
火山灰	Volcanic Ash	4			0.23			21.50		0.20
水泥用火山灰	Volcanic Ash for Cement	3			0.13			9.50		0.15
火山渣	Scoria	3	1		1.67	0.30		39.92	5.00	0.20
大理岩	Marble	388	19	6	113.72	3.91	0.07	3342.24	264.17	26.15
饰面用石料（大理石）	Facing Marble	413	40	6	234.96	27.10	0.51	6571.53	403.76	37.85
建筑用大理石	Building Marble	419	28	12	66.12	5.81	0.69	3512.45	373.14	24.35
水泥用大理石	Marble for Cement	131	10	1	24.69	7.80	0.03	4512.25	599.40	7.70
玻璃用大理石	Marble for Glass	3		3	0.88		0.02	17.82		0.15
板岩	Slate	218	29	9	64.92	1.10	0.53	1425.66	181.73	15.40
饰面用板岩	Facing Slate	96	7		34.03	5.13		449.08	21.76	6.90
水泥配料用板岩	Slate for Cement	7	1	2	1.05	0.05		54.28	4.20	0.35
片麻岩	Gneiss	397	36	64	68.89	1.73	3.00	3279.76	441.32	24.60
角闪岩	Amphibolite	45	2	5	10.09	0.54	0.30	377.01	11.68	2.75
硼矿	Boron	61	1	5	336.12	5.30	0.28	507.35	200.00	35.65
矿泉水	Mineral Water	972	20	29	493.34	14.22	6.03	6753.84	160.52	77.45
地下水	Groundwater	17			29.40			1138.77		3.45
二氧化碳气	Carbon Dioxide Gas	3			161.63			3680.00		16.25
其他	Others	45		1	27.56		0.01			3.95

注：① 生产规模的单位：固体矿产按万吨/年、气体矿产按万立方米/年、地下水按立方米/日计。

Notes：① The unit of production scale：10^4t/yr for solid minerals; 10^4m^3/yr for gas minerals; m^3/d for groundwater.

出让、转让情况——按矿种分列（2009年） 续表6

Granted and Transferred by Mineral (2009) Continued 6

采矿权出让 Mining Rights Granted							采矿权转让 Mining Rights Transferred	
合计 Total		探矿权转采矿权 Change of Exploration Right to Mining Right	协议出让 Granting through Agreement		招拍挂出让 Granting through Bidding, Auction, and Listing		个数 Number	价款金额（万元） Price Value (10^4 yuan)
个数 Number	价款金额（万元） Price Value (10^4 yuan)	个数 Number	个数 Number	价款金额（万元） Price Value (10^4 yuan)	个数 Number	价款金额（万元） Price Value (10^4 yuan)		
2	16.00		1	1.00	1	15.00	1	
1	7.00				1	7.00		
							1	1.00
11	3261.00				11	3261.00	2	3.00
297	56306.00	16	76	8730.00	205	47576.00	17	1039.00
1		1						
19	479.00		8	225.00	11	254.00	8	4.00
40	2845.00	8	1	2.00	31	2843.00	11	10.00
28	668.00		3	28.00	25	640.00	5	2.00
10	1611.00		7	482.00	3	1129.00	7	2.00
29	175.00	1	5	24.00	23	151.00	4	2.00
7	32.00		2	12.00	5	20.00	1	
1	3.00		1	3.00				
36	529.00		3	23.00	33	506.00	3	1.00
2	9.00		1	8.00	1	1.00		
1	9118.00		1	9118.00			8	7.00
20	271.00	14	3	51.00	3	220.00	37	1760.00
							2	2.00

矿产资源采矿许可证发证及采矿权
Mining Licenses Issued and Mining Rights

经济类型	Economic Type	采矿许可证发证 Mining Licenses Issued						
		许可证数 Number of Licenses			登记面积（公顷） Registered Area (hecture)			采矿权使用费（万元） Mining Right Royalty (10^4 yuan)
		有效 Valid	新立 Newly Issued	注销 Cancelled	有效 Valid	新立 Newly Issued	注销 Cancelled	
合 计	**Grand Total**	**110673**	**8672**	**5198**	**210556.79**	**8451.54**	**1172.95**	**23352.02**
国有企业	State-owned Enterprises	3975	124	206	14012.99	271.47	112.99	1520.50
集体企业	Collective-owned Enterprises	11907	196	1078	4055.14	131.90	195.92	857.25
股份合作企业	Cooperative Stock Enterprises	1405	76	79	932.19	35.87	18.92	147.30
联营企业	Joint Ownership Enterprises	641	22	31	231.80	8.40	3.34	48.25
有限责任公司	Limited Liability Corporations	21496	2208	489	50015.53	3163.85	292.08	5668.25
股份有限公司	Share Holding Company Limited	3109	173	137	123736.53	3672.67	189.41	10429.12
私营企业	Private Enterprises	61138	4505	2954	15419.12	1038.18	337.49	4157.80
其他企业	Other Enterprises	6475	1336	207	1195.62	111.39	11.90	412.35
合资经营企业（港、澳、台资）	Enterprises of Joint Investment (with Investors from Hong Kong, Macao or Taiwan)	95	2	1	314.01	1.91	0.05	34.15
合作经营企业（港、澳、台资）	Cooperative Enterprises (with Investors from Hong Kong, Macao or Taiwan)	11			4.26			0.80
港、澳、台商独资经营企业	Enterprises with Funds Solely from Hong Kong, Macao or Taiwan	73	5	1	71.65	2.73	3.30	9.50
港、澳、台商投资股份有限公司	Share holding Company Limited with Funds from Hong Kong, Macao or Taiwan	15	2		10.44	1.27		1.35
中外合资经营企业	Chinese and Foreign Equity Joint Ventures	170	8	11	232.59	5.18	5.12	28.10
中外合作经营企业	Chinese and Foreign Cooperative Joint Ventures	48		2	170.38		2.21	18.40
外资企业	Foreign Funded Enterprises	76	9	1	75.31	5.98	0.15	9.90
外商投资股份有限公司	Foreign-Funded Share Holding Company Limited	39	6	1	79.23	0.69	0.06	9.00

出让、转让情况——按经济类型分列（2009 年）
Granted and Transferred by Economic Type (2009)

采矿权出让 Mining Rights Granted							采矿权转让 Mining Rights Transferred	
合计 Total		探矿权转采矿权 Change of Exploration Right to Mining Right	协议出让 Granting through Agreement		招拍挂出让 Granting through Bidding, Auction, and Listing		个数 Number	价款金额（万元） Price Value (10^4 yuan)
个数 Number	价款金额（万元） Price Value (10^4 yuan)	个数 Number	个数 Number	价款金额（万元） Price Value (10^4 yuan)	个数 Number	价款金额（万元） Price Value (10^4 yuan)		
8671	**774056.00**	**650**	**1213**	**414276.00**	**6808**	**359787.00**	**3049**	**7620558.00**
124	25737.00	18	49	22545.00	57	3192.00	153	105268.00
196	19884.00	12	59	5296.00	125	14588.00	76	54872.00
76	2853.00	4	17	1016.00	55	1837.00	21	31561.00
22	212.00	4	2	2.00	16	210.00	10	9912.00
2208	590713.00	445	447	338499.00	1316	252214.00	1845	7103006.00
172	15283.00	41	24	6087.00	107	9196.00	121	58301.00
4505	96227.00	101	483	37839.00	3921	58388.00	690	254358.00
1336	16895.00	20	121	2894.00	1195	13999.00	77	176.00
2	1024.00	1			1	1024.00	25	842.00
5	15.00	3	1	15.00	1	1.00	3	3.00
2	1542.00				2	1542.00	3	713.00
8	104.00		5	50.00	3	54.00	17	1545.00
							2	2.00
9	2516.00		5	29.00	4	2487.00	5	4.00
6	1053.00	1			5	1053.00	1	

矿产资源勘查、开采
Cases Handling of Illegal

单位：件

年份/案件类别	Year / Case Category	合计 Total
	2001	16247
	2002	23386
	2003	16669
	2004	14689
	2005	17179
	2006	15314
	2007	11769
	2008	9435
	2009	7433
上年未结案件	**Cases Unsettled Last Year**	**671**
本年立案	**Cases Filed This Year**	**7778**
勘查	Exploration	398
无证勘查	Exploration Without Any License	188
越界勘查	Cross-border Exploration	25
非法转让探矿权	Illegal Transfer of Exploration Right	23
其他	Others (Exploration)	162
开采	Mining	7360
无证开采	Mining Without Any License	5557
越界开采	Cross-border Mining	1181
非法转让采矿权	Illegal Transfer of Mining Right	97
破坏性开采	Destructive Mining	32
其他	Others (Mining)	493
不按规定缴纳矿产资源补偿费	Failure to Pay Mineral Resources Compensation Fees According to the Rule	20
本年结案	**Cases Settled This Year**	**7433**
处理上年未结案	Last Year's Unsettled Cases Handled	374
勘查	Exploration	273
无证勘查	Exploration Without Any License	72
越界勘查	Cross-border Exploration	20
非法转让探矿权	Illegal Transfer of Exploration Right	21
其他	Others (Exploration)	160
开采	Mining	6766
无证开采	Mining Without Any License	5042
越界开采	Cross-border Mining	1122
非法转让采矿权	Illegal Transfer of Mining Right	95
破坏性开采	Destructive Mining	32
其他	Others (Mining)	475
不按规定缴纳矿产资源补偿费	Failure to Pay Mineral Resources Compensation Fees According to the Rule	20
本年未结案件	**Cases Unsettled This Year**	**1016**

违法案件查处情况

Exploration and Mining

Unite: case

省级机关 Provincial Level	市级机关 Enterprises and Institutions	县级机关 County Level	企事业单位 Enterprises and Institutions		集体 Collective		个人 Individual
				外商 Foreign-funded		乡村 Township	
4	86	384	279	2	2295	642	13199
		71	556	3	2527	1088	20232
		2	600	9	1690	544	14377
			738	6	1056	323	12895
			1133	11	1220	424	14826
			2049	38	1484	184	11781
			1841	9	799	150	9129
			1886	19	335	78	7214
			1760	25	175	48	5498
			172		**30**	**14**	**469**
			1776	**25**	**179**	**52**	**5823**
			238		7	3	153
			63		2	1	123
			12		2		11
			19				4
			144		3	2	15
			1533	25	171	49	5656
			686	9	49	23	4822
			615	13	87	13	479
			69	3	4	3	24
			15				17
			148		31	10	314
			5		1		14
			1760	**25**	**175**	**48**	**5498**
			120		17	4	237
			203		4	1	66
			34				38
			8		2		10
			18				3
			143		2	1	15
			1432	25	153	43	5181
			632	9	39	18	4371
			577	13	86	13	459
			68	3	4	3	23
			15				17
			140		24	9	311
			5		1		14
			188		**34**	**18**	**794**

矿产资源勘查、开采违法案件
Cases Handling of Illegal Exploration

单位：件

年份/案件类别	Year/Case Category	合计 Total	北京 Beijing	天津 Tianjin	河北 Hebei
	2001	16247	25	59	138
	2002	23386	4	54	392
	2003	16669	57	32	585
	2004	14689	136	9	732
	2005	17179	195	12	1010
	2006	15314	84	3	928
	2007	11769	136	6	786
	2008	9435	153	4	629
	2009	7433	49		265
上年未结案件	**Cases Unsettled Last Year**	**671**	**5**	**2**	**1**
本年立案	**Cases Filed This Year**	**7778**	**48**		**331**
勘查	Exploration	398			6
无证勘查	Exploration Without Any License	188			4
越界勘查	Cross-border Exploration	25			1
非法转让探矿权	Illegal Transfer of Exploration Right	23			
其他	Others (Exploration)	162			1
开采	Mining	7360	48		325
无证开采	Mining Without Any License	5557	48		268
越界开采	Cross-border Mining	1181			48
非法转让采矿权	Illegal Transfer of Mining Right	97			1
破坏性开采	Destructive Mining	32			
其他	Others (Mining)	493			8
不按规定缴纳矿产资源补偿费	Failure to Pay Mineral Resources Compensation Fees According to the Rule	20			
本年结案	**Cases Settled This Year**	**7433**	**49**		**265**
处理上年未结案	Last Year's Unsettled Cases Handled	374	1		6
勘查	Exploration	273			1
无证勘查	Exploration Without Any License	72			
越界勘查	Cross-border Exploration	20			
非法转让探矿权	Illegal Transfer of Exploration Right	21			
其他	Others (Exploration)	160			1
开采	Mining	6766	48		258
无证开采	Mining Without Any License	5042	48		207
越界开采	Cross-border Mining	1122			43
非法转让采矿权	Illegal Transfer of Mining Right	95			
破坏性开采	Destructive Mining	32			
其他	Others (Mining)	475			8
不按规定缴纳矿产资源补偿费	Failure to Pay Mineral Resources Compensation Fees According to the Rule	20			
本年未结案件	**Cases Unsettled This Year**	**1016**	**4**	**2**	**67**

查处情况——按地区分列

and Mining by Region

Unite: case

山西 Shanxi	内蒙古 Inner Mongolia	辽宁 Liaoning	吉林 Jilin	黑龙江 Heilongjiang	上海 Shanghai	江苏 Jiangsu	浙江 Zhejiang	安徽 Anhui	福建 Fujian	江西 Jiangxi	山东 Shandong
1395	268	368	165	133		159	231	172	938	995	636
2346	264	456	191	121	112	194	217	693	548	531	121
2581	366	583	155	161	1	87	213	186	548	231	1074
1217	378	718	107	81		90	232	188	545	218	918
2850	625	850	216	176		101	290	255	802	527	1242
2188	409	868	286	393		89	328	225	1040	519	781
1376	334	811	99	319		87	337	179	179	360	670
433	489	729	207	280		37	313	92	824	210	485
250	479	776	244	278		19	228	47	382	143	216
31	**57**	**92**	**6**	**24**		**3**	**13**	**15**	**35**	**7**	**25**
263	**427**	**924**	**271**	**258**		**20**	**222**	**49**	**360**	**161**	**231**
7	7	80	22	2			1	8	1	3	8
	4	79	10	2			1	7	1	1	5
6	2									1	
1	1	1	12					1		1	3
256	420	844	249	256		20	221	41	359	151	223
220	373	749	209	180		19	156	19	308	94	190
18	29	88	34	64			45	20	30	41	16
								1		2	
				7		1					
18	18	7	6	5			20	1	21	14	17
										7	
250	**479**	**776**	**244**	**278**		**19**	**228**	**47**	**382**	**143**	**216**
	54	7	6	24		1	13	5	33	4	18
7	7	1	18	2				2		3	8
	4		6	2				1		1	5
6	2									1	
1	1	1	12					1		1	3
243	418	768	220	252		18	215	40	349	129	190
208	371	676	181	176		17	155	18	298	83	159
17	29	86	33	64			42	20	30	30	14
								1		2	
				7		1					
18	18	6	6	5			18	1	21	14	17
										7	
44	**5**	**240**	**33**	**4**		**4**	**7**	**17**	**13**	**25**	**40**

矿产资源勘查、开采违法案件
Cases Handling of Illegal Exploration

单位：件

年份/案件类别	Year/Case Category	河南 Henan	湖北 Hubei	湖南 Hunan	广东 Guangdong	广西 Guangxi
	2001	780	752	1913	306	1305
	2002	916	548	1353	436	2923
	2003	1114	398	921	261	650
	2004	1059	491	1096	244	541
	2005	954	282	1313	280	549
	2006	997	244	1211	219	639
	2007	724	198	1123	449	634
	2008	197	84	1028	250	459
	2009	251	70	711	315	295
上年未结案件	**Cases Unsettled Last Year**	**2**	**5**	**99**	**54**	**63**
本年立案	**Cases Filed This Year**	**250**	**78**	**685**	**376**	**351**
勘查	Exploration	4	13	9	4	6
无证勘查	Exploration Without Any License	3	11	5	2	2
越界勘查	Cross-border Exploration		1	2		
非法转让探矿权	Illegal Transfer of Exploration Right		1			
其他	Others (Exploration)	1		2	2	4
开采	Mining	245	65	674	372	345
无证开采	Mining Without Any License	189	39	370	253	309
越界开采	Cross-border Mining	46	25	251	116	15
非法转让采矿权	Illegal Transfer of Mining Right			10		
破坏性开采	Destructive Mining					
其他	Others (Mining)	10	1	43	3	21
不按规定缴纳矿产资源补偿费	Failure to Pay Mineral Resources Compensation Fees According to the Rule	1		2		
本年结案	**Cases Settled This Year**	**251**	**70**	**711**	**315**	**295**
处理上年未结案	Last Year's Unsettled Cases Handled	2	4	55	36	17
勘查	Exploration	4	12	9	2	6
无证勘查	Exploration Without Any License	3	11	5	1	2
越界勘查	Cross-border Exploration			2		
非法转让探矿权	Illegal Transfer of Exploration Right		1			
其他	Others (Exploration)	1		2	1	4
开采	Mining	244	54	645	277	272
无证开采	Mining Without Any License	188	33	354	168	242
越界开采	Cross-border Mining	46	21	244	107	14
非法转让采矿权	Illegal Transfer of Mining Right			10		
破坏性开采	Destructive Mining					
其他	Others (Mining)	10		37	2	16
不按规定缴纳矿产资源补偿费	Failure to Pay Mineral Resources Compensation Fees According to the Rule	1		2		
本年未结案件	**Cases Unsettled This Year**	**1**	**13**	**73**	**115**	**119**

查处情况——按地区分列 续表

and Mining by Region Continued

Unite: case

海南 Hainan	重庆 Chongqing	四川 Sichuan	贵州 Guizhou	云南 Yunnan	西藏 Tibet	陕西 Shaanxi	甘肃 Gansu	青海 Qinghai	宁夏 Ningxia	新疆 Xinjiang
135	938	1028	2484	368		319	82	41	34	78
168	1132	788	6998	1157	18	325	253	85	95	68
58	1059	977	2782	687		411	332	8	50	101
80	1758	773	1868	505	10	286	277	16	51	65
183	686	998	663	1402		500	153	10	32	23
157	415	584	1280	553		318	136	24	49	347
26	239	462	893	384		291	147	14	50	456
39	130	165	887	360		223	105	17	107	499
95	100	99	897	214		127	126	13	69	675
13	**16**	**6**	**54**	**2**		**1**		**8**		**32**
94	**105**	**132**	**900**	**218**		**133**	**126**	**16**	**79**	**670**
	20	22	43	9		11	1	1		110
	18	19	6	2		2		1		3
	2	2	2	1		3	1			1
			15	1		1				5
		1	20	5		5				101
94	85	110	856	209		122	125	15	79	551
82	38	65	494	166		85	107	13	70	444
11	36	31	69	31		26	1		7	83
	5	2	60	5		4		2		5
1	3		9				1			10
	3	12	224	7		7	16		2	9
			1							9
95	**100**	**99**	**897**	**214**		**127**	**126**	**13**	**69**	**675**
12	4	2	45	2				7		16
	14	7	41	7		11	1	1		109
	12	6	6	1		2		1		3
	2		1	1		3	1			1
			14	1		1				4
		1	20	4		5				101
83	82	90	810	205		116	125	5	69	541
73	35	51	452	162		82	107	4	60	434
9	36	26	66	31		23	1		7	83
	5	2	60	5		4		1		5
1	3		9				1			10
	3	11	223	7		7	16		2	9
			1							9
12	**21**	**39**	**57**	**6**		**7**		**11**	**10**	**27**

矿产资源勘查、开采违法案件查处结果
Handling Results of Cases of Illegal Exploration and Mining

年份/地区	Year / Region	吊销勘查许可证（件）Revoked Exploration Licenses (Case)	吊销采矿许可证（件）Revoked Mining Licenses (Case)	罚没款（万元）Fine (10^4 yuan)
	2001		1481	4414.61
	2002	10	1103	5483.77
	2003	19	571	5872.98
	2004	6	441	22237.84
	2005	8	249	23216.21
	2006	25	1030	35280.82
	2007	8	966	31060.73
	2008	3	41	40803.79
	2009	3	4	21567.24
北　京	Beijing			84.30
天　津	Tianjin			
河　北	Hebei			467.96
山　西	Shanxi			1267.51
内蒙古	Inner Mongolia			735.48
辽　宁	Liaoning			2388.08
吉　林	Jilin			243.52
黑龙江	Heilongjiang			756.14
上　海	Shanghai			
江　苏	Jiangsu			81.36
浙　江	Zhejiang			1428.02
安　徽	Anhui			92.80
福　建	Fujian			518.63
江　西	Jiangxi			467.96
山　东	Shandong			147.49
河　南	Henan		2	441.79
湖　北	Hubei			381.12
湖　南	Hunan	2		2138.98
广　东	Guangdong		1	401.12
广　西	Guangxi			594.19
海　南	Hainan			53.18
重　庆	Chongqing			93.03
四　川	Sichuan			349.37
贵　州	Guizhou			3240.44
云　南	Yunnan			362.98
西　藏	Tibet			
陕　西	Shaanxi			1856.04
甘　肃	Gansu		1	58.88
青　海	Qinghai			24.50
宁　夏	Ningxia			133.06
新　疆	Xinjiang	1		2759.32

主要统计指标解释

勘查许可证数 是指有管辖权的探矿登记管理机关，按照法定的审批、发证权限，依法颁发的有效探矿许可证个数和注销的探矿许可证数。

有效（勘查许可证） 是指报告期末有效的勘查许可证，包括新立、变更、延续和其他有效勘查许可证。

新立（勘查许可证） 是指在未获得探矿权的区域，申请人提交材料，报经登记管理机关批准登记，在报告期内取得探矿权的过程，其批准的勘查许可证即为新立。

注销（勘查许可证） 包括探矿权人正常申请注销、转采的勘查许可证。

登记面积（勘查许可证） 是指勘查登记管理机关颁发的勘查许可证载明的区块面积的总和。计量单位平方千米。

探矿权使用费 是指国家将矿产资源探矿权出让给探矿权人，按法律规定向探矿权人收取的使用费。按报告期收取数统计。

探矿权出让 是指在报告期内国土资源主管部门通过申请在先、协议、招标、拍卖和挂牌等方式，把探矿权出让给探矿权申请人的行为。

申请在先 是指受让方（探矿权使用者）提出申请，出让方（政府）按照法定的审批权限，依法办理的探矿权登记，并获得勘查许可证。

协议出让（探矿权） 是指主管部门通过协议方式把探矿权出让给探矿权人的活动，探矿权人获得勘查许可证。

招拍挂出让（探矿权） 是指主管部门通过招标、拍卖和挂牌方式出让探矿权的活动，探矿权人获得勘查许可证。

招标（探矿权） 是指主管部门发布招标公告，邀请特定或者不特定的投标人参加投标，根据投标结果确定探矿权中标人的活动，探矿权人获得勘查许可证。

拍卖（探矿权） 是指主管部门发布拍卖公告，由符合探矿权申请人资质条件的竞买人在指定时间、地点进行公开竞价，根据出价结果确定探矿权竞得人的活动，探矿权人获得勘查许可证。

挂牌（探矿权） 是指主管部门发布挂牌公告，在挂牌公告规定的期限和场所接受竞买人的报价申请并更新挂牌价格，根据挂牌期限截止时的出价结果，确定探矿权竞得人的活动，探矿权人获得勘查许可证。

价款金额（探矿权） 是指协议、招标、拍卖、挂牌出让探矿权的评估或成交金额。

探矿权转让 是指报告期内经探矿权登记管理机关批准转让并办理了变更登记手续的探矿权数量和转让的金额。

采矿许可证数 是指有管辖权的采矿登记管理机关，按照法定的审批、发证权限，依法颁发的有效采矿许可证个数和注销的采矿许可证数。

有效（采矿许可证） 是指报告期末有效的采矿许可证，包括新立、变更、延续和其他有效采矿许可证。

新立（采矿许可证） 是指在未获得采矿权的区域，申请人提交材料，报经登记管理机关批准登记，在报告期内取得采矿权的过程，其批准的采矿许可证即为新立。

注销（采矿许可证） 是指采矿权人需要停止生产，关闭矿山，依法申请注销采矿权的数量。

生产规模 是指各矿种采矿权登记生产规模的总和。仅按矿种分列时填写，单位以各矿种标准单位填写，固体矿产按万吨/年，气体矿产按万立方米/年计，地下水按立方米/日计。其中：新立矿山生产规模是指新立采矿证登记的矿山设计生产规模；有效的矿山生产规模是指报告期末有效的采矿证所登记的矿山设计生产规模。

登记面积（采矿许可证） 是指勘查登记、采矿登记管理机关依法划定的探矿权的区块面积、采矿权的矿区面积的总和。单位按平方千米填写。

采矿权使用费　是指国家将矿产资源采矿权出让给采矿权人，按法律规定向采矿权人收取的使用费。按报告期收取数统计。

采矿权出让　是指在报告期内国土资源主管部门通过探矿权转采矿权、协议、招标、拍卖和挂牌等方式，把采矿权出让给采矿权申请人的行为。

探矿权转采矿权　是指报告期内探矿权人在其勘查许可证范围内，将探矿权申请转为采矿权，并获得采矿许可证。

协议出让（采矿权）　是指出让方（采矿权管理机关）按照法律法规的规定采取非竞争性的方式，以协议方式出让采矿权给特定对象的活动，并获得采矿许可证。

招拍挂出让（采矿权）　是指采矿权人通过招标出让、拍卖出让、挂牌出让三种方式获得采矿权并取得采矿许可证。

招标（采矿权）　是指主管部门发布招标公告，邀请特定或者不特定的投标人参加投标，根据投标结果确定采矿权中标人的活动，并获得采矿许可证。

拍卖（采矿权）　是指主管部门发布拍卖公告，由符合采矿权申请人资质条件的竞买人在指定时间、地点进行公开竞价，根据出价结果确定采矿权竞得人的活动，并获得采矿许可证。

挂牌（采矿权）　是指主管部门发布挂牌公告，在挂牌公告规定的期限和场所接受竞买人的报价申请并更新挂牌价格，根据挂牌期限截止时的出价结果，确定采矿权竞得人的活动，并获得采矿许可证。

个数（采矿权出让）　是指采矿权的出让数量，以“个”计量。

价款金额（采矿权出让）　是指协议、招标、拍卖、挂牌出让采矿权合同中签订的合同金额。

采矿权转让　是指报告期内经采矿权登记管理机关批准转让并办理了变更登记手续的采矿权数量和转让的金额。

越界开采　是指采矿权人超越批准的矿区范围进行的采矿活动,包括越层开采。

非法转让采矿权　是指违背《探矿权采矿权转让管理办法》第三条第二款规定的其他采矿权转让的。

不按规定缴纳矿产资源补偿费　指矿山企业没有按有关法规规定按期、足额缴纳矿产资源补偿费。

破坏性开采　是指采矿权人违背开采顺序、合理开采方法及工艺进行的采富弃贫、采易弃难等破坏矿产资源的开采活动。

其他（开采）　是指上述各项之外的违法采矿活动。

本年结案　是指本年内查处完毕并结案的案件数。

吊销勘查许可证　依法由原颁发勘查许可证的主管机关吊销勘查许可证的件数。

吊销采矿许可证　依法由原颁发采矿许可证的主管机关吊销采矿许可证的件数。

罚没款　是指各级地质矿产主管部门对矿产资源勘查、开采违法活动立案查处并处以罚款的处罚金额。

本年未结案件　是指报告期内未能结案需要转到下一年度继续处理的案件。

上年未结案件　是指上一年度对勘查、开采登记范围的案件已经立案，但尚未查处或未查处完毕，需在本年继续查处的案件数。

本年立案　是指本年度对勘查、开采登记违法案件立案查处的案件数。分为勘查和开采两类。以“件”计量。

无证勘查　是指未依法取得勘查许可证而进行勘查的活动。

越界勘查　是指探矿权人超越批准勘查的区块范围进行的勘查活动。

非法转让探矿权　是指违反《探矿权采矿权转让管理办法》规定的探矿权转让行为。

非法批准　是指负责矿产资源监督管理工作的国家工作人员或其他有关国家工作人员违反矿产资源法律法规的规定，擅自批准勘查、开采矿产资源和颁发勘查许可证、采矿许可证的行为。

其他（勘查）　是指上述各项之外的其他违法勘查活动。

无证开采　是指未依法取得采矿许可证的非法采矿活动。

Explanatory Notes on Main Statistical Indicators

Number of exploration licenses — refers to the number of valid exploration licenses issued and the number of exploration licenses cancelled by the exploration registration administration agency with jurisdictional power according to law within the prescribed limits of examining and approving and license-issuing authority.

Valid (exploration license) — refers to the valid exploration licenses at the end of the reporting period, including those that have been newly issued, modified or continued and other valid exploration licenses.

Newly issued (exploration license) — refers to the exploration license approved through the following process: in an area where no exploration right has been granted, the applicant submits material to the registration administration agency and obtains the exploration right during the reporting period after approval and registration.

Cancelled (exploration license) — The cancelled exploration licenses include that for which the exploration right holder normally applies for cancellation or change of it into the mining license.

Registered area (exploration license) — refers to the total sum of the block areas specified in the exploration license issues by the exploration registration administration agency.

Royalty of exploration right — refers to the royalty charged to the exploration right holder according to relevant regulations, when the mineral resource exploration right is granted by the government to the exploration right holder. Statistic survey is made based on the royalties charged during the reporting period.

Granting of the exploration right — refers to various acts through which the mineral exploration right is granted by the land and resources administration department to the applicant for the exploration right through the ways of first application, agreement, bidding, auction, and listing during the reporting period.

First application — means that: the assignee (exploration right holder) submits the application for the exploration right and the assignor (government) handles the registration of the exploration right according to law within the prescribed limits of examining and approving authority, and then the assignee obtains the exploration license.

Granting through agreement (exploration right) — refers to the act through which the administration department grants the exploration right to the exploration right holder in the way of agreement, and the exploration right holder obtains the exploration license.

Granting through bidding, auction, and listing (exploration right) — refers to the acts through which the administration department grants the exploration right in the ways of bidding, auction, and listing, and the exploration right holder obtains the exploration license.

Granting through bidding (exploration right) — refers to the act through which the administrative authorities issue a notice of invitation for bid to invite specially or not specially designated bidders to participate in the bidding, and the warded bidder for the exploration right is determined according to the result of the bidding. The exploration right holder obtains the exploration license.

Granting through auction (exploration right) — refers to the act through which the administrative authorities issue a notice of invitation for auction, while the bidders qualified to be applicants for the exploration right may participate in open competition at the prescribed time and locality and the warded bidder for the exploration or mining right is determined according to the result of the price offer. The exploration right holder obtains the exploration license.

Granting through listing (exploration right) — refers to the act through which the administrative authorities issue a notice of listing, and receive the offer applications of the bidders and renew the listed prices in the time limit and locality prescribed by the notice, and the warded bidder for the exploration right is determined according to the price offer at the closing date of the listing time limit. The exploration right holder obtains the exploration license.

Amount of price value (exploration right) — refers to the amount of money evaluated or determined through transaction for assigning the exploration right through agreement, bidding, auction, and listing.

Transfer of the exploration right — refers to the number of exploration rights that have been transferred and gone through the procedures of registration alteration after approval of the exploration right registration administration department during the reporting period and the amount of transfer.

Number of mining licenses — refers to the number of valid mining licenses issued and the number of mining licenses cancelled by the mining registration administration agency with jurisdictional power according to law within the prescribed limits of examining and approving and license-issuing authority.

Valid (mining license) — refers to the valid mining licenses at the end of the reporting period, including those that have been newly issued, modified or continued and other valid mining licenses.

Newly issued (mining license) — refers to the mining license approved through the following process: in an area where no mining right has been granted, the applicant submits material to the registration administration agency and obtains the mining right during the reporting period after approval and registration.

Cancelled (mining license) — refers to the number of mining rights which the mining right holder applies for canceling according to law because he needs to stop production and close the mine.

Production scale — refers to the total sum of the productions registered by the mining rights of various minerals. It is filled in according to minerals. The units are filled in according to the standard units of various minerals: 10^4 t/yr for solid minerals; 10^4 m^3/yr for gas minerals; m^3/day for groundwater. The production scale of the mine whose mining right is newly obtained refers to that in the mine design registered in the newly issued mining license; the valid production scale refers to that in the mine design registered in the valid mining license at the end of the reporting period.

Registered area (mining license) — refers to the total sum of the area of blocks with the exploration right and the area of the mining area with the mining right defined by the administration agency in charge of exploration and mining registration. The unit is km^2.

Royalty of mining right — refers to the royalty charged to the mining right holder according to relevant regulations, when the mineral resource mining right is granted by the government to the mining right holder. Statistics is made based on the royalties charged during the reporting period.

Assigning of the mining right (mining right) — refers to various acts through which the mining right is assigned by the land and resources administration department to the applicant for the mining right through the ways of change of the exploration right into the mining right, agreement, bidding, auction, and listing during the reporting period.

Change of the exploration right into the mining right — means that the exploration right holder applies for changing the exploration right into the mining right in his exploration license scope during the reporting period and obtains the mining license.

Assigning through agreement (mining right) — refers to the act through which the assignor (mining right administration agency) grants the mining right to the particular individual or organization by adopting the noncompetitive way through agreement according to the provisions of law and the latter obtains the mining license.

Assigning through bidding, action, and listing (mining right) — refers to the acts through which the mining right holder obtains the mining right and the mining license in the ways of assigning through bidding, auction, and listing.

Assigning through bidding (mining right) — refers to the act through which the administrative authorities issue a notice of invitation for bid to invite specially or not specially designated bidders to participate in the bidding, and the warded bidder for the mining right is determined according to the result of the bidding. The mining right holder obtains the mining license.

Assigning through auction (mining right) — refers to the act through which the administrative authorities issue a notice of invitation for auction, while the bidders qualified to be applicants for the mining right may participate in open competition at the prescribed time and locality and the warded bidder for the mining or mining right is determined according to the result of the price offer. The mining right holder obtains the mining license.

Assigning through listing (mining right) — refers to the act through which the administrative authorities issue a notice of listing, and receive the offer applications of the bidders and renew the listed prices in the time limit and locality prescribed by the notice, and the warded bidder for the mining right is determined according to the price offer at the closing date of the listing time limit. The mining right holder obtains the mining license.

Number — refers to the number of assignings of mining rights.

Amount of price value (mining right) — refers to the contractual amount of money specified in the contract of assigning the mining right through agreement, bidding, auction, and listing.

Transfer of the mining right — refers to the number of mining rights that have been transferred and gone through the procedures of registration alteration after approval of the mining right registration administration department during the reporting period and the amount of transfer.

Cross-border mining — refers to mining operations carried out by a mining right holder beyond the approved limits of his mining area, including cross-bed mining operations.

Illegal transfer of the mining right — refers to the act through which the mining right is transferred in violation of Section 2 of Article 3 of the "Regulations for Transferring Exploration Rights and Mining Rights".

Not pay mineral resource compensation according to the rule refers to a mine enterprise that does not pay the full mineral resource compensation on schedule according to the rule.

Destructive mining — refers to wasteful mining operations by a mining right holder that depart from the rational mining sequence or appropriate mining methods and technologies and are destructive to mineral resources.

Others (mining) — refer to other illegal mining operations except the above-mentioned items.

Case settled this year — refers to the number of cases investigated, handled and settled in the current year.

Revocation of an exploration license — refers to the number of exploration licenses revoked by the original exploration license-issuing administration department according to law.

Revocation of a mining license — refers to the number of mining licenses revoked by the original mining license-issuing administration department in charge of examining and approving and issuing licenses according to law.

Fine — refers to the paid-in amount of fines imposed by the geological and mineral resources administration department at various administrative levels for economic punishment of the filed, investigated, and handled illegal mineral exploration and mining operations.

Case unsettled this year — refers to the cases that are not able to be settled in the current year and have to be transferred to the next year and continue to be handled.

Case unsettled last year — refers to the number of cases that were filed out in the scope of registration of exploration and mining last year but have not been investigated or handled or whose investigation and handling have not been completed and should continue in the current year.

Case filed this year — refers to the number of the illegal cases about registration of exploration and mining filed for investigation and handling during the current year. They include two categories, exploration and mining.

Exploration without a license — refers to exploration operations carried out without obtaining an exploration license according to law.

Cross-border exploration — refers to exploration operations carried out by an exploration right holder beyond the approved limits of his exploration block.

Illegal transfer of the exploration right — refers to the act through which the exploration right is transferred in violation of the "Regulations for Transferring Exploration Rights and Mining Rights".

Illegal approval — refers to the act through which the state functionaries in charge of mineral resources supervision and management and other state functionaries approve exploration and mining of mineral resources and issue exploration licenses and mining license without authorization in violation of laws and regulations concerning mineral resources.

Others (exploration) — refers to other illegal exploration operations except the above-mentioned items.

Mining without a license — refers to mining operations carried out without obtaining a mining license according to law.

地质环境管理

Geo-environmental Management

地质环境监测

Geo-environmental

地 区	Region	监测站数（个） Number of Monitoring Stations			
			省级总站 Provincial Master Station	地市级分站 Prefecture and City Level Station	县区级分站 County and District Level Station
总 计	**Total**	**328**	**31**	**169**	**128**
北 京	Beijing	1	1		
天 津	Tianjin	1	1		
河 北	Hebei	12	1	11	
山 西	Shanxi	1	1		
内蒙古	Inner Mongolia	8	1	7	
辽 宁	Liaoning	1	1		
吉 林	Jilin	11	1	10	
黑龙江	Heilongjiang	7	1	6	
上 海	Shanghai	1	1		
江 苏	Jiangsu	11	1	10	
浙 江	Zhejiang	26	1	11	14
安 徽	Anhui	23	2	21	
福 建	Fujian	8	1	5	2
江 西	Jiangxi				
山 东	Shandong	2	1	1	
河 南	Henan	19	1	18	
湖 北	Hubei	16	1	10	5
湖 南	Hunan	1	1		
广 东	Guangdong	1	1		
广 西	Guangxi	14	1	12	1
海 南	Hainan	1	1		
重 庆	Chongqing	41	1	3	37
四 川	Sichuan	90	1	21	68
贵 州	Guizhou	9	1	8	
云 南	Yunnan	8	1	7	
西 藏	Tibet	4	1	2	1
陕 西	Shaanxi	1	1		
甘 肃	Gansu	3	1	2	
青 海	Qinghai	1	1		
宁 夏	Ningxia	5	1	4	
新 疆	Xinjiang	1	1		

网络（2009年）
Monitoring Network (2009)

从业人员（人）Employees（person）		突发性地质灾害监测点（个）Monitoring Site of Sudden Geohazards	缓变性地质灾害监测点（个）Monitoring Site of Delayed Geohazards	地下水监测点（个）Groundwater Monitoring Site
	专业技术人员 Professional Technical Personnel			
3520	**2515**	**45340**	**13699**	**12268**
80	74		8	959
70	46	4	12	436
231	122		399	2711
66	45		249	429
36	19	2430	4	895
76	55			
104	82	210		738
93	54	371		331
154	110		1782	540
41	36	66	308	367
106	77	2330	887	414
250	222			318
45	39	8		238
		7		162
114	85		45	285
226	169			353
188	134	30	1386	155
102	90			
21	21			172
197	159	9301	1	476
35	27	96	5	34
371	321	22	6435	32
300	198	15895	1582	53
99	74			259
103	89	14461	596	914
23	15	48		42
50	28			
	35	18		386
33	20	43		221
57	34			348
49	35			

地质灾害防治
Geohazards Prevention

地区	Region	地质灾害预报预警 Prediction and Early-warning of the Geohazards			地质灾害应急处置 Contingency Handling of Geohazards	
		成功避让地质灾害（处） Geohazards Avoided Successfully	避免伤亡人员（人） Casualties Avoided (person)	避免直接经济损失（万元） Direct Economic Loss Avoided (10^4 yuan)	出动应急处置小组（个） Sending the Contingency Handling Team	参与应急处置地质灾害（起） Participating in Contingency Handling of Geohazards
总　计	**Total**	**583**	**27070**	**52377.71**	**7845**	**8267**
北　京	Beijing				7	
天　津	Tianjin					
河　北	Hebei	1	2	5.00	1	1
山　西	Shanxi	2	19		157	41
内蒙古	Inner Mongolia	2	50	200.00	3	1
辽　宁	Liaoning				8	8
吉　林	Jilin	4	25	170.00	18	12
黑龙江	Heilongjiang				1	1
上　海	Shanghai					
江　苏	Jiangsu	17	653	2626.00	17	17
浙　江	Zhejiang	25	154	1900.00	481	590
安　徽	Anhui	5	27	87.00	244	317
福　建	Fujian	1	40	76.00	436	287
江　西	Jiangxi	12	118	58.00	239	316
山　东	Shandong	16	2683	80.00	52	44
河　南	Henan	21	112	87.73	2	2
湖　北	Hubei	24	468	2458.50	604	823
湖　南	Hunan	22	2834	4685.00	512	1194
广　东	Guangdong	5	2283	34.38	383	654
广　西	Guangxi	6	142	105.00	1070	1040
海　南	Hainan	6	3		2	6
重　庆	Chongqing	327	6000	25493.00	1925	908
四　川	Sichuan	37	5797	3236.00	717	1173
贵　州	Guizhou	8	1081	728.20	95	95
云　南	Yunnan	15	1659	7739.00	409	423
西　藏	Tibet	15	2534	1846.90		
陕　西	Shaanxi	8	241	752.00	286	131
甘　肃	Gansu	4	145	10.00	5	27
青　海	Qinghai				143	143
宁　夏	Ningxia				18	
新　疆	Xinjiang				10	13

情况（2009年）
and Control (2009)

地质灾害防治 Geohazards Prevention and Control					完成地质灾害危险性评估项目（个） Project of Evaluating the Danger of Geohazards Completed (number)	调查发现地质灾害隐患点（个） Hidden Danger Sites of Geohazards Found After Investigation (number)
地质灾害防治项目（个） Geohazards Prevention and Control Project			投入防治资金（万元） Funds Input for Prevention and Control (10^4 yuan)	搬迁人数（人） Number of Persons That Move Away (person)		
	治理项目 Control Project	监测预警项目 Monitoring and Early-warning Project				
28061	**6773**	**16273**	**542367.60**	**284337**	**27734**	**211110**
5	1	3	1100.00		380	526
3		2	80.00		41	58
16	7	9	3531.00		2296	4318
30	25	6	5938.20	81	504	11322
1	1		150.00		320	2444
5	4	1	3958.00			
42	11	43	51774.00	25670	374	4333
9	8	1	3410.00		381	1481
		1	896.00		102	5
40	20	20	15241.00	2754	1892	606
714	401	166	18487.57	7186	2398	5696
156	115	23	12253.00	9341	396	6493
2460	516	504	8277.00	16831	1734	10515
275	131	106	11959.00	6363	1212	20601
153	66	67	21164.00	1170	858	1103
						5220
1377	115	1258	10666.00	5361	1409	8189
788	214	537	15014.77	9351	590	9222
1625	1009	657	178177.00	14751	830	19453
1879	637	966	20979.00	21644	1030	14589
17	13	3	949.00	50	101	153
3153	14	2498	28552.00	34038	1578	15082
12287	2990	9278	56657.06	73676	4634	26155
23	23		6600.00		1101	213
253	242	10	40279.00	39519	2596	21797
4	3	1	3209.00		50	7214
301	192	109	12610.00	5085	591	9576
2422		2	6391.00		119	
7	1		1576.00	6846	99	3001
			80.00	4590	33	942
16	14	2	2409.00	30	85	803

地质灾害

Situation of

地区	Region	发生地质灾害数量（处） Number of Geohazards	自然因素 Natural Factors	人为因素 Human Factors		崩塌 Avalanche	滑坡 Landslide
总计	Total	10580	9886	694	10580	2378	6310
北京	Beijing	11	4	7	11		
天津	Tianjin						
河北	Hebei	13	5	8	13	6	1
山西	Shanxi	16	11	5	16	8	6
内蒙古	Inner Mongolia	34	12	22	34	3	2
辽宁	Liaoning	22	10	12	22	6	2
吉林	Jilin	18	13	5	18	8	3
黑龙江	Heilongjiang	11	10	1	9	2	
上海	Shanghai						
江苏	Jiangsu	17	11	6	17	1	11
浙江	Zhejiang	247	212	35	253	64	147
安徽	Anhui	349	279	70	349	216	116
福建	Fujian	391	389	2	391	15	372
江西	Jiangxi	197	172	25	197	35	140
山东	Shandong	37	29	8	37	7	9
河南	Henan	24	4	20	24		3
湖北	Hubei	552	492	60	552	76	436
湖南	Hunan	4479	4259	220	4479	767	2701
广东	Guangdong	241	214	27	243	118	92
广西	Guangxi	373	291	82	373	215	109
海南	Hainan	7	7		7	6	1
重庆	Chongqing	908	905	3	908	72	795
四川	Sichuan	934	919	15	928	212	581
贵州	Guizhou	167	151	16	167	40	108
云南	Yunnan	442	420	22	442	28	341
西藏	Tibet	655	652	3	655	352	110
陕西	Shaanxi	224	214	10	224	96	107
甘肃	Gansu	161	157	4	161	20	78
青海	Qinghai	25	20	5	25	3	22
宁夏	Ningxia	19	18	1	19	1	14
新疆	Xinjiang	6	6		6	1	3

灾情（2009年）
Geohazards (2009)

发生地质灾害数量（处） Number of Geohazards				造成伤亡人数（人） Casualties (preson)			造成直接经济损失（万元） Direct Economic Loss （10^4 yuan）
泥石流 Mudflows	地面塌陷 Ground Collapse	地裂缝 Ground Crack	地面沉降 Land Subsidence	死亡 Deaths	失踪 Missings	受伤 Injuries	
1442	**326**	**97**	**27**	**331**	**183**	**331**	**190109.40**
		4	7				
	2	4					83.50
	2			24			491.30
13	12	4					1960.00
	11	1	2				1733.00
4	2		1				294.70
5	2						
	5						628.00
32		6	4	18		25	6584.10
4	13			2		6	2179.29
1	2	1		3			1234.30
4	18			8		2	1860.90
1	20						662.08
	21						161.62
3	29	5	3	8		13	12311.70
925	54	32		21		34	43933.20
2	26		5	19		2	8709.95
4	39	4	2	18		100	3856.12
							31.10
24	11	6		23	64	24	18783.00
108	17	10		89	70	85	31904.06
1	14	4		23		15	10649.83
54	10	6	3	37	46	14	13118.48
191	2			7	3		13075.75
9	10	2		10		4	3811.02
53	3	7		19		6	11236.80
				1		1	714.30
2	1	1					
2				1			101.30

缓变性地质
Delayed

地 区	Region	地面沉降 Land Subsidence		
		沉降中心最大累计沉降量（毫米） Maximum Cumulative Subsidence Amount in the Subsidence Center (mm)	沉降区面积(平方千米) Area of Subsidence Area (km^2)	本年新增 Newly Increased This Year
总 计	**Total**	**55581.27**	**156495.97**	**3200.53**
北 京	Beijing	1163.00	3384.95	337.83
天 津	Tianjin	3312.00	758.41	
河 北	Hebei	2518.00	37624.57	1852.00
山 西	Shanxi	3242.00	552.00	
内蒙古	Inner Mongolia			
辽 宁	Liaoning			
吉 林	Jilin		29.74	
黑龙江	Heilongjiang			
上 海	Shanghai	22.73		
江 苏	Jiangsu	3.00	100000.00	
浙 江	Zhejiang	6715.80	6211.68	1.23
安 徽	Anhui			
福 建	Fujian			
江 西	Jiangxi			
山 东	Shandong	2124.70	6084.02	
河 南	Henan			
湖 北	Hubei			
湖 南	Hunan	26745.50	25.77	0.33
广 东	Guangdong	8610.00	1585.77	1006.10
广 西	Guangxi			
海 南	Hainan			
重 庆	Chongqing			
四 川	Sichuan	8.52	82.64	3.00
贵 州	Guizhou			
云 南	Yunnan	1100.00	4.38	
西 藏	Tibet			
陕 西	Shaanxi	16.02	152.04	0.04
甘 肃	Gansu			
青 海	Qinghai			
宁 夏	Ningxia			
新 疆	Xinjiang			

灾害情况（2009年）
Geohazards (2009)

地裂缝 Ground Crack		海水入侵 Seawater Invasion	
地裂缝条数（条） Number of Ground Cracks	地裂缝总长度 （千米） Total Length of Ground Cracks (km)	入侵范围（平方千米） Invasion Scope(km^2)	
			本年新增 Newly Increased This Year
2931	**9212.49**	**1515.17**	**21.87**
4	20.00		
520	82.00	334.90	12.62
262	329.69		
4	4.10		
44	10.70		
25	9.40		
16	0.19		
19	56.43	941.10	8.05
12	1.15		
1229	7251.38		
49	28.21	235.17	1.20
9	0.60	4.00	
6	0.31		
218	139.01		
214	48.13		
156	187.52		
144	1043.67		

矿泉水及
Mineral Water and

地 区	Region	矿泉水 Mineral Water		
		注册登记的矿泉水水源数（个） Number of Mineral Water Sources Registered		矿泉水水源年检情况 Annual Check-up of Mineral Water Sources
			国家级 State-level	参加年检数量（家） Quantity of Mineral Water Sources Participating Annual Check-up
总 计	**Total**	**2462**	**582**	**1333**
北 京	Beijing	44		32
天 津	Tianjin	19		17
河 北	Hebei	96	23	80
山 西	Shanxi	59	14	11
内蒙古	Inner Mongolia	66	19	48
辽 宁	Liaoning	353	32	90
吉 林	Jilin	408	24	98
黑龙江	Heilongjiang	1		80
上 海	Shanghai	19		19
江 苏	Jiangsu	25	2	27
浙 江	Zhejiang	247	88	113
安 徽	Anhui	25	8	18
福 建	Fujian	42		42
江 西	Jiangxi	49	22	46
山 东	Shandong	400	236	190
河 南	Henan	28	12	28
湖 北	Hubei	15	4	11
湖 南	Hunan	5	2	5
广 东	Guangdong	123	13	112
广 西	Guangxi	87	41	31
海 南	Hainan	10		8
重 庆	Chongqing	12	11	11
四 川	Sichuan	86		90
贵 州	Guizhou	22		10
云 南	Yunnan	140	22	55
西 藏	Tibet	13	3	7
陕 西	Shaanxi	53	1	39
甘 肃	Gansu			
青 海	Qinghai	5	3	5
宁 夏	Ningxia	8	2	8
新 疆	Xinjiang	2		2

地热情况（2009年）

Geotherm (2009)

		地热 Geotherm	
可开采矿泉水资源量（万立方米）Tonnage of Minable Mineral Water Resources (10^4 m^3)	本年矿泉水开采总量 Total Tonnage of Mineral Water Exploited in the Current Year	可开采地热资源量（万立方米）Tonnage of Exploitable Geotherm Resources (10^4 m^3)	本年新增地热资源量 Geotherm Resources Newly Increased in the Current Year
113824739.16	**332922.52**	**2730826.44**	**3730.69**
1137.56	8.00	8050.00	
2328.00	25.50	8379.00	
13189.10	4294.97	352348.82	0.50
14.85	0.84	19500.00	
3285.00	43.00	188.00	
4259.00			
17859.02	137.70	189.00	37.00
2796.96	71.55	347.26	
1298.00	60.00		
2922.46	105.36	858.40	13.09
193326.67	22130.91	121.18	84.72
60327.00	17.02	3565.00	
217.10	70.59		
26762.85	8658.95		19.60
8400.54	204.15	64263.89	89.27
6217.00	500.00	56070.00	3000.00
412.40	27.41	40433.02	42.84
2000.00	10.95	6000.00	
297973.47	295033.12	1696155.68	242.59
765.84	71.30	237.56	
8940.00	20.00	776.48	
9000.00	13.00	4640.00	100.40
113150000.00			
1029.80	1010.70	1010.70	55.48
2938.24	80.20	25061.18	
596.00	50.00		
6072.00	270.18	439300.00	
287.00	7.00	24.00	
256.10		2802.47	
127.20	0.12	504.80	45.20

矿山环境
Mine Environmental

地区	Region	矿业开采累计占用、损坏土地面积（公顷） Cumulative Area of Land Occupied or Destructed by Mining (hectare)	本年矿业开采新增占用、损坏土地面积 Number of Mines Restored and Remediated in the Current Year	累计恢复治理的矿山数（个） Cumulative Number of Mines Restored and Remediated	本年恢复治理的矿山数 Number of Mines Restored and Remediated in the Current Year
总计	**Total**	**2509225.48**	**115564.31**	**16520**	**8663**
北京	Beijing	1083.37		36	8
天津	Tianjin	1696.00		13	3
河北	Hebei	62752.24	3857.35	1289	861
山西	Shanxi	92885.27	5380.01	403	227
内蒙古	Inner Mongolia	78218.56	7105.00	116	45
辽宁	Liaoning	667460.00	19142.80	444	240
吉林	Jilin	28182.82	3232.37	568	478
黑龙江	Heilongjiang	888209.74	3437.88	427	225
上海	Shanghai			5	3
江苏	Jiangsu	23321.27	1178.90	488	100
浙江	Zhejiang	4761.16	587.18	1449	182
安徽	Anhui	64029.32	5240.91	170	58
福建	Fujian	4780.37	1385.58	545	332
江西	Jiangxi	20182.49	4025.95	871	576
山东	Shandong	27864.05	2083.92	1203	482
河南	Henan	29314.89	4554.76	170	111
湖北	Hubei	20159.90	1451.27	603	370
湖南	Hunan	20610.05	7444.33	1363	1006
广东	Guangdong	12244.17	1295.95	1538	264
广西	Guangxi	13520.43	5050.77	360	170
海南	Hainan	5404.29	670.88	154	98
重庆	Chongqing	228.48	6.36	117	27
四川	Sichuan	20521.16	2498.10	44	14
贵州	Guizhou	40423.00	5877.00	190	40
云南	Yunnan	27421.80	4357.54	1224	1054
西藏	Tibet	6707.07	573.45	46	11
陕西	Shaanxi	51054.22	5964.44	787	283
甘肃	Gansu	19841.00	8607.00	697	525
青海	Qinghai	239196.00	2.00	4	1
宁夏	Ningxia	22290.71	8402.30	148	107
新疆	Xinjiang	14861.65	2150.31	1048	762

保护情况（2009年）
Protection (2009)

累计恢复治理面积（公顷） Cumulative Area of Land Restored and Remediated (hectare)		本年投入矿山环境治理资金（万元） Funds Input for Remediation of the Mine Environment in the Current Year (10^4 yuan)			
	本年恢复治理面积 Area of Land Restored and Remediated in the Current Year		中央财政 Central Finance	地方财政 Local Finance	企业财政 Input by Enterprises
210095.46	**39636.61**	**1174804.68**	**360590.00**	**226159.22**	**455501.93**
1070.50	55.00	5500.00	5500.00		
122.00	65.00	10560.00	6560.00	4000.00	
14849.00	5564.00	144717.67	18300.00	10337.00	25494.44
23929.66	2584.66	66140.23	19200.00	3547.90	43392.33
12093.00	1765.00	52300.00	12200.00	34300.00	5808.00
9698.00	898.00	42009.00	32040.00	9969.10	
3330.51	866.19	35829.66	13400.00	2290.00	5846.76
2626.23	609.49	49432.73	22700.00	19647.46	7085.27
14.38	10.71	2850.00	550.00	2300.00	
8048.67	936.59	71452.82	9040.00	36140.88	9099.12
2354.50	440.54	14323.68	3180.00	7926.10	3217.58
10535.69	867.84	23193.26	6190.00	4071.00	12932.26
2074.76	500.85	40653.90	2870.00	3790.00	33993.90
6975.68	2727.63	25804.61	10140.00	2381.10	13283.51
31383.58	4003.30	85971.55	16440.00	35893.32	33143.33
8001.20	749.92	49413.94	9880.00	5410.00	34123.94
2562.89	584.50	32460.21	14300.00	5340.00	12872.21
1466.75	636.53	116187.08	32200.00	10311.48	73675.60
5688.00	697.65	29892.67	11100.00	3047.35	14525.56
2036.23	822.67	28569.43	14020.00	2364.58	11184.85
4502.87	570.91	8683.15	1240.00	1023.15	1595.23
80.78	38.24	7710.47	6200.00		1510.47
8532.41	687.14	13917.79	2550.00	5641.00	5726.79
2899.00	452.00	44023.00	6600.00	10133.00	27290.00
7628.87	1769.09	53046.17	5780.00		44216.57
8593.80	2055.30	3140.00	3910.00		
9356.17	4064.54	23919.57	13130.00	1075.00	8990.37
7317.00	654.00	25983.00	13800.00	3300.00	8883.00
3866.00	324.00	31000.00	31000.00		
4500.00	1500.00	13087.80	11670.00	317.80	1100.00
3957.33	2135.32	23031.29	4900.00	1402.00	16510.84

地质遗迹自然保护区

Construction of Geoheritage Nature

地 区	Region	地质遗迹自然保护区 Geoheritage Natural Reserve								
		保护区（个） Reserve (number)		保护区面积（公顷） Area of Reserve (hectare)		累计建设投资（万元） Cumulative Investment in Construction(10^4 yuan)		地质公园（个） Geopark (number)		
			国家级 State Level		国家级 State Level		本年投资 Investment in the Current Year		国家级 State Level	世界级 World Level
总 计	**Total**	**130**	**42**	**2887669.8**	**828624.88**	**203781.07**	**42925.62**	**297**	**182**	**24**
北 京	Beijing	3						6	5	1
天 津	Tianjin	2	2	36813	36813.00	720.00		1	1	
河 北	Hebei	4	2	9047	7666.00	2591.06	1180.50	14	9	
山 西	Shanxi					113.50		11	6	
内蒙古	Inner Mongolia	17	1	218567.32	46410.00	8457.00	2400.00	8	5	2
辽 宁	Liaoning	9	2	1048313	5980.00	5034.10		5	4	
吉 林	Jilin	8	3	55374.2	12528.80	5914.09	1885.00	8	3	
黑龙江	Heilongjiang	3	1	231244	106000.00	24311.00	13378.00	17	6	2
上 海	Shanghai							1	1	
江 苏	Jiangsu	1		18.52		2880.00	440.00	6	3	
浙 江	Zhejiang	6	2	50311	100.00	31797.00	1250.00	7	4	1
安 徽	Anhui	2		2270		503.00		14	9	1
福 建	Fujian	28	6	55071.9	13184.00	17702.00	2958.00	10	10	1
江 西	Jiangxi							6	4	2
山 东	Shandong	5	1	1752	120.00	500.20	20.00	27	8	1
河 南	Henan	1	1	78015	78015.00			17	13	5
湖 北	Hubei	1	1	1019	1019.00	800.00	600.00	6	6	
湖 南	Hunan							17	8	1
广 东	Guangdong	8	1	40950	29000.00	6732.12	764.12	8	8	2
广 西	Guangxi	8	3	306500	300300.00	23247.00	2145.00	9	7	
海 南	Hainan							3	1	1
重 庆	Chongqing	7	5	13835.58	13539.08	37708.00	1540.00	7	5	
四 川	Sichuan							23	14	2
贵 州	Guizhou							12	8	
云 南	Yunnan	1		59.92				8	8	1
西 藏	Tibet	3		560540		160.00		4	3	
陕 西	Shaanxi	8	6	103568.37	103550.00	29741.00	12485.00	7	5	1
甘 肃	Gansu							21	6	
青 海	Qinghai	5	5	74400	74400.00	4870.00	1880.00	5	5	
宁 夏	Ningxia							4	2	
新 疆	Xinjiang							5	5	

及地质公园建设（2009年）

Reserves and Geoparks (2009)

地质公园 Geopark

地质公园面积（公顷）Area of Geopark(hectare)			地质公园类别（个）Types of Geopark (number)			累计建设投资（万元）Cumulative Investment in Construction(10^4 yuan)	
	国家级 State Level	世界级 World Level	地质构造、剖面和形迹 Geological Structure, Section or Trace	古生物化石 Fossil	地质地貌景观 Geological-geomorphological Landscape		本年投资 Investment in the Current Year
8753826.18	**7143706.08**	**1459802**	**88**	**31**	**259**	**2899255.90**	**1023148.60**
179055.00	179055.00	95395		1	5	174913.00	59410.00
34200.00	34200.00		1			5231.90	300.00
332637.00	167995.00		15			70373.65	3750.00
244208.00	195840.00		1	1	9	28818.86	1440.00
608890.00	408513.00	268839		2	6	10882.00	5700.00
299049.00	297220.00			1	4	38949.30	8300.00
269583.00	38278.00		1		7	11698.56	6811.00
1121312.00	776386.00	212000		1	16	129128.00	87928.00
14500.00	14500.00				1	1930.00	250.00
23927.00	13440.00				6	40491.00	6190.00
71421.00	48023.00	29460	3	3	12	111428.40	16816.00
145774.00	118524.00	15400	2		12	40930.10	13166.10
172882.00	143952.00	98500	1		9	102727.00	36129.00
356550.00	210380.00	149600			6	190130.00	138730.00
367718.00	243160.00	15860	2	2	23	99735.63	24691.50
741942.00	407249.00	334693	8	2	7	205094.00	69983.00
380000.00	380000.00		1	1	4	9688.60	3385.00
332400.00	175700.00	39800			17	144972.00	50309.00
120070.00	110070.00	30500	2		6	73693.46	43930.00
161089.00	153802.00		1		8	29025.00	715.00
337398.00	10800.00	10800	36		38	3131.00	710.00
13835.58	13539.08			1	6		
540186.00	393756.00	16470	8	3	12	603973.44	349115.00
338900.00	301800.00		1	5	6	44465.00	
339536.00	339536.00	35000		2	6	222930.00	9080.00
508680.00	462480.00		3		1	6035.00	630.00
123083.00	15580.00	107485			7	248061.00	39020.00
953128.00	953128.00			4	17		
230300.00	230300.00		1		4	4870.00	1880.00
38200.60			1	1		1330.00	900.00
306500.00	306500.00			1	4	244620.00	43880.00

主要统计指标解释

地质环境监测 是指为实施地质环境管理而进行的监测工作。其主要任务是对地质环境中主要要素的动态变化情况进行监测、分析和预测，为地质环境保护管理及地质灾害防治、地下水资源的合理开发利用和保护、国土资源整治等提供科学依据。

监测站数 是指各级政府设立的从事地质环境监测的事业单位数。包括省级总站(院、中心)、地市级分站、县区级分站。

从业人员 是指报告期末本省(自治区、直辖市)内专业地质环境监测机构的人员，不包括群测群防点的群众联络员。

专业技术人员 专业技术人员是指具有工程系列助理工程师及以上职称的人员。

监测点 是指对一定区域内的各类滑坡、崩塌、泥石流等突发性地质灾害、地面沉降、地裂缝、海水入侵等缓变性地质灾害以及地下水水位、水质、水温、泉水等变化进行实际调查和监测工作所设立的点。

地质灾害预报预警 是指报告期内通过群测群防、专业监测、气象预警等对地质灾害发生的地点、时间及其灾害影响范围、强度进行预报预警。

成功避让地质灾害 是指报告期内根据预报预警信息而成功避让的地质灾害数。

避免伤亡人员 是指如不搬迁避让可能造成的伤亡人员。

避免直接经济损失 是指报告期内根据预报预警信息，采取防范措施，避免的能够用货币衡量的地质灾害直接财产损失。要按照实际情况确定，以地质灾害实际影响范围测定，如倒塌房屋内居住人员或灾害现象活动人员等。

出动应急处置小组 是指报告期内县级（含）以上国土资源部门出动的地质灾害应急处置小组个数。

参与应急处置地质灾害 是指报告期内县级（含）以上国土资源部门参与应急处置的地质灾害事故起数。

地质灾害防治项目 是指报告期内各级政府及国土资源管理部门立项设立的，运用工程手段对由于地质作用导致的将要发生和已经发生的地质灾害进行预防和治理的项目，包括治理项目和搬迁避让项目。

投入防治资金 是指为了防治地质灾害而开展的必要的监测、勘查和治理工程所投入的资金，包括中央和地方财政以及其他方面投入的资金。

完成地质灾害危险性评估项目 是指报告期内已在国土资源行政主管部门备案的地质灾害危险性评估项目个数，按一级项目、二级项目、三级项目三个级别分别进行统计和日常防灾工作中的巡查、检查、应急调查等。

调查发现地质灾害隐患点 是指按照规范开展的区域性地质调查和汛期应急调查后发现的隐患点。

地质灾害 是指滑坡、崩塌、泥石流、地面塌陷等突发性地质灾害与地裂缝、地面沉降、海水入侵等缓变性地质灾害。地质灾害数量的计量单位统一用“处”，对于难以区分确切数量的同一次降雨（或其他因素）引发的群发性地质灾害归为 1 处灾害。地裂缝、地面沉降、海水入侵数量只统计报告期内发现的或报告期之前发现且报告期内继续发展的。

崩塌 是指陡坡上大块的岩土体在重力作用下突然脱离母体崩落的物理地质现象。

滑坡 是指斜坡上不稳定的岩土体在重力作用下沿一定软弱面（或滑动带）整体向下滑动的物理地质现象。

泥石流 是指山地突然爆发的饱含大量泥沙、石块的特殊洪流。

地面塌陷 是指地表岩土体在自然或人为因素作用下向下陷落，并在地面形成塌陷坑（洞）的一种动力地质现象。

地裂缝和地面沉降 是指报告期内发现或报告期之前发现且报告期内继续发展的地裂缝和地面沉降数量。

造成伤亡人数 是指因发生各类地质灾害造成的人员受伤、死亡和失踪情况。

失踪 是指根据证据推断人员已经死亡，但是没有找到或确认死者的尸体。

造成直接经济损失 是指用货币衡量的直接财产损失。

沉降中心最大累计沉降量 是指到报告期末沉降中心的最大累计沉降量。

沉降区面积 是指到报告期末一定区域内已发生地面沉降的面积，须指明是沉降量大于多少毫米的面积，如沉降量大于100毫米的面积2000平方千米，则填写2000（>100）。

本年新增（沉降区面积） 是指到报告期末一定区域新增的累计沉降量达到100毫米的区域面积。

地裂缝条数 是指到报告期末地裂缝发生地区地裂缝的总条数。

地裂缝总长度 是指到报告期末地裂缝发生地区各条地裂缝的长度之和。

入侵范围 是指到报告期末受海水入侵影响的区域面积。

本年新增（入侵范围） 是指到报告期末新增受海水入侵影响范围。

注册登记的矿泉水水源数 是指领取了国土资源行政主管部门颁发的矿泉水注册登记证的水源数。国家级是指领取了国土资源部颁发的国家级矿泉水注册登记证的水源数。省级是指领取了省级国土资源行政主管部门颁发的省级矿泉水注册登记证的水源数。

矿泉水源年检情况 是指报告期内的矿泉水源实行年检的情况。

可开采矿泉水资源量 是指经过评价计算的可采矿泉水资源量。

可采地热资源量 是指经过评价计算的可采地热资源量。

矿业开采累计占用、损坏土地面积 是指到报告期末矿业开采产生的尾矿、排放的固体废弃物、露天采矿、采矿塌陷及其他矿山地质灾害所造成的占用或损坏的全部土地面积。

本年矿业开采新增占用、损坏土地面积 是指报告期内因矿业开采占用或损坏的土地面积。

累计恢复治理的矿山数 是指到报告期末通过矿坑封闭、矸石利用、尾矿坝绿化、塌陷土地复垦、矿坑废水处理、边坡治理等方法，使矿业开采造成的生态环境破坏和环境污染得到治理，功能得以恢复的全部矿山数。

本年恢复治理的矿山数 是指报告期内通过矿坑封闭、矸石利用、尾矿坝绿化、塌陷土地复垦、矿坑废水处理、边坡治理等方法，使矿业开采造成的生态环境破坏和环境污染得到治理，功能得以恢复的矿山数。

累计恢复治理面积 是指到报告期末恢复治理的全部面积，包括复垦、地面塌陷治理、还林、还草、建设使用等面积。

本年恢复治理面积 是指报告期内恢复治理的面积，包括复垦、地面塌陷治理、还林、还草、建设使用等面积。

本年投入矿山环境治理资金 是指报告期内用于矿山环境恢复治理的资金，包括中央财政、地方财政和矿山企业投入以及民间投入等资金。

地质遗迹自然保护区 是指经国务院和省级政府有关主管部门对由地质作用形成的具有一定价值的地质遗迹资源进行保护的专门区域，主要包括有代表性的地质剖面、地质构造、地质地貌景观、古生物化石及其遗迹产地等。

累计建设投资（地质遗迹自然保护区） 是指历年来对地质遗迹自然保护区建设投入的全部资金。

本年投资（地质遗迹自然保护区建设） 是指本年对地质遗迹自然保护区建设投入的资金。包括硬件投资和软件投资。

地质公园 是指以地质科学意义和独特的地质景观为主，融合自然景观与人文景观的自然公园。目前，已建成的有世界地质公园、国家地质公园、省级地质公园。已批准的世界地质公园要纳入国家地质公园统计。

地质构造、剖面和形迹类地质公园 是指其主体是具有一定价值或典型代表意义的地质构造、地质剖面及其他地质形迹的地质公园。

古生物化石类地质公园 是指其主体是古生物的化石或其遗迹的地质公园。

地质地貌景观类地质公园 是指其主体是地质作用形成重要地质地貌景观的地质公园。

累计建设投资（地质公园） 是指历年来对地质遗迹公园建设投入的全部资金。

本年投资（地质公园建设） 是指本年对地质公园建设投入的资金。包括硬件投资和软件投资。

Explanatory Notes on Main Statistical Indicators

Geo-environmental monitoring — refers to the monitoring conducted for exercising geo-environmental management. Its main tasks are to monitor, analyze, and predict dynamic changes of main factors in the geo-environment and provide a scientific basis for the geo-environmental protection and management, prevention, and control of geo-hazards, rational development, utilization, and protection of groundwater resources, and improvement of land and resources.

Number of monitoring stations — refers to the number of institutions engaging in geo-environmental monitoring established by governments at various levels. These institutions include provincial-level master stations (institutes, centers), prefecture- and city-level stations, and county- and district-level stations.

Employees — refer to persons in special geo-environmental monitoring institutions in the province (autonomous region, and municipalities directly under the Central government) at the end of the reporting period, excluding local liaison persons at mass monitoring and prevention sites.

Professional technical personnel — refer to those who have an assistant engineer title or a title above this title in the engineering series.

Monitoring site — refers to the sites established for on-the-spot investigations and monitoring of various sudden geohazards such as landslides, avalanches, and mudflow occurring in a particular region, delayed geohazards such as land subsidence, ground cracks, and seawater invasion, and changes in groundwater table, water quality, water temperature, and spring water.

Prediction and early-warning of the geohazards — refer to the prediction and early-warning of the site and time of occurrence of a geohazards and its scope of influence and intensity through monitoring and control by the masses, professional monitoring, and meteorological early-warning of the geohazards during the reporting period.

Geohazards avoided successfully — refers to the number geohazards avoided successfully according to the information of prediction and early-warning during the reporting period.

Casualties avoided — refer to the number of injuries and deaths caused possibly if the people do not move away and avoid the geohazards.

Direct economic loss avoided — refers to the direct economic loss of a geohazards to properties avoided by taking precautionary measures according to the information provided by prediction and early-warning during the reporting period. The loss can be measured by currency. The measurement must be made according to the actual conditions and the actual influence scope of the geohazards, e.g. inhabitants in collapsed houses.

Sending the contingency handling team — refers to the number of contingency handling teams sent by land and resources departments at and above the county level during the reporting period.

Participating in contingency handling of geohazards — refers to the number of geohazards accidents for which land and resources departments at and above the county level participate in contingency handling during the reporting period.

Project of geohazard prevention and control — refers to the project of preventing and controlling geohazards caused by geological processes that will occur and have occurred, which governments at various levels and land and resources departments file and establish, and prevent and control by using engineering means during the reporting period. These projects include the project of controlling geohazards and the project of removal and avoidance.

Funds input for prevention and control — refers to the funds input to necessary monitoring, survey, and control projects conducted for the prevention and control of geohazards, including those input by Central and local financial budgets and other aspects.

Projects of evaluating the danger of geohazards completed — refer to the number of projects of evaluating the danger of geohazards that have been filed in the land and resources administration department during the reporting period. The statistical investigation and inspection, examination, and contingency survey in routine hazard prevention work are made according to the first-, second-, and third-grade projects.

Hidden danger sites of geohazards found after investigation — refer to the hidden danger sites found after regional geological investigation according to the work code and emergency investigation in the flood season.

Geohazards — refers to sudden geohazards such as landslides, avalanches, mudflow, and ground collapse and delayed geohazards such as land subsidence, ground cracks, and seawater invasion. "Site" is used as the unit of measurements of the quantity of geohazards, and the group-occurring geohazards induced by the same rain (or other factors), whose accurate quantity is difficult to determine, are considered as one site of hazards. For the quantities of ground cracks, land subsidence, and seawater invasion, only those that are discovered during or before the reporting period and continue to develop during the reporting period are calculated.

Avalanche — refers to the physical-geological phenomenon that a large mass of soil or rock on steep slopes is suddenly divorced from its parent mass and falls under the force of gravity.

Landslide — refers to the physical-geological phenomenon of en-masse downward slide of unstable soil and rock material on slopes along particular surfaces of weakness (or slide zones) under the force of gravity.

Mudflow — refers to the sudden rush of flood torrents containing large amounts of mud and rock debris that suddenly moves downslope in mountains.

Ground collapse — refers to a dynamic geological phenomenon of downward collapse of surface rock and soil and formation of collapse pits (caves) at the ground surface under the action of natural or human factors.

Ground cracks and land subsidence — refers to the quantities of ground cracks and land subsidences that are discovered during or before the reporting period and continue to develop during the reporting period.

Casualties — refer to injuries, deaths, and missings caused by various kinds of geohazard.

Missing — refers to the case of a missing person who is inferred according to evidence to be dead but whose corpse has not been found or identified.

Direct economic loss — refers to direct losses of properties, expressed as currency.

Maximum cumulative subsidence amount in the subsidence center — refers to the maximum cumulative subsidence amount in the subsidence at the end of the reporting period.

Area of the subsidence area — refers to the area of land subsidence occurring in a certain region. The area with a subsidence of how many mm must be indicated. If the area with a subsidence >100 mm is 2000km^2, 2000 (>100) is filled in.

Newly increased this year (area of the subsidence area) — refers to the area of a certain region with a newly increased cumulative subsidence at the end of the reporting period reaching 100 mm.

Number of ground cracks — refers to the total number of ground cracks in an area where ground cracks occur at the reporting period.

Total length of ground cracks — refers to the sum of lengths of all the ground cracks in an area where ground cracks occur during the reporting period.

Seawater invasion scope — refers to the area of the influence scope of seawater invasion at the end of the reporting period.

Newly increased this year (Seawater invasion scope) — refers to the area of the influence scope with a newly increased seawater invasion at the end of the reporting period.

Number of mineral water sources registered — refers to the number of water sources that have obtained certificates of mineral water registration issued by the administration department in charge of land and resources.

Annual check-up of mineral water sources — refers to the annual check-up of mineral water sources made during the reporting period.

Quantity of exploitable mineral water resources — refers to the quantity of exploitable mineral water resources that have been assessed and calculated.

Quantity of exploitable geotherm resources — refers to the quantity of exploitable geotherm resources that have been assessed and calculated.

Cumulative area of land occupied or destructed by mining — refers to the area of all land occupied or destructed by tailings of mining and solid wastes discharged, open-pit mining, and collapses due to mining, and other mine geohazards at the end of the reporting period.

Area of land newly occupied or destructed by mining in the current year — refers to the area of land occupied or destructed by mining in the reporting period.

Cumulative number of mines restored and remediated — refers to the number of all the mines in which the effects of eco-environmental destruction and pollution caused by mining are remediated and whose function is restored at the end of the reporting period through mine pit closing, waste rock utilization, forestation of the tailing dam, reclamation of collapsed land, treatment of mine pit waste water, and side-slope control.

Number of mines restored and remediated in the current year — refers to the number of mines in which the effects of eco-environmental destruction and pollution caused by mining are remediated and whose function is restored in the reporting period through mine pit closing, waste rock utilization, forestation of the tailing dam, reclamation of collapsed land, treatment of mine pit waste water, and side-slope control.

Cumulative area of land restored and remediated — refers to all the area of land restored and remediated at the end of the reporting period, including the area of land reclaimed, collapsed land remediated, land returned to forests and grassland, and land used for construction.

Area of land restored and remediated in the current year — refers to the area of land restored and remediated in the reporting period, including the area of land reclaimed, collapsed land remediated, land returned to forests and grassland, and land used for construction.

Funds input for remediation of the mine environment in the current year — refers to the funds used in the restoration and remediation of the mine environment during the reporting period, including the funds input by the Central and local financial budgets and mine enterprises and nongovernmental funds.

Geoheritage natural reserve — refers to special areas where the State Council and relevant competent departments of governments at the provincial level take measures for protecting geoheritage resources of certain value formed by geological processes. They mainly include sites of representative geological sections, geological structures, geological and geomorphological landscapes, and fossils and occurrences of their traces.

Cumulative investment in construction (geoheritage natural reserve) — refers to all the funds invested in the construction of geoheritage natural reserves over the years.

Investment in the current year (construction of geoheritage natural reserves) — refers to the funds invested in the construction of geoheritage conservation areas in the current year. It includes investments to hardwares and softwares.

Geopark — refers to a natural park mainly encompassing a unique geological landscape of geoscientific significance, integrated with the natural landscape and human landscape. At present those that have been recognized include world geoparks, national geoparks, and provincial geoparks. The world geoparks that have been ratified are included in national geoparks in statistics.

Geopark of geological structure, section, or trace fossil type — refers to geoparks with representative geological structures, geological sections, and other geological traces of certain value as the main conservation content.

Fossil-type geopark — refers to geoparks with fossils or their traces as the main conservation content.

Geological-geomorphological landscape-type geopark — refers to geoparks with important geological and geomorphological landscapes formed by geological processes as the main conservation content.

Cumulative investment in construction (geopark) — refers to all the funds invested in the construction of geoheritage parks over the years.

Investment in the current year (construction of geoparks) — refers to the funds invested in the construction of geoparks in the current year. It includes investments to hardwares and softwares.

国土资源行政复议情况

Administrative Reconsideration of Land and Resources

全国国土资源行政
Administrative Reconsideration of

单位：件

省份	Provinces	上期结转 Cases Transferred From Last Year	本期新收 Cases Newly Received in the Current Year	本期受理 Cases Accepted in the Current Year
		行政复议案件情况		
			本年行政复议情况	
总 计	**Total**	180	1951	1528
国土资源部	MLR	17	202	11
北 京	Beijing			
天 津	Tianjin	1	1	
河 北	Hebei	12	108	93
山 西	Shanxi	5	42	40
内蒙古	Inner Mongolia	10	28	25
辽 宁	Liaoning	6	87	87
吉 林	Jilin		22	16
黑龙江	Heilongjiang		11	11
上 海	Shanghai	7	28	19
江 苏	Jiangsu	7	79	63
浙 江	Zhejiang	10	120	80
安 徽	Anhui	2	78	79
福 建	Fujian	2	45	41
江 西	Jiangxi	2	11	9
山 东	Shandong	6	61	57
河 南	Henan	2	72	57
湖 北	Hubei	5	28	20
湖 南	Hunan	1	34	59
广 东	Guangdong	14	249	215
广 西	Guangxi	7	108	91
海 南	Hainan	26	106	94
重 庆	Chongqing	22	201	160
四 川	Sichuan	4	65	30
贵 州	Guizhou	4	54	50
云 南	Yunnan	1	46	44
西 藏	Tibet			
陕 西	Shaanxi	2	25	24
甘 肃	Gansu	1	3	13
青 海	Qinghai	3	8	9
宁 夏	Ningxia		3	3
新 疆	Xinjiang	1	26	28

复议情况（2009年）

Land and Resources in China (2009)

Unit：case

Administrative Reconsideration of Cases							
Administrative Reconsideration in the Current Year							
已审结 Cases Whose Trials Have Been Concluded							未审结 CasesWhose Trials Have Not Been Concluded
维持 Maintenance	责令履行 Ordering to Execution	变更 Change	确认违法 Confirmation of a Malfeasance	撤销 Cancellation	撤回申请 Withdrawal of an Application	其他 Others	
886	41	8	22	110	159	151	331
5	1		1	3			18
1							
38	16	1		13	12	22	3
21	1	1		9	2	6	5
19				1	2	1	12
52	1			4	2	1	33
6	1			1	7	1	
2			1		2	3	3
5				5	2	2	12
22	1		2	3	7	24	11
35	5			4	6	7	33
29	5	1	1	8	7	4	26
23	1		1		5	2	11
4				3	1	2	1
28	3		2	4	7	5	14
45	1			2	6	5	
14			1	4	2	1	3
31	1			4	13	1	10
168	1		5	9	8	12	26
60	1	2		2	9	9	15
66		1		8	2	4	39
74	2		3	4	37	29	33
23				1	4	2	4
41				5	1	1	6
34		1	1	5	2		2
13		1	4	2	4		2
7				1	1		5
3				1		5	3
2						1	
15				4	8	1	1

省级国土资源行政
Administrative Reconsideration of Land

单位：件

省份	Provinces	行政复议案件情况 上期结转 Cases Transferred From Last Year	本年行政复议情况 本期新收 Cases Newly Received in the Current Year	本期受理 Cases Accepted in the Current Year
总 计	**Total**	**74**	**776**	**531**
北 京	Beijing			
天 津	Tianjin	1	1	
河 北	Hebei	10	35	22
山 西	Shanxi	1	3	3
内蒙古	Inner Mongolia	5	14	12
辽 宁	Liaoning	4	29	27
吉 林	Jilin		15	10
黑龙江	Heilongjiang		8	8
上 海	Shanghai	7	28	19
江 苏	Jiangsu	6	60	31
浙 江	Zhejiang	5	61	29
安 徽	Anhui		22	21
福 建	Fujian		10	4
江 西	Jiangxi	2	4	2
山 东	Shandong		16	10
河 南	Henan		4	3
湖 北	Hubei	2	12	7
湖 南	Hunan		13	13
广 东	Guangdong	4	132	100
广 西	Guangxi	2	37	27
海 南	Hainan	2	26	14
重 庆	Chongqing	22	201	160
四 川	Sichuan		35	
贵 州	Guizhou		6	2
云 南	Yunnan		1	1
西 藏	Tibet			
陕 西	Shaanxi			
甘 肃	Gansu			4
青 海	Qinghai		2	
宁 夏	Ningxia		1	1
新 疆	Xinjiang	1		1

复议情况（2009年）
and Resources at Provincial-level (2009)

Unit：case

Administrative Reconsideration of Cases							
Administrative Reconsideration in the Current Year							
已审结 Cases Whose Trials Have Been Concluded							未审结 Cases whose Trials Have Not Been Concluded
维持 Maintenance	责令履行 Ordering to Execution	变更 Change	确认违法 Confirmation of a Malfeasance	撤销 Cancellation	撤回申请 Withdrawal of an Application	其他 Others	
297	**20**	**1**	**14**	**26**	**69**	**77**	**101**
1							
5	10			1	4	12	
1	1	1				1	
11				1			5
25							6
4				1	5		
1			1		1	3	2
5				5	2	2	12
6	1		2	1	1	18	8
16	3				4	2	9
10				5	4		2
1					2		1
1				1	1		1
2	2		1		2	3	
2				1			
3			1	2	1		2
8	1			1	2		1
93			5	2			4
17					2	6	4
4				1			11
74	2		3	4	37	29	33
2							
			1				
4							
1							
					1	1	

市级国土资源行政
Administrative Reconsideration of Land

单位：件

省份	Provinces	行政复议案件情况			
			本年行政复议情况		
		上期结转 Cases Transferred From Last Year	本期新收 Cases Newly Received in the Current Year	本期受理 Cases Accepted in the Current Year	维持 Maintenance
总　计	**Total**	**89**	**973**	**986**	**584**
北　京	Beijing				
天　津	Tianjin				
河　北	Hebei	2	73	71	33
山　西	Shanxi	4	39	37	20
内蒙古	Inner Mongolia	5	14	13	8
辽　宁	Liaoning	2	58	60	27
吉　林	Jilin		7	6	2
黑龙江	Heilongjiang		3	3	1
上　海	Shanghai				
江　苏	Jiangsu	1	19	32	16
浙　江	Zhejiang	5	59	51	19
安　徽	Anhui	2	56	58	19
福　建	Fujian	2	35	37	22
江　西	Jiangxi		7	7	3
山　东	Shandong	6	45	47	26
河　南	Henan	2	68	54	43
湖　北	Hubei	3	16	13	11
湖　南	Hunan	1	21	46	23
广　东	Guangdong	10	117	115	75
广　西	Guangxi	5	71	64	43
海　南	Hainan	24	80	80	62
重　庆	Chongqing				
四　川	Sichuan	4	30	30	23
贵　州	Guizhou	4	48	48	39
云　南	Yunnan	1	45	43	34
西　藏	Tibet				
陕　西	Shaanxi	2	25	24	13
甘　肃	Gansu	1	3	9	3
青　海	Qinghai	3	6	9	3
宁　夏	Ningxia		2	2	1
新　疆	Xinjiang		26	27	15

复议情况（2009年）

and Resources at Municipal-level (2009)

Unit：case

Administrative Reconsideration of Cases						
Administrative Reconsideration in the Current Year						
已审结 Cases Whose Trials Have Been Concluded						未审结 Cases Whose Trials Have Not Been Concluded
责令履行 Ordering to Execution	变更 Change	确认违法 Confirmation of a Malfeasance	撤销 Cancellation	撤回申请 Withdrawal of an Application	其他 Others	
20	**7**	**7**	**81**	**90**	**74**	**212**
6	1		12	8	10	3
			9	2	5	5
				2	1	7
1			4	2	1	27
1				2	1	
				1		1
			2	6	6	3
2			4	2	5	24
5	1	1	3	3	4	24
1		1		3	2	10
			2		2	
1		1	4	5	2	14
1			1	6	5	
			2	1	1	1
			3	11	1	9
1			7	8	12	22
1	2		2	7	3	11
	1		7	2	4	28
			1	4	2	4
			5	1	1	6
	1		5	2		2
	1	4	2	4		2
			1	1		5
			1		5	3
					1	
			4	7		1

全国国土资源行政
Administrative Response to Cases

单位：件，万元

省份	Provinces	行政应诉案件情况								
		复议后应诉情况 Response After Reconsideration								
			应诉机关 Response Organizations		审理与判决 Hearing and Judgment					
		应诉总数 Total Number of Responses	原具体行政行为机关 Organizations of Original Administrative Acts	复议机关 Reconsideration Organization	撤诉 Withdrawal of an Action	维持 Maintenance	撤销 Cancellation	变更 Change	限期履行职责 Execution of Duty Within a Prescribed Time Limit	其他 Others
总 计	**Total**	**558**	**479**	**79**	**40**	**266**	**32**	**1**	**1**	**91**
国土资源部	MLR	2		2		1				
北 京	Beijing	22	22							22
天 津	Tianjin	1	1			1				
河 北	Hebei	25	15	10		9	2			2
山 西	Shanxi	3	3			1	2			
内蒙古	Inner Mongolia	35	17	18	1	23				11
辽 宁	Liaoning	30	28	2		22	3			1
吉 林	Jilin	7	7		1	6				
黑龙江	Heilongjiang	1	1			1				
上 海	Shanghai	6	3	3						6
江 苏	Jiangsu	9	7	2	1	2				5
浙 江	Zhejiang	30	24	6	9	11	1			4
安 徽	Anhui	27	25	2	3	10	1	1	1	1
福 建	Fujian	13	13		3	3	1			
江 西	Jiangxi	3	3			2				
山 东	Shandong	36	32	4	1	9	3			12
河 南	Henan	6	4	2	1	4				
湖 北	Hubei	20	20		3	9	2			6
湖 南	Hunan	16	14	2		11				
广 东	Guangdong	137	130	7	6	79	1			1
广 西	Guangxi	55	55		6	32	5			3
海 南	Hainan	34	33	1		16	11			1
重 庆	Chongqing	7	7		2					5
四 川	Sichuan	12		12		1				11
贵 州	Guizhou	2	2		1	1				
云 南	Yunnan									
西 藏	Tibet									
陕 西	Shaanxi	9	3	6	1	8				
甘 肃	Gansu	3	3			1				
青 海	Qinghai	2	2			1				
宁 夏	Ningxia	4	4		1	1				
新 疆	Xinjiang	1	1			1				

应诉案件情况（2009年）

of Land and Resources in China (2009)

Unit：case, 10^4 yuan

Administrative Response to Cases										
未经复议直接应诉情况 Direct Response Without Reconsideration									行政赔偿 Administrative Compensation	赔偿金额 Amount of Compensation
		审理与判决 Hearing and Judgment								
未审结 Cases Whose Trials Have Not Been Concluded	应诉总数 Total Number of Responses	撤诉 Withdrawal of an Action	维持 Maintenance	撤销 Cancellation	变更 Change	限期履行职责 Execution of Duty Within a Prescribed Time Limit	其他 Others	未审结 Cases Whose Trials Have Not Been Concluded		
127	**2590**	**418**	**1053**	**135**	**7**	**17**	**342**	**618**	**6**	**400.28**
1	1							1		
	68	29				1	33	5		
	10	2	6					2		
12	17	2	6				2	7		
	6	1		1				4		
	14	2	5	2	2	1		2		
4	35	7	9	2		1		16		
	26	8	4				1	13		
	5	1	2	1			1			
	240	93	3	2			106	36		
1	75	17	38	2		1	5	12		
5	163	10	95	4			24	30	2	
10	58	7	13	2		2	7	27		
6	45	4	19	3			4	15	1	350.28
1	1							1		
11	102	13	36	4		3	16	30	1	
1	138	3	76	16	1		9	33		
	67	19	19	5	2		12	10		
5	98	43	22	2	2		14	15	1	
50	804	58	484	39		6	13	204	1	50
9	164	19	57	15			45	28		
6	69	1	23	15			4	26		
	246	12	96	14			39	85		
	18	5	6	2		1	2	2		
	28	9	16			1		2		
	16	1	7	2			4	2		
	1		1							
	7	2	3	1				1		
2	8	2	2	1			1	2		
1	1		1							
2	8	3	4					1		
	51	45						6		

省级国土资源行政

Administrative Response to Cases of

单位：件，万元

省份 Provinces	行政应诉案件情况								
	复议后应诉情况 Response After Reconsideration								
		应诉机关 Response Organizations		审理与判决 Hearing and Judgment					
	应诉总数 Total Number of Responses	原具体行政行为机关 Organizations of Original Administrative Acts	复议机关 Reconsideration Organization	撤诉 Withdrawal of an Action	维持 Maintenance	撤销 Cancellation	变更 Change	限期履行职责 Execution of Duty Within a Prescribed Time Limit	其他 Others
总 计 Total	**131**	**72**	**59**	**5**	**51**	**5**			**59**
北 京 Beijing	22	22							22
天 津 Tianjin	1	1			1				
河 北 Hebei	8		8		5				
山 西 Shanxi	1	1				1			
内蒙古 Inner Mongolia	18	1	17		9				9
辽 宁 Liaoning	26	24	2		21	2			
吉 林 Jilin	7	7		1	6				
黑龙江 Heilongjiang									
上 海 Shanghai	6	3	3						6
江 苏 Jiangsu	2		2						2
浙 江 Zhejiang	6		6			1			4
安 徽 Anhui									
福 建 Fujian									
江 西 Jiangxi									
山 东 Shandong	3		3		2				
河 南 Henan									
湖 北 Hubei	1	1		1					
湖 南 Hunan									
广 东 Guangdong	6		6		6				
广 西 Guangxi	2	2		1					
海 南 Hainan	2	1	1			1			
重 庆 Chongqing	7	7		2					5
四 川 Sichuan	11		11						11
贵 州 Guizhou									
云 南 Yunnan									
西 藏 Tibet									
陕 西 Shaanxi									
甘 肃 Gansu									
青 海 Qinghai	1	1			1				
宁 夏 Ningxia	1	1							
新 疆 Xinjiang									

应诉案件情况（2009年）

Land and Resources at Provincial-level (2009)

Unit：case, 10^4 yuan

Administrative Response to Cases									行政赔偿 Administrative Compensation	赔偿金额 Amount of Compensation
	未经复议直接应诉情况 Direct Response Without Reconsideration									
		审理与判决 Hearing and Judgment								
未审结 Cases Whose Trials Have Not Been Concluded	应诉总数 Total Number of Responses	撤诉 Withdrawal of an Action	维持 Maintenance	撤销 Cancellation	变更 Change	限期履行职责 Execution of Duty Within a Prescribed Time Limit	其他 Others	未审结 Cases Whose Trials Have Not Been Concluded		
11	**628**	**144**	**135**	**19**		**1**	**190**	**139**	**3**	
	68	29				1	33	5		
	10	2	6					2		
3										
	1			1						
3	1	1								
	240	93	3	2			106	36		
	10	4					4	2		
1	5						3	2	2	
	2						2			
	2	1						1		
1	4		2					2	1	
	3		1	1				1		
	2		1				1			
	5		4				1			
	13	1	12							
1										
1	1						1			
	246	12	96	14			39	85		
	1							1		
	4		4							
	6		4	1				1		
	1		1							
	2	1						1		
	1		1							
1										

市级国土资源行政

Administrative Response to Cases of

单位：件，万元

省份 Provinces	行政应诉案件情况								
	复议后应诉情况 Response After Reconsideration								
	应诉总数 Total Number of Responses	应诉机关 Response Organizations		审理与判决 Hearing and Judgment					
		原具体行政行为机关 Organizations of Original Administrative Acts	复议机关 Reconsideration Organization	撤诉 Withdrawal of an Action	维持 Maintenance	撤销 Cancellation	变更 Change	限期履行职责 Execution of Duty Within a Prescribed Time Limit	其他 Others
总计 Total	**425**	**407**	**18**	**35**	**214**	**27**	**1**	**1**	**32**
北京 Beijing									
天津 Tianjin									
河北 Hebei	17	15	2		4	2			2
山西 Shanxi	2	2			1	1			
内蒙古 Inner Mongolia	17	16	1	1	14				2
辽宁 Liaoning	4	4			1	1			1
吉林 Jilin									
黑龙江 Heilongjiang	1	1			1				
上海 Shanghai									
江苏 Jiangsu	7	7		1	2				3
浙江 Zhejiang	24	24		9	11				
安徽 Anhui	27	25	2	3	10	1	1	1	1
福建 Fujian	13	13		3	3	1			
江西 Jiangxi	3	3			2				
山东 Shandong	33	32	1	1	7	3			12
河南 Henan	6	4	2	1	4				
湖北 Hubei	19	19		2	9	2			6
湖南 Hunan	16	14	2		11				
广东 Guangdong	131	130	1	6	73	1			1
广西 Guangxi	53	53		5	32	5			3
海南 Hainan	32	32			16	10			1
重庆 Chongqing									
四川 Sichuan	1		1		1				
贵州 Guizhou	2	2		1	1				
云南 Yunnan									
西藏 Tibet									
陕西 Shaanxi	9	3	6	1	8				
甘肃 Gansu	3	3			1				
青海 Qinghai	1	1							
宁夏 Ningxia	3	3		1	1				
新疆 Xinjiang	1	1			1				

应诉案件情况（2009 年）

Land and Resources at Municipal-level (2009)

Unit：case, 10^4 yuan

Administrative Response to Cases									行政赔偿 Administrative Compensation	赔偿金额 Amount of Compensation
	未经复议直接应诉情况 Direct Response Without Reconsideration									
		审理与判决 Hearing and Judgment								
未审结 Cases Whose Trials Have Not Been Concluded	应诉总数 Total Number of Responses	撤诉 Withdrawal of an Action	维持 Maintenance	撤销 Cancellation	变更 Change	限期履行职责 Execution of Duty Within a Prescribed Time Limit	其他 Others	未审结 Cases Whose Trials Have Not Been Concluded		
115	**1961**	**274**	**918**	**116**	**7**	**16**	**152**	**478**	**3**	**400.28**
9	17	2	6				2	7		
	5	1						4		
	14	2	5	2	2	1		2		
1	34	6	9	2		1		16		
	26	8	4				1	13		
	5	1	2	1			1			
1	65	13	38	2		1	1	10		
4	158	10	95	4			21	28		
10	56	7	13	2		2	5	27		
6	43	3	19	3			4	14	1	350.28
1	1							1		
10	98	13	34	4		3	16	28		
1	135	3	75	15	1		9	32		
	65	19	18	5	2		11	10		
5	93	43	18	2	2		13	15	1	
50	791	57	472	39		6	13	204	1	50.00
8	164	19	57	15			45	28		
5	68	1	23	15			3	26		
	17	5	6	2		1	2	1		
	24	9	12			1		2		
	10	1	3	1			4	1		
	7	2	3	1				1		
2	6	1	2	1			1	1		
1										
1	8	3	4					1		
	51	45						6		

主要统计指标解释

上期结转 是指本统计时段之前已受理但未审结的行政复议案件数。

本期新收 是指本统计时段内行政机关新收到的行政复议案件数。

本期受理 是指本统计时段内行政复议机关决定立案审理的行政复议案件数。

已审结 是指在本统计时段内上期结转和本期新收的案件中已正式受理并审结的案件。

其他(已审结) 包括：① 部分维持、部分撤销的决定；② 部分维持、部分变更的决定；③ 部分维持、部分责令履行的决定；④ 部分撤销、部分变更的决定；⑤ 部分撤销、部分责令履行的决定；⑥ 部分变更、部分责令履行的决定等。

未审结 是指在本统计时段内尚未审结的案件数。

应诉总数 是指在本统计时段内人民法院已决定受理并通知行政机关应诉的行政诉讼案件数。

审理与判决 是指已发生法律效力的判决、裁定；经二审的，只填写二审结果。

Explanatory Notes on Main Statistical Indicators

Cases transferred from last year — refer to the number of cases of administrative reconsideration that have been accepted but whose trials have not been concluded before the current statistical period.

Cases newly received in the current year — refer to the number of cases of administrative reconsideration received newly by administration departments during the current statistical period.

Cases accepted in the current year — refer to the number of cases of administrative reconsideration that administrative reconsideration departments decided to file and try during the current statistical period.

Cases whose trials have been concluded — refer to cases transferred from the previous period and those that have been formally accepted among the cases newly received and whose trials have been concluded during the current period.

Others(Cases whose trials have been concluded) — including ① decision on partial maintenance and partial cancellation, ② decision on partial maintenance and partial change, ③ decision on partial maintenance and partial performance, ④ decision on partial cancellation and partial change, ⑤ decision on partial cancellation and partial performance, ⑥ decision on partial change and partial performance.

Cases whose trials have not been concluded — refer to the number of cases whose trials have not been concluded during the current statistical period.

Total number of responses — refers to the number of cases of administrative actions that the people's court has decided to accept and notify the relevant administrative organizations to response to during the statistical period.

Hearing and judgment — refer to the judgment and ruling in force. If the case is subjected to second instance, only the result of the second instance is filled in.

海洋资源管理

Marine Resources Management

海洋监测、调查情况（2009 年）
Marine Monitoring and Survey (2009)

		站点（船舶）数（个、艘）Number of Stations (vessels)	项目数（个）Number of Projects	实际获得数据量（个）Actual Data Quantity	发布公（简）报（期）Communique (Bulletin) Issued (issue)	提交报告（期）Report Submitted (issue)
海洋监测	**Marine Monitoring**	**3699**	**1479**	**15138719**	**1623**	
赤湖监测	Akashio Monitoring	1780	73	53160		
断面监测	Sectional Monitoring	153	82	130679	2	
浮标监测	Buoy Monitoring	39	93	1730882		
海冰监测	Sea Ice Monitoring	41	39	7803	10	
船舶监测	Ship Monitoring	228	37	6622194	1450	
其他监测	Other Monitoring	1458	1155	6594001	161	
海洋调查	**Marine Survey**	**站点数 1594　船舶数 112**	**4051**	**654143**	**118**	**155**
大洋调查	Ocean Survey	站点数 285　船舶数 1	40		27	20
极地调查	Polar Survey	站点数 20　船舶数 1	14	1011		1
专项调查	Specified Subject Investigation	站点数 399　船舶数 16	26	29229	5	33
其他调查	Other Survey	站点数 890　船舶数 94	3971	623903	86	101

海洋综合管理（2009 年）
Comprehensive Marine Management (2009)

		总计 Total	北海分局 SOA North Sea Branch	东海分局 SOA East Sea Branch	南海分局 SOA South Sea Branch
海域使用确权发证（本）	Marine Area Use Permit Issued (number)	**5327**			
签发疏浚物海洋倾倒许可证（份）	Dredged Material Ocean Dumping Permit Issued (number)	104	45	7	52
海上倾废监督检查次数（次）	Waste Ocean Dumping Inspection (number)	6041	446	789	4806
海洋工程环境保护监督检查次数（次）	Maritime Engineering Environment Inspection (number)	4797	912	3285	600
海底电缆管道检查次数（次）	Submarine Cable and Pipeline Inspection (number)	917	26	891	

五、国土资源科学技术研究

Chapter 5 Scientific and Technological Research on Land and Resources

科学研究机构人员、课题
Institutions, Personnel and Achieve

		年末从业人员（人） Employed Personnel						科技 Science
			从事科技活动人员 Personnel Engaged in S & T Activities					
				高级职称 Senior	中级职称 Interm-ediate	初级职称 Junior	其他 Others	
总　计	**Total**	**3509**	**2794**	**1095**	**870**	**582**	**244**	**141432.43**
中国土地矿产法律事务中心	China Policy and Law for Land and Resources	45	45	14	23	8		1665.00
国土资源部土地整理中心	China Land Consolidation and Rehabilitation	96	78	37	22	16		1520.00
国土资源部矿产资源储量评审中心	The Mineral Resources and Reserves Evaluation Center of MLR	15	15	11	2	2		217.00
国土资源部人力资源开发中心	Human Resource Development Center of MLR	57	57	19	14	4	20	
国土资源部油气资源战略研究中心	Gas and Oil Resources Centre for Strategic of MLR	58	52	23	15	7	7	881.89
国土资源部信息中心	Information Center of Ministry of Land and Resources	203	177	89	50	38		6347.50
中国国土资源经济研究院	Chinese Academy of Land & Resources Economics	289	174	47	70	39	18	4860.13
国土资源部珠宝玉石首饰管理中心	National Gems & Jewelry Technology Administrative Centre	5	5	2	2	1		72.00
中国地质博物馆	The Geological Museum of China	106	72	19	27	24	2	860.91
中国地质调查局总计	**China Geological Survey (Total)**	**2635**	**2119**	**834**	**645**	**443**	**197**	**125008.00**
中国地质科学院矿产综合利用研究所	Institute of Multipurpose Utilization of Mineral Resources, CAGS	178	169	38	61	36	34	3097.00
中国地质科学院郑州矿产综合利用研究所	Zhengzhou Institute of Multipurpose Utilization of Mineral Resources, CAGS	175	147	39	50	58		3147.00
中国地质科学院勘探技术研究所	Institute of Exploration Techniques, CAGS	206	113	70	18	25		4564.00
中国地质科学院成都探矿工艺研究所	Chengdu Institute of Exploration Technology, CAGS	110	91	39	23	29		7440.00
中国地质科学院北京探矿工程研究所	Beijing Institute of Exploration Engineering, CAGS	169	79	21	24	23	11	6057.00
中国地质科学院机关	Headquarters of Chinese Academy of Geological Sciences (CAGS)	173	108	39	40	29		10292.00
中国地质科学院地质研究所	Institute of Geology, CAGS	238	234	99	50	33	52	23915.00
中国地质科学院矿产资源研究所	Institute of Mineral Resources, CAGS	264	238	95	58	23	62	15989.00
中国地质科学院地质力学研究所	Institute of Geomechanics, CAGS	205	169	87	49	33		10783.00
中国地质科学院国家地质实验测试中心	National Research Center for Geoanalysis	112	102	30	53	19		5155.00
中国地质科学院水文地质环境地质研究所	Institute of Hydrogeology and Environmental Geology, CAGS	268	228	83	95	49	1	9714.00
中国地质科学院广西岩溶地质研究所	Guangxi Institute of Karst Geology, CAGS	167	167	73	42	23	29	5870.00
中国地质科学院地球物理地球化学勘查研究所	Institute of Geophysical and Geochemical Exploration, CAGS	370	274	121	82	63	8	18985.00

经费及成果情况（2009年）

ments of Scientific Research(2009)

经费（万元） and Technology Fund (10^4 yuan)		课题情况 Situation of Research Subjects		科技论文（篇） S & T Papers (paper)		科技著作（部） S & T Works (subject)	授权专利（项） Authorized Patent (subject)	获奖成果（项） Number of Awards (subject)		
政府资金 Government Funds	非政府资金 Nongovernmental Funds	课题数（项） Number of Research Subjects (subject)	经费内部支出（万元） Internal Expenditures of Funds (10^4 yuan)		被收录论文 Scientific and Technological Works				国家级 State Level	省、部级 Provincial and Ministerial Level
110094.07	**31338.36**	**1115**	**118950.10**	**1496**	**434**	**66**	**19**	**21**		**22**
1665.00		11	1301.00	6		2		1		1
1520.00		5		30		1				
97.00	120.00	4	216.00		4	2				1
		2	126.04					1		1
	881.89	12	1089.47	43		20		1		1
6347.50		15	3566.63	40		2		2		2
3231.66	1628.47	72	2652.88	265	229	14		2		2
72.00		1	14.37							
860.91		6	352.41	20	1					
96300.00	**28708.00**	**987**	**109631.30**	**1092**	**200**	**25**	**19**	**14**		**14**
1947.00	1150.00	59	3001.10	58			2	1		1
2505.00	642.00	76	2423.00	31			2			
2506.00	2058.00	16	4531.70	19						
5708.00	1732.00	15	4842.20	30			4			
1356.00	4701.00	8	5694.00	32	1		3			
9943.00	349.00	49	7961.40	15	3	1		1		1
20584.00	3331.00	143	24552.50	210	110	3	1	2		2
13387.00	2602.00	151	16464.30	191	46	8	1	3		3
8387.00	2396.00	113	11082.90	114		7	2	2		2
3735.00	1420.00	105	3962.40	121	35	2	2	1		1
7724.00	1990.00	44	9223.00	143	3	3		2		2
4666.00	1204.00	115	4867.00	79		1				
13852.00	5133.00	93	11025.80	49	2			2		2

主要统计指标解释

年末从业人员 是指本机构年末直接组织安排工作并支付工资的各类人员总数。包括固定职工、在编制的合同制职工、招聘人员和返聘的离退休人员。不包括离退休人员、停薪留职人员。

从事科技活动人员 是指从业人员中的科技管理人员、课题研究人员和科技服务人员。课题研究人员是指编制在研究室或课题组的人员。

专业技术职称 填报本机构专业技术人员中专业技术职称情况，未实行专业技术职务聘任的单位，按原技术职称填报。

高级职称 是指研究员、副研究员；教授、副教授；高级工程师；高级农艺师；正、副主任医（药、护、技）师；高级实验师；高级统计师；高级经济师；高级会计师；编审（正、副编审）；译审（正、副译审）；高级（主任）记者；正、副研究馆员等。

中级职称 指助理研究员；讲师；工程师；农艺师；主治医（药、护、技）师；实验师；统计师；经济师；会计师；编辑；翻译；记者；馆员等。

初级职称 是指研究实习员；助教；助理工程师、技术员；助理农艺师、农业技术员；医（药、护、技）师；助理实验师、实验员；助理统计师、统计员；助理经济师；助理会计师、会计员；助理编辑、见习编辑；助理翻译；助理记者；助理馆员、管理员等。

科技经费 是指从各种渠道筹集的用于本单位科学技术研究活动的经费，不论来源渠道如何。

政府资金 指由各级政府部门直接拨款或企事业单位利用政府资金委托本机构从事科学技术活动所获得的收入。

非政府资金 指开展除政府拨款以外的各项活动的收入。

课题数 只统计列入本机构计划或由本单位管理部门认可，在当年内进行的课题。包括当年新开课题和上年结转课题。

经费内部支出 指当年为进行该课题研究而实际用于本机构内的全部支出，包括设备费、材料费、测试化验加工费、燃料动力费、差旅费、会议费、国际合作与交流费、出版/资料/信息传播/知识产业事务费、劳务费、专家咨询费、管理费等，不包括与外单位合作研究而拨给对方使用的经费。

科技论文 在国际上或在全国性学报或学术刊物上、省部属大专院校对外正式发行的学报或学术刊物上发表的论文。

被收录论文 主要指由美国出版的科学引文索引（《SCI》）、科学技术会议索引（《ISTP》）和工程索引（《EI》）三种检索系统中收录的科技人员发表的期刊论文和会议论文。

科技著作 是指经过正式出版部门编印出版的科技专著、大专院校教科书、科普著作。如果科技论文和科技著作系与本机构外的同行数人合著，为避免重复统计，只统计以本机构科技人员为第一作者的论文和著作。

授权专利 指当年由专利管理部门授予本单位专利权的职务专利件数。

获奖成果 填报本年度内本机构作为第一完成单位从地（市）及地（市）以上政府科技管理部门获得的各种科技成果奖的项数。

国家级奖励 是指国家自然科学奖、国家技术发明奖、国家科技进步奖。

省、部级奖励 是指以国务院各部门名义颁发的或省、自治区、直辖市政府（科委）名义颁发的重大科技成果奖和科技进步奖等。

Explanatory Notes on Main Statistical Indicators

Yearend employees—refer to the total sum of various kinds of persons who are organized and arranged to work and paid for work directly by an institution at the year end, including fixed staff and workers, contract staff and workers on the regular, recruited personnel, and re-employed retirees but excluding retirees and persons whose job is retained but salary is suspended.

Personnel engaged in scientific and technological activities—refer to personnel engaged in scientific and technological management, subject research, and scientific and technological services among the employees. Personnel engaged in subject research refer to those whose organization relationship is in research sections or subject teams.

Professional technical title—refers to the professional technical titles of professional technical persons in an organization. For an organization that has not implemented the system for appointment of professional technical posts, the original professional technical title is filled up.

Senior title—refers to senior researchers and associate senior researchers, professors and associate professors, senior engineers, senior agronomists, chief and deputy chief doctors (physicians, surgeons, pharmacists, nurses, and technicians), senior experimenters, senior statisticians, senior economists, senior accountants, senior editors and associate senior editors, senior translators and associate senior translators, senior (chief) correspondents (reporters), and senior librarians and associate librarians.

Intermediate title—refers to assistant researchers, lecturers, engineers, agronomists, doctors (physicians, surgeons, pharmacists, nurses, and technicians) in charge, experimenters, statisticians, economists, accountants, editors, translators, correspondents (reporters), and librarians.

Junior title—refers to research assistants, tutors, assistant engineers and technicians, assistant agronomists and agricultural technicians, practitioners (pharmacists, nurses, and technicians), assistant experimenters and junior experimenters, assistant statisticians and junior statisticians, assistant economists, assistant accountants and junior accountants, assistant editors and editors on probation, assistant translators, assistant correspondents (reporters), and assistant librarians and keepers (managerial persons).

Scientific and technological funds—refer to the funds used for scientific and technological research activities of a unit, which are raised from various channels no matter how they come.

Government funds—refer to the funds allocated directly by government departments at various levels or revenues obtained by enterprises and institutions which use the government-entrusted funds to undertake scientific and technological activities.

Nongovernmental funds—refer to the revenues obtained by various items of activities except for the funds allocated by the government.

Number of research subjects—refers to the research subjects included in the plan of an organization or recognized by the administration department of an organization and undertaken in the current year, including new subjects initiated in the current year and those transferred from the previous year.

Internal expenditures of funds—refer to all the expenditures used actually inside the organization for conducting research of the subject during the current year, including expenses for equipment, expenses for materials, expenses for tests, chemical analysis, and processing, expenses for fuel, traveling expense, expenses for meetings, expenses for international cooperation and exchange, expenses for publication/data/information dissemination/knowledge industrial business, service charge, consulting fees, and administration expenses, and excluding the funds allocated to the cooperative units.

Scientific and technological papers—refer to articles published in international or domestic academic publications and those formally distributed by universities and colleges affiliated to provinces and ministries.

Papers indexed/abstracted — refer to foreign-language papers published by scientific and technological personnel in international proceedings and international academic journals, which are indexed/abstracted in three retrieval systems: SCI (Science Citation Index), ISTP (Index to Scientific & Technical Proceedings), and EI (Engineering Index) published in the United States.

Scientific and technological works — refer to scientific and technological monographs, text-books of universities and colleges, and popular science books compiled, printed, and published by formal publishing establishments. If scientific and technological papers and works are cowritten with colleagues beyond the organization, in order to evade repetition in statistical survey, only the papers and works whose first authors are scientific and technological persons of the organization are included in the statistics.

Authorized patent—refers to the number of position patents granted to the unit by the administration department for patent during the current year.

Winning of awards for achievements—refers to the number of various scientific and technological results prizes won by the organization as the first completion organization in the current year from scientific and technological administration departments of governments at and above the prefecture (city) level.

State-level awards—refer to the National Natural Science Prize, State Technological Invention Prize, State Scientific and Technological Progress Prize, and State Scientific and Technological Results Prize.

Provincial-and ministerial-level awards—refer to important scientific and technological results prizes and scientific and technological progress prizes issued in the name of various departments of the State Council or issued in the name of governments (commissions of science and technology) of provinces, autonomous regions, or municipalities directly under the central government.

六、测　　绘

Chapter 6　Surveying and Mapping

大地测量情况
Geodetic Survey

年份/地区	Year /Region	GPS 测量（点） GPS (station)	三角测量（点） Triangulation (station)	导线测量（点） Traversing (station)	基线测量（条） Baseline Survey (line)	水准测量（千米） Leveling (kilometer)	重力测量（点） Gravity Survey (station)
	2001	21949	100	2099	9	42136	387
	2002	26176	30	8964	5	44153	15
	2003	32363	12	40965	9	58681	
	2004	29734	16	13302	8	76233	14
	2005	47508		9664	10	144031	62
	2006	54053		5552	12	203191	3066
	2007	44455	69	1994	48	81363	7
	2008	55254		1606	23	96364	25
	2009	55089		668	25	138988	93
北　京	Beijing	2461				2114	
天　津	Tianjin	3012				5362	
河　北	Hebei	3473				6000	
山　西	Shanxi	1387				1330	
内蒙古	Inner Mongolia	201				1200	
辽　宁	Liaoning	8607				10585	
吉　林	Jilin	26				80	
黑龙江	Heilongjiang	1629				13343	
上　海	Shanghai						
江　苏	Jiangsu	341				5171	
浙　江	Zhejiang	3609				3088	
安　徽	Anhui	6351				1283	
福　建	Fujian	26					
江　西	Jiangxi	632				1978	
山　东	Shandong	1345				3554	
河　南	Henan	1554		428		17641	
湖　北	Hubei	5331				4470	
湖　南	Hunan	410				6514	
广　东	Guangdong	1250				15200	
广　西	Guangxi	3572				2683	
海　南	Hainan	823				2058	
重　庆	Chongqing	20					
四　川	Sichuan	1363				2329	
贵　州	Guizhou	1800		240		7805	
云　南	Yunnan	238				182	
西　藏	Tibet	29					
陕　西	Shaanxi	1129			25	16211	93
甘　肃	Gansu						
青　海	Qinghai	2018				1666	
宁　夏	Ningxia	720				1380	
新　疆	Xinjiang	411				2649	
重庆测绘院	Chongqing Institute of Surveying and Mapping	1248				3017	
国家基础地理信息中心	National Geomatics Center of China						
中国测绘科学研究院	Chinese Academy of Surveying and Mapping	73				95	
中国地图出版社	SinoMaps Press						

数字成果
Digital

单位：幅

年份/地区	Year/Region		数字线划地图（DLG）Digital Line Graphic (DLG)					
			1:50000	1:10000	1:5000	1:2000	1:1000	1:500
2001		39583		1652	198	4567	8308	19623
2002		50268	209	8699	175	3932	6821	17721
2003		38252	80	4487	662	3237	6469	12853
2004		27006	187	5814	28	1033	1999	12609
2005		30744		9177	156	2777	2089	8054
2006		14859		1892	100	1248	963	5052
2007		199534	7044	25392	1525	34124	49878	79706
2008		252812	6944	34050	1841	44241	43503	80122
2009		322719	8581	33623	4882	37999	41008	92845
北　京	Beijing	12256				3036	65	9155
天　津	Tianjin	4613		503		3870		240
河　北	Hebei	8928		296	309	190	3545	4588
山　西	Shanxi	6118		1279		3352	847	640
内蒙古	Inner Mongolia	3738		1901		379	1458	
辽　宁	Liaoning	12473	12	596	42	2860	4107	4856
吉　林	Jilin	5574		1258			1454	2862
黑龙江	Heilongjiang	124717	3727	3524	2786	3335	920	8529
上　海	Shanghai	39571	18	160		6457	12722	20214
江　苏	Jiangsu	2912	164	1550		89	909	200
浙　江	Zhejiang	4999	67	1487	220	1227	5	1993
安　徽	Anhui	9561	50	617		371	4512	2739
福　建	Fujian	5570		213	407	150		4800
江　西	Jiangxi	5087	20	1485		846	1034	1680
山　东	Shandong	3207		2046	55	886	220	
河　南	Henan	19387		2434	190	347	4751	11665
湖　北	Hubei	2438		928		710	800	
湖　南	Hunan	7281		1547		100		5567
广　东	Guangdong	1849		1689				160
广　西	Guangxi	4596		3643		953		
海　南	Hainan	2252	2041				100	
重　庆	Chongqing	3200						3200
四　川	Sichuan	8218	615	1626	245	3878	1062	667
贵　州	Guizhou	3191		267		1741		1183
云　南	Yunnan	988		438	550			
西　藏	Tibet							
陕　西	Shaanxi	6284	1128	428	76	2529	696	1139
甘　肃	Gansu	2515	108	1532		39	20	816
青　海	Qinghai	274	25	249				
宁　夏	Ningxia	400		400				
新　疆	Xinjiang	3008	277	1477	2		177	1075
重庆测绘院	Chongqing Institute of Surveying and Mapping	3540	329	50		654		2507
国家基础地理信息中心	National Geomatics Center of China							
中国测绘科学研究院	Chinese Academy of Surveying and Mapping	3974					1604	2370
中国地图出版社	SinoMaps Press							

生产情况
Products

Unit: sheet

	数字高程模型（DEM）Digital Elevation Model (DEM)						数字正射影像（DOM）Digital Orthophoto Map (DOM)				
	1:50000	1:10000	1:5000	1:2000	1:1000	1:500		航片 Acial Photo		卫片 Satellite Photo	
									1:10000		1:10000
8702	919	4912		20							
8563	13	8550									
8571	152	8184									
9656	394	4883		4379							
5065		5042		23							
3227		2494									
100630	1996	12306	1189	12474	5442	4694	245677	235283	23956	10394	8581
62843	4102	18753	1998	15826	5824	7816	204490	165972	33709	38518	30798
61327	1338	19913	810	10300	3182	4299	478520	81196	20677	397324	391230
							2069	2069	716		
1000				1000			2990	1733	190	1257	1257
2751		1279		1472			4387	4387	1146		
1901		1901					1329	1093	1093	236	236
1479		596		883			1671	1671	788		
1258		1258									
24528	172	1527		944		400	32421	16383	1100	16038	14197
1498				786	712		2814	2814	1955		
1637		1417	220				2887	2558	2160	329	
1611		617			613	381	4858	4858	617		
150				150			256	256			
1485		1485					1547	1533	1485	14	14
1956		1956					2356	2156	1956	200	200
5987				1536	1801	2650	8300	7836	143	464	432
339		299	40				1565	1137	298	428	
852		852					3541	3541	852		
530		530					4421	1303	1303	3118	3118
3165		2165		1000			1001	1001			
							514	514			
							560	560			
907	386	422				99	8621	6385	606	2236	1333
1909		221		1688			2011	1965	224	46	46
988		438	550				988	438	438	550	
1591	476	134		212		769	8925	7402	243	1523	
1197	37	1160					2042	2005	1237	37	
274	25	249					274	109	109	165	140
352		352					64	64	64		
1166	111	1055					1156	788	602	368	257
760	131			629			1656	1341		315	
56					56		373296	3296	1352	370000	370000

地图编制情况

Map Compilation

年份/地区	Year/Region	地形图（幅） Topographic Map (sheet)						专题地图 Thematic Map		地图集（册） Atlas (copy)
			1:50000	1:10000	1:2000	1:1000	1:500	幅 (sheet)	册 (copy)	
	2001	2867	58	625	1155	364	560	478	3327	97
	2002	8980	41	1488	3339	2130	1593	566	3568	111
	2003	2731		76	1403	407	464	788	2443	86
	2004	15179	29	4441	1352	6400	2677	754	2858	118
	2005	4185	268	1497	219	479	1355	636	2530	91
	2006	12626	505	2110	3990	3943	1915	757	2845	154
	2007	17203	713	855	4329	4244	5537	3885	75	368
	2008	10213	774	1457	1168	2677	3086	4056	54	285
	2009	14852	755	5761	3351	1941	1782	5045	267	328
北 京	Beijing	3188			3188			10		8
天 津	Tianjin	508		503				25	2	1
河 北	Hebei	41	29	12				376	1	3
山 西	Shanxi							100		5
内蒙古	Inner Mongolia							11		4
辽 宁	Liaoning	2874	12	100	110	1941	699			
吉 林	Jilin	195		195				35		1
黑龙江	Heilongjiang							202		8
上 海	Shanghai							19		1
江 苏	Jiangsu	164	164					75	3	
浙 江	Zhejiang							28		
安 徽	Anhui	50	50					50		1
福 建	Fujian	1060		960				97	90	6
江 西	Jiangxi	25	25					607		2
山 东	Shandong	828		828				87	8	9
河 南	Henan	1538	12	1027			205	151		1
湖 北	Hubei	55		30				71	10	2
湖 南	Hunan	5		5				583	48	27
广 东	Guangdong	22		22				77	29	31
广 西	Guangxi	22	22					512		
海 南	Hainan	155		155				659		1
重 庆	Chongqing							6		2
四 川	Sichuan	1169	221	526				138		140
贵 州	Guizhou	160		107	53			32		4
云 南	Yunnan	60	60					2		1
西 藏	Tibet									
陕 西	Shaanxi	376		376				137	51	7
甘 肃	Gansu	79	71					116		4
青 海	Qinghai	165	25	140				35		1
宁 夏	Ningxia							2		
新 疆	Xinjiang	30						593		1
重庆测绘院	Chongqing Institute of Surveying and Mapping	2067	64	775			908			6
测绘出版社	Press of Surveying and Mapping							203		21
国家基础地理信息中心	National Geomatics Center of China									
中国测绘科学研究院	Chinese Academy of Surveying and Mapping	10						6		1
中国地图出版社	SinoMaps Press	6							25	29

地图数字化情况

Map Digitization

单位：幅　　　　Unit: sheet

年份/地区	Year/Region	数字线划地图（DLG）Digital Line Graphic (DLG)			数字高程模型（DEM）Digital Elevation Model (DEM)			数字栅格地图（DRG）Digital Raster Graphic (DRG)		
			1:50000	1:10000		1:50000	1:10000		1:50000	1:10000
	2001	39583	1652	5139	8702	919	4912	12174	654	7789
	2002	50268	8699	11017	8563	13	8550	32603	3249	24526
	2003	38252	4487	10316	8571	152	8184	12314	3029	5358
	2004	27006	5814	5022	9656	394	4883	29308	935	27937
	2005	30744	9177	7484	5065		5042	11463	2679	7935
	2006	14859	1892	4780	3227		2494	1820	812	603
	2007	15602	36	7540	746	587	159	4316	761	2365
	2008	19094	280	3655	6866	179	1641	12154	300	9918
	2009	15949	490	10257	3237	203	914	3661	139	3221
北　京	Beijing									
天　津	Tianjin	7								
河　北	Hebei	545		545						
山　西	Shanxi							223		
内蒙古	Inner Mongolia	1256	124	572	572		572			
辽　宁	Liaoning	2149	10	19	2120					
吉　林	Jilin	485		485						
黑龙江	Heilongjiang									
上　海	Shanghai									
江　苏	Jiangsu									
浙　江	Zhejiang									
安　徽	Anhui							1026		1026
福　建	Fujian									
江　西	Jiangxi									
山　东	Shandong	880		11						
河　南	Henan	2182		1348				454		454
湖　北	Hubei	202		97				78		
湖　南	Hunan									
广　东	Guangdong	100		100				1200		1200
广　西	Guangxi	160		160						
海　南	Hainan	1208	115	993						
重　庆	Chongqing									
四　川	Sichuan	688		688	265		265	525		525
贵　州	Guizhou	4065		4012	61		61			
云　南	Yunnan	16		16	16		16	16		16
西　藏	Tibet									
陕　西	Shaanxi	361	43	84	139	139		139	139	
甘　肃	Gansu									
青　海	Qinghai									
宁　夏	Ningxia									
新　疆	Xinjiang	486	134	352						
重庆测绘院	Chongqing Institute of Surveying and Mapping	1159	64	775	64	64				
国家基础地理信息中心	National Geomatics Center of China									
中国测绘科学研究院	Chinese Academy of Surveying and Mapping									
中国地图出版社	SinoMaps Press									

公开版地图、测

Publishing of Maps and Books

年份/地区	Year /Region	品种（种） Kinds				总印张 Number of Printed	
		地图 Map		图书 Book	电子地图 Electronic Map	地图 Map	
		新版 New Edition	重版 Reprint			新版 New Edition	重版 Reprint
2001		576	695	315		35751.4	228602.6
2002		729	894	322	2	11075.9	287659.7
2003		643	946	450	1	53870.0	283629.0
2004		785	1047	463	2	46206.0	361611.0
2005		732	1028	504	2	45594.1	444419.0
2006		674	1129	628	2	27892.4	364725.3
2007		647	1270	412	2	26788.7	330626.9
2008		589	1296	358	48	35432.0	318317.8
2009		679	1428	359	54	65072.4	359326.7
黑龙江	Heilongjiang	73	51	53		3017.4	4231.7
福　建	Fujian	50	6			826.8	140.0
山　东	Shandong	25	31	24		698.0	2198.0
湖　南	Hunan	126	55	82		1860.4	1149.4
广　东	Guangdong	28	80	1		452.6	7428.5
四　川	Sichuan	51	227	1		845.8	5575.5
陕　西	Shaanxi	66	102	146		4395.0	6687.7
中国地图出版社	SinoMaps Press	196	800		54	48169.0	325617.0
测绘出版社	Press of Surveying and Mapping	14	15	52		1038.0	540.0
中华地图学会	Chinese Maps Association	49	61			3769.4	5758.9

绘图书出版情况
of Surveying and Mapping

（千印张）Sheets (10^3 sheets)		总印数（万幅/万册）Total Number of Copies (10^4 sheets/10^4 copies)			总定价（万元）Price (10^4 yuan)			
图书 Book	电子地图 Electronic Map	地图 Map 新版 New Edition	地图 Map 重版 Reprint	图书 Book	地图 Map 新版 New Edition	地图 Map 重版 Reprint	图书 Book	电子地图 Electronic Map
14999.9		1369.1	9074.8	374.5	12916.2	40121.4	4958.6	
14454.1		2540.6	12147.2	3743.7	12822.3	51654.1	3572.7	13.6
29877.0	4.0	2260.0	10139.0	188.0	13658.0	50542.0	5890.0	3.0
16917.0	1006.0	2290.0	13778.0	173.0	15810.0	61344.0	7680.0	38.0
27858.6	26.0	1577.2	15640.1	439.9	13020.9	70342.3	9768.5	7.5
36212.4	3.4	1348.7	13208.5	405.7	9479.4	60383.7	9717.5	10.5
17082.0	12.0	1056.1	11945.4	197.4	9488.7	53724.0	4479.2	32.0
13754.0		1691.4	12422.5	183.1	12392.4	54135.6	4202.1	
13699.4		2153.9	12224.3	247.4	19912.1	60571.7	4943.6	
2414.2		225.3	83.6	70.2	2302.5	1141.0	290.3	
		61.0	17.0		1072.5	79.0		
1812.0		56.0	198.0	42.0	341.0	1290.0	872.0	
6281.8		184.1	106.2	92.1	1126.9	557.4	1987.5	
132.0		24.6	226.9	1.1	602.5	1806.2	39.6	
1.8		30.4	271.0	1.0	523.0	1980.0	0.6	
2827.6		188.6	292.5	23.0	3112.8	2587.3	1066.6	
		1245.0	10831.0		8994.0	49683.0		
230.0		21.0	20.0	18.0	508.0	240.0	687.0	
		117.9	178.1		1328.9	1207.8		

测绘成果提供情况（2009年）
Surveying and Mapping Products (2009)

地 区	Region	地形图（张）Topographic Maps (sheet)			大地成果（点）Geodetic Surveying (station)	航摄成果（片）Aerophotogrammetry (sheet)	挂图（张）Wall Map (sheet)	地图集（册）Atlas (copy)
			1:10000	1:50000				
合 计	**Total**	**464886**	**145535**	**87336**	**282927**	**703784**	**60729**	**4705**
北 京	Beijing	18636	345		18389			
天 津	Tianjin	500			321			
河 北	Hebei	3603	2887	569	2452	15018	28	
山 西	Shanxi	3277	2931	346				
内蒙古	Inner Mongolia	16005	1536	11354	33469	23238		
辽 宁	Liaoning	3902	3026	698	1298	130		15
吉 林	Jilin	8654	5053	2760	7745	14462	7748	3363
黑龙江	Heilongjiang	12568	4578	6705	23659	52755	9	
上 海	Shanghai	183033	20	13	4011			
江 苏	Jiangsu	7153	4599	2496	15984	1323	266	53
浙 江	Zhejiang	5400	4524	853	4294	18989		
安 徽	Anhui	6808	6125	683	5247	8708		
福 建	Fujian	13285	5712	1316	4008	11024		
江 西	Jiangxi	5660	4963	627	8357			
山 东	Shandong	6142	5511	522	3779	81689		
河 南	Henan	2859	2415	366	1536	63186	25000	
湖 北	Hubei	2606	2270	258	3523	5097		
湖 南	Hunan	9125	8121	788	1570	1424		
广 东	Guangdong	3102	2803	295	3919			
广 西	Guangxi	20595	19028	1380	6824	1107	322	80
海 南	Hainan	253	253		829	6		
重 庆	Chongqing	10769	9188	1407	1059	220		
四 川	Sichuan	12337	8233	3192	6141	18229		
贵 州	Guizhou	23017	17186	5286	3410	9977		
云 南	Yunnan	9975	5334	3845	16588	7819	124	3
西 藏	Tibet	1229	24	296	161		21970	174
陕 西	Shaanxi	14316	12041	1994	1610	21372		
甘 肃	Gansu	2413	32	2045	1982	1115		300
青 海	Qinghai	4347	1693	1630	2648	1254	560	82
宁 夏	Ningxia	1365	1118	180	962	329		
新 疆	Xinjiang	21280	3986	11591	24664	10915	4702	635
国家基础地理信息中心	National Geomatics Center of China	30672		23841	72488	334398		

附：其他资料

Appendix: Other Data

我国主要矿产品进
China's Imports and Exports of

矿产品名称	Mineral Commodity	进口	Imports				
		国家（地区）	Country (Region)	数量（吨） Quantity (ton)	占总量（%） Percentage	金额（千美元） Value (US$1000)	占总值（%） Percentage
煤炭	**Coal**	**合计**	**Total**	**131907778**	**100.0**	**10910819**	**100.0**
		澳大利亚	Australia	43952620	33.3	4887618	44.8
		印度尼西亚	Indonesia	35406151	26.8	23183401	21.2
		越南	Viet Nam	24082495	18.3	1293274	11.9
		俄罗斯联邦	Russian Federation	12093667	9.2	1029116	9.4
		蒙古	Mongolia	6016537	4.6	317417	2.9
		加拿大	Canada	4093808	3.1	540070	4.9
		朝鲜	D.P.R. Korea	3601209	2.7	256221	2.3
		美国	United States	1025204	0.8	135797	1.3
		其他国家或地区	Other Countries or Regions	1636086	1.2	132963	1.3
石油原油	**Crude Oil**	**合计**	**Total**	**203652539**	**100.0**	**89229286**	**100.0**
		沙特阿拉伯	Saudi Arabia	41728369	20.5	18872731	21.2
		安哥拉	Angola	32173244	15.8	14599966	16.4
		伊朗	Iran	23147244	11.4	9804441	11.0
		俄罗斯联邦	Russian Federation	15303891	7.5	6616467	7.4
		苏丹	Sudan	12188834	6.0	4642971	5.2
		阿曼	Oman	11738233	5.8	4989907	5.6
		伊拉克	Iraq	7162811	3.5	3306284	3.7
		科威特	Kuwait	7075151	3.5	2861937	3.2
		利比亚	Libya	6344540	3.1	3126916	3.5
		哈萨克斯坦	Kazakhstan	6006132	2.9	2543539	2.9
		委内瑞拉	Venezuela	5266783	2.6	1988189	2.2
		刚果	Congo	4089643	2.0	1498117	1.7
		巴西	Brazil	4057707	2.0	1610611	1.8
		阿拉伯联合酋长国	United Arab Emirates	3307031	1.6	1526865	1.7
		印度尼西亚	Indonesia	3234410	1.6	1459435	1.6
		也门	Yemen	2561855	1.3	1186877	1.3
		马来西亚	Malaysia	2229385	1.1	1088511	1.2
		赤道几内亚	Equatorial Guinea	2221260	1.1	1031638	1.2
		其他国家或地区	Other Countries or Regions	13816016	6.7	6473884	7.2
铁矿砂及其精矿	**Iron Ore Fines and Concentrate**	**合计**	**Total**	**627592353**	**100.0**	**50100037**	**100.0**
		澳大利亚	Australia	261869964	41.7	20054107	40.0
		巴西	Brazil	142396798	22.7	12912043	25.8
		印度	India	107330213	17.1	7626408	15.2
		南非	South Africa	34130450	5.4	2882930	5.8
		乌克兰	Ukraine	11580200	1.8	1037046	2.1
		俄罗斯联邦	Russian Federation	9663732	1.5	775379	1.5
		加拿大	Canada	8652406	1.4	867744	1.7
		伊朗	Iran	6852808	1.1	528427	1.1

出口情况（2009 年）

Major Mineral Commodities (2009)

国家（地区）	Country (Region)	数量（吨）Quantity (ton)	占总量（%）Percentage	金额（千美元）Value (US$1000)	占总值（%）Percentage
		出 口 Exports			
合计	**Total**	**22401117**	**100.0**	**2376490**	**100.0**
韩国	R.O. Korea	9879221	44.1	1061229	44.7
日本	Japan	6402073	28.6	754031	31.7
中国台湾省	Taiwan, China	4931157	22.0	433534	18.2
菲律宾	Philippines	838692	3.7	82614	3.5
中国香港	Hong Kong, China	121789	0.5	9758	0.4
朝鲜	D.P.R. Korea	90391	0.4	14254	0.6
印度尼西亚	Indonesia	61968	0.3	7129	0.3
土耳其	Turkey	21053	0.1	4001	0.2
其他国家或地区	Other Countries or Regions	54773	0.3	9940	0.4
合计	**Total**	**5072465**	**100.0**	**2155729**	**100.0**
韩国	R.O. Korea	1631526	32.2	696609	32.3
新加坡	Singapore	760454	15.0	237168	11.0
日本	Japan	727981	14.4	344203	16.0
美国	United States	678998	13.4	281739	13.1
朝鲜	D.P.R. Korea	519814	10.2	238555	11.1
澳大利亚	Australia	321611	6.3	162035	7.5
泰国	Thailand	205828	4.1	83086	3.9
印度	India	98903	1.9	46110	2.1
印度尼西亚	Indonesia	87655	1.7	50861	2.4
马来西亚	Malaysia	39695	0.8	15363	0.6
合计	**Total**	**2499**	**100.0**	**550**	**100.0**
巴基斯坦	Pakistan	1475	59.0	303	55.0
韩国	R.O. Korea	371	14.8	80	14.5
乌兹别克斯坦	Uzbekistan	299	12.0	71	13.0
土库曼斯坦	Turkmenistan	200	8.0	53	9.7
斯里兰卡	Sri Lanka	68	2.7	4	0.7
中国台湾省	Taiwan, China	40	1.6	25	4.6
印度尼西亚	Indonesia	18	0.7	9	1.7
科特迪瓦	Cote D'Ivoire	12	0.5	4	0.6

我国主要矿产品进出
China's Imports and Exports of

矿产品名称	Mineral Commodity	进口		Imports			
		国家（地区）	Country (Region)	数量（吨）Quantity (ton)	占总量（%）Percentage	金额（千美元）Value (US$1000)	占总值（%）Percentage
		印度尼西亚	Indonesia	6435034	1.0	324551	0.6
		毛里塔尼亚	Mauritania	6123456	1.0	463258	0.9
		秘鲁	Peru	6031073	1.0	508216	1.0
		哈萨克斯坦	Kazakhstan	5856176	0.9	459232	0.9
		智利	Chile	5726697	0.9	571421	1.1
		委内瑞拉	Venezuela	3031494	0.5	253255	0.5
		越南	Viet Nam	1810894	0.3	103786	0.2
		其他国家或地区	Other Countries or Regions	10100958	1.7	732234	1.6
锰矿砂及其精矿	**Manganese Ore Fines and Concentrate**	**合计**	**Total**	**9611607**	**100.0**	**1774662**	**100.0**
		澳大利亚	Australia	2941490	30.6	652077	36.7
		南非	South Africa	2303081	24.0	396105	22.3
		加蓬	Gabon	967869	10.1	217040	12.2
		巴西	Brazil	942885	9.8	199734	11.3
		缅甸	Myanmar	607322	6.3	55941	3.2
		马来西亚	Malaysia	471343	4.9	47276	2.7
		加纳	Ghana	314629	3.3	40980	2.3
		印度尼西亚	Indonesia	248649	2.6	52440	3.0
		其他国家或地区	Other Countries or Regions	814339	8.4	113069	6.3
铜矿砂及其精矿	**Copper Ore Fines and Concentrate**	**合计**	**Total**	**6132792**	**100.0**	**8605791**	**100.0**
		智利	Chile	1379710	22.5	2094682	24.3
		秘鲁	Peru	975062	15.9	1392737	16.2
		澳大利亚	Australia	704965	11.5	1092429	12.7
		蒙古	Mongolia	516486	8.4	625755	7.3
		哈萨克斯坦	Kazakhstan	346069	5.6	421161	4.9
		墨西哥	Mexico	284439	4.6	415919	4.8
		美国	United States	264510	4.3	368700	4.3
		土耳其	Turkey	223681	3.6	220064	2.6
		加拿大	Canada	195597	3.2	316063	3.7
		老挝	Laos	188948	3.1	249847	2.9
		其他国家或地区	Other Countries or Regions	1053325	17.3	1408434	16.3
镍矿砂及其精矿	**Nickel Ore Fines and Concentrate**	**合计**	**Total**	**16427192**	**100.0**	**1056805**	**100.0**
		菲律宾	Philippines	8697821	52.9	276857	26.2
		印度尼西亚	Indonesia	7174293	43.7	320699	30.3
		澳大利亚	Australia	219170	1.3	237354	22.5
		俄罗斯联邦	Russian Federation	132131	0.8	72547	6.9
		西班牙	Spain	117278	0.7	98108	9.3
		博茨瓦纳	Botswana	47316	0.3	25689	2.4

口情况（2009年） 续表 1

Major Mineral Commodities (2009) Continued 1

出 口 Exports					
国家（地区）	Country (Region)	数量（吨） Quantity (ton)	占总量（%） Percentage	金额（千美元） Value (US$1000)	占总值（%） Percentage
澳大利亚	Australia	9	0.4	1	0.1
德国	Germany	7	0.3	1	0.1
合计	**Total**	**27387**	**100.0**	**5980**	**100.0**
韩国	R.O. Korea	18917	69.0	3722	62.2
日本	Japan	5028	18.4	1288	21.5
越南	Viet Nam	2991	10.9	879	14.7
意大利	Italy	416	1.5	78	1.3
澳大利亚	Australia	20	0.1	13	0.3
尼泊尔	Nepal	15	0.1		
合计	**Total**	**460**	**100.0**	**107**	**100.0**
中国台湾省	Taiwan, China	400	87.0	60	56.1
巴布亚新几内亚	Papua New Guinea	50	10.9	46	43.1
其他国家或地区	Other Countries or Regions	10	2.1	1	0.8
合计	**Total**	**4284**	**100.0**	**2751**	**100.0**
巴西	Brazil	4171	97.6	2632	95.7
新加坡	Singapore	95	2.2	115	4.2
韩国	R.O. Korea	18	0.4	4	0.1

我国主要矿产品进出
China's Imports and Exports of

矿产品名称	Mineral Commodity	进口 国家（地区）	Imports Country (Region)	数量（吨） Quantity (ton)	占总量（%） Percentage	金额（千美元） Value (US$1000)	占总值（%） Percentage
		其他国家或地区	Other Countries or Regions	39183	0.3	25551	2.4
钴矿砂及其精矿	**Cobalt Ore Fines and Concentrate**	合计	**Total**	**282894**	**100.0**	**554901**	**100.0**
		刚果民主共和国	D.R. Congo	241238	85.3	461292	83.1
		刚果	Congo	15544	5.5	31988	5.8
		南非	South Africa	12635	4.5	23270	4.2
		古巴	Cuba	7950	2.8	30212	5.4
		美国	United States	2026	0.7	2927	0.5
		比利时	Belgium	940	0.3	1147	0.2
		摩洛哥	Morocco	935	0.3	845	0.2
		赞比亚	Zambia	578	0.2	1150	0.2
		其他国家或地区	Other Countries or Regions	1048	0.4	2070	0.4
铝矿砂及其精矿	**Aluminum Ore Fines and Concentrate**	合计	**Total**	**19687052**	**100.0**	**704888**	**100.0**
		印度尼西亚	Indonesia	14245848	72.4	492430	69.9
		澳大利亚	Australia	5111111	26.0	199208	28.3
		印度	India	185057	0.9	7965	1.1
		马来西亚	Malaysia	144556	0.7	5011	0.7
		其他国家或地区	Other Countries or Regions	480		274	
氧化铝	**Alumina**	合计	**Total**	**5140744**	**100.0**	**1303842**	**100.0**
		澳大利亚	Australia	4605803	89.6	1128896	86.6
		印度	India	336074	6.5	81576	6.3
		牙买加	Jamaica	79638	1.5	19140	1.5
		巴西	Brazil	61470	1.2	14046	1.1
		苏里南	Suriname	28777	0.6	6331	0.5
		日本	Japan	15527	0.3	20918	1.6
		韩国	R.O. Korea	4760	0.1	2654	0.2
		其他国家或地区	Other Countries or Regions	8695	0.2	30281	2.2
铅矿砂及其精矿	**Lead Ore Fines and Concentrate**	合计	**Total**	**1604567**	**100.0**	**1759883**	**100.0**
		秘鲁	Peru	326816	20.4	529274	30.1
		美国	United States	274777	17.1	301010	17.1
		澳大利亚	Australia	148122	9.2	108440	6.2
		俄罗斯联邦	Russian Federation	120205	7.5	134224	7.6
		墨西哥	Mexico	68233	4.3	114298	6.5
		朝鲜	D.P.R. Korea	54021	3.4	15904	0.9
		韩国	R.O. Korea	48792	3.0	10062	0.6
		印度	India	46333	2.9	55406	3.1
		德国	Germany	40325	2.5	27494	1.6

口情况（2009 年） 续表 2

Major Mineral Commodities (2009) Continued 2

出　口	Exports				
国家（地区）	Country (Region)	数量（吨） Quantity (ton)	占总量（%） Percentage	金额（千美元） Value (US$1000)	占总值（%） Percentage
合计	**Total**	**68579**	**100.0**	**28783**	**100.0**
朝鲜	D.P.R. Korea	25156	36.7	7515	26.1
韩国	R.O. Korea	20627	30.1	8936	31.0
卡塔尔	Qatar	13508	19.7	3033	10.5
越南	Viet Nam	2202	3.2	1053	3.7
日本	Japan	1549	2.3	1290	4.5
蒙古	Mongolia	1152	1.7	37	0.1
印度尼西亚	Indonesia	608	0.9	727	2.5
其他国家或地区	Other Countries or Regions	3777	5.4	6192	21.6

我国主要矿产品进出
China's Imports and Exports of

矿产品名称	Mineral Commodity	进口	Imports				
		国家（地区）	Country (Region)	数量（吨）Quantity (ton)	占总量（%）Percentage	金额（千美元）Value (US$1000)	占总值（%）Percentage
		波兰	Poland	38371	2.4	35323	2.0
		其他国家或地区	Other Countries or Regions	438572	27.3	428448	24.3
锌矿砂及其精矿	**Zinc Ore Fines and Concentrate**	**合计**	**Total**	**3850468**	**100.0**	**1904862**	**100.0**
		澳大利亚	Australia	1090947	28.3	518817	27.2
		秘鲁	Peru	931408	24.2	543363	28.5
		加拿大	Canada	227010	5.9	125933	6.6
		爱尔兰	Ireland	148193	3.8	91387	4.8
		哈萨克斯坦	Kazakhstan	141631	3.7	43109	2.3
		土耳其	Turkey	139652	3.6	41639	2.2
		蒙古	Mongolia	136211	3.5	67542	3.5
		印度	India	121524	3.2	65869	3.5
		墨西哥	Mexico	113116	2.9	53767	2.8
		其他国家或地区	Other Countries or Regions	800776	20.9	353436	18.6
锡矿砂及其精矿	**Tin Ore Fines and Concentrate**	**合计**	**Total**	**10205**	**100.0**	**37090**	**100.0**
		玻利维亚	Bolivia	5645	55.3	30844	83.2
		缅甸	Myanmar	1825	17.9	4036	10.9
		澳大利亚	Australia	1216	11.9	437	1.2
		泰国	Thailand	528	5.2	127	0.3
		老挝	Laos	215	2.1	636	1.7
		其他国家或地区	Other Countries or Regions	776	7.6	1010	2.7
铬矿砂及其精矿	**Chromite Ore Fines and Concentrate**	**合计**	**Total**	**6755519**	**100.0**	**1310428**	**100.0**
		南非	South Africa	2899204	42.9	495595	37.8
		土耳其	Turkey	1286757	19.0	293787	22.4
		阿曼	Oman	687292	10.2	82013	6.3
		印度	India	414023	6.1	121439	9.3
		巴基斯坦	Pakistan	295576	4.4	66097	5.0
		伊朗	Iran	254956	3.8	65012	5.0
		阿尔巴尼亚	Albania	219297	3.2	48379	3.7
		其他国家或地区	Other Countries or Regions	698414	10.4	138106	10.5
钨矿砂及其精矿	**Tungsten Ore Fines and Concentrate**	**合计**	**Total**	**9125**	**100.0**	**68878**	**100.0**
		俄罗斯联邦	Russian Federation	3763	41.2	24360	35.4
		加拿大	Canada	2314	25.4	23361	33.9
		卢旺达	Rwanda	705	7.7	5292	7.7
		刚果民主共和国	D.R. Congo	471	5.2	4357	6.3
		玻利维亚	Bolivia	411	4.5	4494	6.5
		泰国	Thailand	247	2.7	2413	3.5
		其他国家或地区	Other Countries or Regions	1214	13.3	4601	6.7

口情况（2009年） 续表3

Major Mineral Commodities (2009)　Continued 3

出　口	Exports				
国家（地区）	Country (Region)	数量（吨） Quantity (ton)	占总量（%） Percentage	金额 （千美元） Value (US$1000)	占总值 （%） Percentage

我国主要矿产品进出
China's Imports and Exports of

矿产品名称	Mineral Commodity	进口	Imports				
		国家（地区）	Country (Region)	数量（吨）Quantity (ton)	占总量（%）Percentage	金额（千美元）Value (US$1000)	占总值（%）Percentage
钼矿砂及其精矿	**Molybdenum Ore Fines and Concentrate**	合计	**Total**	**61808**	**100.0**	**765708**	**100.0**
		智利	Chile	27625	44.7	350681	45.8
		美国	United States	10890	17.6	156277	20.4
		墨西哥	Mexico	4290	6.9	54121	7.1
		蒙古	Mongolia	4281	6.9	34081	4.5
		荷兰	Netherlands	2436	3.9	29526	3.9
		加拿大	Canada	2166	3.5	29929	3.9
		比利时	Belgium	2133	3.5	23441	3.1
		其他国家或地区	Other Countries or Regions	7985	13.0	87652	11.3
钛矿砂及其精矿	**Titanium Ore Fines and Concentrate**	合计	**Total**	**1479222**	**100.0**	**162462**	**100.0**
		越南	Viet Nam	646886	43.7	56273	34.6
		澳大利亚	Australia	383335	25.9	57975	35.7
		印度	India	245652	16.6	25028	15.4
		斯里兰卡	Sri Lanka	63810	4.3	4885	3.0
		冈比亚	Gambia	58071	3.9	6449	4.0
		加拿大	Canada	39753	2.7	5041	3.1
		其他国家或地区	Other Countries or Regions	41715	2.9	6811	4.2
铌钽钒矿砂及其精矿	**Nb-Ta-V Ore Fines and Concentrate**	合计	**Total**	**9074**	**100.0**	**77173**	**100.0**
		卢旺达	Rwanda	2479	27.3	20062	26.0
		巴西	Brazil	2023	22.3	19300	25.0
		泰国	Thailand	1720	19.0	4514	5.8
		马来西亚	Malaysia	1073	11.8	2008	2.6
		尼日利亚	Nigeria	881	9.7	10322	13.4
		埃塞俄比亚	Ethiopia	294	3.2	9354	12.1
		刚果民主共和国	D.R. Congo	121	1.3	2575	3.3
		其他国家或地区	Other Countries or Regions	483	5.4	9038	11.8
锑精矿	**Antimony**	合计	**Total**	**25156**	**100.0**	**29087**	**100.0**
		缅甸	Myanmar	5847	23.2	3437	11.8
		塔吉克斯坦	Tajikistan	4668	18.6	4385	15.1
		加拿大	Canada	3735	14.8	9454	32.5
		俄罗斯联邦	Russian Federation	2128	8.5	3751	12.9
		哈萨克斯坦	Kazakhstan	1865	7.4	1650	5.7
		其他国家或地区	Other Countries or Regions	6913	27.5	6410	22.0
稀土金属矿	**Rare Earths**	合计	**Total**	**6669**	**100.0**	**8148**	**100.0**
		泰国	Thailand	6455	96.8	8067	99.0
		越南	Viet Nam	203	3.0	67	0.8
		吉尔吉斯斯坦	Kyrgyzstan	10	0.2	5	0.1
		中国台湾省	Taiwan,China	1		9	0.1

口情况（2009年） 续表 4

Major Mineral Commodities (2009) Continued 4

出 口	Exports				
国家（地区）	Country (Region)	数量（吨） Quantity (ton)	占总量（%） Percentage	金额（千美元） Value (US$1000)	占总值（%） Percentage
合计	**Total**	**8893**	**100.0**	**130720**	**100.0**
荷兰	Netherlands	3763	42.3	57235	43.8
韩国	R.O. Korea	2647	29.8	40258	30.8
日本	Japan	603	6.8	9218	7.1
南非	South Africa	498	5.6	8348	6.4
泰国	Thailand	378	4.3	4288	3.3
越南	Viet Nam	371	4.2	239	0.2
印度	India	335	3.7	5322	4.1
其他国家或地区	Other Countries or Regions	298	3.3	5812	4.3
合计	**Total**	**592**	**100.0**	**252**	**100.0**
其他国家或地区	Other Countries or Regions	592	100.0	252	100.0

我国主要矿产品进出
China's Imports and Exports of

矿产品名称	Mineral Commodity	进口 国家（地区）	Imports Country (Region)	数量（吨） Quantity (ton)	占总量（%） Percentage	金额（千美元） Value (US$1000)	占总值（%） Percentage
稀土金属及混合物	**REE Metal and Mixtures**	合计	**Total**	**20**	**100.0**	**106**	**100.0**
		其他国家或地区	Other Countries or Regions	20	100.0	106	100.0
稀土化合物及混合物	**REE Compounds and Mixtures**	合计	**Total**	**3864**	**100.0**	**35456**	**100.0**
		中华人民共和国	P.R.C.	2291	59.3	18920	53.4
		法国	France	447	11.6	4030	11.4
		日本	Japan	370	9.6	4468	12.6
		比利时	Belgium	143	3.7	50	0.1
		俄罗斯联邦	Russian Federation	127	3.3	956	2.7
		奥地利	Austria	120	3.1	85	0.2
		中国台湾省	Taiwan，China	116	3.0	1085	3.1
		美国	United States	98	2.5	1534	4.3
		其他国家或地区	Other Countries or Regions	152	3.9	4328	12.2
磷矿	**Phosphate Rock**	合计	**Total**	**381**	**100.0**	**182**	**100.0**
		其他国家或地区	Other Countries or Regions	381	100.0	182	100.0
磷肥	**Phosphate Fertilizer**	合计	**Total**	**915858**	**100.0**	**363865**	**100.0**
		俄罗斯联邦	Russian Federation	308378	33.7	106004	29.1
		摩洛哥	Morocco	198308	21.7	80602	22.2
		美国	United States	194910	21.3	70343	19.3
		突尼斯	Tunisia	85266	9.3	36267	10.0
		挪威	Norway	84457	9.2	43757	12.0
		比利时	Belgium	30307	3.3	16962	4.7
		罗马尼亚	Romania	8507	0.9	4172	1.1
		其他国家或地区	Other Countries or Regions	5725	0.6	5758	1.6

口情况（2009年） 续表5
Major Mineral Commodities (2009) Continued 5

出口	Exports				
国家（地区）	Country (Region)	数量（吨）Quantity (ton)	占总量（%）Percentage	金额（千美元）Value (US$1000)	占总值（%）Percentage
合计	**Total**	**5346**	**100.0**	**72438**	**100.0**
日本	Japan	4473	83.7	64613	89.2
比利时	Belgium	201	3.8	1338	1.8
印度	India	160	3.0	502	0.7
美国	United States	153	2.9	1981	2.7
英国	United Kingdom	63	1.2	1128	1.6
伊朗	Iran	60	1.1	276	0.4
荷兰	Netherlands	50	0.9	526	0.7
泰国	Thailand	40	0.7	826	1.1
阿根廷	Argentina	36	0.7	110	0.2
其他国家或地区	Other Countries or Regions	110	2.0	1138	1.6
合计	**Total**	**38577**	**100.0**	**237387**	**100.0**
美国	United States	14765	38.3	67484	28.4
日本	Japan	10520	27.3	76657	32.3
法国	France	4392	11.4	20451	8.6
中国香港	Hong Kong，China	2659	6.9	21749	9.2
意大利	Italy	1510	3.9	5506	2.3
德国	Germany	1035	2.7	15581	6.6
英国	United Kingdom	595	1.5	2667	1.1
荷兰	Netherlands	494	1.3	7597	3.2
其他国家或地区	Other Countries or Regions	2607	6.7	19695	8.3
合计	**Total**	**381990**	**100.0**	**77437**	**100.0**
韩国	R.O. Korea	216222	56.6	37849	48.9
日本	Japan	121864	31.9	30084	38.8
新西兰	New Zealand	22639	5.9	6905	8.9
新加坡	Singapore	21000	5.5	2520	3.3
其他国家或地区	Other Countries or Regions	265	0.1	79	0.1
合计	**Total**	**3838813**	**100.0**	**1246148**	**100.0**
印度	India	922073	24.0	297836	23.9
越南	Viet Nam	684252	17.8	242649	19.5
孟加拉国	Bangladesh	565682	14.7	158961	12.8
印度尼西亚	Indonesia	346377	9.0	88012	7.1
澳大利亚	Australia	286789	7.5	102899	8.3
伊朗	Iran	187235	4.9	62892	5.0
泰国	Thailand	178677	4.7	62145	5.0
其他国家或地区	Other Countries or Regions	667728	17.4	230754	18.4

我国主要矿产品进出
China's Imports and Exports of

矿产品名称	Mineral Commodity	进口	Imports				
		国家（地区）	Country (Region)	数量（吨） Quantity (ton)	占总量（%） Percentage	金额（千美元） Value (US$1000)	占总值（%） Percentage
钾肥	**Potash Fertilizer**	**合计**	**Total**	**2646403**	**100.0**	**1444017**	**100.0**
		俄罗斯联邦	Russian Federation	1046160	39.5	491459	34.0
		白俄罗斯	Belarus	560124	21.2	329039	22.8
		德国	Germany	338258	12.8	190436	13.2
		加拿大	Canada	254264	9.6	165508	11.5
		约旦	Jordan	129484	4.9	87190	6.0
		挪威	Norway	84457	3.2	43757	3.0
		智利	Chile	68378	2.6	37468	2.6
		以色列	Israel	56490	2.1	39782	2.8
		印度	India	32480	1.2	17731	1.2
		其他国家或地区	Other Countries or Regions	76308	2.9	41647	2.9
盐	**Salt**	**合计**	**Total**	**1457582**	**100.0**	**68416**	**100.0**
		澳大利亚	Australia	926170	63.5	38007	55.6
		墨西哥	Mexico	487300	33.4	23846	34.9
		印度	India	36252	2.5	1107	1.6
		韩国	R.O. Korea	2877	0.2	3082	4.5
		巴基斯坦	Pakistan	1220	0.1	190	0.3
		丹麦	Denmark	1175	0.1	595	0.9
		智利	Chile	600		121	0.2
		其他国家或地区	Other Countries or Regions	1988	0.2	1468	2.0
硫磺	**Sulfur**	**合计**	**Total**	**12173305**	**100.0**	**709808**	**100.0**
		加拿大	Canada	2259664	18.6	126922	17.9
		沙特阿拉伯	Saudi Arabia	2055424	16.9	126236	17.8
		美国	United States	1299561	10.7	76036	10.7
		日本	Japan	1231683	10.1	71130	10.0
		哈萨克斯坦	Kazakhstan	1142633	9.4	49595	7.0
		伊朗	Iran	1012357	8.3	60903	8.6
		阿拉伯联合酋长国	United Arab Emirates	692548	5.7	41453	5.8
		韩国	R.O. Korea	618868	5.1	36838	5.2
		卡塔尔	Qatar	504356	4.1	29983	4.2
		科威特	Kuwait	456731	3.8	27137	3.8
		其他国家或地区	Other Countries or Regions	899480	7.3	63575	9.0
天然石墨	**Natural Graphite**	**合计**	**Total**	**6713**	**100.0**	**1484**	**100.0**
		朝鲜	D.P.R. Korea	6201	92.4	651	43.9
		中华人民共和国	P.R.C.	252	3.8	46	3.1
		美国	United States	89	1.3	279	18.8
		德国	Germany	51	0.8	126	8.5
		日本	Japan	32	0.5	204	13.7
		瑞士	Switzerland	23	0.3	77	5.2

口情况（2009 年） 续表 6

Major Mineral Commodities (2009) Continued 6

出口	Exports				
国家（地区）	Country (Region)	数量（吨）Quantity (ton)	占总量（%）Percentage	金额（千美元）Value (US$1000)	占总值（%）Percentage
合计	**Total**	**416479**	**100.0**	**202025**	**100.0**
印度	India	163562	39.3	73745	36.5
马来西亚	Malaysia	81922	19.7	38545	19.1
美国	United States	48926	11.7	23176	11.5
印度尼西亚	Indonesia	39665	9.5	18107	9.0
斯里兰卡	Sri Lanka	27334	6.6	15687	7.8
韩国	R.O. Korea	19704	4.7	10527	5.2
菲律宾	Philippines	8392	2.0	5124	2.5
中国台湾省	Taiwan,China	6004	1.4	4127	2.0
日本	Japan	3984	1.0	1986	1.0
其他国家或地区	Other Countries or Regions	16986	4.1	11001	5.4
合计	**Total**	**1229481**	**100.0**	**64572**	**100.0**
韩国	R.O. Korea	533217	43.4	23643	36.6
日本	Japan	258806	21.1	17231	26.7
越南	Viet Nam	90355	7.3	4005	6.2
印度尼西亚	Indonesia	62055	5.0	2826	4.4
马来西亚	Malaysia	55970	4.6	2757	4.3
中国台湾省	Taiwan,China	44709	3.6	2093	3.2
中国香港	Hong Kong, China	43974	3.6	2689	4.2
其他国家或地区	Other Countries or Regions	140395	11.4	9328	14.4
合计	**Total**	**33152**	**100.0**	**10920**	**100.0**
菲律宾	Philippines	10621	32.0	4620	42.3
缅甸	Myanmar	9136	27.6	824	7.5
印度尼西亚	Indonesia	7253	21.9	3481	31.9
朝鲜	D.P.R. Korea	1561	4.7	194	1.8
安哥拉	Angola	660	2.0	96	0.9
秘鲁	Peru	512	1.5	111	1.0
越南	Viet Nam	507	1.5	208	1.9
中国香港	Hong Kong, China	415	1.3	80	0.7
孟加拉国	Bangladesh	375	1.1	163	1.5
澳大利亚	Australia	236	0.7	62	0.6
其他国家或地区	Other Countries or Regions	1876	5.7	1081	9.9
合计	**Total**	**406139**	**100.0**	**110138**	**100.0**
日本	Japan	252631	62.2	66777	60.6
韩国	R.O. Korea	60410	14.9	14763	13.4
美国	United States	13218	3.3	4240	3.8
荷兰	Netherlands	9317	2.3	2370	2.2
中国台湾省	Taiwan, China	9300	2.3	2323	2.1
印度	India	8865	2.2	3302	3.0

我国主要矿产品进出
China's Imports and Exports of

矿产品名称	Mineral Commodity	进口 国家（地区）	Imports Country (Region)	数量（吨） Quantity (ton)	占总量（%） Percentage	金额（千美元） Value (US$1000)	占总值（%） Percentage
		加拿大	Canada	19	0.3	23	1.5
		其他国家或地区	Other Countries or Regions	46	0.6	78	5.3
高岭土	**Kaolin**	**合计**	**Total**	**305670**	**100.0**	**72857**	**100.0**
		美国	United States	221471	72.5	51212	70.3
		巴西	Brazil	62014	20.3	15027	20.6
		英国	United Kingdom	4583	1.5	1362	1.9
		泰国	Thailand	4263	1.4	507	0.7
		日本	Japan	3451	1.1	1304	1.8
		朝鲜	D.P.R. Korea	2063	0.7	78	0.1
		中国台湾省	Taiwan, China	1446	0.5	596	0.8
		西班牙	Spain	1422	0.5	577	0.8
		澳大利亚	Australia	1149	0.4	501	0.7
		法国	France	1092	0.3	783	1.1
		其他国家或地区	Other Countries or Regions	2716	0.8	910	1.2
重晶石	**Barite**	**合计**	**Total**	**648**	**100.0**	**410**	**100.0**
		其他国家或地区	Other Countries or Regions	648	100.0	410	100.0
大理石	**Marble**	**合计**	**Total**	**5133142**	**100.0**	**860658**	**100.0**
		土耳其	Turkey	1820822	35.5	337081	39.2
		埃及	Egypt	1263646	24.6	129325	15.0
		伊朗	Iran	436021	8.5	71389	8.3
		西班牙	Spain	435376	8.5	78666	9.1
		意大利	Italy	331660	6.5	85949	10.0
		希腊	Greece	191402	3.7	45697	5.3
		其他国家或地区	Other Countries or Regions	654215	12.7	112551	13.1
花岗石	**Granite**	**合计**	**Total**	**2929207**	**100.0**	**566268**	**100.0**
		印度	India	1513041	51.7	258429	45.6
		巴西	Brazil	497329	17.0	112501	19.9
		沙特阿拉伯	Saudi Arabia	198501	6.8	30503	5.4
		挪威	Norway	175692	6.0	43658	7.7
		芬兰	Finland	120517	4.1	21705	3.8
		葡萄牙	Portuguese	75676	2.6	12592	2.2
		南非	South Africa	65362	2.2	15056	2.7

口情况（2009年） 续表 7

Major Mineral Commodities (2009) Continued 7

出口	Exports				
国家（地区）	Country (Region)	数量（吨） Quantity (ton)	占总量（%） Percentage	金额（千美元） Value (US$1000)	占总值（%） Percentage
俄罗斯联邦	Russian Federation	8597	2.1	2815	2.6
其他国家或地区	Other Countries or Regions	43801	10.7	13548	12.3
合计	**Total**	**892326**	**100.0**	**64030**	**100.0**
中国台湾省	Taiwan, China	237499	26.6	6326	9.9
中国香港	Hong Kong, China	148206	16.6	1942	3.0
日本	Japan	82295	9.2	10470	16.4
韩国	R.O. Korea	66384	7.4	5862	9.2
越南	Viet Nam	59497	6.7	4768	7.4
马来西亚	Malaysia	49174	5.5	5047	7.9
泰国	Thailand	46774	5.2	4623	7.2
菲律宾	Philippines	39259	4.4	1681	2.6
比利时	Belgium	21011	2.4	2809	4.4
孟加拉国	Bangladesh	18862	2.1	791	1.2
其他国家或地区	Other Countries or Regions	123365	13.9	19711	30.8
合计	**Total**	**1769695**	**100.0**	**122163**	**100.0**
美国	United States	1268931	71.7	76532	62.6
荷兰	Netherlands	136711	7.7	11903	9.7
日本	Japan	57888	3.3	5993	4.9
沙特阿拉伯	Saudi Arabia	46278	2.6	2337	1.9
印度尼西亚	Indonesia	45153	2.6	2640	2.2
埃及	Egypt	35953	2.0	2059	1.7
西班牙	Spain	29255	1.7	2781	2.3
其他国家或地区	Other Countries or Regions	149526	8.4	17918	14.7
合计	**Total**	**68208**	**100.0**	**10396**	**100.0**
中国台湾省	Taiwan, China	34794	51.0	2772	26.7
中国香港	Hong Kong, China	7629	11.2	1222	11.8
印度	India	5177	7.6	665	6.4
泰国	Thailand	4263	6.3	874	8.4
印度尼西亚	Indonesia	2690	3.9	566	5.4
老挝	Laos	2450	3.6	1192	11.5
其他国家或地区	Other Countries or Regions	11205	16.4	3105	29.8
合计	**Total**	**379035**	**100.0**	**19909**	**100.0**
中国台湾省	Taiwan, China	168429	44.4	5477	27.5
韩国	R.O. Korea	47005	12.4	2576	12.9
德国	Germany	45685	12.1	2703	13.6
日本	Japan	14055	3.7	859	4.3
意大利	Italy	13728	3.6	626	3.1
荷兰	Netherlands	13114	3.5	1266	6.4
瑞典	Sweden	12109	3.2	669	3.4

我国主要矿产品进出
China's Imports and Exports of

矿产品名称	Mineral Commodity	进口	Imports				
		国家（地区）	Country (Region)	数量（吨）Quantity (ton)	占总量（%）Percentage	金额（千美元）Value (US$1000)	占总值（%）Percentage
		加拿大	Canada	52212	1.8	12742	2.3
		日本	Japan	48221	1.6	15808	2.8
		西班牙	Spain	37001	1.2	7938	1.4
		其他国家或地区	Other Countries or Regions	145655	5.0	35336	6.2
菱镁矿	**Magnesite Products**	**合计**	**Total**	**126310**	**100.0**	**38783**	**100.0**
		朝鲜	D.P.R. Korea	109665	86.8	18690	48.2
		日本	Japan	8339	6.6	12969	33.4
		韩国	R.O. Korea	3727	3.0	1006	2.6
		美国	United States	1056	0.8	1232	3.2
		以色列	Israel	926	0.7	2605	6.7
		荷兰	Netherlands	891	0.7	623	1.6
		中华人民共和国	P.R.C.	451	0.4	383	1.0
		土耳其	Turkey	277	0.2	251	0.6
		奥地利	Austria	191	0.2	184	0.5
		墨西哥	Mexico	141	0.1	165	0.4
		其他国家或地区	Other Countries or Regions	646	0.5	675	1.8
石膏	**Gypsum**	**合计**	**Total**	**10370**	**100.0**	**4647**	**100.0**
		日本	Japan	2604	25.1	1021	22.0
		泰国	Thailand	2400	23.1	561	12.1
		美国	United States	2052	19.8	1586	34.1
		中国香港	Hong Kong,China	752	7.3	7	0.2
		法国	France	663	6.4	223	4.8
		德国	Germany	607	5.9	435	9.4
		韩国	R.O. Korea	390	3.8	252	5.4
		英国	United Kingdom	359	3.5	264	5.7
		其他国家或地区	Other Countries or Regions	543	5.1	298	6.3
石棉	**Asbestos**	**合计**	**Total**	**209943**	**100.0**	**55771**	**100.0**
		俄罗斯联邦	Russian Federation	176912	84.3	47916	85.9
		哈萨克斯坦	Kazakhstan	32128	15.3	7229	13.0
		巴西	Brazil	565	0.2	234	0.4
		加拿大	Canada	140	0.1	67	0.1
		荷兰	Netherlands	125	0.1	173	0.3
		津巴布韦	Zimbabwe	60		93	0.2
		其他国家或地区	Other Countries or Regions	13		59	0.1
水泥	**Cement**	**合计**	**Total**	**819747**	**100.0**	**36989**	**100.0**
		日本	Japan	731152	89.2	28666	77.5
		中国台湾省	Taiwan, China	74136	9.0	2525	6.8
		泰国	Thailand	3172	0.4	420	1.1
		荷兰	Netherlands	2586	0.3	1916	5.2

口情况（2009年） 续表8
Major Mineral Commodities (2009) Continued 8

出 口 Exports					
国家（地区）	Country (Region)	数量（吨） Quantity (ton)	占总量（%） Percentage	金额（千美元） Value (US$1000)	占总值（%） Percentage
新加坡	Singapore	11625	3.1	196	1.0
泰国	Thailand	10102	2.7	965	4.8
比利时	Belgium	8511	2.2	488	2.5
其他国家或地区	Other Countries or Regions	34672	9.1	4084	20.5
合计	**Total**	**1305432**	**100.0**	**275765**	**100.0**
日本	Japan	244062	18.7	40817	14.8
荷兰	Netherlands	237779	18.2	57728	20.9
美国	United States	202355	15.5	43816	15.9
中国台湾省	Taiwan, China	114576	8.8	8543	3.1
韩国	R.O. Korea	100102	7.7	21688	7.9
马来西亚	Malaysia	41510	3.2	3083	1.1
俄罗斯联邦	Russian Federation	35266	2.7	16254	5.9
泰国	Thailand	33473	2.6	4119	1.5
新西兰	New Zealand	30988	2.4	3838	1.4
印度尼西亚	Indonesia	29619	2.2	3014	1.1
其他国家或地区	Other Countries or Regions	235702	18.0	72865	26.4
合计	**Total**	**385641**	**100.0**	**15872**	**100.0**
越南	Viet Nam	212769	55.2	3797	23.9
韩国	R.O. Korea	83176	21.6	3911	24.6
日本	Japan	33532	8.7	1371	8.6
中国台湾省	Taiwan, China	9465	2.5	1267	8.0
蒙古	Mongolia	7676	2.0	292	1.8
尼日利亚	Nigeria	5752	1.5	193	1.2
刚果	Congo	5229	1.4	478	3.0
中国香港	Hong Kong, China	4299	1.0	802	5.1
其他国家或地区	Other Countries or Regions	23743	6.1	3761	23.8
合计	**Total**	**24630**	**100.0**	**10359**	**100.0**
印度尼西亚	Indonesia	18429	74.8	7640	73.8
泰国	Thailand	1780	7.2	590	5.7
越南	Viet Nam	883	3.6	269	2.6
乌兹别克斯坦	Uzbekistan	863	3.5	895	8.6
老挝	Laos	816	3.3	350	3.4
朝鲜	D.P.R. Korea	662	2.7	224	2.2
其他国家或地区	Other Countries or Regions	1197	4.9	391	3.7
合计	**Total**	**15611331**	**100.0**	**687190**	**100.0**
安哥拉	Angola	2543997	16.3	127014	18.5
中国台湾省	Taiwan, China	1966624	12.6	68997	10.0
孟加拉国	Bangladesh	1567831	10.0	49702	7.2
阿拉伯联合酋长国	United Arab Emirates	1498830	9.6	50863	7.4

我国主要矿产品进出
China's Imports and Exports of

矿产品名称	Mineral Commodity	进口 Imports					
		国家（地区）	Country (Region)	数量（吨） Quantity (ton)	占总量（%） Percentage	金额（千美元） Value (US$1000)	占总值（%） Percentage
		法国	France	2242	0.3	835	2.3
		韩国	R.O. Korea	1387	0.2	1018	2.8
		中国澳门	Macau, China	1368	0.2	56	0.2
		美国	United States	1090	0.1	731	2.0
		其他国家或地区	Other Countries or Regions	2614	0.3	822	2.1
滑石	**Talc**	**合计**	**Total**	**21515**	**100.0**	**14191**	**100.0**
		韩国	R.O. Korea	6415	29.8	2133	15.0
		日本	Japan	3456	16.1	4116	29.0
		朝鲜	D.P.R. Korea	3446	16.0	361	2.5
		意大利	Italy	1884	8.8	2373	16.7
		中华人民共和国	P.R.C.	1641	7.6	1306	9.2
		美国	United States	1608	7.5	1525	10.7
		中国台湾省	Taiwan, China	1228	5.7	764	5.4
		其他国家或地区	Other Countries or Regions	1837	8.5	1613	11.5
萤石	**Fluorite**	**合计**	**Total**	**70642**	**100.0**	**8567**	**100.0**
		蒙古	Mongolia	70390	99.6	8416	98.2
		其他国家或地区	Other Countries or Regions	252	0.4	151	1.8
天然硼砂及精矿	**Natural Borax and Concentrate**	**合计**	**Total**	**18237**	**100.0**	**8073**	**100.0**
		土耳其	Turkey	14620	80.2	6914	85.6
		玻利维亚	Bolivia	3503	19.2	970	12.0
		其他国家或地区	Other Countries or Regions	114	0.6	189	2.4
天然硼酸盐及硼酸	**Natural Borate and Boric Acid**	**合计**	**Total**	**116158**	**100.0**	**47864**	**100.0**
		土耳其	Turkey	111959	96.4	46461	97.1
		阿根廷	Argentina	1781	1.5	615	1.3
		玻利维亚	Bolivia	1230	1.1	315	0.7
		马来西亚	Malaysia	1100	0.9	431	0.8
		秘鲁	Peru	73	0.1	36	0.1
		其他国家或地区	Other Countries or Regions	15		6	

资料来源：中国海关统计数据。
Source: China Customs statistical data.

口情况（2009年） 续表 9

Major Mineral Commodities (2009) Continued 9

出 口	Exports				
国家（地区）	Country (Region)	数量（吨）Quantity (ton)	占总量（%）Percentage	金额（千美元）Value (US$1000)	占总值（%）Percentage
尼日利亚	Nigeria	840637	5.4	35665	5.2
西班牙	Spain	746471	4.8	23891	3.5
美国	United States	725298	4.6	35461	5.2
中国香港	Hong Kong，China	614835	3.9	28877	4.2
其他国家或地区	Other Countries or Regions	5106808	32.8	266720	38.8
合计	**Total**	**401137**	**100.0**	**71891**	**100.0**
日本	Japan	104349	26.0	21019	29.2
美国	United States	69329	17.3	11254	15.7
泰国	Thailand	63785	15.9	12779	17.8
马来西亚	Malaysia	22797	5.7	2411	3.4
韩国	R.O. Korea	17270	4.3	2146	3.0
印度尼西亚	Indonesia	15655	3.9	2658	3.7
中国台湾省	Taiwan, China	11779	2.9	1406	2.0
其他国家或地区	Other Countries or Regions	96173	24.0	18218	25.2
合计	**Total**	**269378**	**100.0**	**67331**	**100.0**
荷兰	Netherlands	55350	20.5	14316	21.3
印度	India	53969	20.0	13935	20.7
加拿大	Canada	46331	17.2	13410	19.9
日本	Japan	28829	10.7	7399	11.0
意大利	Italy	26923	10.0	5788	8.6
美国	United States	24084	8.9	6083	9.0
韩国	R.O. Korea	12552	4.7	2179	3.2
中国台湾省	Taiwan, China	6333	2.4	1135	1.7
其他国家或地区	Other Countries or Regions	15007	5.6	3086	4.6
合计	**Total**	**1640**	**100.0**	**559**	**100.0**
韩国	R.O. Korea	801	48.8	208	37.2
日本	Japan	288	17.6	74	13.2
澳大利亚	Australia	232	14.1	116	20.8
朝鲜	D.P.R. Korea	203	12.4	85	15.2
伊朗	Iran	50	3.1	33	5.9
菲律宾	Philippines	49	3.0	29	5.2
其他国家或地区	Other Countries or Regions	17	1.0	14	2.5
合计	**Total**	**12**	**100.0**	**10**	**100.0**
其他国家或地区	Other Countries or Regions	12	100.0	10	100.0